HISTOIRE

DE

SAINTE GENEVIÈVE

ET DE

SON CULTE

DÉCLARATION DE L'AUTEUR

Pour obéir au décret du pape Urbain VIII, l'auteur déclare que les miracles, révélations, grâces et événements rapportés dans ce livre, comme aussi les titres de Saint ou de Bienheureux donnés à des serviteurs ou servantes de Dieu non encore canonisés ou béatifiés par le Saint-Siége, n'ont dans son intention que l'autorité humaine d'un témoignage historique, à l'exception de ce qui a été confirmé par la sainte Église catholique romaine et le Saint-Siége apostolique, au jugement de qui l'auteur soumet sa personne, sa doctrine, et tout ce qui est contenu dans ce livre.

L'auteur et les éditeurs déclarent réserver leurs droits de traduction et de reproduction à l'étranger.

Cet ouvrage a été déposé au ministère de l'intérieur (section de la librairie) en décembre 1877.

HISTOIRE
DE
SAINTE GENEVIÈVE
VIERGE
PATRONNE DE PARIS
ET DE SON CULTE

Précédée d'une Introduction sur l'apostolat des vierges chrétiennes dans l'Église catholique

PAR

UN SERVITEUR DE MARIE
DOCTEUR EN THÉOLOGIE DE L'UNIVERSITÉ DE ROME

OUVRAGE HONORÉ D'UN BREF DE SA SAINTETÉ LE PAPE LÉON XIII,
ET APPROUVÉ PAR NN. SS. LAVIGERIE, ARCHEVÊQUE D'ALGER,
MERMILLOD, ÉVÊQUE D'HÉBRON, VICAIRE APOSTOLIQUE DE GENÈVE, ET BOUANGE, ÉVÊQUE DE LANGRES

DEUXIÈME ÉDITION

« Adducentur Regi virgines post eam; proximæ ejus afferentur tibi;
afferentur in lætitia et exultatione; adducentur in templum Regis.
Des vierges seront amenées au Roi après elle; ses amies vous seront
offertes, Seigneur, dans la joie et l'allégresse; elles seront conduites
au temple du Roi. »   (Ps. xliv, 15, 16.)
« Beati qui ad cœnam nuptiarum Agni vocati sunt.
Bienheureux ceux qui sont appelés au festin des noces de l'Agneau. »
(Apoc, xix, 9.)

PARIS
E. PLON et Cie, IMPRIMEURS-ÉDITEURS
10, RUE GARANCIÈRE

1879

BREF APOSTOLIQUE

DE

N. T. S. PÈRE LE PAPE LÉON XIII

Dilecto Filio Mariæ Emmanueli Artaud-Haussmann, sacræ Theologiæ Doctori, equiti torquato Ordinis Sancti Sepulcri.

LEO PAPA XIII

Dilecte Fili, salutem et Apostolicam Benedictionem.

Gratulamur tibi, Dilecte Fili, quod «erutus e potestate « tenebrarum, et translatus « in Dei lumen et regnum » (*Coloss.* I, 13), huic illustrando et amplificando sedulam impendas operam. Commentarius enim quem instaurare voluisti de Sanctæ ac nobilissimæ Virginis Genovefæ gestis, prodigiis et cultu, sicuti indole sua gloriam relevat Ecclesiæ, sic, ex proposito tibi fine, spectat propagationem exercitii evangelicorum consiliorum, quo sola catholica familia mirifice fulget. Profecto laudes a Christo Domino tributæ virginitati, antea invisæ, non diu fructu

A notre cher fils Marie Emmanuel Artaud-Haussmann, Docteur en Sacrée Théologie, commandeur de l'ordre du Saint-Sépulcre.

LÉON XIII, PAPE

Cher fils, salut et Bénédiction Apostolique.

Nous vous félicitons, cher fils, de ce que « retiré de la « puissance des ténèbres, « et transféré dans la lumière « et le royaume de Dieu » (*Coloss.* I, 13), vous travaillez avec zèle à illustrer et amplifier ce royaume. Car le traité que vous avez voulu composer sur les actions, les miracles et le culte de la Sainte et trèscélèbre vierge Geneviève, comme par son caractère il rehausse la gloire de l'Église, de même, par le but que vous vous êtes proposé, concourt à propager l'exercice des conseils évangéliques, dont brille seule merveilleusement la société catholique. Assurément, les éloges donnés par NotreSeigneur Jésus-Christ à la virginité, auparavant dédai-

suo caruerunt; et ab ipsis christianæ religionis exordiis commendatam discimus Martham, quæ cum fratre Lazaro, et Magdalena sorore, aliisque multis, a Judæis ejecta, apud Massilienses « in locum a viris remotum « cum aliquot honestissimis « fœminis se recepit, ubi « cum summa laude pietatis « et prudentiæ diu vixit ». (Brev. Rom., 29 jul.) Verum Genovefæ, quæ, tum degens in humanis, tum inter cœlites recepta, patriam gravissimis obnoxiam periculis sæpe præstitit incolumem, cumulavitque toties insignibus beneficiis, servatum a Providentia fuerat, salutare hujusmodi vitæ institutum in urbem invenere futuram postea caput Galliarum, ut illud inde ceteras earum partes facilius pervaderet. Quantam vero fecunditatem virginum congregationibus ætas attulerit, in quantum religiosæ civilisque societatis commodum ipsæ adoleverint, nemo est qui ignoret; cum jam vix menti valeat occurrere cujusvis indolis necessitas, cui levandæ peculiaris aliqua virginum familia sese non addixerit. Quamobrem dum tu virginibus Deo proximisque se devovere cupientibus nobi-

gnée, n'ont point tardé à porter leurs fruits ; et nous voyons louée, dès les débuts mêmes de la religion chrétienne, Marthe, qui, avec son frère Lazare, et sa sœur Madeleine, et plusieurs autres, chassée par les Juifs et émigrant auprès de Marseille, « se retira avec « quelques femmes très-« honorables dans un lieu « éloigné de la société des « hommes, où elle vécut « longtemps avec une illus-« tre renommée de piété et « de sagesse ». (Brév. Rom., 29 juil.) Mais à Geneviève, qui, soit pendant sa vie terrestre, soit depuis qu'elle est montée au ciel, a souvent sauvé sa patrie menacée des plus graves périls, et l'a comblée tant de fois de bienfaits insignes, la Providence avait réservé l'honneur d'introduire ce salutaire genre de vie dans la future capitale de la France, afin que là il se répandit plus facilement dans les autres parties de ce pays. Or nul n'ignore combien le temps a multiplié les congrégations de vierges, et quel profit leur accroissement a apporté à la société religieuse et civile, puisqu'on peut maintenant à peine imaginer un genre de nécessité quelconque au soulagement de laquelle ne se soit vouée quelque famille spéciale de vierges. C'est pourquoi, lorsque

litatem exponis obeundi ministerii, dum piam earum proclivitatem foves per exempla celebratissimæ Virginis, dum illarum votis opitulari studes per subsidia, sive e tuis parta laboribus, sive aliunde quæsita, quæ vel submoveant ab ipsis inopiæ obstaculum, vel proniorem iis parent admissionem apud aliquam virginum familiam, non consulis duntaxat properantibus ad perfectiora, sed decori simul Ecclesiæ, veroque civilis societatis emolumento. Libentissime propterea faustum amplumque successum adprecamur proposito tuo; illique supernam gratiam et opem conciliaturi, harum auspicem, et paternæ Nostræ benevolentiæ testem, Apostolicam Benedictionem tibi, Dilecte Fili, peramanter impertimus.

Datum Romæ, apud Sanctum Petrum, die 21 julii anno 1879, Pontificatus Nostri anno secundo.

LEO PP. XIII.

vous expliquez la noblesse de leur ministère aux vierges qui veulent se dévouer à Dieu et au prochain, lorsque vous encouragez et nourrissez leurs pieux désirs par les exemples d'une très-illustre vierge, lorsque vous vous efforcez de seconder leurs vœux au moyen de subsides acquis au prix de vos travaux ou par quelque autre manière, soit en écartant d'elles l'obstacle de la pauvreté, soit en leur préparant une admission plus facile dans quelque congrégation de vierges, vous ne travaillez point seulement au profit des âmes qui marchent dans les voies de la perfection, mais vous travaillez aussi en même temps à la gloire de l'Église et au véritable avantage de la société civile. Nous souhaitons donc très-volontiers un heureux et vaste succès à votre entreprise; et, pour lui concilier la grâce et le secours du ciel, comme gage de ces grâces et secours, et comme témoignage de Notre bienveillance paternelle, Nous vous accordons avec amour, cher fils, la Bénédiction Apostolique.

Donné à Rome, près Saint-Pierre, le 21 juillet de l'an 1879, de Notre Pontificat le deuxième.

LÉON XIII, PAPE.

APPROBATION DE MONSEIGNEUR MERMILLOD
ÉVÊQUE D'HÉBRON, VICAIRE APOSTOLIQUE DE GENÈVE.

Fernex, le 2 mars 1878.

Vous avez publié un beau livre sur sainte Geneviève et son culte ; c'est une histoire qui est une œuvre de foi et de patriotisme. Je vous félicite de votre travail remarquable ; vous voulez y ajouter le mérite du dévouement à l'Église, en consacrant le produit de sa vente aux vocations religieuses et au secours de mes prêtres persécutés. Merci encore ; que sainte Geneviève et saint François de Sales vous le rendent au centuple. Agréez mes félicitations, mes remerciments et mes bénédictions.

† GASPARD, Évêque d'Hébron,
Vicaire apostolique de Genève.

APPROBATION DE MONSEIGNEUR BOUANGE
ÉVÊQUE DE LANGRES.

Langres, le 23 mars 1878.

Je vous suis bien reconnaissant de votre bienveillante attention à m'offrir l'*Histoire de sainte Geneviève*, à laquelle vous avez consacré votre talent et vos pieuses veilles. Je lirai ces pages avec bonheur, et prierai l'illustre vierge d'acquitter ma dette de reconnaissance en vous obtenant les plus douces bénédictions du Seigneur. Veuillez agréer l'assurance de mes sentiments bien affectueux.

† GUILLAUME M. F., Évêque de Langres.

APPROBATION DE MONSEIGNEUR LAVIGERIE
ARCHEVÊQUE D'ALGER.

Paris, le 20 mai 1878.

J'ai tenu à prendre connaissance par moi-même de votre *Histoire de sainte Geneviève* ; c'est ce qui vous expliquera le retard de cette lettre ; mais aussi, c'est en pleine connaissance de cause que je joins mon approbation à celles de mes vénérables collègues. Je fais des vœux pour que votre ouvrage, si plein de science, de foi et d'intérêt chrétien, obtienne, auprès de tous, le succès qu'il mérite. Veuillez agréer l'expression de mes sentiments les plus dévoués.

† CHARLES, Archevêque d'Alger.

INTRODUCTION

DE L'APOSTOLAT DES VIERGES CHRÉTIENNES DANS L'ÉGLISE CATHOLIQUE.

Au moment de retracer l'histoire d'une Sainte en qui s'est manifesté d'une manière spéciale le genre d'apostolat que la vie cachée des vierges chrétiennes est appelée à exercer sous la loi de l'Évangile, nous avons cru nécessaire d'examiner les caractères et l'origine de ce ministère sacré, de ce sacerdoce intime, qu'une partie considérable et la plus noble du sexe féminin exerce depuis dix-neuf siècles à côté du clergé, sous une forme analogue au ministère que la prophétie remplissait sous l'ancienne loi à côté du sacerdoce. C'est, nous osons le dire, le plus suave et le plus précieux des ornements de la couronne évangélique, celui que les sectes séparées de l'unité catholique sont le plus impuissantes à représenter, et qui suffirait à lui seul pour distinguer l'Église « fondée sur la « pierre » des divers temples « édifiés sur le sable » par les erreurs humaines [1]. Car le sang de l'Homme-Dieu, conservé et transmis dans sa légitime descendance apostolique, a pu seul faire éclore, dans la terre où il a planté sa houlette de « Pasteur unique [2] », de telles fleurs de sainteté, de pureté, de dévouement et de force.

[1] Matth. xvi, 18 ; vii, 24-27. Luc. vi, 48, 49.
[2] Joan. x, 16.

I

L'œuvre de la Rédemption du genre humain par la mission du Verbe incarné a présenté trois caractères principaux : la *réparation*, la *rénovation* et l'*unification*.

La *réparation* ressort évidemment de l'objet même de la Rédemption : elle apparaît d'ailleurs à chaque pas dans la vie du Sauveur. Il appelle à la connaissance de Dieu la gentilité idolâtre, et glorifie sa foi dans le centurion et la Chananéenne [1]. Il pardonne à la femme adultère [2]. Il choisit pour sa plus intime amie la pécheresse Madeleine, et l'élève au faîte de la sainteté [3]. Il élit pour hôte et pour disciple le publicain Zachée [4], et pour apôtre le publicain Mathieu [5]. Il choisit pour princes de ses apôtres et colonnes de son Église deux pécheurs, dont l'un l'avait renié par faiblesse et dont l'autre l'avait persécuté par incrédulité [6]. Il recherche la drachme perdue, et rapporte sur ses épaules la brebis égarée ; il ouvre ses bras au retour du fils prodigue, et atteste « que les malades ont plus besoin « du médecin que les valides, qu'il est venu appeler non « les justes, mais les pécheurs à la pénitence, rassembler « les brebis perdues de la maison d'Israël, et sauver ce « qui avait péri [7] ».

---

[1] Matth. viii, 10; xv, 28. Marc. vii, 29. Luc. vii, 9.
[2] Joan. viii, 11.
[3] Luc. vii, 36-50.
[4] Luc. xix, 2-10.
[5] Matth. ix, 9. Marc. ii, 14. Luc. v, 27.
[6] Matth. xxvi, 69-75. Marc. xiv, 66-72. Luc. xxii, 55-62. Joan. viii, 16-27. Act. vii, 57; ix, 4.
[7] Matth. ix, 12, 13; x, 6; xv, 24; xviii, 11-13. Marc. ii, 17. Luc. v, 31, 32; xv, 1-32; xix, 10.

La *rénovation*, annoncée de loin par les prophéties comme le caractère dominant du Messie, s'atteste dans la vie du Sauveur par les préceptes nouveaux qu'il donne au monde comme « complément » et perfectionnement de la loi¹, en répétant souvent : « Il vous a été dit ceci ; « mais moi, je vous dis cela »² ; par la substitution des sacrements du Nouveau Testament aux moyens de salut de l'ancienne alliance ; par « l'adoration de Dieu en esprit et « en vérité »³, remplaçant le culte sensible localisé dans un seul temple ; par le « commandement nouveau » de la charité qu'il donne à ses disciples comme résumant tous les autres⁴. « Le nouvel homme, le second Adam », selon les expressions de saint Paul, succède au « vieil homme et « au premier Adam⁵ ». « Voici que je fais toutes choses « nouvelles, voici que tout a été renouvelé », dit-il à la fois par ses prophètes et par ses apôtres⁶.

L'*unification* se manifeste sous la nouvelle loi par le rappel à l'unité des éléments dispersés dans l'ancien monde. Au lieu d'un temple exclusif, laissant le reste des peuples en proie à l'idolâtrie et au culte des démons, toutes les nations sont appelées à la foi⁷, afin qu'il n'y ait plus « qu'un bercail et qu'un pasteur⁸ ». Les peuples, divisés à la tour de Babel par la confusion des langues⁹, sont réunis à la Pentecôte dans l'unité de langage et de croyance¹⁰. Le Sauveur, au moment de mourir, fait pour

---

¹ Matth. v, 17.
² Matth. v, 21, 27, 31, 33, 38, 43.
³ Joan. iv, 21-24.
⁴ Joan. xiii, 34.
⁵ *Eph.* ii, 15 ; iv, 24. *Col.* iii, 10. *I. Cor.* xv, 45-47.
⁶ Is. xliii, 19. *II. Cor.* v, 17. *Apoc.* xxi, 5.
⁷ Matth. xxviii, 19. Marc. xvi, 15.
⁸ Joan. x, 16.
⁹ *Gen.* xi, 1-9.
¹⁰ *Act.* ii, 4-11.

ses disciples cette admirable prière : « Qu'ils soient un
« comme nous sommes un...; que tous soient un, comme
« vous, mon Père, en moi, et moi en vous, afin qu'eux
« aussi soient un en nous...; qu'ils soient un comme nous
« sommes un, moi en eux et vous en moi, afin qu'ils
« soient consommés dans l'unité [1]. » La multiplicité des
sacrifices mosaïques fait place à l'unique sacrifice du Calvaire, perpétué dans l'Eucharistie [2]. Enfin le conseil de la
virginité remplace l'invitation à la propagation des
races [3].

II

Si, de ce point de vue général, nous venons à considérer
l'œuvre rédemptrice dans son application spéciale au sexe
féminin, nous trouverons que ces trois caractères signalés
y ont été remplis ainsi : La *réparation* y a été opérée par
la réhabilitation, dans la glorieuse Vierge Marie, Mère de
Dieu, de la femme déchue en Ève ; et, comme conséquence nécessaire de cette réhabilitation, la *rénovation* et
l'*unification* y ont été opérées par l'institution, indéfectible dans l'Église catholique, de la virginité chrétienne
et par son appel à l'apostolat.

Nous avons dit que l'institution de la virginité a été la
conséquence *nécessaire* de la réhabilitation de la femme ;
car la vierge est la femme complète dans son intégrité
première, la femme-type telle qu'elle sort des mains du
Créateur, « sainte de corps et d'esprit », comme dit l'A-

---

[1] Joan. xvii, 11, 21-23.
[2] Matth. xxvi, 26-28. Marc. xiv, 22-24. Luc. xxii, 17-20. *I Cor.* xi, 23-25.
[3] *Gen.* i, 28; viii, 17; ix, 1, 7. Matth. xix, 11, 12. *I Cor.* vii.

pôtre[1], non telle que la font les passions de l'humanité déchue par le péché originel et plongée dans la concupiscence. C'est pourquoi tout ce qui sera dit sur la réhabilitation générale de toutes les femmes dans la personne de Marie, et sur leur appel à participer à l'apostolat sacré, s'appliquera à plus forte raison et plus éminemment aux vierges, à qui est spécialement dévolu le genre d'apostolat dont nous parlons.

Nous examinerons successivement ce que la vie et les enseignements de Notre-Seigneur nous montrent sur ce triple effet de réparation, de rénovation et d'unification relativement à la femme ; et d'abord la *réparation* opérée dans la réhabilitation de la femme par l'Évangile. L'étude de cette réhabilitation sous tous ses aspects servira de base et de preuve à ce que nous dirons ensuite de la *rénovation* et de l'*unification* qui se sont réalisées dans la virginité sacrée et dans son appel à l'apostolat.

III

La déchéance de la femme et son avilissement plus ou moins grand sont un des caractères les plus frappants, non-seulement des sociétés païennes, soit antérieures, soit postérieures à l'Évangile, mais encore de toutes les sociétés étrangères à l'unité catholique, et de l'histoire même du peuple de Dieu avant la Rédemption.

Il est à peine besoin de mentionner ce que les sociétés païennes ont fait et font de la femme, réduite à l'état de pure esclave, soit par la polygamie, soit par la corruption des mœurs et par l'infériorité où elle est tenue. Un vestige

[1] *I Cor.* vii, 34.

de la révélation primitive subsiste chez tous ces peuples au milieu du culte des démons, et, avec la notion confuse d'un péché originel qu'ils cherchent à réparer par des sacrifices grossiers et souvent homicides, la malédiction prononcée sur Ève y pèse sur la condition misérable du sexe féminin. Quant aux musulmans, malgré la croyance au vrai Dieu et une régularité relative dans les mœurs, ils ont, dans la permission de la polygamie, le principe de l'abaissement du sexe féminin, réduit au plus vil esclavage : Mahomet a voulu en rester au type d'Abraham, et, demeuré en dehors des conséquences de la Rédemption, son peuple a laissé aussi la femme sous la malédiction d'Ève.

Dans le peuple de Dieu sous l'ancienne loi, l'infériorité de la femme, sans atteindre aussi bas, est encore manifeste. Depuis le déluge jusqu'à l'Évangile, la polygamie fut permise par dispensation divine, et la virginité, très-rare chez les hommes, y fut sans exemple chez les femmes, à moins de mort prématurée : ces deux causes suffisaient à elles seules pour tenir la femme dans une condition secondaire et presque servile. Mais le souvenir d'Ève y pesait aussi comme un sceau inflexible pour confirmer la déchéance du sexe féminin : on voyait dans toute femme le type de celle qui avait induit le premier homme dans la perdition. L'écrivain sacré disait : « Par la femme s'est « fait le commencement du péché, et tous meurent par « elle », et encore : « De la femme procède l'iniquité de « l'homme[1]. » Ajoutons que les femmes paraissent souvent dans l'Ancien Testament comme dignes filles d'Ève, en renouvelant auprès des hommes le ministère pernicieux et tentateur de la première femme, comme si le démon se

---

[1] *Eccles.* xxv, 33; xlii, 13.

plaisait à renouveler par leur entremise la scène tragique de l'Éden : c'est ainsi que Job et Tobie sont incités par leurs femmes à blasphémer et à renoncer à la vertu[1] ; que Samson est cinq fois livré à ses ennemis par deux femmes[2]; que David et Salomon sont induits par des femmes, l'un à l'adultère et à l'homicide, l'autre à l'idolâtrie[3] ; de même qu'au seuil du monde nouveau, ce seront encore deux servantes qui porteront le prince des apôtres à renier son Maître les deux premières fois[4]. Il en résultait que, sous l'ancienne loi, les femmes, même celles qui sont louées pour leurs vertus, étaient tenues en dehors des conseils, des entrevues et de toute affaire importante, et reléguées exclusivement aux soins domestiques avec les serviteurs et les servantes. Et si, par exception, la prophétesse Debora, Judith et Esther jouèrent un rôle principal en délivrant le peuple de Dieu dans trois circonstances mémorables[5], ce fut parce que ces trois femmes, au lieu de porter le type d'Ève, étaient destinées de Dieu à être les types prophétiques de la Sainte Vierge Marie, médiatrice de notre salut. La seule ressource qu'eussent les femmes de l'Ancien Testament pour échapper à l'opprobre était la fécondité de la chair. Comme la loi de Moïse faisait au peuple cette promesse en signe de bénédiction : « Il n'y « aura point chez toi de stérile de l'un ni de l'autre sexe, « tant dans les humains que dans les troupeaux[6] », ce peuple, trop charnel pour estimer autre chose que les biens de la terre, était porté à voir une malédiction dans

---

[1] *Job* II, 9. *Tob.* II, 22.
[2] *Jud.* XIV, 15-17 ; XVI.
[3] *II Reg.* XI; *III Reg.* XI.
[4] Matth. XXVI, 69-71. Marc. XIV, 66-69. Luc. XXII, 56. Joan. XXVIII, 17.
[5] *Jud.* IV. *Judith* XIII. *Esth.* VII.
[6] *Deut.* VII, 14. *Ex.* XXIII, 26.

l'absence de progéniture, et la femme qui ne donnait pas de postérité était méprisée comme un instrument inutile. On en voit des exemples dans le dépit de Rachel[1], dans les invectives qu'Anne, mère de Samuel, recevait de sa rivale[2], et Sara, fille de Raguel, de sa servante[3]; et, si l'on en croit une pieuse légende, sainte Anne reçut les mêmes outrages avant de devenir mère de la Reine des cieux et de la terre.

Nous n'ajouterons qu'un mot sur les sectes séparées du Saint-Siége. L'esprit chrétien y a relevé, il est vrai, la femme de son esclavage antique; mais la réhabilitation de la femme n'y a pas été complète. Car dans les sectes protestantes, qui nient le mérite de la chasteté, la virginité n'existe pas, ou bien elle y est l'objet du mépris, comme sous l'ancienne loi. Et quant aux schismes orientaux, la virginité n'y est qu'un nom : car, la sainteté étant le privilége de l'Église catholique, leurs vierges consacrées ne sont pas des « vierges sages »[4], et, manquant de la plupart des vertus qui rendent la virginité fructueuse, elles n'en ont que l'ombre.

IV

La femme gémissait donc dans l'esclavage et sous la malédiction d'Ève, quand vint « la plénitude des temps »[5], où l'Incarnation du Verbe devait racheter l'humanité; et comme la mort y était entrée par la femme, c'était par la

---

[1] *Gen.* xxx, 1.
[2] *I Reg.* i, 6.
[3] *Tob.* iii, 7.
[4] Matth. xxv, 2.
[5] *Gal.* iv, 4.

femme que la vie devait aussi rentrer dans le monde. En effet, la sagesse divine a coutume, « en atteignant son but « fortement, de disposer tout suavement[1] », et d'observer, dans l'ordre de ses opérations, certaines règles de « nombre, poids et mesure[2] » : un parallélisme constant a donc été suivi entre l'ordre de la Rédemption et celui de la chute, comme aussi entre l'ordre de la création et celui de la réparation, qui était une sorte de seconde création. « Car », dit saint Bernard, « Celui qui *fait tout ce qu'il* « *veut*[3] non-seulement avec puissance, mais encore avec « sagesse, de même qu'il a coutume de garder dans toutes « ses œuvres, pour la beauté de l'ordre, certaines conve- « nances de choses ou de temps, a voulu de même, dans « cette œuvre magnifique de notre réparation, montrer « non-seulement sa puissance, mais encore sa sagesse[4]. » C'est ainsi que l'arbre de la Croix devait racheter l'humanité perdue par l'arbre du fruit défendu, afin, comme dit l'Église, « que la vie ressuscitât d'où la mort était venue, « et que le démon, vainqueur par le bois, fût aussi vaincu « par le bois[5] ». De même, puisque le démon avait vaincu par la femme, il devait être vaincu par la femme. C'était une femme encore vierge qui, en écoutant la suggestion d'un mauvais ange, avait été pour l'homme une médiatrice de perdition : il convenait donc aussi qu'une femme, vierge pour l'éternité, en écoutant le message d'un bon ange, devînt médiatrice de rédemption[6]. « Le très-sage « et très-clément ouvrier », dit saint Bernard, « n'a pas

---

[1] *Sap.* viii, 1.
[2] *Sap.* xi, 21.
[3] *Ps.* cxiii, 3 *bis.*
[4] Hom. 2 sup. *Missus est.*
[5] *Miss. Rom. præf. de Pass.*
[6] *Gen.* iii. Luc. i, 26-38.

« brisé son œuvre endommagée, mais il l'a plus utilement
« refaite en entier, en nous formant *un nouvel Adam de*
« *l'ancien* [1], et en transvasant Ève dans Marie. Il conve-
« nait que les deux sexes fussent présents à notre répara-
« tion, puisque tous deux avaient été présents à notre cor-
« ruption [2]. » En effet, comme il fallait que le Rédempteur,
pour être « Médiateur [3] », fût à la fois Dieu et homme, le
Verbe divin, pour devenir Fils de l'homme, devait naître
d'une femme ; et cette femme devait être une vierge : car,
ainsi que le dit magnifiquement saint Bernard, « la seule
« naissance qui convînt à Dieu était de naître d'une vierge,
« et le seul enfantement qui convînt à une vierge était
« d'enfanter Dieu [4] ».

V

Par ce choix d'une Vierge pour Mère de Dieu et Mère
du Rédempteur, la malédiction jetée sur Ève était déjà
effacée, ainsi que la déchéance que cette malédiction avait
fait peser jusque-là sur la femme.

En effet, Ève, la femme de l'Ancien Testament, avait
été condamnée à « enfanter dans la douleur [5] » ; Marie, la
femme de la loi nouvelle, enfanta dans la joie d'un enfantement virginal et au son du cantique des anges [6]. Ève
avait été condamnée à « être sous la domination de
« l'homme [7] » ; Marie fut au contraire la souveraine des

---

[1] *I Cor.* xv, 45.
[2] *Serm. de duod. stell.*
[3] *Gal.* iii, 19-20. *I Tim.* ii, 5. *Hebr.* viii, 6 ; ix, 15 ; xii, 24.
[4] Hom. 2 sup. *Missus est.*
[5] *Gen.* iii, 16.
[6] *Luc.* ii, 14.
[7] *Gen.* iii, 16.

cieux et de la terre, et le Créateur du monde, durant sa vie mortelle, voulut même « lui être soumis [1] ». Ève, médiatrice de perdition en donnant à l'homme le fruit défendu [2], fut maudite entre les femmes ; Marie, Médiatrice de Rédemption en « donnant au monde son Sauveur [3] », fut saluée « bénie entre les femmes [4] », et, comme elle-même l'a prédit, « toutes les générations la proclament « bienheureuse [5] ». Ève attira sur l'humanité cette sentence : « Tu es poussière, et tu retourneras en poussière [6] » ; Marie, la première entre toutes les pures créatures, vainquit la mort par une résurrection anticipée dans sa glorieuse Assomption, et, parce qu'elle était « un paradis « animé, un ciel animé », selon l'expression de saint Jean Damascène [7], son corps très-pur monta droit au ciel sans passer par la corruption du sépulcre. Enfin, Dieu avait promis à Ève une femme qui exercerait « inimitié contre « le serpent et lui écraserait la tête [8] ». « A qui a été ré-« servée cette victoire, si ce n'est à Marie, qui a écrasé la « tête venimeuse et anéanti tous les genres de suggestion « du malin, tant pour les séductions de la chair que pour « l'orgueil de l'esprit [9] ? »

« Réjouis-toi, ô père Adam », s'écrie saint Bernard ; « mais réjouis-toi plus encore, ô mère Ève ! Comme vous « avez été parents de nous tous, vous avez été aussi meur-« triers de tous, et, ce qui est pire, meurtriers avant même

---

[1] Luc. II, 51.
[2] Gen. III, 6.
[3] Beatæ Mariæ intemerata virginitas huic mundo edidit Salvatorem (*Miss. Rom.*, ad communic. in Nat. Domini).
[4] Luc. I, 28, 42.
[5] Luc. I, 48.
[6] Gen. III, 19.
[7] Orat. 2 de Dorm. B. M. V.
[8] Gen. III, 15.
[9] Saint Bernard, Hom. 2 sup. *Missus st.*

« d'être parents. Consolez-vous tous deux, dis-je, dans votre
« Fille et dans une telle Fille; mais toi surtout, Ève, de qui
« l'opprobre a passé sur toutes les femmes. Car voici le temps
« où cet opprobre doit être détruit, et où l'homme n'aura
« plus à accuser la femme ; lui qui, en voulant impudem-
« ment s'excuser, n'a pas craint de l'accuser cruellement
« en disant : *La femme que vous m'avez donnée m'a pré-*
« *senté du fruit, et j'en ai mangé*[1]. Cours donc, ô Ève,
« vers Marie ; cours, mère, vers ta Fille : que la Fille
« réponde pour sa mère, ôte l'opprobre de sa mère, et
« justifie sa mère devant son père : car voici que, si
« l'homme est tombé par la femme, maintenant il n'est
« plus relevé que par la femme. L'occasion du pardon, ô
« Adam, que Dieu a cherché en vain à t'offrir en t'inter-
« rogeant, il l'a trouvée dans le trésor de son inépuisable
« bonté. Car il nous rend une femme pour une femme,
« une sage pour une insensée, une humble pour une
« orgueilleuse, et qui, au lieu de l'arbre de mort, te don-
« nera l'arbre de vie, et, au lieu de l'amertume du fruit
« vénéneux, t'enfantera la douceur du fruit éternel.
« Change donc ton inique excuse en action de grâces, et
« dis : Seigneur, la femme que vous m'avez donnée m'a
« présenté du fruit béni de l'arbre de vie, et j'en ai
« mangé[2]. O Vierge admirable et digne de tout honneur,
« réparatrice de ses parents, vivificatrice de sa posté-
« rité[3] ! »

[1] *Gen.* III, 12.
[2] *Gen.* II, 9. *Apoc.* II, 7; XXII, 2.
[3] Hom. 2 sup. *Missus est.* Serm. *De aquæd.*

VI

Mais la réhabilitation de la femme dans Marie fut encore témoignée par un signe spécialement sensible. Quand l'archange Gabriel fut envoyé pour annoncer à l'humble Vierge fille de David qu'elle allait devenir la Mère de Dieu, il la salua par cette respectueuse bénédiction : « Je « vous salue, pleine de grâce ; le Seigneur est avec vous, « vous êtes bénie entre les femmes[1]. » Or, par une de ces mystérieuses coïncidences prévues de Dieu de toute éternité, cette parole de salutation et de bénédiction que la langue latine traduit par *Ave,* s'exprima en hébreu par un mot de consonnance et de signification entièrement semblables, quoique l'étymologie en soit toute différente : *Chave,* avec l'aspiration propre aux langues sémitiques ; et, dans l'une comme dans l'autre des deux langues sacrées de l'Ancien et du Nouveau Testament, l'hébreu et le latin, cette salutation joyeuse de l'Ange à la Mère immaculée du Rédempteur est, lettre pour lettre, l'interversion et le renversement du nom d'Ève : *Cheva, Chave; Eva, Ave.* Donc, en saluant Marie sa souveraine, l'archange, par un jeu de mots sacré et providentiel, renversait avec le nom d'Ève l'antique malédiction de la femme, et saluait dans la Vierge la réparation de l'humanité, et spécialement du sexe féminin déchu dans Ève. C'est ce que l'Église exprime en chantant à Marie : « Recevant cet « *Ave* de la bouche de Gabriel, confirmez-nous dans la « paix en renversant le nom d'Ève[2]. » Ce sens mystique

---

[1] Luc. 1, 28.
[2] Sumens illud ave Gabrielis ore, funda nos in pace, mutans Evæ nomen (hymn. *Ave maris stella*).

du mot *Ave,* qui résume en soi toute la Rédemption, fait comprendre pourquoi le démon redoute tant la puissance de l'*Ave, Maria,* parole de bénédiction qui écrasait toute son œuvre perverse sous le pied de la Vierge immaculée, et aussi pourquoi la répétition de cette prière est si agréable à Marie, à qui elle rappelle, avec le triomphe qu'elle remporta pour nous sur l'enfer et l'ennemi du genre humain, un moment qui, comme dit le Père Lacordaire, « n'eut point de semblable au ciel et sur la « terre [1] ».

VII

La réparation dans Marie de la femme déchue en Ève fut plus surabondante encore dans son parallélisme constant. Car Ève avait été pour l'humanité l'auteur de la *mort temporelle,* de la *mort éternelle,* enfin du *péché actuel :* ces trois flétrissures inhérentes à la mémoire de la femme de l'Ancien Testament ont été spécialement effacées dans la femme de la loi nouvelle par trois priviléges de la Sainte Vierge, qui sont sa dignité de *Mère de Dieu,* sa *Conception immaculée,* et sa qualité de *Médiatrice de la grâce divine.* Et, comme le type sublime de Marie résume en lui tout le principe et toute la plénitude de la réhabilitation du sexe féminin sous la loi nouvelle, ainsi que l'institution de la virginité chrétienne et son appel à l'apostolat, ces trois priviléges réparateurs de l'opprobre d'Ève vont nous montrer avec quelle large usure de grâces le Rédempteur a voulu dédommager sous l'Évangile la longue servitude que la femme avait subie sous l'ancienne loi.

[1] *Vie de saint Dominique.*

VIII

Ève a introduit la *mort temporelle* dans l'humanité, en présentant le fruit défendu dont Dieu avait dit : « Si tu « en manges, tu mourras de mort[1]. » Aussi Ève ne reçut-elle ensuite son nom, qui signifie « mère des vivants[2] », qu'en vue de Marie, sa réparatrice, seule vraie Mère des vivants comme *Mère de Dieu*. Car Dieu est « la vie » substantielle[3], et le Fils de Dieu, qui est aussi le Fils de Marie, a vaincu la mort par sa mort et par sa résurrection.

En effet, comme l'Église l'a défini contre Nestorius, la nature divine et la nature humaine étant en Jésus-Christ réunies dans une seule et même personne, il résulte de cette unité de personne dans l'Homme-Dieu que Dieu est réellement né de Marie et que Marie est réellement Mère de Dieu, et c'est par acclamation que les Pères du concile d'Éphèse ont salué Marie de ce titre glorieux que l'hérésiarque lui refusait. Cette dignité de Mère de Dieu, la plus haute dans toutes les hiérarchies de l'univers, a été conférée à Marie, selon les saints Pères, en faveur de ses perfections singulières, mais surtout de sa parfaite humilité ; et, selon saint Bernard, c'est le parfum très-suave de cette humilité qui a attiré le Verbe divin et l'a fait descendre en elle du haut des cieux[4].

Voilà quelle est la sublimité où Dieu se plut à élever la Sainte Vierge, et en elle la réhabilitation de la femme,

---

[1] *Gen.* II, 17.
[2] *Gen.* III, 20.
[3] Joan. XIV, 6 ; XI, 25.
[4] Serm. 4 in Assumpt. B. V. M.; hom. 2 sup. *Missus est*.

que l'orgueil d'Ève avait si profondément avilie. En Marie, c'est la pure nature humaine, c'est une simple créature comme nous, notre sœur, humble fille de David, qui, quoique inférieure aux anges par nature, a été, en vertu de la dignité incomparable de Mère de Dieu, élevée au faîte de la création, au-dessus de toute créature, « au-« dessus des chœurs des anges [1] » et de toutes les hiérarchies célestes. Car, seule entre toutes les créatures, comme le remarque un docteur, Marie peut dire à la seconde personne de la Trinité divine, depuis l'Incarnation, cette parole que le Père lui dit de toute éternité : « Je t'ai engendré [2] », puisque la Sainte Vierge jouit du « privilége « excellent et unique d'avoir un seul et même Fils avec « Dieu le Père [3] ». Il y a plus : le Fils de Dieu a voulu, dans son passage parmi nous, « être soumis » à Marie [4]. Écoutons saint Bernard : « Marie n'ose-t-elle pas appeler « son Fils le Dieu et le Seigneur des anges, en lui disant : « *Mon Fils, pourquoi nous avez-vous fait cela* [5] ? Qui des « anges l'oserait? Mais Marie, se sachant sa Mère, appelle « hardiment son Fils cette Majesté que les anges adorent « avec révérence. Et Dieu n'a pas dédaigné d'être nommé « ce qu'il a daigné être. Car l'Évangéliste ajoute peu « après : *Et il leur était soumis* [6]. Qui, et à qui? Dieu aux « hommes. Dieu, dis-je, à qui les anges sont soumis, à qui « les principautés et les puissances obéissent, était soumis « à Marie, et non-seulement à Marie, mais encore à Jo-« seph à cause de Marie. Qu'admirerez-vous le plus, la

---

[1] Exaltata est sancta Dei Genitrix super choros angelorum ad cœlestia regna. (*Brev. Rom.*, in Assumpt. B. M. V.)
[2] *Ps.* II, 7.
[3] Saint Bernard, Serm. 2 in Annunt. B. M. V.
[4] Luc. II, 51.
[5] Luc. II, 48.
[6] Luc. II, 51.

« pieuse condescendance du Fils, ou l'éminente dignité de
« la Mère? Des deux côtés stupeur, des deux côtés mer-
« veille. Que Dieu soit soumis à une femme, humilité
« sans exemple ; et qu'une femme commande à Dieu, su-
« blimité sans pareille. On chante comme un éloge singu-
« lier à la louange des vierges qu'*elles suivent l'Agneau*
« *partout où il va* [1]. De quelles louanges donc juger digne
« celle qui même le précède [2]? » Marie est donc la première de toutes les créatures : elle prend rang seule immédiatement après son Fils qui est Dieu. Marie est Reine,
puisque son Fils est Roi [3], et les anges comme les hommes
révèrent en elle leur souveraine. C'est pourquoi la liturgie
catholique, d'accord avec les saints Pères, la salue sans
cesse de ce titre de Reine : « Reine des cieux, Reine du
« monde, Reine des anges et de tous les saints » [4], et,
comme telle, elle reçoit de l'Église, sous le nom d'hyper-
dulie, un culte spécial qui lui est propre, et supérieur au
culte qu'on rend aux anges et aux autres saints.

Si donc l'Incarnation a conféré un honneur ineffable à
la nature humaine en l'unissant hypostatiquement et
pour toujours au Verbe divin, on peut dire que le sexe
féminin, déshérité sous l'ancienne loi, a reçu sous l'Évangile un privilége qui l'honore en quelque chose au-dessus
même du sexe masculin. Car, s'il est vrai que c'est dans la
personnalité de l'Homme-Dieu que le Verbe divin s'est
incarné, le sexe masculin est glorifié en lui dans une personne divine, non dans une pure créature, puisqu'une
seule personne réunit en lui les deux natures. Si, au contraire, nous cherchons quelle est la première et la plus

---

[1] *Apoc.* xiv, 4.
[2] Hom. 1 sup. *Missus est.*
[3] Saint Alphonse de Liguori, *le Glorie di Maria.*
[4] *Miss. Rom.; Brev. Rom.; Litan. Lauret.*

sublime de toutes les pures créatures, nous trouverons que ce n'est ni un homme, ni même un ange, mais une femme, une vierge, la « Vierge des vierges [1] ». Nous verrons ce principe de supériorité de la femme dans le type de Marie conservé plus tard par certaines institutions monastiques.

IX

Ève a introduit la *mort éternelle* en mettant, par le péché originel, toute l'humanité sous une sentence de damnation. Marie, comme réparatrice d'Ève, a été victorieuse du péché originel par sa *Conception immaculée*. « Désignée dès l'origine du monde pour être indissolublement unie au Rédempteur, elle devait, avec lui et par lui, exercer contre le démon une inimitié éternelle, en triompher pleinement, et écraser de son pied virginal la tête du serpent [2]. » Pour répondre entièrement à ce type, elle devait être toujours et totalement soustraite à toute influence du péché originel. Car il convenait que la réparatrice d'Ève, l'épouse du Saint-Esprit, qui devait engendrer Dieu de son corps virginal, et, comme arche de la nouvelle alliance, renfermer en elle le « Saint des Saints [3] », le destructeur du péché, n'en eût jamais reçu la moindre contagion. Aussi, comme il fallait que Jésus-Christ, qui est la pureté même, sortît d'une source souverainement pure, Marie fut, par un privilège unique, préservée, dès le premier instant de sa conception, de toute tache du péché originel, qui ne l'atteignit donc

---

[1] *Litan. Lauret.*
[2] PIE IX, Bulla dogm. *Ineffabilis.*
[3] DAN. IX, 24.

jamais. C'est pourquoi l'ange Gabriel, en la saluant
« pleine de grâce¹ », attestait en elle la plénitude de la
grâce participante, la plus abondante qu'une pure créature ait jamais reçue. Et les prophètes la figuraient aussi
sous les images d'une « fontaine scellée », dont rien ne
troubla jamais la pureté, d'une « porte fermée » et d'un
« jardin fermé ² », où le démon ne trouva jamais l'accès
que la première femme lui avait ouvert par le péché originel.

X

Ève n'a pas été seulement l'auteur du péché originel
et de la sentence de damnation qu'il entraîna pour l'humanité. Elle a été aussi l'auteur du *péché actuel* en in-
troduisant dans le monde, comme conséquence du péché
originel, le foyer de la triple « concupiscence de la chair,
« des yeux et de l'orgueil ³ », d'où ont dérivé pour l'humanité tous les péchés actuels. Marie, comme réparatrice
d'Ève, et pour porter jusque dans tous ses effets le type
de la réhabilitation de la femme sous la loi nouvelle, fut
non-seulement confirmée dans la grâce et préservée elle-
même de tout péché actuel, même véniel, mais encore
constituée *Médiatrice de toutes les grâces divines* qui préservent les hommes du péché actuel ou qui le réparent.

En effet, s'il est vrai que Jésus-Christ suffisait à lui
seul comme « Médiateur ⁴ », pour réconcilier la terre
avec le ciel, Dieu a voulu néanmoins compléter par un
degré de plus cette échelle de réconciliation, en nous

---

¹ Luc. 1, 28.
² *Cant.* iv, 12. Ezech. xliv, 2.
³ *I Joan.* ii, 16.
⁴ *Gal.* iii, 19, 20. *I Tim.* ii, 5. *Hebr.* viii, 6 ; ix, 15 ; xii, 24.

donnant un trait d'union et un accès plus facile auprès du Rédempteur, qui est notre frère, mais aussi notre Dieu, par l'humanité pure de Celle que la dignité de Mère de Dieu a élevée, quoique notre semblable par nature, au-dessus de toute la création. L'Église le proclame depuis tant de siècles en nommant Marie « notre vie, notre « douceur et notre espérance [1] », les saints Pères l'ont toujours enseigné, et c'est une croyance généralement reçue, sur l'autorité de saint Bernard et de saint Alphonse de Liguori, qui ont été les organes les plus éloquents de cette universelle doctrine, que Dieu, pour glorifier sa Mère, l'a constituée le canal de toute grâce, et fait passer par elle toutes les grâces qu'il répand sur le monde ; en sorte que si, selon l'Apôtre, le Christ est « la tête » de l'Église [2], Marie en est « le cou » par lequel la vie se répand de la tête dans les membres [3], et que celle qui fut Médiatrice de la Rédemption en donnant au monde son Sauveur demeure jusqu'à la fin des temps Médiatrice de toutes les grâces du Rédempteur. Quoique déjà « pleine « de grâce », elle a encore « trouvé grâce auprès de Dieu », et « le Saint-Esprit est survenu en elle [4] », afin que, sa surabondance débordant sur notre pauvreté, « nous recevions tous de sa plénitude [5] ». « Comme vous « étiez indigne de recevoir », dit saint Bernard, « Marie a « reçu, afin que vous receviez par elle tout ce que vous « avez, parce que Dieu a voulu que nous n'ayons rien qui « ne passe par les mains de Marie. Mes enfants, elle est

---

[1] Vita, dulcedo et spes nostra (ant. *Salve Regina*).
[2] *I Cor.* xi, 3. *Eph.* i, 22; iv, 15; v, 23. *Col.* i, 18.
[3] Contenson, *Theolog. mentis et cordis.*
[4] Luc. i, 28, 30, 35.
[5] Joan. i, 16. Saint Bernard, serm. 1 in Assumpt. B. M. V.; serm. 3 in Annunt. B. M. V.; serm. *De aquæd.*; serm. *De duod. stell.*

« l'échelle des pécheurs, elle est ma plus grande con-
« fiance, elle est toute la raison de mon espérance.
« Donnez tout à offrir par les mains de Marie, si vous ne
« voulez pas être rejeté, afin que la grâce revienne à l'au-
« teur de la grâce par le même canal par où elle est
« venue. Cherchons la grâce, et cherchons-la par Marie.
« Dieu a placé dans Marie la plénitude de tout bien, afin
« que tout ce qu'il y a en nous d'espérance, de grâce, de
« salut, nous sachions que cela déborde d'elle : car telle
« est la volonté de Celui qui a voulu que nous ayons tout
« par Marie[1]. »

La malédiction d'Ève est-elle assez effacée? L'antique opprobre de la femme est-il assez vengé? Pour compléter le tableau de cette réhabilitation, voyons, à chaque page du récit évangélique, Marie paraissant comme Médiatrice, et inaugurant l'apostolat des vierges dans l'Église catholique.

En effet, Marie fut Médiatrice quand, dans le sanctuaire auguste de son corps immaculé, arche du Nouveau Testament, se consomma le mystère de l'alliance éternelle de Dieu avec l'homme par l'Incarnation du Verbe divin s'unissant pour toujours à la nature humaine qu'il y reçut de la chair très-pure de la Vierge ; et saint Bernard nous montre, à cet instant solennel, toutes les générations passées, présentes et futures, les patriarches et les prophètes, les anges et Dieu même, attendant de Marie le consentement d'où dépendait le salut du monde, et qu'elle donna en répondant : « Voici la servante du Seigneur ;
« qu'il me soit fait selon votre parole[2]. » Elle fut Média-

---

[1] Serm. 3 *In vig. nat. Domini;* serm. *De duod. stell.;* serm. *De aquæd.;* hom. 4 sup. *Missus est.*
[2] Luc. I, 38.

trice lorsque, portant en elle le « Saint des Saints¹ », elle purifia et sanctifia par sa présence Jean-Baptiste encore renfermé dans le sein de sa mère, le fit tressaillir à sa voix, et fit prophétiser ses parents ². Elle fut Médiatrice lorsque, dans Bethléem, elle « donna au monde son Sau- « veur », et « répandit sur la terre la lumière éter- nelle³ ». Elle fut Médiatrice lorsque, de ses bras, le Sau- veur nouveau-né bénit dans les bergers et les Mages les deux éléments de sa future Église, les Juifs et les Gentils⁴, et plus tard Siméon et Anne, à qui elle obtint aussi le don de prophétie ⁵. Elle fut Médiatrice lorsqu'elle pré- senta Jésus au temple comme la victime unique et suprême qui consommait et remplaçait tous les sacrifices de l'ancienne loi⁶. Elle fut Médiatrice dans les années où elle nourrit et protégea l'enfance du Sauveur, qui « lui « était soumis⁷ ». Elle fut Médiatrice en obtenant de Jésus son premier miracle⁸. Elle fut Médiatrice quand, debout au pied de la Croix, dans l'attitude du prêtre qui sacri- fie, elle offrait son Fils en victime pour notre salut, prête à s'immoler elle-même si notre salut l'avait de- mandé⁹. Elle fut Médiatrice au Cénacle, quand, prési- dant avec les apôtres à l'Église naissante, elle obtint par ses mérites et ses prières l'effusion du Saint-Esprit¹⁰. Elle fut Médiatrice enfin quand elle monta au ciel pour s'y

---

1 Dan. ix, 24.
2 Luc. i, 41.
3 *Miss. Rom.*, ad communic. in nat. Domini ; præf. de B. M. V. : lumen æternum mundo effudit Jesum Christum.
4 Luc. ii, 16. Matth. ii, 11.
5 Luc. ii, 25-38.
6 Luc. ii, 22.
7 Luc. ii, 51.
8 Joan. ii, 3.
9 Joan. xix, 25.
10 *Act.* i, 14 ; ii, 2.

asseoir à la droite de son Fils, où elle règne avec lui et intercède pour nous comme notre Mère et « notre avo-
« cate[1] », et où l'Église lui renvoie sans cesse de tous les points de la terre ces invocations de confiance et d'amour : « Mère de miséricorde[2], Mère de la grâce divine,
« Miroir de justice, Trône de sagesse, Cause de notre
« joie, Porte du ciel, Étoile du matin, Arche d'alliance,
« Salut des malades, Refuge des pécheurs, Consolatrice
« des affligés, Secours des chrétiens[3]. » Elle est Médiatrice pour chacun de nous, pécheurs ou saints, en nous guidant par sa lumière sûre et fidèle, comme « Étoile de
« la mer[4] », au milieu des flots de ce monde et des troubles de cette vie mortelle.

Vierges chrétiennes, soyez fières de votre mission ! vous étiez là toutes présentes dans Marie, partout où le récit évangélique vient de nous la montrer Médiatrice, posant les bases de votre apostolat, et réunissant au plus éminent degré la vie active et la vie contemplative[5]. Voilà votre type : la femme réhabilitée et glorifiée dans la Mère immaculée de Dieu ; non plus la femme se cachant avec confusion dans les ombrages de l'Éden[6], mais « la femme
« revêtue du soleil » en signe de participation à la gloire divine, « foulant aux pieds la lune », c'est-à-dire les fragilités changeantes des pompes et des attachements ter-

---

[1] Advocata nostra (ant. *Salve Regina*).
[2] Mater misericordiæ (ant. *Salve Regina*).
[3] Litan. Lauret.
[4] Ave Maris stella (*Brev. Rom.*).
[5] C'est en figure de cette réunion éminente, dans la Sainte Vierge, des deux genres de vie qui se partagent l'Église, qu'on lit dans la fête de son Assomption l'Évangile de Marthe et Marie-Madeleine. Saint Anselme (*in* Luc. x) et Ludolphe de Saxe (*Vita J. C.*, p. I, c. LXI) en donnent une touchante et mystique explication en appliquant ce dualisme aux principales actions de la vie de la Sainte Vierge.
[6] *Gen.* III, 8.

restres, et « la tête couronnée de douze étoiles[1] », en signe de la vie toute céleste à laquelle Marie vous invite, et de la part qu'elle vous donne après elle au ministère sacré des apôtres.

XI

En élevant la Vierge Marie à la plus sublime dignité de la création et en l'associant activement à l'œuvre de la Rédemption, le Seigneur avait suffisamment opéré la réhabilitation de la femme et l'appel des vierges chrétiennes à l'exercice d'un apostolat. Mais, pour qu'on ne crût pas que ce principe resterait limité au type suréminent de Marie, il voulut en tirer lui-même les conséquences.

Dès la première année de sa vie publique, lorsque l'incarcération de son Précurseur le décide à passer en Galilée, Jésus s'arrête au puits de Sichem[2], dans la seule intention d'engager avec une pécheresse samaritaine un des entretiens les plus sublimes de l'Évangile, et pour lui révéler les plus profonds mystères de la vocation des Gentils, de « l'adoration en esprit et en vérité » remplaçant le culte aaronique, et des opérations de la grâce, figurées sous l'image « d'une source d'eau jaillissante « pour la vie éternelle ». Les apôtres « s'étonnent de le « voir parler avec une femme », et la Samaritaine s'étonne aussi de l'honneur qui lui est fait, tant c'était une chose insolite qu'un homme considérable daignât s'entretenir avec une femme. Mais aussitôt, de disciple, la Sama-

---

[1] *Apoc.* xii, 1.
[2] Ce puits subsiste encore près de Naplouse, qui est l'antique Sichem, et il y est l'objet de la dévotion des chrétiens.

ritaine devient apôtre, et convertit par sa parole à la foi chrétienne un grand nombre de Sichimites [1].

L'année suivante, tandis que Jésus était à table chez Simon le pharisien, la pécheresse Marie-Madeleine, touchée de l'amour divin et destinée à devenir la plus intime amie du Fils de Dieu, tombe à ses pieds, les arrose de ses larmes et d'un parfum précieux. Le Seigneur prend la parole pour exalter longuement le mérite de cette femme, qui, comme le remarque saint Bernard, « a joui de la « prérogative de l'avoir toujours pour avocat, contre le « pharisien, contre sa sœur et contre les apôtres : partout « Marie se tait, et le Christ parle pour elle [2] ». Enfin il prononce cette mémorable sentence : « Beaucoup de « péchés lui sont remis, parce qu'elle a beaucoup aimé » : car, selon saint Pierre, « la charité », c'est-à-dire l'amour de Dieu qui produit la contrition parfaite, « efface la mul-« titude des péchés [3] ». Et dès lors, la pécheresse devient disciple de Jésus, pour devenir plus tard apôtre de l'Évangile [4].

En effet, depuis ce moment, une société de femmes que l'Église nomme « les saintes femmes » est adjointe au collége des apôtres, et, sous la présidence de la Sainte Vierge, accompagne le Seigneur dans son ministère et ses pérégrinations. Saint Luc nomme parmi elles : « Marie-« Madeleine, Jeanne, épouse du procureur d'Hérode ; « Suzanne, et beaucoup d'autres qui l'assistaient de leurs « biens [5]. » De leur nombre étaient encore : Marie de

---

[1] Joan. iv, 5-42.
[2] Serm. 3 in Assumpt. B. M. V. Matth. xxvi, 8. Marc. xiv, 4. Luc. x, 42. Joan. xii, 4.
[3] I Petr. iv, 8. Prov. x, 12.
[4] Luc. vii, 36-50.
[5] Luc. viii, 2, 3. Matth. xxvii, 55. Marc. xv, 40, 41.

Cléophas, sœur ou proche parente de la Sainte Vierge[1], et mère des apôtres saint Jacques le Mineur et saint Judas Thaddée et de Joseph ; Salomé, épouse de Zébédée, et mère des apôtres saint Jacques le Majeur et saint Jean l'Évangéliste[2] ; et la vierge Marthe, sœur de Marie-Madeleine. C'était une dérogation complète aux usages de l'antiquité, et surtout de l'Orient, où les femmes, vaquant exclusivement aux soins domestiques, ne paraissent guère en public ni dans la compagnie des hommes.

XII

Mais Jésus ne se borna pas à appeler les saintes femmes au ministère apostolique : il voulut compléter la réhabilitation du sexe féminin en choisissant parmi elles ses plus intimes amitiés. Dieu, qui avait aimé les hommes jusqu'à se faire homme, et jusqu'à mourir pour eux[3], et qui était venu donner au monde le « précepte nouveau » de l'amour jusqu'à la mort[4], avait prévu qu'il y aurait des insensés qui, effrayés des idées du renoncement et de la mortification évangéliques, et habitués à tout estimer au niveau de la brute, prétendraient que la nouvelle loi desséchait les cœurs et prohibait les affections. Pour les confondre, et pour donner à ses disciples des consolations dignes d'eux, le Sauveur voulut montrer dans sa divine personne et dans celle de sa glorieuse Mère l'exemple de ces amitiés chrétiennes, de ces affections spirituelles et

---

[1] On sait que, dans l'Écriture sainte, le nom de frère et de sœur s'applique à tous les degrés proches de parenté.
[2] Joan. xix, 25. Mattu. xxvii, 56. Marc. xv, 40. Luc. xxiv, 10.
[3] Joan. iii, 16 ; xv, 13.
[4] Joan. xiii, 34. I Joan. iii, 16.

surnaturelles dont Dieu est le lien et le but, fécondes en fruits de salut et de sanctification.

L'Évangile nous cite quatre personnes que Jésus aima d'une amitié particulièrement intime, et dont deux étaient des femmes. La première de ces personnes fut Jean, l'apôtre-vierge, qui reposa sur son cœur dans la Cène, à qui il confia en mourant la garde de Marie Immaculée, et qui se nomme toujours « le disciple que Jésus aimait[1] ». A côté de lui, nous trouvons trois personnes honorées d'une appellation semblable, et dont saint Jean dit lui-même : « Jésus aimait Marthe, et sa sœur Marie et « Lazare. » Quand ce dernier va mourir, ses deux sœurs envoient à Jésus ce simple et sublime message : « Seigneur, « celui que vous aimez est malade » ; puis, quand Lazare est mort, Jésus, qui vient pourtant ressusciter « son ami » (car c'est ainsi qu'il le nomme), « frémit deux fois en « esprit, se trouble et pleure », afin que nous disions ce que dirent les Juifs assistants : « Voyez combien il l'ai-« mait[2] ! »

Considérons spécialement l'amitié de Jésus pour ces deux sœurs, dont l'une était vierge, l'autre pénitente, et toutes deux destinées à devenir les premières apôtres de la France. La vierge Marthe était honorée du privilége habituel de recevoir Jésus dans sa maison, à Béthanie, qui est à une demi-heure de marche de Jérusalem, et de le servir elle-même à table. Nous voyons Jésus recevoir l'hospitalité dans cette maison amie, au cours de ses tournées apostoliques[3], puis venir y ressusciter Lazare ; et sainte Marthe fait alors publiquement cette magnifique

---

[1] Joan. xiii, 23; xix, 26; xxi, 7, 20.
[2] Joan. xi, 3, 5, 11, 32, 35, 38.
[3] Luc. x, 38-42.

profession de foi, semblable à celle par laquelle saint Pierre mérita de recevoir les clefs de l'Église : « Oui, « Seigneur, je crois que vous êtes le Christ, Fils du Dieu « vivant, qui êtes venu en ce monde[1]. » Enfin, lorsqu'il vient à Jérusalem pour y mourir, six jours avant la pâque, la veille du jour des Rameaux, Jésus va encore loger chez Marthe[2], et tous les jours suivants jusqu'à celui de la Cène, après avoir prêché dans le temple, il retourne chaque soir à Béthanie pour demeurer et passer la nuit dans la maison de cette vierge, son hôte de prédilection[3].

Quant à Marie-Madeleine, que nous avons déjà vue aux pieds de Jésus le jour de sa conversion, nous l'y retrouvons chez sa sœur, écoutant la parole de son Maître, et élevée au faîte de la contemplation; le Seigneur prononce alors sur elle cette grande parole : « Une seule chose est « nécessaire : Marie a choisi la meilleure part, qui ne lui « sera point ôtée[4]. » Nous l'y retrouvons encore le jour de la résurrection de son frère Lazare, où Jésus la fait personnellement appeler, et c'est « en la voyant pleurer » que le Sauveur « frémit, se trouble et pleure » lui-même[5]. Nous l'y retrouvons enfin au festin de Béthanie, la veille des Rameaux, renouvelant à Jésus l'hommage du parfum qui avait déjà signalé sa conversion; et le Seigneur, la glorifiant alors pour la troisième fois, prononce cet oracle : « Partout où cet Évangile sera prêché dans le « monde entier, ce qu'elle vient de faire sera redit en « mémoire d'elle[6]. »

---

[1] JOAN. XI, 27. MATTH. XVI, 16-19.
[2] JOAN. XII, 1.
[3]. MATTH. XXI, 17. MARC. XI, 19.
[4] LUC. X, 42.
[5] JOAN. XI, 28, 32, 33, 35, 38.
[6] MATTH. XXVI, 6-13. MARC. XIV, 3-9. JOAN. XII, 1-8.

XIII

Mais les jours de la Passion et de la Résurrection de Notre-Seigneur réservaient à la Sainte Vierge et aux saintes femmes les plus glorieux triomphes de leur apostolat : le sexe féminin allait y prendre une éclatante revanche des mépris de l'Ancien Testament, en surpassant en fidélité et en courage les apôtres et les disciples.

Le Sauveur est en croix, rachetant l'humanité par une agonie de trois heures et par des opprobres sans exemple. « Les apôtres et les disciples ont tous fui » dès l'arrestation de leur Maître, « et l'ont abandonné[1] » : ils sont allés se cacher ; et celui d'entre eux qui a mission de « confirmer ses frères », et qui a reçu le nom de « Pierre » comme signe de la fermeté inébranlable qui fera de lui la base de l'Église[2], renie son maître trois fois à la voix d'une « portière[3] ». Jésus mourra-t-il donc seul et délaissé, entouré seulement d'ennemis ? le collége des saintes femmes a-t-il déserté comme celui des apôtres et des disciples ? Non, les Évangiles mentionnent la présence des saintes femmes. Quelques personnes fidèles et fortes sont donc restées auprès de la Croix, bravant la fureur des persécuteurs, et assistant comme témoins élus au mystère qu'attendaient les peuples et les siècles : elles sont là « debout », dans l'attitude de l'action et de la force, sans nulle marque de crainte ni de désespoir : « *stabant.* » De ces témoins, les Évangélistes nomment

---

[1] MATTH. XXVI, 56. MARC. XIV, 50.
[2] LUC. XXII, 32. JOAN. I, 42. MATTH. XVI, 18.
[3] MATTH. XXVI, 69-75. MARC. XIV, 66-72. LUC. XXII, 55-62. JOAN. XVIII, 16-27.

cinq, dont quatre sont des femmes ; et parmi ces femmes, la première est la Mère de Dieu, Marie, la Reine des cieux et de la terre, la Vierge-type, partageant les souffrances de son Fils par un martyre de compassion, mais heureuse de l'offrir en victime pour le salut du monde, et prête à mourir avec lui si notre salut l'avait demandé : « Comme elle savait que la mort de son Fils servait au « bien commun », dit saint Ambroise, « elle attendait « pour voir si elle pourrait aussi par sa propre mort « ajouter quelque chose au bienfait commun [1]. » Les trois autres femmes nommées sont l'aimante et fidèle Madeleine, Marie de Cléophas et Salomé. Le cinquième témoin de la Passion est Jean, le disciple bien-aimé, que sa contemplation sublime a préservé de la frayeur de ses collègues. Il est là pour recevoir le dépôt du plus précieux trésor qui soit sorti des mains de Dieu. Le Sauveur a quelque chose à faire avant de mourir : il veut confier au disciple-vierge la garde de l'Arche de l'éternelle alliance, et il veut que Marie Immaculée, qui est déjà notre Médiatrice et notre avocate, porte désormais le titre encore plus doux de notre Mère : « Femme, voilà ton fils ; voilà « ta Mère. » Il a promis de « ne pas nous laisser orphe« lins [2] », il veut que nous ayons aux cieux une Mère aussi bien qu'un Père, et, en même temps qu'il lègue Jean pour ami et consolateur à la Sainte Vierge, il lègue à Marie tous les hommes pour enfants dans la personne du disciple bien-aimé. Toute l'humanité, qui va être rachetée par sa mort, est mise sous la suprématie et la protection maternelle de la femme élevée au-dessus de toute créature, de la Vierge Mère de Dieu et des hommes, qui

---

[1] *De instit. virg.*, c. VII.
[2] JOAN. XIV, 18.

se souviendra éternellement que nous avons été, dans un tel moment, l'objet de l'unique legs de son Fils[1].

XIV

Le vendredi saint se passe, et le corps du Sauveur repose dans le sépulcre. L'Église naissante est dans la consternation. Car, si quelques témoins, les saintes femmes et le disciple aimé, avaient suivi fidèlement Jésus au Calvaire, un seul, parmi les amis de Jésus, avait gardé sa foi intacte, et, croyant fermement que la mort ne pouvait rester victorieuse de l'Homme-Dieu, attendait avec confiance sa résurrection au jour fixé par les prophètes et par lui-même, sans prendre part aux cérémonies funèbres que les saintes femmes préparaient : et ce seul témoin qui eût gardé la foi, c'était une femme, la Vierge des vierges, c'était Marie, Mère de Dieu. Tous les apôtres et les disciples, même Jean et Madeleine, avaient senti leur foi chanceler en voyant Jésus mort et enseveli; et les Évangiles montrent bien que leur unique pensée était de rendre des hommages funéraires à leur maître, sans espoir de sa résurrection. C'est pour cela que l'Église a consacré le jour du samedi à la Sainte Vierge, en mémoire de ce que seule, durant ce samedi saint, elle gardait sa foi à la Résurrection, et que, par conséquent, ce jour-là, tout le reste de l'Église ayant défailli, Marie était restée composant à elle seule toute l'Église des fidèles. Une femme, la première des vierges sacrées, restait donc ce jour-là, seule debout sur les ruines de la foi, gardant en elle le dépôt et la tradition de l'apostolat chrétien.

[1] JOAN. XIX, 25, 26. MATTH. XXVII, 55, 56. MARC. XV, 40.

Néanmoins, même dans ce naufrage général de la foi, le sexe féminin l'emporta encore sur les hommes, du moins par le courage. Les apôtres et les disciples restaient cachés et « enfermés dans le Cénacle par crainte « des Juifs [1] ». Pendant ce temps, les saintes femmes, au mépris du danger, achetaient et préparaient des parfums, et venaient hardiment au sépulcre pour y rendre un dernier hommage au Maître qu'elles croyaient mort. Celle d'entre elles qui l'avait le plus aimé, Madeleine, ne pouvait s'en éloigner, et, pensant qu'on avait enlevé le corps de son Seigneur, le réclamait avec larmes; Pierre et Jean, avertis par elle, après avoir constaté l'ouverture du sépulcre, « étaient retournés chez eux [2] »; mais Madeleine restait à y pleurer inconsolable. « Examinons », dit saint Grégoire le Grand, « quelle puissance d'amour avait em« brasé l'âme de cette femme, qui ne se retirait pas du « tombeau du Seigneur, quand les disciples s'en étaient « retirés : aussi eut-elle seule le bonheur de voir Celui « que seule elle avait persévéré à chercher [3]. » Cette constance et cette ardente charité valurent un nouveau privilége à l'apostolat féminin, qui mérita, non-seulement dans le type suréminent de la Sainte Vierge, mais encore en Madeleine et en ses compagnes, de connaître avant les apôtres la Résurrection du Seigneur. Car, après que Jésus ressuscité se fut montré en premier lieu à sa glorieuse Mère [4], la première personne entre ses disciples

---

[1] Joan. xx, 19, 26.
[2] Joan. xx, 10.
[3] Hom. 25 in Evang.
[4] Selon une constante tradition conservée à Jérusalem, et confirmée par l'opinion de plusieurs saints docteurs et par des révélations faites à divers saints, le Seigneur ressuscité apparut d'abord à la Sainte Vierge; et, si les Évangiles n'en parlent pas, cela s'explique par la grande réserve que les évangélistes et les Pères des premiers siècles mettaient,

qui fut ensuite honorée de son apparition fut, non un des apôtres, pas même Pierre ni Jean, mais sa chère Marie-Madeleine ; et ce fut elle qui, chargée par le Seigneur d'annoncer sa Résurrection aux apôtres et à l'Église, mérita de devenir « apôtre des apôtres [1] ». Il résulte même du texte sacré que Notre-Seigneur se montra aussi aux autres des saintes femmes avant d'apparaître au collége des apôtres, afin que le sexe féminin, qui s'était montré en ces jours-là le premier pour le courage, fût le premier à jouir de la victoire [2].

XV

Le Sauveur est monté au ciel. L'Église naissante est réunie dans le Cénacle, au nombre de cent vingt personnes environ, attendant le Saint-Esprit dans la prière. Cette auguste assemblée, le premier des conciles catholiques, se compose des douze apôtres, complétés par l'élection de Mathias ; elle renferme aussi le collége des disciples. Mais ce n'est pas tout : saint Luc y mentionne la présence des saintes femmes et de Marie Mère de Dieu. La Sainte Vierge présidait donc en personne, avec saint Pierre, cette première assemblée de l'Église dont elle était elle-même le type glorieux, et elle y était assistée des femmes qui s'étaient associées activement avec elle à l'apostolat de son Fils ; comme on verra plus tard des

---

dans des temps encore voisins du paganisme, à parler de la vie personnelle de la Sainte Vierge, comme aussi de la Trinité et de l'Eucharistie, et de tout ce qui aurait pu induire au polythéisme des peuples grossiers et à peine convertis.

[1] Apostolorum apostola (*Brev. Præd., in f. S. M. Magd.*).
[2] MATTH. XXVIII. MARC. XVI. LUC. XXIV. JOAN. XX.

abbesses siéger dans les conciles. Appelé par la toute-puissante intercession de Celle qui était son plus noble sanctuaire, le Saint-Esprit descend le jour de la Pentecôte sur cette sainte réunion, et en elle sur toute l'Église [1], et consacre solennellement, par son effusion simultanée sur les saintes femmes comme sur les apôtres, l'apostolat du sexe féminin, présent en elles sous les feux du Cénacle à la suite de la Vierge Reine des Anges et des hommes.

En effet, au sortir de là, sainte Marie-Madeleine et sainte Marthe vont bientôt, avec leur frère Lazare, leur servante Marcella et le disciple Maximin, porter les premières l'Évangile aux Gaules et y fonder les trois plus anciennes églises de France, celles de Marseille, d'Aix et d'Avignon. Selon d'antiques traditions, c'est par de véritables prédications publiques de l'Évangile que sainte Madeleine convertit la ville de Marseille à la foi chrétienne, et que sainte Marthe y convertit la ville d'Avignon. Puis, sa tâche achevée, laissant à son frère saint Lazare l'église de Marseille, et à son ami saint Maximin l'église d'Aix qu'elle avait fondées avec eux, sainte Madeleine, pour conserver son type de la vie contemplative, se retire à la Sainte-Baume et y donne à la Gaule le premier exemple de la vie anachorétique. De son côté, sainte Marthe, restant fidèle à son type de la vie active, après avoir fondé l'église d'Avignon, se constitue fondatrice et protectrice de l'église de Tarascon, délivre cette ville d'un monstre par la vertu de la Croix, et y donne à la Gaule le premier exemple de la vie cénobitique. En même temps, deux autres des saintes femmes, Marie de Cléophas et Marie Salomé, compagnes d'apostolat de Madeleine et de Marthe, évangélisent la Camargue, et y laissent pour sou-

[1] *Act.* I, II.

venir de leur ministère sacré la ville et le sanctuaire célèbre qu'on nomme les Saintes-Maries.

XVI

Le tableau qui précède nous a montré la *réparation* et la réhabilitation de la femme dans l'élection de Marie pour Mère de Dieu, et dans l'appel du sexe féminin à partager l'apostolat du Rédempteur. Comme nous l'avons dit, cette réhabilitation de la femme devait avoir pour conséquence nécessaire l'institution de la virginité chrétienne.

Cette institution de la virginité était contenue suffisamment aussi dans l'élection de la Très-Sainte Vierge Marie; mais, ici encore, Notre-Seigneur voulut préciser la généralité de son appel : il ne fallait pas qu'on pût croire que la virginité dût rester limitée au type unique et suréminent de la Mère de Dieu. Déjà David, voyant dans la lumière prophétique la Vierge sublime qui sortirait de sa race, l'avait décrite comme « une Reine placée à la droite « du Roi céleste, revêtue d'or et d'ornements variés », et il ajoutait : « Des vierges seront amenées au Roi après « elle; ses amies vous seront offertes, Seigneur, dans la « joie et l'allégresse; elles seront conduites au temple du « Roi[1]. » Cette prophétie allait s'accomplir, et son accomplissement réalisait à l'égard du sexe féminin les caractères évangéliques de *rénovation* et d'*unification*.

De *rénovation* : car, nous l'avons dit, la virginité volontaire, rare et exceptionnelle parmi les hommes sous l'Ancien Testament, y était absolument inconnue parmi

[1] *Ps.* XLIV, 10, 15, 16.

les femmes. Le sexe masculin avait vu la virginité volontaire dans Abel, Josué, Élie, Élisée, Jérémie [1], Daniel, qui tous portaient en quelque chose le type prophétique du Christ, et enfin dans saint Joseph et saint Jean-Baptiste, qui étaient déjà des ministres de la Rédemption. Mais dans le sexe féminin elle était sans exemple : l'opprobre attaché à la stérilité des femmes, et dont nous avons vu les conséquences, suffisait à l'empêcher; et cet opprobre était tel que la fille de Jephté, désignée pour renouveler dans son sexe le type prophétique qu'avait figuré le sacrifice d'Isaac, demanda deux mois « pour pleurer sa « virginité », c'est-à-dire pour déplorer de mourir vierge [2] : ainsi, ce qui est chez nous un honneur passait pour le comble de la honte. C'est une tradition constante dans l'Église, que la glorieuse Vierge Marie fut la première femme qui, instruite par le Saint-Esprit de la supériorité de la fécondité spirituelle sur la fécondité charnelle, ait voué sa virginité à Dieu, et résolu de subir les malédictions de l'ancienne loi plutôt que d'appartenir à un autre époux que lui. C'est pourquoi saint Ambroise dit : « La « virginité a cherché au ciel un exemple à imiter sur la « terre; et ce n'est pas sans raison que celle qui s'est « trouvé un époux dans le ciel cherche son genre de vie « au ciel. Qui pourrait nier que ce genre de vie soit venu « du ciel, puisque nous ne le trouvons facilement sur la « terre que depuis que Dieu est descendu dans les mem- « bres d'un corps terrestre [3] ? »

D'*unification* : car, ainsi que nous l'avons vu, l'Évangile ramène tout à l'unité. Au moment de la venue du Messie, le genre humain était arrivé au terme de sa dif-

[1] Jer. xvi, 2.
[2] *Jud.* xi, 37, 38.
[3] *De virgin.*, l. I.

fusion, et couvrait toute la surface de la terre. Aussi le
« croissez et multipliez-vous » de l'ancienne loi [1] n'est plus
jamais répété sous l'Évangile. Le mariage n'est plus que
permis [2], il n'est plus conseillé, il est même dissuadé [3]. Le
Christ rappelle tout vers lui; et l'exemple qu'il a donné
dans sa personne divine et dans celle de sa glorieuse
Mère, il va le proposer à tous par un appel formel à le
suivre.

XVII

En effet, Notre-Seigneur ayant déclaré à ses disciples
l'indissolubilité du mariage, ceux-ci, effrayés des conséquences de ce principe, s'écrient : « S'il en est ainsi, il
« n'est pas bon de se marier » ; et Jésus leur répond : « Tous
« ne comprennent pas cette parole, mais à ceux à qui il est
« donné de l'entendre. Il y en a qui s'éloignent du mariage
« à cause du royaume des cieux. Que celui qui sait com-
« prendre, comprenne [4]. » Dans une autre occasion, répondant à une grossière énigme des Sadducéens, le divin Maître
compare la virginité à la vie des anges, en disant : « Dans
« la résurrection, on ne se marie ni ne s'épouse, mais on
« vit comme les anges de Dieu dans le ciel [5]. » Enfin son
disciple bien-aimé, l'apôtre-vierge qui avait reçu de lui
la garde de la Sainte Vierge Marie, son plus cher trésor et
le plus précieux chef-d'œuvre de sa création, et qui, en
reposant sur la poitrine du Sauveur, avait puisé les secrets

---

[1] *Gen.* I, 28; VIII, 17; IX, 1, 7.
[2] « Hoc autem dico secundum indulgentiam », dit saint Paul (*I Cor.* VII, 6).
[3] *I Cor.* VII.
[4] MATTH. XIX, 10-12.
[5] MATTH. XXII, 30. LUC. XX, 35, 36.

les plus intimes de son Cœur divin à la source même de toute vérité [1], a révélé au monde les honneurs réservés à la virginité : dans sa vision sublime de Patmos, il a vu les vierges « autour de l'Agneau sur la montagne de Sion, « portant sur leurs fronts le nom du Père céleste » ; il les a entendues « chanter un cantique nouveau devant le trône « de Dieu, un cantique que nul autre ne peut chanter » ; il les a vues « suivre l'Agneau partout où il va », comme « prémices offertes à Dieu et à l'Agneau », à cause de leur « virginité restée pure de la souillure de tout com- « merce charnel [2] » ; et un ange vient ensuite lui dicter cet oracle : « Écris : Bienheureux ceux qui sont appelés au « festin des noces de l'Agneau » ; et l'ange ajoute : « Ces « paroles de Dieu sont véridiques [3]. »

Mais c'est saint Paul, l'apôtre des nations, qui a été chargé d'expliquer à l'Église la doctrine de l'Évangile sur la virginité, et il l'a fait en ces termes : « Il est bon à « l'homme de ne pas toucher une femme. Je voudrais « que vous fussiez tous comme moi-même. Je dis donc à « ceux et à celles qui ne sont pas mariés, qu'il est bon « pour eux de rester ainsi comme moi. Sur les vierges, je « n'ai pas de précepte du Seigneur, mais je donne un « conseil : car il est bon d'être ainsi. Ceux qui se marient « auront des tribulations dans leur chair, et je veux vous « les épargner. Je veux que vous soyez tous sans sollici- « tude. Celui qui n'est pas marié s'occupe des choses du « Seigneur pour plaire à Dieu ; mais celui qui est marié « s'occupe des choses du monde pour plaire à sa femme, « et il est partagé. Et la femme non mariée, la vierge « songe aux choses du Seigneur, pour être sainte de

---

[1] Joan. xiii, 23, 25 ; xix, 26, 27 ; xxi, 20.
[2] *Apoc.* xiv, 1-4.
[3] *Apoc.* xix, 9.

« corps et d'esprit ; mais la femme mariée pense aux cho-
« ses du monde pour plaire à son mari. Je dis cela pour
« votre avantage, pour vous conseiller ce qui est bien-
« séant, et ce qui permet de prier le Seigneur sans empê-
« chement [1]. » C'est pourquoi le Concile de Trente a défini comme article de foi : « Si quelqu'un dit que l'état
« conjugal est préférable à l'état de virginité ou de céli-
« bat, et qu'il n'est pas meilleur et plus heureux de rester
« dans la virginité ou le célibat que de se marier, qu'il
« soit anathème [2]. »

L'invitation de Notre-Seigneur à la virginité, formulée
en ces termes : « Que celui qui sait comprendre, com-
« prenne », est-elle adressée à tous les fidèles indistinc-
tement, ou seulement, comme l'opinion en est trop répandue parmi les gens du monde, à un petit nombre ?
Nous répondons sans hésiter, avec l'autorité de tous les
saints Pères et de tous les théologiens, que cet appel
s'adresse à tous, sans exception. « Ces conseils », dit saint
Thomas, « sont, de soi, convenables à tous ; mais il arrive,
« par la mauvaise disposition de quelques-uns, qu'ils ne
« leur conviennent pas, parce que leur désir ne s'incline
« pas à les suivre [3]. » L'Église tient donc que tous les
fidèles, sans exception, sont généralement appelés à la virginité, et reçoivent des secours suffisants pour l'embrasser s'ils le veulent. Le Concile de Trente le confirme
encore en déclarant que « Dieu ne refuse pas la chasteté
« à ceux qui la demandent convenablement [4] », et il est
d'ailleurs connu que la chasteté absolue est plus facile que

---

[1] *I Cor.* vii.
[2] Sess. 24, can. 10.
[3] 1ª 2ᵃᵉ, q. 108, a. 4 ; 2ª 2ᵃᵉ, q. 190, a. 1 ; *Contra retrah. ingr. relig.*, c. ix.
[4] Sess. 24, can. 9.

la chasteté relative. Si donc la virginité n'est, en fait, que l'état du petit nombre, ce n'est pas que l'appel et le secours divins aient manqué aux autres, mais c'est qu'ils n'ont pas voulu en user; de même que tous les hommes reçoivent de Dieu des grâces suffisantes pour être sauvés s'ils le veulent, quoique, en fait et par la faute des hommes, ceux qui se sauvent soient en minorité.

Nous entendons d'ici cette objection puérile, répétée si souvent par l'ignorance des classes mondaines : « Mais si « cet appel était général, personne ne se marierait, et le « monde finirait! » Nous répondrons d'abord que la supposition est fausse, ainsi que sa conséquence, parce que la faiblesse humaine à l'état de nature déchue fera toujours, en fait, que le plus grand nombre négligeront volontairement de répondre à la grâce suffisante, et, par conséquent, ne recevront pas la grâce efficace pour suivre l'appel divin qui leur a été adressé; c'est pourquoi Notre-Seigneur a prédit que la fin du monde trouvera l'humanité adonnée aux noces et aux festins comme au temps du déluge [1]. Mais, en admettant la supposition et sa conséquence, et quand même tous embrasseraient la virginité comme l'Apôtre le souhaite et comme Dieu en donne à tous la possibilité, cette objection qui se croit triomphale est renversée d'un seul mot par le Docteur angélique et par les théologiens de son école, qui y répondent simplement « que, de toute manière, et quand « même tous se marieraient, le monde finira un jour, et « que, dans le cas supposé, le nombre des élus aurait été « plus vite accompli, et la fin du monde serait proche [2] ».

---

[1] Matth. xxiv, 37, 38. Luc. xvii, 26, 27.
[2] Billuart, *De cast., pud. et virg.*, a. 2. Saint Thomas, *passim*.

XVIII

Voilà donc, au moment où Notre-Seigneur remonte au ciel, l'apostolat féminin institué dans l'Église et la virginité sacrée établie comme la classe à laquelle cet apostolat est spécialement confié. Les apôtres, en se dispersant sur la terre, portent en tous pays l'appel à la virginité conjointement à la prédication de l'Évangile. A l'instant, d'innombrables légions de vierges sacrées surgissent pour les seconder dans leur mission ; et les deux princes des apôtres donnent à Dieu, comme prémices de leurs travaux, deux vierges qui toutes deux auront à préférer la virginité à la vie : sainte Pétronille, fille de saint Pierre, et sainte Thécla, fille spirituelle de saint Paul.

Le pape saint Clément, régnant de l'an 91 à l'an 100 de notre ère, disciple et troisième successeur de saint Pierre[1], et collaborateur de saint Paul, qui fait mention de lui avec éloge[2], écrit deux épîtres aux vierges et leur parle en ces termes : « Vous désirez rester vierges. Savez-« vous l'excellence et la sublimité de cet état, et quelle « chose vous désirez? Vous allez descendre dans l'arène et « lutter comme athlètes, vous qui, revêtues de la force et « de l'esprit, avez fait choix de cette condition pour être « ceintes d'une couronne de lumière, et recevoir les hon-« neurs du triomphe dans la *Jérusalem céleste*[3]. Si donc « vous désirez ces choses, combattez votre corps, com-« battez les passions de la chair, combattez le monde dans

---

[1] Quelques savants supposent même qu'il aurait été second successeur de saint Pierre, et aurait précédé saint Anaclet sur le siége de Rome.
[2] *Phil.* iv, 3.
[3] *Hebr.* xii, 22.

« l'Esprit de Dieu, combattez les vanités du siècle pré-
« sent, qui passent, qui se brisent, se corrompent, s'étei-
« gnent ; combattez le lion, combattez le serpent, com-
« battez Satan par Jésus-Christ qui vous fortifie par sa
« parole et par la divine Eucharistie. Grand est votre
« travail, grande sera aussi la récompense [1]. » Le martyr
saint Cyprien, évêque de Carthage au troisième siècle,
écrivant aux vierges sacrées, les appelle « la fleur de
« l'ordre ecclésiastique, la plus illustre portion du trou-
« peau du Christ [2] ». A son exemple, après la paix de
l'Église, saint Basile, saint Ambroise, saint Jean Chrysostôme, saint Jérôme, saint Augustin, écriront plus tard
des traités spéciaux sur la profession de vierges sacrées.
Tandis que les vierges, comme la plus noble partie du
troupeau chrétien, sont associées directement à l'apostolat des âmes, les veuves, enrôlées dans une autre catégorie, inférieure à celle des vierges, obtiennent aussi
leur part plus humble dans l'apostolat féminin institué par l'Évangile, en recevant pour elles la charge
des services temporels de l'Église et le soin de pourvoir
aux nécessités matérielles des fidèles et des pauvres. Dès
ces premiers siècles, l'Église, dans ses prières liturgiques,
unit au sacerdoce la virginité sacrée, ce clergé féminin
qui assiste et seconde le sacerdoce dans son ministère
apostolique, et dit à la Reine des vierges : « Priez pour le
« peuple, intervenez pour le clergé, intercédez pour le
« sexe féminin consacré [3]. »

---

[1] *Ep. I ad virg.*
[2] *De discipl. virg.*
[3] Ora pro populo, interveni pro clero, intercede pro devoto femineo sexu. (*Brev. Rom.*, in f. B. M. V.; saint Augustin, serm. 18 *De sanct.*, al. 194 *in App.*)

XIX

Le christianisme, qui dépossédait l'enfer du culte que les païens lui rendaient, faisait aussi violence aux passions de l'humanité déchue, en prêchant le renoncement et la mortification, mais surtout la virginité. On sait que le président Félix, lorsque saint Paul lui parla de la chasteté, fut « tremblant » d'effroi, et ne voulut pas en entendre davantage[1]. C'est pourquoi la prédication de l'Évangile excita contre elle non-seulement la fureur des démons, mais aussi la révolte du sensualisme et des passions humaines. De cette coalition sortirent aussitôt trois siècles de persécutions, par lesquelles l'enfer consolida la religion qu'il espérait détruire : il fallait que l'Église fût fondée sur un sol formé du sang et des cendres des martyrs.

Ces dix persécutions, dans lesquelles les démons et les hommes rivalisèrent de génie pour inventer des supplices, étaient donc dirigées autant contre la virginité que contre le culte du vrai Dieu. Les deux sexes et tous les âges s'y trouvèrent réunis pour marcher ensemble aux tourments et à la mort, et l'on sait quelle immense part y a tenue la virginité sacrée. Dans ces trois siècles, la virginité ne se conquérait qu'au prix du martyre, et toute vierge s'y tenait prête : parmi les vierges innombrables qui versèrent leur sang pour Jésus-Christ, la plupart furent martyrisées bien plutôt encore pour leur persévérance à garder la virginité et à refuser le mariage qu'en raison de la foi qu'elles professaient ; et l'Église

---

[1] *Act.* xxiv, 25.

honore comme martyres toutes celles qui subirent la mort pour rester fidèles à leur profession virginale, même quand elles n'ont subi aucune persécution directe contre la foi chrétienne [1].

Mais qu'on ne croie pas que cette ère de persécutions ait suspendu l'apostolat des vierges : jamais cet apostolat virginal ne s'est exercé avec plus d'éclat et de fruit que dans ces trois siècles. Seulement les vierges prêchaient alors par leur sang ; c'est par leur sang qu'elles convertissaient les âmes à la foi, peuplaient le ciel de martyrs, et dotaient l'Église militante de saints protecteurs. Ces vierges martyres, lorsqu'elles paraissaient devant les tribunaux les plus redoutables, stupéfiaient les tyrans et les licteurs par l'inflexibilité de leur courage, par la sagesse surnaturelle de leurs discours, par leur constance surhumaine dans les supplices, et faisaient trembler sur leurs trônes les proconsuls et les empereurs, épouvantés de se voir vaincus par des jeunes filles, parfois encore dans l'âge d'enfance ; et les peuples, qui voyaient ces triomphes prodigieux de la virginité sur les puissances du siècle, s'écriaient alors que Celui qui avait mis des âmes si fortes dans les corps frêles et délicats de ses jeunes épouses, ne pouvait être que le vrai Dieu.

XX

La paix de l'Église sous Constantin permit à l'apostolat des vierges de se constituer dans son organisation

---

[1] « On doit appeler proprement martyr », dit Billuart d'après saint Thomas, « celui qui subit la mort, non-seulement directement pour la « foi chrétienne, mais encore pour les devoirs d'une vertu chrétienne « quelconque, ou pour éviter une offense quelconque à Dieu,... par « exemple pour conserver la chasteté, comme beaucoup de vierges « saintes. » (*De fortit.*, a. 2; saint Thomas, 2a 2æ, q. 124, a. 5.)

régulière et définitive; et dès lors la virginité sacrée apparaît sous deux formes, qui persévéreront indéfectibles jusqu'à la fin des temps, dans la vie cénobitique et dans la vie privée.

Dès le quatrième siècle, en effet, la vie cénobitique ou l'état religieux proprement dit, qui est d'institution indéfectible dans l'Église, se propage peu à peu d'Orient en Occident; et, partout où s'établissent des monastères d'hommes, se fondent aussi des monastères de vierges.

Mais, comme la variété est, selon saint Thomas, un des éléments de la beauté de l'univers, et comme cette variété devait exister aussi dans l'ordre général de l'Église, il entrait dans les desseins providentiels que la virginité sacrée, c'est-à-dire volontairement offerte et promise à Dieu, existât toujours sous deux formes distinctes, la vie commune et la vie privée, afin de pourvoir aux besoins variés de l'apostolat féminin, selon qu'il faudrait l'ensemble d'une action collective ou la liberté d'une action individuelle. C'est pourquoi il y eut toujours, dès les débuts de la chrétienté, et il y aura toujours dans l'avenir, une multitude de vierges sacrées vivant isolément chacune dans sa demeure privée, d'où elles vaquaient aux bonnes œuvres, ne se réunissant que dans les églises pour les prières publiques. C'est à cette catégorie de vierges qu'appartenait sainte Geneviève dont nous écrivons l'histoire. Leur consécration se faisait en ce temps-là solennellement, comme celle des vierges vivant en commun, par le ministère de l'évêque qui leur imposait le voile sacré, et on les désignait à cette époque, comme les religieuses vivant en communauté, sous le nom commun de *sanctimoniales* ou *moniales*.

Cette cérémonie de la consécration des vierges, insérée au Pontifical romain sous ce titre : *De benedictione et con-*

secratione virginum, se célébrait pendant la messe, avec les rites les plus solennels, et seulement les jours où il est permis de sacrer les évêques [1]. Après avoir appelé les vierges à s'approcher du sanctuaire, en chantant par trois fois sur un ton plus haut : *Venite,* le pontife recevait leurs vœux, puis les bénissait. La préface qu'il chantait compare l'état virginal à la vie des anges, en ces termes : « O Dieu, qui vous plaisez à habiter dans les corps chastes, « et qui aimez les âmes pures, vous avez, par votre Verbe « créateur, si bien réparé la nature humaine, viciée « dans les premiers hommes par les fraudes du démon, « que non-seulement vous la rappelez à l'innocence de « son origine première, mais encore vous la conduisez à « l'expérience des biens éternels qui seront possédés dans « le siècle futur, et vous élevez jusqu'à la ressemblance « des anges celles qu'astreignent encore les liens de cette « vie mortelle. » L'évêque priait ensuite ainsi pour les vierges : « Qu'en elles soient, par le don de votre Saint-« Esprit, une modestie prudente, une bienveillance sage, « une douceur grave, une chaste liberté ; qu'elles soient « enflammées de charité, et n'aiment rien hors de vous ; « qu'elles vivent louablement, et ne désirent point être « louées ; qu'elles vous glorifient dans la sainteté de leurs « corps, et dans la pureté de leurs âmes ; qu'elles vous crai-« gnent par amour, et vous servent par amour ; soyez leur « honneur, leur joie, leurs délices ; soyez leur consolation « dans la tristesse, leur conseil dans les difficultés, leur « défenseur dans les injures, leur patience dans la tribu-« lation, leur abondance dans la pauvreté, leur nourriture « dans le jeûne, leur remède dans la maladie ; qu'elles

---

[1] Outre les grandes solennités de Noël, l'Épiphanie, etc., cette consécration pouvait se faire les dimanches et dans les fêtes des apôtres.

« aient tout en vous, qu'elles veulent aimer au-dessus de
« tout ; que par vous, elles gardent ce qu'elles ont pro-
« mis. » Après les prières, le pontife leur donnait tour à
tour le voile, en disant : « Recevez le voile sacré, en
« signe que vous avez dédaigné le monde, et que vous
« vous êtes soumise véritablement, humblement, de tout
« votre cœur et perpétuellement à Jésus-Christ comme
« son épouse » ; l'anneau, en disant : « Je vous fiance à
« Jésus-Christ, Fils du Père suprême, qui vous garde
« pure : recevez donc l'anneau de fidélité, le sceau du
« Saint-Esprit, afin d'être appelée épouse de Dieu, et si
« vous le servez fidèlement, d'être éternellement cou-
« ronnée » ; enfin la couronne, en disant : « Recevez la
« couronne de l'excellence virginale, afin que, comme
« vous êtes couronnée par nos mains sur la terre, vous
« méritiez d'être par le Christ couronnée de gloire et
« d'honneur dans les cieux. » Après avoir récité sur elles
une longue et touchante bénédiction, l'évêque proclamait,
au nom de Dieu et des saints apôtres Pierre et Paul,
l'anathème de l'Église, avec les plus terribles malédictions et imprécations tirées de l'Écriture sainte, sur quiconque détournerait du service de Dieu les vierges consacrées, ou leur causerait quelque dommage.

Cette classe de vierges sacrées vivant en particulier,
à laquelle appartenait sainte Geneviève, est restée dans
l'Église aussi indéfectible que celle des vierges cénobites,
quoique la cérémonie de la consécration solennelle ait
disparu pour elle avec ces primitifs âges de foi, et que
Dieu soit désormais le seul témoin de leurs promesses et
de leur consécration comme épouses de Jésus-Christ.

XXI

Les siècles suivants développèrent de plus en plus l'apostolat des vierges sous sa double forme. Au temps même de sainte Geneviève, une impératrice vierge, sainte Pulchérie, faisant briller les observances monastiques sur le trône de Constantinople, écrasait les ennemis temporels et spirituels de l'Église en repoussant fièrement Attila et en anéantissant les hérésies de Nestorius et d'Eutychès dans les conciles d'Éphèse et de Chalcédoine. Vers la même époque, la puissance de l'apostolat féminin se traduisait par les œuvres successives de trois reines dont l'influence amenait ou ramenait leurs peuples à la foi chrétienne : sainte Clotilde, amie de sainte Geneviève, pour les Francs; Berthe, arrière-petite-fille de Clotilde, pour les Anglais de Kent; et Ethelburge, descendante de Clotilde et de Berthe, pour le même royaume britannique.

L'ordre monastique fondé par saint Benoît, comme un arbre immense répandant sur toute la chrétienté ses innombrables rameaux, fut l'agent le plus puissant pour multiplier dans toute l'Europe l'apostolat virginal avec la vie religieuse. Et, chose digne de remarque, presque tous les fondateurs d'ordres eurent à côté d'eux une sœur ou une amie associée à leur fondation. Saint Basile, en Orient, avait eu sa sœur la vierge sainte Macrine. Saint Benoît, patriarche de l'Occident, eut sa sœur sainte Scholastique, ravissant type virginal dont la vie cachée et l'influence voilée n'apparaissent que trois jours avant sa mort pour révéler par un miracle la tendre affection qui l'unissait à son frère, et pour s'envoler ensuite sous forme de colombe ; et saint Grégoire le Grand rend en elle à la charité des vierges un magnifique hommage en disant que, si Scholastique a prévalu dans ce miracle sur la volonté de son frère le glorieux patriarche, « c'est par un très-juste juge-« ment que Dieu, *qui est amour* [1], a fait prévaloir celle « qui a le plus aimé [2] ». Plus tard, saint François d'Assise aura sainte Claire ; saint François de Sales, sainte Chantal, et saint Vincent de Paul, Louise Marillac. Enfin c'est à trois vierges, sainte Hildegarde, sainte Gertrude et sainte Térèse, que Dieu confia des révélations destinées à illuminer le monde.

Partout où l'ordre monastique apportait la règle de Saint-Benoît, chaque monastère d'hommes ou de vierges devenait un foyer de lumière et de chaleur, répandant dans les peuples d'alentour, avec la foi catholique, la véritable vie, la science et la sainteté. De l'Italie, saint Benoît envoya en France avec saint Maur ce double apostolat des moines et des vierges. Saint Grégoire le Grand, par son disciple saint Augustin de Canterbury, fit passer ce double apostolat en Angleterre, d'où saint Boniface de Mayence le porta en Allemagne ; et ces deux grandes contrées, encore païennes, reçurent l'Évangile et la foi chrétienne par les moines et les vierges de l'ordre bénédictin.

XXII

Rien ne met plus en évidence l'union fraternelle et indissoluble de l'apostolat des vierges avec l'apostolat du clergé, que l'institution des « monastères doubles », qui resta en vigueur pendant plusieurs siècles. En France, en

[1] I Joan. iv, 8, 16.
[2] *Dial.*, l. II, c. xxxiii.

Angleterre, en Allemagne, en Belgique, une multitude de monastères, par exemple Remiremont, Faremoutiers, les Andelys, Chelles, Jouarre, Poitiers, Winbourne, Witby, etc., étaient doubles, c'est-à-dire réunissaient au même lieu une communauté de moines et une communauté de vierges, tantôt sous deux supérieurs, tantôt sous le même gouvernement. Un écrivain impie de notre siècle a été obligé de confesser avec respect que ce rapprochement « créait entre les frères et les sœurs une heureuse « émulation d'étude aussi bien que de piété; les hommes « tempéraient leur gravité en participant aux grâces mo- « rales des femmes; elles, de leur côté, prenaient dans « l'austère ascétisme des hommes un noble essor vers les « choses divines [1] ».

Mais il y a plus; et voici où éclate, sous la radieuse influence de Marie, la glorification de ce clergé féminin et de cet apostolat des vierges. Dans la plupart de ces monastères doubles dont nous venons de parler, le monastère des vierges avait la primauté, et c'était son abbesse qui avait la suprématie sur les deux communautés avec leur gouvernement commun, et qui était la supérieure des moines aussi bien que des vierges; la maternité y était donc la forme naturelle et légale de l'autorité, et la sagesse de ces abbesses n'était pas inférieure à leur tâche. Que le monde était loin alors du paganisme et des idées de l'Ancien Testament! et quelle suave et consolante poésie charmait alors la terre dans ces fruits de l'Évangile! Heureuses les âmes pures à qui il fut donné de vivre dans ces siècles où ce monde terrestre était ainsi régi par le règne de l'esprit, tout embaumé des parfums du ciel! Car qu'est-ce qui inspirait à

[1] MICHELET, *Mémoire sur l'éducation des femmes au moyen âge*, 1838.

ces moines, à ces prêtres, une si docile obéissance à une femme, à une jeune fille, si ce n'est que dans toute vierge ils vénéraient le type de l'auguste Médiatrice de notre salut, et que dans cette abbesse, dans cette vierge leur mère spirituelle, ils voyaient la représentante de la Vierge Mère de Dieu et des hommes? C'est ainsi que le type de Marie Immaculée exaltait parfois ce clergé féminin des vierges au-dessus même du sacerdoce.

En effet, c'est en l'honneur de Marie que cette suprématie des vierges sur les moines fut érigée en institution fondamentale dans l'ordre de Fontevrault, l'une des nombreuses branches de la famille bénédictine. Le bienheureux Robert d'Arbrissel, fondateur de cet ordre, se proposant de commémorer le lien sacré qui avait uni la Sainte Vierge à saint Jean l'Évangéliste, décida que, pour observer la hiérarchie qui avait subordonné l'apôtre à la glorieuse Mère de Dieu, dont il avait été fait le gardien et le fils, l'abbesse de Fontevrault serait la supérieure générale de l'ordre, dont tous les abbés lui seraient soumis; et il s'astreignit lui-même à cette subordination, qui subsista dans cet ordre jusqu'à la Révolution française, en témoignage de la gloire dont l'Église catholique entoure l'apostolat des vierges.

XXIII

Aujourd'hui dix-neuf siècles se sont écoulés; « les rois « et les peuples se sont ligués contre le Seigneur et contre « son Christ [1] »; les trônes et les dynasties se sont effondrés; l'ordre social a été ébranlé jusque dans ses bases;

[1] *Ps.* II, 2.

une grande partie de la chrétienté a passé au schisme ou à l'hérésie; « la charité du grand nombre s'est refroi- « die [1] »; le souffle impur de l'impiété et du sensualisme a desséché la terre, menaçant le monde d'un paganisme renaissant, vomissant l'outrage et la calomnie contre les serviteurs et les servantes de Dieu, et versant périodiquement leur sang comme au temps des martyrs; la société est divisée en deux parts, dont l'une veut retourner en arrière aux idées de l'Ancien Testament, et dont l'autre veut nous ramener par la violence à une corruption plus abjecte que celle de l'antiquité païenne. Et malgré tout, la virginité chrétienne est toujours debout, florissante, sur les ruines du monde, vigoureuse et vivace sous ses deux formes connexes et indéfectibles de la virginité cénobitique et de la virginité privée; et, sous ces deux formes, l'apostolat des vierges sacrées continue à évangéliser, à soulager, à sauver les âmes, sans s'inquiéter des persécutions qui la menacent ni des ruines qui s'écroulent autour d'elle. Aujourd'hui comme il y a quatorze siècles, on peut redire à ses bataillons toujours jeunes et toujours renaissants ce que saint Augustin leur disait alors : « Marchez à la suite de l'Agneau, ô saintes de « Dieu, jeunes filles, marchez avec persévérance jusqu'à « la fin; louez-le avec d'autant plus de douceur, que « vous pensez à lui avec plus de fruit; espérez de lui « d'autant plus de félicité, que vous le servez avec plus « d'application; aimez-le d'autant plus ardemment, que « vous mettez plus de soin à lui plaire. Telles vous a « vues dans l'Apocalypse celui qui fut entre tous le bien- « aimé de l'Agneau; et il a écrit de vous que *vous suivez* « *l'Agneau partout où il va* [2]. Suivez fidèlement ses pas,

---

[1] MATTH. XXIV, 12.
[2] *Apoc.* XIV, 4.

« en lui donnant avec constance ce que vous lui avez « promis avec ardeur. Et vous aussi qui n'avez point fait « au Seigneur cette promesse, qui pouvez encore saisir « cette couronne, saisissez-la, *courez pour l'atteindre* [1], « *apportez vos victimes, entrez dans le temple du Sei-* « *gneur* [2]. » Aujourd'hui comme autrefois, l'Église continue à unir dans ses prières l'apostolat des vierges à celui des prêtres, et crie toujours vers Marie, dans le répons que nous avons déjà cité : « Priez pour le peuple, « intervenez pour le clergé, intercédez pour le sexe « féminin consacré ! »

XXIV

C'est qu'en effet les œuvres de Dieu sont indestructibles, et que rien ne fera disparaître ce qui a reçu le sceau de Jésus et de Marie. En voulez-vous une preuve, même en dehors de la virginité sacrée ? Voyez si vos tentatives de retour au paganisme ont pu détruire la réhabilitation conférée à la femme par l'Évangile ! Dans le pays où nous écrivons ces lignes, et qui le premier a donné, il y a près d'un siècle, le signal de la révolte contre Dieu, que voyez-vous en entrant dans une église ? qui trouvez-vous dans nos sanctuaires, priant et tenant compagnie à Jésus-Christ devant son tabernacle ? Les hommes sont absents, ou rares ; vous y verrez des femmes, même de celles dont les loisirs sont courts, et que la servitude de l'état matrimonial retient sous ce joug que saint Liguori qualifie de « martyre [3] » : ce sont

[1] *I Cor.* ix, 24.
[2] *Ps.* xcv, 8. Saint Augustin, *De sancta virginit.*, c. 27-29.
[3] *Lettre à une jeune fille sur le choix d'un état.*

des mères, des épouses, des sœurs ou des filles, qui prient pour leurs absents, pour leurs incrédules, souvent pour leurs tyrans et persécuteurs, et qui demandent leur pardon à Dieu. N'y voyez-vous pas l'apostolat du sexe féminin continuant à racheter dans Marie le sexe qu'il avait tenté par Ève? et toute votre propagande d'impiété n'a pu encore ébranler la foi des femmes chrétiennes.

Or, s'il en est ainsi des femmes mêmes qui sont engagées dans les liens inflexibles de la chair et du sang, et à qui le joug accablant et quotidien de l'esclavage conjugal laisse à peine un instant de répit pour lever les yeux au ciel, que dirons-nous des vierges sacrées, de ces anges visibles dont toute la vie appartient à Dieu et aux choses de l'esprit? Combien donc est plus efficace et plus salutaire leur apostolat, que vos fureurs révolutionnaires ne pourront jamais ébranler, parce qu'il est revêtu d'un caractère divin et que Dieu l'a fait indéfectible! Pour en assurer la perpétuité, il a revêtu ce clergé féminin et virginal du type de Jésus et de Marie, et ce double type sera toujours représenté dans l'Église. Comme autrefois, Jésus-Christ associe et associera toujours des vierges à son sacerdoce, parce que le cœur féminin, surtout dans son intégrité virginale, possède des ressources qui sont nécessaires à l'œuvre évangélique. Car le dévouement est naturel à la femme; et, à moins d'une très-haute sainteté, un homme atteint difficilement le dévouement, la tendresse, la délicatesse, le tact, qu'une vierge sacrée, qui est la femme dans sa plénitude, trouve aisément dans les ressources habituelles de son cœur. Telle âme sensible, ou timide, ou endurcie, ou peu expansive, ou éloignée de Dieu, qui répugnerait à s'ouvrir à un prêtre, se sent souvent portée à la confiance envers une vierge, et se fond doucement en sa présence ; de même que, dans une famille, une mère ou une sœur inspire moins d'effroi et plus de confiance qu'un père : cette âme s'épanche alors en versant dans le cœur virginal une confession attendrie et soulageante, prélude heureux de la confession sacramentelle et du salut ; et Notre-Seigneur se sert ainsi, pour attirer les âmes à lui, de la délicatesse pleine de tact et de suavité dont il a doué ses épouses. Donc il faut à l'Église des vierges sacrées, tant dans la vie privée que dans le cloître, et elle en aura jusqu'à la fin des temps. Aux prêtres l'administration des sacrements et le ministère de la parole publique ; aux vierges le ministère de l'exhortation privée, de l'amour, du dévouement, du sacrifice. Et, comme autrefois, ce ministère est exercé simultanément par des vierges vivant en communauté et par des vierges vivant chez elles : ces dernières ne sont plus, comme dans les premiers siècles de foi, revêtues du voile sacré qui les désignait à la vénération publique ; mais, si l'habit extérieur les confond avec le reste des fidèles dont leurs fiançailles divines les séparent, elles s'en discernent toujours par leur attitude et par leurs œuvres.

Pour rester fidèles à cette « vie cachée en Dieu [1] », à cette séparation du monde, dont le voile bénit était autrefois pour elles toutes le symbole, les vierges sacrées ne cherchent pas la vie active, elles ne vont pas d'elles-mêmes au-devant des œuvres extérieures et publiques ; mais Dieu fait venir ces œuvres au-devant d'elles, et leur en envoie en abondance ; et alors elles mènent jusqu'au bout, avec une persévérance infatigable, l'accomplissement des œuvres dont le ciel les a chargées.

[1] *Col.* III, 3.

XXV

Il faut avouer, à la honte de notre temps, que l'apostolat des vierges chrétiennes trouve présentement plus de justice chez les infidèles que dans les pays qui se disent catholiques et civilisés. Car ce n'est pas seulement en Europe que les vierges sacrées exercent leur ministère. Il n'est pas un point du globe où elles n'aillent porter l'Évangile : elles suivent partout les missionnaires, souvent même elles les devancent, sans redouter ni l'Océan, ni les climats meurtriers, ni les dangers, ni la mort. Les infidèles, les sauvages mêmes et les anthropophages admirent le courage de ces vierges, et les bénissent de leurs bienfaits ; tandis que vous, révolutionnaires et libéraux de l'Europe, vous récompensez leur dévouement par des outrages, des calomnies et des menaces. Celui qui écrit ces lignes a vu des musulmans baiser la main à nos religieuses, et les vénérer comme des anges descendus du ciel : ces Turcs, que vous dédaignez comme des barbares parce qu'ils sont plus pieux que vous, s'empressent de confier à nos vierges catholiques l'éducation de leurs enfants ; et, s'ils avaient été entourés de cette multitude de vierges apôtres que vous voudriez expulser de la France et qu'ils nous envient, ils seraient de meilleurs chrétiens que vous. Récemment, dans une colonie française, un chef musulman disait à un évêque : « Nous respectons « non-seulement nos prêtres, mais les vôtres ; comment « se fait-il que les Français insultent leurs prêtres et leurs « religieuses ? » et le pieux évêque, par pudeur pour son pays, se gardait d'avouer aux mahométans qu'une assemblée française venait de supprimer les crédits nécessaires à l'entretien de ses missions.

XXVI

Eh bien! puisque tant d'Européens, moins chrétiens que les Turcs, décrient et calomnient la virginité sacrée, que les musulmans admirent et vénèrent sans pouvoir l'imiter, examinons ce que valent les allégations de ses adversaires.

En tête des adversaires de la virginité, nous trouvons les parents, qui, pour la plupart, même dans les familles pieuses, contrarient les vocations et mettent obstacle à l'action de la grâce. Si un prince de la terre demandait leur fille en mariage, ils se trouveraient comblés d'honneur; mais si c'est Jésus-Christ, le Roi des cieux et de la terre, qui veut élever leur fille à la sublime dignité de son épouse, ils le dédaignent et le rebutent. Il y a plus : si leur fille entre au couvent, ils s'écrient qu'on les sépare d'elle, eussent-ils la faculté de la voir chaque semaine ; et ces mêmes parents ne se donnent point de relâche jusqu'à ce qu'ils aient réussi à se séparer de leur fille en la mariant, dût-elle être pour cela séparée d'eux par l'Océan. Leur conduite n'est donc inspirée que par l'égoïsme et la vanité, qui les portent à préférer de livrer leur fille à un homme, souvent inconnu, plutôt que de la donner à Jésus-Christ. Je leur dirai : Vous vous croyez catholiques, parce que vous allez à la messe ; mais vous n'êtes pas même chrétiens, puisque vous ne respectez pas le décret dogmatique de l'Église qui vous oblige à croire que la virginité est « *meilleure* et *plus heureuse* » que le mariage [1], ni ses sentences, qui frappent d'excommunication ceux qui forcent quelqu'un au mariage et

---

[1] Concil. Trid., sess. 24, can. 10.

ceux qui entravent une vocation sacrée. Vous vous croyez plus sages et plus forts que saint Ambroise et saint Augustin, qui s'abstenaient de participer à des mariages « de crainte d'être maudits plus tard par ceux qu'ils « auraient mariés[1] ». Que dis-je? vous vous croyez plus de droits que Dieu n'en veut avoir. Car Dieu, qui a le souverain domaine de nos volontés comme de toutes choses, et qui, par sa toute-puissance, fait que les choses soient non-seulement ce qu'il veut faire, mais encore selon le mode où il veut qu'elles se fassent, comme l'enseigne saint Thomas, Dieu, alors même qu'il meut et détermine nos volontés par sa grâce efficace, respecte tant la volonté de nos âmes, qu'il nous fait consentir librement[2]; vous, au contraire, vous violentez les consciences et méprisez leur liberté. Rentrez donc en vous-mêmes, et reconnaissez que, tant que vous agissez ainsi, vous n'êtes pas même chrétiens, puisque vous mettez obstacle à l'appel de Jésus-Christ, et que vous dédaignez les enseignements de son Église.

XXVII

Après les parents égoïstes et vaniteux, nous trouvons des impies qui, réduisant l'humanité à l'estimation de la brute, accusent les vierges sacrées de stérilité parce qu'elles négligent de multiplier le genre humain. Que peut-on dire en présence d'un matérialisme dont la bassesse dépasse de beaucoup la grossièreté des Juifs les plus charnels de l'Ancien Testament et même celle du

---

[1] Possid., *Vita Aug.*, c. 27.
[2] 1a 2æ, q. 10, a. 4.

paganisme antique, si ce n'est prendre en pitié des esprits assez avilis pour traiter l'humanité au même titre que des têtes de bétail? Vous estimez donc la naissance d'un être doué de raison à la même valeur que celle d'un âne ou d'un chien, puisque vous ne songez qu'au nombre de ceux qui naissent, et non à leur qualité morale? Ne vaut-il pas mieux, même pour les intérêts matériels qui seuls vous touchent, avoir une moindre population formée d'honnêtes gens, qu'une plus nombreuse formée de scélérats? Mais il y a autre chose que ces intérêts matériels : nous naissons pour le ciel, et non pour la terre, et, si Dieu ne vous défend pas de vous multiplier, il nous commande avant tout de sauver nos âmes et les vôtres : les vierges sacrées qui forment, instruisent, sauvent et perfectionnent les âmes, servent donc plus l'humanité que ceux qui la multiplient. Que vous serviront vos enfants, s'ils sont des scélérats et s'ils vous égorgent? Laissez donc les vierges sacrées à leur ministère, et estimez-vous heureux qu'il y en ait pour prendre soin des âmes, tandis que vous ne vous occupez que des choses de la terre et de la chair ; car, si vous étiez seuls, et si Dieu ne pouvait fixer son regard sur une fécondité spirituelle plus noble que la fécondité du sang, le monde aurait déjà pris fin sous les coups de sa colère. D'ailleurs, les vierges apôtres sont mères mieux et plus que vos femmes, d'autant que l'esprit est meilleur que le corps. Et, puisque vous tenez au nombre, la maternité spirituelle des vierges est incomparablement plus féconde que la maternité du sang : car une femme peut mettre au monde deux, quatre, au plus douze enfants; tandis que, comme l'esprit n'est pas enfermé dans des limites matérielles, une vierge sacrée peut souvent dans sa vie sauver une centaine d'âmes de la mort éternelle, et en instruire et perfectionner plusieurs milliers. Si vous ne comprenez pas la supériorité des âmes, inclinez-vous du moins devant la supériorité du nombre.

XXVIII

Sans revenir sur le prétendu argument tiré de l'extinction de la race humaine, et que saint Thomas, comme nous l'avons vu, anéantit d'un seul mot, nous rencontrons ensuite une autre calomnie fréquemment publiée par les impies sous la forme d'un hideux blasphème, et que répètent trop souvent, par grossière ignorance, beaucoup de gens du monde qui se croient catholiques. Elle consiste à prétendre que le célibat dessèche le cœur. D'abord, dirons-nous, on ne doit pas juger d'une institution par des exceptions, ni d'une classe par des individualités isolées. Parce qu'il y a quelques vieilles filles égoïstes et sans vertu, qui sont indignes du nom de vierges, vous en concluez à tort que les véritable vierges leur ressemblent. D'ailleurs, si vous faisiez la statistique de ceux qui sont égoïstes et sans vertu dans le célibat et dans l'état conjugal, je vous affirme que la comparaison ne tournerait pas à l'avantage des personnes mariées. Mais je vais au fond de la question, et je vous réponds : Insensés, vous parlez de ce que vous ne connaissez pas, et, comme dit l'Écriture, « vous blasphémez ce que vous « ignorez [1] ». Vous êtes « l'homme animal », qui, selon l'Apôtre, « ne comprend pas les choses de Dieu [2] », et qui rabaisse tout à sa mesure, c'est-à-dire à la mesure de la matière et de la boue. Parce que vous n'avez jamais

---

[1] Jud. 10.
[2] *I Cor.* ii, 14.

éprouvé la beauté et la grandeur des affections spirituelles et surnaturelles, vous les niez, et vous n'entendez par affections que les instincts grossiers que l'humanité déchue partage avec les bêtes, et qui l'avilissent encore au-dessous des brutes quand elle s'y livre. Vous avez l'habitude d'entendre prodiguer et profaner sans cesse dans le monde ces mots « aimer » et « amour », et vous avez perdu la notion de ce qu'ils signifient. « Dieu est « amour [1] », et l'amour est un des attributs formels de Dieu ; or, « Dieu est esprit [2] » et la pureté même : donc le seul type vrai de l'amour est l'amour spirituel des âmes. Vous ignorez que les affections s'accroissent d'autant plus qu'elles s'épurent et se spiritualisent, et que les affections spirituelles et surnaturelles des vierges et des âmes consacrées à Dieu surpassent les affections naturelles et sensibles, non-seulement en pureté, mais encore en intensité et en force, de toute la distance dont le ciel surpasse la terre, et dont l'esprit surpasse le corps qu'il gouverne. Chez ceux qui renoncent aux liens de la chair et du sang pour se consacrer à Dieu, toutes les puissances affectives de l'âme, au lieu de se disperser au dehors comme chez vous dans les choses des sens, et de s'y dessécher ainsi souvent dans l'égoïsme, se replient sur l'âme elle-même, s'y accumulent et s'y condensent sous le feu du foyer divin qui est la source infiniment pure de l'amour vrai, pour donner aux affections spirituelles une force d'expansion incomparable, à la manière de la puissance qui est contenue dans un baril de poudre comprimée ou dans une masse d'eau arrêtée par un barrage.

Ah ! si vous connaissiez la grandeur, la douceur, la

---

[1] I Joan. iv, 8, 16.
[2] Joan. iv, 24. *II Cor.* iii, 17.

sublimité, l'immensité des affections spirituelles et surnaturelles, vous n'oseriez plus dire que le renoncement évangélique dessèche les cœurs. Croyez-en notre témoignage ; car nous vous parlons par expérience, nous tous qui, entraînés par le saint et irrésistible attrait des joies de l'esprit, avons renoncé aux liens du sang pour ces invisibles et ineffables biens que Jésus-Christ a promis, dès cette vie, sous le nom de « centuple », à ceux qui suivent ses conseils et ses exemples[1] : nous « avons choisi « la meilleure part[2] », non-seulement pour la vie future, mais aussi pour la vie présente. Par ces pures affections de l'esprit, Dieu nous ouvre un monde nouveau, le seul digne de la noblesse de l'âme et le seul qui réponde à ses hautes aspirations. Ce monde nouveau qu'il nous ouvre ainsi n'est autre qu'un avant-goût du ciel, et donne par conséquent les joies les seules vraies et les plus vives dont cette vie mortelle soit capable. Car, par ces affections de l'esprit, nous ne sommes plus déjà de cette vie, nous anticipons sur la vie céleste, nous imitons les anges nos futurs concitoyens de l'éternité ; et si vous aviez une fois goûté les joies ineffables que Dieu cache dans le renoncement et dans la pratique des conseils évangéliques, vous repousseriez avec dégoût toutes les fausses jouissances passagères et trompeuses que le monde vous offre fallacieusement pour vous dissimuler ses lourdes et inexorables chaînes, vous ne voudriez plus que suivre Jésus et Marie, et vous vous uniriez à nous pour dire avec le Psalmiste à toutes les âmes : « Venez, et goûtez la suavité du « Seigneur[3] ! »

---

[1] Matth. xix, 29. Marc. x, 30. Luc. xviii, 30.
[2] Luc. x, 42.
[3] *Ps.* xxxiii, 9.

Oui, les affections virginales sont la source des dévouements les plus sublimes, des actes de charité les plus héroïques que l'histoire ait jamais enregistrés. Vous n'avez donc jamais lu les actes des Saints, puisque vous ignorez comment ils aimaient, et quelles incomparables amitiés remplissaient leurs cœurs et charmaient leurs vies? Lisez donc au moins les belles pages que M. de Montalembert a écrites sur les affections dans le cloître [1], et dites-nous ensuite si rien a jamais égalé ici-bas les affections spirituelles des moines ou des vierges sacrées, leurs amitiés sublimes et indissolubles, ces amitiés saintes que la mort elle-même n'ose pas séparer, et dont le monde ne peut pas même se faire une idée, parce que, toutes désintéressées et toutes pures, formées par Dieu et en Dieu qui en est à la fois le but et le lien, ces amitiés spirituelles constituent de véritables vertus, ou plutôt des faisceaux de vertus réunies, et, participant à l'immutabilité divine, défient la mobilité humaine, le temps, l'espace et la mort!

Ces vierges sacrées, dont vous parlez sans les connaître, sont donc des âmes de feu, parce qu'en elles habite spécialement Celui dont l'Écriture a dit que « notre Dieu est « un feu consumant [2] ». Épouses de ce Dieu de feu, de ce « Dieu qui est l'amour » substantiel et infini [3], les vierges sacrées sont les âmes les plus aimantes que Dieu ait faites à son image : toute leur ambition, tout leur désir, consiste à donner leurs forces et leur vie, non-seulement pour la gloire de Dieu, mais aussi pour le bien de l'humanité ; toute leur existence consiste à se dévouer jusqu'à la

---

[1] *Les Moines d'Occident*, Introduction, livre XVII, ch. v.
[2] *Deut.* IV, 24. *Hebr.* XII, 29.
[3] I Joan. IV, 8, 16.

mort, jusqu'à l'effusion de leur sang, à toutes les misères spirituelles ou temporelles du prochain. Certaines d'entre elles ont reçu de Dieu une prodigieuse et surhumaine faculté de souffrir dans le corps et dans l'âme, afin d'être des victimes de charité expiatoire et propitiatoire pour les péchés de ce monde : nous les voyons, douées de cette immense et surnaturelle puissance de compassion qui fait partie de leur ministère, ressentir les épreuves d'autrui incomparablement plus que leurs propres épreuves, souffrir cruellement par un martyre volontaire de corps et d'âme pour toutes les peines et pour toutes les fautes du prochain, et surabonder de joie dans leurs souffrances, tant elles aiment ardemment ces âmes pour lesquelles elles souffrent, et cette humanité qui ne les en récompense que par des opprobres et des calomnies. Aussi je vous affirme, au nom des œuvres de dix-neuf siècles de christianisme, que les Saints ont toujours été et sont encore les êtres les plus aimants qui aient jamais existé, et que, parmi tous les Saints, parmi toutes les âmes humaines, ce qu'il y a de plus aimant, de plus rempli de trésors surabondants d'affection, de tendresse, de dévouement et de sacrifice, c'est le cœur d'une vierge sacrée.

XXIX

Mais, sans nous borner à réfuter les calomnies des ignorants, des mondains et des impies, jetons un coup d'œil sur l'apostolat que les vierges sacrées exercent dans notre société présente, soit sous l'habit religieux, soit dans l'état séculier, et voyons en quoi cet apostolat consiste. Leur ministère consiste à subvenir, avec un dévouement sans bornes, et au prix de toutes les fatigues, de tous les dangers, de tous les sacrifices, à tous les besoins spirituels et temporels de l'humanité, mais en subordonnant les temporels aux spirituels comme à leur fin, qui est le salut et la sanctification des âmes ; il consiste aussi, nous le répétons, à souffrir volontairement, comme victimes expiatoires et propitiatoires de charité et comme martyres de compassion, pour les péchés et les calamités du monde.

Vous ne trouverez pas les vierges sacrées dans ces fêtes et ces réunions mondaines, où le démon règne en maître et d'où la charité est exclue autant que la modestie, véritables exhibitions de chair humaine où les parents présentent leurs filles à vendre comme dans des marchés d'esclaves. Mais vous les trouverez là où l'on a faim, là où l'on souffre, là où l'on pleure, portant avec le pain du corps le pain de la parole divine, avec les remèdes physiques les remèdes de l'âme, avec les consolations les enseignements d'en haut, et faisant servir l'aumône de prétexte à l'évangélisation. Vous les trouverez là où il faut réfuter des erreurs, confondre des hérésies, convaincre des incrédules, persuader des opiniâtres, attendrir des pécheurs, faire pleurer des endurcis, dompter et terrasser des esprits rebelles à Dieu, sauver des âmes près de paraître au terrible jugement sans s'être réunies ou réconciliées à l'Église. Vous les verrez alors, ces jeunes filles qui n'ont pas étudié la théologie, douées, par infusion d'en haut, d'une sagesse toute divine, d'une science merveilleuse, d'une éloquence surhumaine, parler et écrire sur les choses de Dieu comme on ne l'a pas fait depuis le temps des saints Pères. Vous verrez ces vierges, dans leurs exhortations dignes des Pères de l'Église, user tour à tour, avec un discernement admirable et selon les circonstances et les divers caractères des âmes, tantôt d'une suavité d'attraction douce et irrésistible, tantôt d'une force de sévérité qui brise par voie d'autorité toutes les résistances. Vous les verrez faire fondre en larmes comme des enfants, par la vertu puissante et touchante de leur parole, les impies les plus invétérés dans l'incrédulité et la dureté du cœur; vous les verrez atteindre ainsi, à chaque instant, cette œuvre vraiment divine qui n'a pas d'égale au ciel ni sur la terre, le salut d'une âme qu'elles arrachent à l'enfer pour l'envoyer au paradis; œuvre qui, comme le Seigneur l'atteste, « remplit de joie les anges » et la cour céleste [1]; œuvre si grande, que, selon plusieurs Pères, Jésus-Christ se serait incarné et serait venu parmi nous y mourir pour une seule âme, s'il n'y en avait eu qu'une seule à racheter [2].

Vous trouverez encore les vierges sacrées là où il y a des dangers à courir et la mort à affronter, soit dans les épidémies, soit dans les guerres, soit dans ces effroyables et sanguinaires commotions dont ce siècle a le triste privilège, et qui transforment une portion de l'humanité en monstres féroces. Car elle n'est pas éteinte, la race de ces vierges qui faisaient autrefois trembler les empereurs et les proconsuls sur leurs trônes et qui bravaient les prétoires des plus cruels et redoutables tyrans; et ce n'est pas en vain que, selon saint Thomas, le nom de virginité est dérivé de force [3] : car une vierge sacrée ignore ce que c'est que la peur. Vous les trouverez donc aujourd'hui aussi fortes que leurs devancières, et inaccessibles à tout

---

[1] Luc. xv, 7, 10.
[2] Cette opinion est soutenue par saint Jean Chrysostôme (hom. 3 *in Act. Ap.*) et par d'autres auteurs.
[3] 2a 2æ, q. 152, a. 1, viror, vis.

sentiment de crainte dans ces tragiques catastrophes où les guerriers les plus valeureux sentent souvent leur courage défaillir. Vous verrez ces jeunes filles intrépides au milieu de la fusillade et de la mitraille, aussi calmes dans l'ouragan de fer et de feu qu'elles le sont dans leur oratoire, risquant et sacrifiant leur vie sans croire faire autre chose que l'acte le plus naturel et le plus facile ; vous les verrez, dans ces terribles instants, élevées au-dessus de la fragilité mortelle par l'intention qui fixe leur âme au ciel, « revêtues de la vertu d'en haut [1] », armées d'une force irrésistible, et, par l'ascendant de leur pureté, par l'autorité surnaturelle que met en elles le divin habitant de leur cœur, imposant le respect et l'obéissance à des êtres sans frein qui semblent n'être plus que des bêtes fauves. Oh ! combien d'existences précieuses ont été, dans ces jours-là, miraculeusement préservées par les épouses du Christ ! de combien d'âmes leurs prières et leur parole ont peuplé le ciel ! et quelle gloire leur est réservée pour le grand jour où « les secrets seront manifestés [2] » !

Mais c'est dès ici-bas que le Seigneur veut déjà commencer leur gloire. Car il honore l'apostolat des vierges par le signe le plus éclatant, par les miracles, cet empire souverain qui suspend les lois de la nature, et que Dieu seul peut exercer par lui-même, mais par lequel il se plaît à glorifier ses Saints en l'opérant à leur prière et en leur en attribuant l'honneur. Aujourd'hui comme au temps de Geneviève, Jésus-Christ opère par ses épouses de nombreux miracles, soit en arrêtant la mort, soit en guérissant des maladies, soit en réprimant des fléaux, et d'innombrables faits miraculeux, par exemple en changeant subitement à leur prière les volontés les

[1] Luc. xxiv, 49.
[2] I Cor. iv, 5.

plus endurcies, ou en leur donnant de pénétrer les consciences et de connaître par intuition spirituelle les pensées secrètes des cœurs ou les événements qui s'accomplissent hors de leur présence : car Dieu élève souvent ses Saints au-dessus des lois de la nature, du temps et de l'espace, et ses épouses reçoivent une large part à ces priviléges qui donnent à des êtres vêtus de chair le pouvoir d'opérer et de connaître à la manière des purs esprits. En effet, Notre-Seigneur a promis aux âmes qui lui seraient unies sans réserve « que son Père leur accor« derait toutes leurs demandes [1] » : la pureté d'âme et une union sans réserve à Jésus-Christ sont donc les conditions requises pour obtenir le don des miracles et les dons exceptionnels de scrutation des cœurs et de prophétie ; et aux nombreuses vierges qui possèdent cette pureté et cette union parfaite, il suffit « d'avoir la foi « comme un grain de sénevé » pour « transporter des « montagnes [2] » avec autant de simplicité et de facilité que nous exerçons les actes de la vie usuelle.

XXX

Qu'on ne croie donc pas que les tableaux que nous venons de tracer ne soient qu'une réminiscence ou un vain rêve d'un âge d'or évanoui pour toujours dans la froideur de nos âges de fer. Celui qui écrit ces lignes n'a fait que rapporter ce qu'il a vu. « Le bras de Dieu n'est « pas raccourci [3] », et il a toujours ses Saints, aujourd'hui comme autrefois. Seulement, comme vous méritez moins

---

[1] Joan. xiv, 13, 14; xv, 7; xvi, 23.
[2] Matth. xvii, 19; xxi, 21. Marc. xi, 23. Luc. xvii, 6.
[3] Is. l, 2; lix, 1.

que les siècles de foi, Dieu met ses Saints moins en évidence qu'alors ; il les garde plus pour lui, pour consoler son Cœur divin, s'il m'est permis d'employer cette métaphore. Comme autrefois, ses Saints apaisent toujours sa colère, et réparent par leurs hommages et leurs souffrances les offenses que vous faites à sa majesté ; mais il vous manifeste moins publiquement leurs œuvres, parce que vous êtes moins dignes que vos ancêtres des exemples et des vivantes exhortations de leurs actes : il ne les manifeste qu'à un nombre restreint d'âmes capables de les comprendre, et il attend peut-être des temps meilleurs, ou tout au moins le jour du jugement, pour montrer publiquement par quelles intercessions il vous a sauvés. Celui qui écrit ces lignes n'a donc pas eu besoin de remonter au siècle où sainte Geneviève préservait son peuple de la guerre, de la famine et de la peste, et faisait pénétrer jusqu'en Orient le renom de sa sainteté et de ses miracles. Il lui a suffi, pour exposer ces merveilles de l'apostolat des vierges, ces prodiges de charité, de dévouement et de courage, ces dons surnaturels et ces miracles, de regarder autour de lui et d'y prendre des exemples contemporains : il lui a suffi de considérer celle qui a été l'inspiratrice de ce livre, et de retracer ici quelques-unes des actions de cette digne imitatrice de sainte Geneviève.

XXXI

Nous venons de montrer que les vierges soulagent les misères de ce monde et sauvent les âmes par l'exercice de leur apostolat : telle nous apparaîtra Geneviève, « se « faisant toute à tous [1] » ; telle se montre aussi la vierge

---

[1] *I Cor.* ix, 22.

sacrée qui a inspiré ce travail à la gloire de sa devancière. Mais les vierges font plus encore : elles sauvent le monde de la colère divine. Il est certain que ce sont les Saints qui sauvent le monde, et que, le jour où Dieu n'en trouverait plus sur la terre, le monde n'aurait plus de raison pour subsister devant lui. Mais, parmi tous les Saints, il y en a qui trouvent spécialement grâce devant Dieu comme de suaves victimes de propitiation, comme des oblations d'odeur agréable à sa divine majesté : ce sont les vierges sacrées, les épouses chéries de son Fils. Ces humbles vierges tant oubliées et méprisées du monde, tant dédaignées, tant calomniées, tant persécutées, mais qui portent au front la couronne souveraine d'épouses de Dieu, ce sont elles qui vous sauvent : ce sont elles qui apaisent la colère divine par le parfum de leurs prières, de leurs offrandes, de leurs souffrances, et qui détournent de vous les châtiments que méritent vos péchés et vos scandales ; sans elles, le monde aurait déjà péri ; elles sont les paratonnerres qui vous préservent de la foudre vengeresse.

Telle encore nous apparaîtra Geneviève, détournant de son peuple la colère du ciel, et récompensée de son vivant par la calomnie et par une ingratitude dont le dernier siècle a voulu se faire l'héritier en profanant ses reliques ; telle apparaît aussi celle qui a voulu glorifier Geneviève par notre plume.

XXXII

Vous nous demanderez : Comment les vierges sauvent-elles le monde ? Nous allons vous répondre ; et, ici encore, nous avons été guidé dans notre analyse par le type ami et vénéré de celle qui reproduit en sa personne tant de caractères de la Sainte dont elle nous a confié l'histoire.

Un homme et une femme avaient perdu le genre humain : un homme, qui était Dieu, et une Vierge, qui était la Mère de Dieu, ont racheté et sauvé le monde. Or le Dieu Sauveur a voulu, à la place des types pernicieux de nos premiers parents, nous laisser, à la fois comme protection et comme exemple, son propre type et celui de sa glorieuse Mère. Il a voulu perpétuer parmi nous ces deux types sauveurs. Ce sont les vierges sacrées, soit dans l'état religieux, soit dans la vie privée, qui portent et perpétuent dans le monde ces deux types sauveurs, et c'est en les perpétuant parmi nous qu'elles rachètent et sauvent le monde.

Or elles perpétuent ces deux types par une triple configuration à Jésus et à Marie : à Jésus, comme *vierges*, comme *apôtres* et comme *victimes;* à Marie, par leur *pureté,* par leur *humilité* et par leur ardent *amour de Dieu et des âmes*.

XXXIII

Les vierges sacrées sont configurées à Jésus comme *vierges*. Le Sauveur voulut être vierge, et l'audace même des hérétiques n'a jamais osé élever un doute sur sa virginité. Jésus s'est donné tout entier pour les hommes ; mais le genre humain qu'il a sauvé ne se donne pas tout entier à lui. Combien d'hommes méconnaissent et outragent leur Sauveur ! et, parmi ceux mêmes qui l'honorent, le plus grand nombre s'adonnent aux choses de la terre et aux affections naturelles, et, subissant ce « par-

« tage » dont parle l'Apôtre [1], n'appartiennent que pour une faible part à Celui qui s'est donné tout entier pour eux. Il fallait donc, pour la consolation et le dédommagement du Cœur divin qui s'est donné à nous, qu'il y eût dans l'Église une classe spéciale d'âmes qui se donnassent à Jésus tout entières, sans partage ni réserve, et qui n'appartinssent qu'à lui seul ; et ces âmes qui imitent ainsi la donation totale que le Rédempteur nous a faite de sa personne divine s'appellent pour cela « épouses de Jésus-« Christ », et sont les vierges sacrées.

Elles sont configurées à Jésus comme *apôtres*. C'est en « donnant sa vie pour ses amis », et aussi pour ses ennemis, ce qui, comme il l'atteste, est « le plus grand acte de « charité possible [2] », que Notre-Seigneur a sauvé le monde ; et ses apôtres ont fait après lui ce qu'il leur avait enseigné par cette parole. C'est en imitant leur divin Époux et les apôtres, c'est en donnant leurs forces, leurs fatigues, leur santé, leurs souffrances et leur vie pour leurs amis et pour leurs persécuteurs, que les vierges sacrées participent à l'apostolat, sauvent le monde et continuent l'œuvre du Rédempteur jusqu'à la fin des temps. Nous l'avons prouvé et mis en lumière dans les pages qui précèdent ; nous avons montré les vierges associées au ministère apostolique de Jésus depuis les saintes femmes de l'Évangile jusqu'à nos jours, et nous avons exposé les fruits et les héroïques exploits de cet apostolat virginal, que la vie de sainte Geneviève va nous montrer encore dans un vif éclat.

Elles sont configurées à Jésus comme *victimes*. Il faut un contre-poids au sensualisme du monde, à son luxe et à

---

[1] *I Cor.* vii, 33.
[2] Joan. xv, 13.

ses joies déréglées. Jésus-Christ s'est fait crucifier pour expier les péchés du monde. Les vierges ses épouses sont, depuis dix-neuf siècles, crucifiées sans cesse avec lui pour participer à son œuvre rédemptrice en expiant les péchés du monde, en réparant ses offenses, en compensant ses sensualités et ses folles joies, en assumant sur elles les peines dues à ses crimes, en souffrant à la place des coupables, et en désarmant la colère divine par l'offrande agréable des souffrances volontaires d'âmes pures et innocentes s'offrant à satisfaire pour les pécheurs, en un mot en souffrant pour le monde. Car, en vertu du principe de la solidarité et de la communion des Saints, lorsqu'il y a plus de souffrances d'un côté, il y en a moins de l'autre. Ainsi, de même que Jésus-Christ innocent a racheté le monde en souffrant à sa place, de même les vierges ses épouses, en acceptant de souffrir volontairement quoique innocentes à la place des prévaricateurs, rachètent sans cesse le monde, et préservent l'humanité de calamités innombrables qui l'atteindraient sans leur intervention. Nous avons signalé ce martyre librement accepté, cette immense faculté de souffrir dans le corps et dans l'âme, cette prodigieuse et surnaturelle compassion dont Dieu a doué plusieurs vierges, et qui, les rendant insensibles à leurs propres épreuves, mais suréminemment sensibles aux épreuves d'autrui, les font souffrir avec joie, mais constamment et cruellement, comme victimes de charité, pour toutes les offenses faites à Dieu et pour tous les péchés et toutes les afflictions du prochain. Et il faut remarquer que Dieu destine plus spécialement les vierges à ce ministère de victimes expiatoires et propitiatoires. Car, s'il est vrai que tous les Saints en général ont beaucoup souffert, il est incontestable que les vierges ont toujours beaucoup plus souffert que les confesseurs, et que, comme les actes des Saints en font foi, la plupart des Vierges ont joint aux épreuves ordinaires et communes, telles que calomnies et persécutions, des maladies presque continuelles, des fièvres incessantes ou des infirmités corporelles habituelles. On peut assigner à cette préférence deux causes : la première est que les vierges ont, pour la plupart, sauf des exceptions, un ministère extérieur moins fréquent ou moins actif que les confesseurs, et qu'elles complètent ainsi en souffrances corporelles ce qu'elles ont eu de moins en activité ; la seconde cause, qui est plus générale et plus concluante, est que, le titre d' « épouses de Jésus-Christ », que portent les vierges, étant encore plus intime que ceux d' « amis » et de « frères » que le Sauveur donne à ses disciples [1], Notre-Seigneur veut faire à ses épouses une part plus large et plus intime à sa Croix, en les configurant plus que les confesseurs à son ministère de victime, qui a été le principal de toute sa mission de Rédempteur.

XXXIV

Les vierges sacrées sont configurées à Marie par leur *pureté*. Il faut un contre-poids à la corruption morale du monde, à ses scandales et à ses turpitudes, aussi bien qu'à ses joies déréglées et à sa sensualité. Ce contre-poids existe dans la pureté virginale, que les vierges ont embrassée et promise en suivant les traces de leur Reine. Marie fut, par un privilége unique, la demeure du Saint-Esprit ; et le Créateur du monde, « toute la plénitude de « la divinité [2] », habita « corporellement » en elle pendant

---

[1] Joan. xi, 11 ; xv, 13-15. Matth. xxv, 40 ; xxviii, 10. Joan. xx, 17.
[2] *Col.* ii, 9.

neuf mois lorsque le Verbe s'y fut uni hypostatiquement à la nature humaine par l'opération de l'Esprit divin. « Quelle pureté, même angélique », dit saint Bernard, « oserait se comparer à cette virginité qui mérita de de-« venir le sanctuaire du Saint-Esprit et l'habitation du « Fils de Dieu [1] ? » Les vierges, en l'imitant, deviennent d'une autre manière, par leurs divines fiançailles, des sanctuaires vivants et privilégiés du Saint-Esprit, et des temples où leur céleste Époux se plaît à habiter par sa grâce. Elles imitent même en quelque chose la maternité virginale de Marie par leur maternité spirituelle sur les âmes qu'elles sauvent ou sanctifient par leur parole ou par leur intercession. Car, selon saint Augustin, les vierges « deviennent avec Marie mères du Christ quand « elles font la volonté du Père céleste [2] », quand, dans l'exercice de leur apostolat, elles « forment et engendrent « Jésus-Christ dans les âmes [3] » et enfantent ainsi ces âmes à l'Église, puisque, d'après la belle parole de saint Bernard, « le seul enfantement qui convienne à une « vierge est d'enfanter Dieu [4] ».

Elles sont configurées à Marie par leur *humilité*. Il faut à l'orgueil du monde un contre-poids dans l'humilité des vierges. Comme nous l'avons vu, Marie, la plus sublime des créatures, en a été aussi la plus humble. L'humilité est donc la gardienne nécessaire de la virginité : toute vierge qui ne serait pas humble s'exposerait à des chutes ; et, alors même qu'elle garderait, avec la persévérance, la vertu de virginité, elle serait indigne du glorieux titre de vierge, parce que sa virginité resterait infructueuse. Les

---

[1] Serm. 4 in Assumpt. B. M. V.
[2] Matth. xii, 50. Saint Augustin, *De sancta virginit.*, c. v.
[3] *Gal.* iv, 19. *I Cor.* iv, 15.
[4] Hom. 2 sup. *Missus est.*

vierges sacrées cherchent toujours à vivre ignorées, et s'ignorent elles-mêmes. Quoiqu'elles soient revêtues du type de la plus glorieuse des créatures, quoiqu'elles portent le diadème royal d'épouses de Dieu, et que cette sublime dignité les place au premier rang de la société chrétienne selon la hiérarchie de l'Église, quoiqu'elles remportent, dans un sexe réputé fragile, les plus éclatantes et héroïques victoires, elles s'abaissent toujours au-dessous de tous, cachent leurs œuvres dans la retraite, et reçoivent les dédains et les mépris du monde, non comme une épreuve de leur patience, mais comme si ces dédains leur étaient dus : car, admirées des anges et des saints du ciel et de la terre, elles s'estiment des servantes inutiles, et sont seules à ignorer leurs œuvres et leurs mérites.

Elles sont configurées à *Marie* par leur ardent *amour de Dieu et des âmes,* et par là elles font le contre-poids nécessaire à l'égoïsme qui règne dans le monde à côté de l'orgueil, du sensualisme et de la corruption. Nous savons, d'après la tradition des saints Pères, que Marie fut si ardente dans l'amour de Dieu dès son enfance, que, comprenant la première que la virginité plaît à Dieu, elle s'était consacrée à lui pour le servir seul, sans craindre les opprobres de l'ancienne loi, et avant de savoir que la dignité de Mère de Dieu la préserverait de ces opprobres ; nous savons aussi par eux que son amour pour les âmes et son dévouement à notre salut furent tels, qu'elle accepta avec joie durant toute sa vie le martyre de compassion qu'elle devait subir pour nous au Calvaire, et qu'elle aurait crucifié elle-même son Fils pour nous sauver s'il l'avait fallu, regrettant seulement de n'avoir pas à mourir aussi pour nous avec lui. A son exemple, les vierges portent l'amour de Dieu jusqu'à subir volontiers, non-seulement les injures et les mépris du monde qui hait la chasteté, mais encore les luttes et les persécutions les plus graves pour garder leur saint propos contre les tentatives tyranniques que leur famille fait le plus souvent pour les enchaîner au siècle. Car, si la virginité ne s'acquérait autrefois qu'au prix du martyre, la persécution n'a fait que changer de procédés, et toute vierge a été plus ou moins persécutée pour sa vocation : celles qui, par un privilége exceptionnel et rare, ont reçu du Saint-Esprit, dès l'enfance, la connaissance surnaturelle du mérite de la virginité, et qui, comme la Reine des vierges et comme sainte Geneviève, se sont vouées à Dieu dès l'enfance, ont été persécutées dès l'enfance, et, comme leur divin Époux l'a prédit, ont trouvé « des ennemis dans « leurs proches [1] ». Mais, aujourd'hui comme au temps des martyrs, les vierges ne reculent ni devant les menaces, ni devant les mauvais traitements, ni devant la mort, pour rester fidèles à l'Époux céleste qu'elles ont choisi. Les vierges, à l'exemple de Marie, portent aussi l'amour des âmes jusqu'à donner leur vie avec transport pour leur obtenir le salut ou les dons de la grâce : l'existence des vierges, martyre de souffrance et de compassion accepté avec joie pour le bien de l'humanité, est un combat incessant pour Dieu contre le monde et contre l'enfer, une lutte sans relâche pour la vertu contre le mal, un constant oubli de soi, une abnégation de tous les instants, un dévouement prêt à tous les sacrifices ; elles donnent au salut et au progrès des âmes leur temps, leurs forces, leur santé, leur vie, et nous avons vu avec quelle facilité héroïque elles bravent la mort pour défendre la vérité et la justice, ou pour conquérir une âme au ciel.

[1] Matth. x, 36. Mich. vii, 6.

XXXV

C'est donc en perpétuant dans le monde, par une triple configuration à tous deux, ces deux types sauveurs de Jésus et de Marie, que les vierges rachètent et sauvent le monde. Car, de même que l'arc-en-ciel, en rappelant au Seigneur l'alliance qu'il avait promise à Noé, devait préserver la terre d'un nouveau déluge [1], de même, lorsque les abominations de la terre lassent la patience divine, le regard de Dieu, en se portant sur les prévaricateurs qui l'outragent par leurs blasphèmes ou leurs scandales, voit entre lui et eux la virginité sacrée, et reconnaît en elle, comme témoignages de la « nouvelle et éternelle al-« liance [2] », les types de Jésus et de Marie. En voyant ces douces et pures victimes de propitiation qui s'offrent volontairement à souffrir pour les pécheurs, en présence des types de Jésus et de Marie empreints sur ces vierges, Dieu se souvient qu'il s'est fait homme pour nous dans le sein très-pur de la Vierge immaculée, et qu'il nous a rachetés au prix de son sang ; et, comme il aurait pardonné à Sodome pour dix justes [3], il pardonne au monde à cause de ses épouses bien-aimées, ses compagnes d'apostolat, les filles et imitatrices de sa Mère, à cause des vierges chrétiennes.

Un pieux auteur a dit d'elles avant nous : « Combien le « monde est redevable à ces âmes ! Telle vierge, simple « et pure, vivant pour Dieu dans le secret et le silence,

---

[1] *Gen.* ix, 12-17.
[2] Novi et æterni testamenti (*Miss. Rom.*).
[3] *Gen.* xviii, 32.

« ignorée ou méprisée des hommes, et s'ignorant elle-
« même, sauve, souvent à son insu et à l'insu de tous, la
« cité, la province, la région qu'elle habite. Comment les
« sauve-t-elle? Par son amour, par ses souffrances, par
« sa prière. Elle puise aux sources divines la vie qu'elle
« épanche comme une rosée ; elle neutralise, par la vertu
« dont elle est pénétrée, les effets du mal ; elle présente
« au *Soleil de justice*[1] un foyer attractif où ses rayons
« puissent descendre ; et ainsi elle vivifie la chaîne sa-
« crée, c'est-à-dire la religion qui tient la terre unie au
« ciel. Les prophètes déclarent qu'il n'eût fallu qu'une
« seule de ces âmes pour sauver Jérusalem[2]. »

A ces lignes, qui caractérisent si bien le ministère pré-
servateur et protecteur de sainte Geneviève, et aussi de
celle qui a été l'inspiratrice de ce livre, nous n'ajouterons
qu'un mot : Chrétiens, inclinez-vous devant ces vierges
que trop souvent vous dédaignez, calomniez et persé-
cutez. En avons-nous dit assez pour venger les vierges de
vos dédains et de vos ingratitudes? Nous vous avons
montré en elles des anges visibles que Dieu vous donne
pour vous garder, pour vous protéger, pour vous préserver, pour vous racheter, pour vous sauver. Quel rang
leur assignez-vous en retour de tant de bienfaits? le dernier au regard du monde : quel rang tiennent-elles devant Dieu? le premier. Attendrez-vous, pour leur rendre
hommage et justice, le jour redoutable du jugement où
Dieu, les glorifiant et les exaltant à sa droite au-dessus de
vos têtes, vous couvrira de confusion en vous apprenant,
par les châtiments de sa colère, que « les derniers seront
« les premiers[3] »? Inclinez-vous donc avec vénération

---

[1] Mal. iv, 2.
[2] Ratisbonne, *Histoire de saint Bernard*, Introduction.
[3] Matth. xix, 30; xx, 16. Marc. x, 31. Luc. xiii, 30.

devant les vierges chrétiennes, et rendez-leur grâces : sans elles, vous ne seriez plus ; ce sont elles qui vous sauvent ! elles sauvent le monde !

Et vous, vierges chrétiennes qui lirez ces pages, souvenez-vous du pauvre écrivain aux pieds de Jésus et de Marie ; pour vous défendre, pour vous louer, pour vous glorifier, il n'a pas eu besoin de se faire panégyriste : il lui a suffi d'être véridique. Faites-lui donc l'aumône de vos saintes prières : il en a grand besoin.

HISTOIRE
DE
SAINTE GENEVIÈVE
ET DE
SON CULTE

CHAPITRE PREMIER

ORIGINE ET NAISSANCE DE SAINTE GENEVIÈVE

Sainte Geneviève, patronne de Paris, naquit à Nanterre. Ce bourg de Nanterre, situé à trois lieues de Paris, dans une presqu'île formée par les sinuosités de la Seine, se nomme correctement, dans la langue latino-romane qui était l'idiome le plus usuel des Gallo-Romains, *Nemetodorum,* et son nom signifie « *temple sur la rivière* » : car il est composé des deux mots celtiques *nemet* et *dor,* qui signifient temple et cours d'eau. Il est donc probable que cette appellation lui avait été donnée à cause de quelque temple païen ou de quelque antique église chrétienne qui devait avoir existé en ce lieu sur le bord de la Seine ; et ce n'était pas sans une disposition providentielle que ce nom significatif et prophétique avait été attaché d'avance à un lieu destiné à devenir le berceau d'une Sainte célèbre, un pèlerinage fréquenté et le siége d'un illustre sanctuaire.

Le père et la mère de Geneviève se nommaient Sévérus et Gérontia : ces noms, l'un latin, l'autre grec, semblent indiquer que les parents de la Sainte appartenaient à la race gallo-romaine. La fille qui leur naquit vers l'an 422, et qui semble avoir été leur unique enfant, reçut le nom de Geneviève, ou plus correctement, dans la langue latino-romane, *Genovefa*. Baillet et Valois, qui attribuent par erreur à ce nom une origine germanique, s'étonnent que des parents gallo-romains l'aient donné à leur fille avant que les Francs fussent entrés dans le pays, et l'un d'eux suppose que Sévérus et Gérontia auraient été d'origine franque, et que leurs ancêtres auraient quitté la Germanie ou en auraient été transportés en Gaule par les Romains ; mais aucune de ces conjectures n'est justifiée : car le nom de *Genovefa* est, non pas germanique, mais celtique, c'est-à-dire tiré de l'ancienne langue gauloise du pays. Ce qui est plus intéressant à noter, c'est la signification de ce nom de *Genovefa,* plus prophétique et plus providentielle encore que celle du lieu de sa naissance : car ce nom est formé de deux mots celtiques, qui se retrouvent encore dans les dialectes de la Bretagne et du pays de Galles, *gen* ou *genov,* qui signifie engendrer, fils, fille, et *eff,* qui signifie ciel. *Genovefa* signifie donc « *fille du ciel* », ou bien encore, dans une autre acception du premier radical, « *bouche céleste* ». Dieu marquait ainsi la vierge de Nanterre, dès son apparition dans le monde, du sceau d'une illustre prédestination. Car c'était par un éclatant présage de la gloire de la future patronne de Paris que ce beau nom de « *fille du ciel* » était donné à cette enfant, élue pour épouse de prédilection du Roi des cieux et pour fille chérie de la Reine du ciel, appelée à remplir le monde du renom de sa sainteté et à embaumer les premiers siècles de l'Église du parfum d'une vie toute céleste.

Les auteurs ont controversé la question de savoir si les parents de Geneviève étaient de haute ou de basse condition. Joubert soutient sans fondement qu'ils étaient « fort pauvres et de naissance fort obscure »; Valois, Baillet et d'autres soutiennent, sans plus de fondement, qu'ils étaient fort riches et très-nobles ; Gérard Dubois pousse même l'imagination jusqu'à qualifier Sévérus du titre de « seigneur de Nanterre ». Les arguments pour l'un ou pour l'autre de ces deux extrêmes sont sans valeur, et tout, dans les documents du temps, indique clairement une condition moyenne et aisée, quoique modeste. Car ni les paroles de saint Germain recommandant à la jeune fille de ne pas porter de joyaux, ni les biens que la Sainte possédait en différents lieux, ne prouvent autre chose qu'une modeste aisance. Quant aux ressources qu'elle rassembla pour construire la basilique de Saint-Denis et pour approvisionner Paris, elle se les procura par l'ascendant et l'autorité qu'elle tirait de sa sainteté, e non de ses richesses ni de sa naissance. Ajoutons que, quand les saints évêques Germain et Lupus arrivèrent à Nanterre, ce fut confondus dans la foule, et non en évidence comme de grands personnages, que Geneviève et ses parents vinrent au-devant d'eux : le récit contemporain le marque positivement. A l'inverse, ni le fait que la Sainte travaillait elle-même à sa moisson près de Meaux, comme l'histoire nous l'indique, ni la tradition qui assure qu'elle gardait les troupeaux à Nanterre, ne prouvent un état de pauvreté ni une condition infime : car, dans ces

6.

âges primitifs où les mœurs étaient simples et patriarcales, les riches et les grands eux-mêmes ne dédaignaient pas de participer aux travaux champêtres de leurs serviteurs et de leurs terres ; de même que, dans les temps bibliques, les filles et les femmes des plus riches personnages vaquaient aux soins domestiques, et qu'à l'exemple des glorieux patriarches leurs ancêtres, le saint roi David et ses fils paissaient eux-mêmes leurs troupeaux et présidaient à leur tonte[1]. Nous tenons donc pour certain, avec Godescard, Tillemont et Saintyves, que les parents de Geneviève appartenaient à la classe moyenne.

Selon une antique et populaire tradition, conservée encore aujourd'hui dans le pays, sainte Geneviève s'occupa dans son enfance à garder les troupeaux de son père dans les environs de Nanterre. Quelques auteurs modernes, les mêmes qui, par un étrange scrupule peu conforme à l'humilité chrétienne, ont tenu à faire de Geneviève la fille d'un grand seigneur, ont essayé de révoquer en doute cette tradition, sous le vain prétexte que le poëme latin écrit en 1512 par Pierre Dupont est le premier livre où la Sainte soit représentée gardant les brebis, et que c'est seulement depuis le siècle suivant que la coutume de la figurer en bergère semble s'être introduite dans l'art chrétien. Mais ces objections récentes et sans gravité ne peuvent prévaloir sur une croyance séculaire à laquelle les souvenirs locaux sont favorables. Comme nous l'avons dit, quand même (ce qui n'est pas) sainte Geneviève aurait été fille d'un seigneur, rien n'empêcherait qu'elle eût gardé les troupeaux de son père, de même qu'elle travaillait plus tard avec ses moissonneurs ;

---

[1] *Gen.* xii, 16 ; xiii, 5 ; xviii, 6-8 ; xxiv, 15, 16 ; xxvi, 14 ; xxvii, 14 ; xxix, 9, 20 ; xxx, 31 ; xxxvii, 12 ; xxxviii, 12. *Ex.* ii, 16 ; iii, 1. *I Reg.* xvi, 11 ; *II Reg.* xii, 24.

à plus forte raison est-il vraisemblable qu'elle l'ait fait, étant née dans une condition moyenne. Mais ce qui est décisif en faveur de cette croyance, c'est qu'elle est établie sur des traditions populaires et locales qui semblent très-anciennes, constantes, et par conséquent authentiques, et surtout sur des noms de lieux. Car on montre deux endroits où l'on croit que Geneviève paissait et parquait ses brebis. L'un, nommé « *le parc de sainte Geneviève* », est situé à un kilomètre de Nanterre, et traversé aujourd'hui par la route de Nanterre à Chatou, dont les travaux ont fait disparaître les traces de l'enclos qui l'enfermait et de la chapelle que la piété des siècles passés y avait édifiée. L'autre est situé sur le versant du mont Valérien, et connu de temps immémorial sous le nom de « *clos de sainte Geneviève* »; près de là est une fontaine nommée « *fontaine de sainte Geneviève* », où l'on croit que la Sainte se désaltérait et abreuvait son troupeau : au temps où le mont Valérien était surmonté d'un Calvaire, avant la construction de la forteresse qui le couronne actuellement, les pèlerins qui y venaient en pèlerinage le 14 septembre pour la fête de l'Exaltation de la Sainte Croix avaient coutume de boire de l'eau de cette fontaine. On a supposé à ce sujet que le mont Valérien aurait été un domaine des parents de sainte Geneviève, et aurait reçu son nom du père de la Sainte, lequel aurait porté le double nom de Sévérus Valérianus. Quoi qu'il en soit de cette dernière supposition, comme les noms de lieux sont généralement le dépôt le plus fidèlement persistant et la source la plus authentique des anciennes traditions populaires qui se transmettent de siècle en siècle, et d'après la très-haute antiquité des dénominations qui rattachent à ces lieux le nom et le souvenir de sainte Geneviève, il est très-probable que la Sainte a pratiqué la vie pastorale, soit seulement dans son enfance, soit même plus tard encore, comme l'ont fait d'autres saints, témoin saint Vincent de Paul et sainte Germaine, et il est très-probable aussi que les deux endroits désignés, l'un près de Nanterre, l'autre sur le mont Valérien, ont appartenu à sainte Geneviève ou à ses parents, ou au moins qu'elle y a gardé ses troupeaux. Les Génovéfains admettaient ces traditions comme authentiques : car les antiennes de leur office propre de sainte Geneviève y font plusieurs allusions, et lui attribuent l'état de bergère.

S'il est aisé de connaître l'origine et la condition de sainte Geneviève, il est moins facile de déterminer avec précision la date de sa naissance et de sa mort, et cette question fort controversée, qui présente une grande importance, a besoin d'être résolue. Quatre données certaines nous aideront à fixer ces dates, et c'est faute d'en avoir tenu compte ou par suite d'erreurs chronologiques que plusieurs auteurs ont erré sur ce point. Il est certain, d'après le diacre Félix, qui écrivit la vie de la Sainte au neuvième siècle, et d'après le moine Aymoin qui le reproduit[1], que Geneviève naquit sous le règne des empereurs Honorius et Théodose le Jeune : donc, Honorius étant mort en 423, on ne peut fixer la naissance de la Sainte plus tard que cette année. Il est certain que c'est en 429 que saint Germain d'Auxerre alla pour la première fois en Angleterre et reçut le vœu de virginité de Geneviève; ce qui confirme qu'elle était née au plus tard en 423 : car il est impossible que Geneviève, qui, selon le prêtre Constantius[2], déclara alors au saint évêque qu'elle avait « depuis longtemps » le désir de

---

[1] *De gestis Francorum.*
[2] *Vita S. Germani.*

professer la virginité, ait été âgée de moins de six ou sept ans. Il est certain, d'après l'auteur contemporain qui écrivit la vie de la Sainte dix-huit ans après sa mort et d'après tous ses autres biographes, qu'elle vécut « au « delà de quatre-vingts ans ». Enfin il est certain, d'après Félix et Aymoin, que Geneviève survécut à Clovis et mourut sous le règne de ses fils Clotaire et Childebert; donc, Clovis étant mort le 26 novembre 511, sainte Geneviève, dont l'Église fixe la mort au 3 janvier, est morte le 3 janvier 512, ce qui lui donne un âge de quatre-vingt-huit ou quatre-vingt-neuf ans au moins. C'est cette apparente divergence avec le terme de longévité assigné par l'antique biographe de la Sainte qui a porté certains auteurs [1], dont Baronius rejette avec raison l'opinion, à fixer la mort de Geneviève vers l'an 500, contrairement à l'assertion de Félix et d'Aymoin, tandis que d'autres [2], à l'opposé, la reculent, contre toute possibilité, au delà de 512. Toute difficulté a été levée par le Père Saintyves [3], qui a constaté que la plupart des manuscrits ont dû être altérés par une erreur de copiste, et que le texte authentique, tel que le porte le manuscrit le plus ancien, serait que la Sainte vécut « au delà de quatre-vingt-huit ans », d'accord avec deux très-anciennes vies de sainte Geneviève écrites en français, en prose et en vers, et qui prolongent sa vie jusqu'à quatre-vingt-dix ans. Et quand même cette découverte ne serait pas venue lever la difficulté, on pourrait encore admettre que l'auteur qui écrivait dix-huit ans après la mort de la Sainte, moins obligé à la précision

---

[1] BOLLANDUS, *Gallia christiana*.
[2] Lejuge, Dubreul, Galesinius.
[3] *Vie de sainte Geneviève*, 1846.

dans cette époque contemporaine où les détails de sa vie étaient connus de tous, aurait entendu par « au delà « de quatre-vingts ans » toute la période d'années comprise dans la dizaine suivante. C'est pourquoi, puisqu'il est certain, d'après les données qui précèdent, que sainte Geneviève n'est pas née plus tôt que 421 ni plus tard que 423, et qu'elle n'est pas morte plus tôt ni plus tard que 512, il est généralement admis de fixer en 422 l'année probable de sa naissance, et la date de sa mort au 3 janvier 512 [1].

Quand Geneviève naquit, l'Église était troublée depuis dix ans par l'hérésie des Pélagiens, qui niait le péché originel et prétendait que le libre arbitre suffit à l'homme, sans le secours de la grâce, pour accomplir les préceptes divins et pour atteindre le salut et la perfection. Cette monstrueuse doctrine, qui, en détruisant la plus antique croyance du monde, ôtait à l'œuvre de Jésus-Christ le caractère de Rédemption, avait rencontré pour adversaire le Docteur de la grâce, saint Augustin, d'autant plus zélé à défendre la grâce divine qu'il lui devait davantage. Les conciles de Carthage et de Milève con-

[1] Lallemant, Charpentier, Saintyves, etc. — La vie de sainte Geneviève est donc comprise dans les pontificats des papes saint Boniface Ier, saint Célestin Ier, saint Sixte III, saint Léon Ier le Grand, saint Hilaire, saint Simplicius, saint Félix III, saint Gélase Ier, saint Anastase II et saint Symmaque; dans les règnes des empereurs Honorius, Théodose le Jeune, Valentinien III, de l'impératrice sainte Pulchérie, des empereurs Marcien, Maxime, Avitus, Majorien, Sévère, Léon, Anthémius, Olybrius, Glycérius, Zénon, Romulus-Augustulus, Basiliscus et Anastase, et dans les pontificats des évêques de Paris saint Marcel, neuvième évêque, mort en 436, et ses successeurs Vivianus, Félix, Flavianus, Ursicinus, Apédinius et Héraclius : les dates de ces derniers sont incertaines. Quant aux Francs, qui, lors de la naissance de la Sainte, n'avaient encore aucune possession établie en Gaule, les rois dans les États desquels elle vécut plus tard furent Childéric, qui posséda Paris quelque temps, puis Clovis, qui y fonda la monarchie franque, et après lui ses fils Clotaire et Childebert.

damnèrent en 412 et 416 le pélagianisme, qui fut enfin frappé d'anathème par le pape saint Innocent Ier, et c'est alors que saint Augustin écrivit : « Rome a parlé : « la cause est finie; plaise à Dieu que l'erreur le soit « aussi! » L'erreur n'était pas finie, et devait troubler encore longtemps l'Église par ses réapparitions; mais Dieu, qui sait faire servir à ses desseins les impiétés mêmes des hommes, allait faire de la diffusion du pélagianisme en Angleterre l'occasion de la vocation précoce et merveilleuse de Geneviève. Quatre ou cinq ans avant la naissance de la Sainte, Dieu inspirait à saint Amator, évêque d'Auxerre, de désigner pour son successeur un seigneur orgueilleux et féroce qui avait voulu le tuer; et Dieu, touchant de sa grâce ce furieux, nommé Germain, en faisait tout à coup un Saint, le flambeau et la colonne de l'Église, le pontife à qui était réservé l'honneur d'appeler Geneviève « aux noces éternelles de « l'Agneau [1] » et de rester toujours son ami et son soutien. La même année, Pélagius et son complice Célestius, qui continuaient à semer leur venin dans l'Église, étaient bannis par décret impérial. Peu après, saint Jérôme mourait à Bethléem. Vers le même temps, Cassien, par ses *Institutions* et ses *Conférences,* répandait en Occident les doctrines et les pratiques monastiques qu'il avait recueillies en Orient. Saint Honorat fondait dans l'île de Lérins le célèbre monastère qui devint un foyer de science et de sainteté, et d'où sortit saint Lupus de Troyes, que nous allons voir bientôt à Nanterre auprès de notre Sainte; tandis qu'à Auxerre, saint Patrice, le futur apôtre de l'Irlande, se faisait le disciple du grand saint Germain bientôt l'ami et le père spirituel de Ge-

---

[1] *Apoc.* xix

neviève. Cependant, tandis que le tyran Jean, usurpant le pouvoir à la mort d'Honorius en 423, persécutait pendant deux ans les catholiques et répandait le pélagianisme en Gaule, cette erreur pélagienne mitigée sévissait à Marseille sous le nom de semi-pélagianisme, admettant le péché originel et la nécessité de la grâce, mais attribuant au libre arbitre le commencement de la foi et les premiers mouvements de bonne volonté, et s'attirait les réfutations de saint Augustin et de saint Prosper et les anathèmes de l'Église. L'Orient montrait au même moment le prodige de saint Siméon le Stylite, que nous verrons atteint par la renommée de sainte Geneviève au sommet de la colonne où il s'était retiré et où il passa environ quarante ans debout, objet de l'admiration du monde. Enfin, à Constantinople, brillait une des perles les plus précieuses de l'Église, une de ces merveilles comme la doctrine catholique a pu seule en produire et qui suffirait à elle seule pour démontrer sa divinité, l'impératrice-vierge sainte Pulchérie, qui, se trouvant à l'âge de quinze ans, dès 415, régente de l'empire d'Orient pour son frère Théodose le Jeune, éclairait l'Orient d'une gloire virginale parallèle à celle dont Geneviève allait remplir l'Occident. Douée dès l'enfance d'une admirable sagesse, sainte Pulchérie avait décidé ses sœurs à vouer avec elle leur virginité à Dieu, et pratiquait avec les autres princesses sur le trône de Byzance toutes les observances monastiques de l'étude des livres saints, de la psalmodie et du lever de nuit; nous la verrons aussi, pendant les trente-huit ans qu'elle gouverna l'empire de droit ou de fait, devenir la protectrice de l'Église, le conseil et le bras des papes pour anéantir les hérésies de Nestorius et d'Eutychès.

Tel était l'aspect de l'Église pendant les sept premières

années de la vie de Geneviève : l'enfant qui devait remplir le monde de sa renommée grandissait humble et ignorée dans les prairies de Nanterre, et ses biographes contemporains attestent que, dès ce premier âge, la grâce divine avait mis en elle une sagesse précoce, la science des choses de Dieu et une rare dévotion à son service.

CHAPITRE II

VOCATION DE SAINTE GENEVIÈVE. SAINT GERMAIN D'AUXERRE REÇOIT SON VOEU DE VIRGINITÉ.

En ce temps-là, « l'hérésie pélagienne, importée par « Agricolaüs, fils de l'évêque pélagien Sévérianus », dit le vénérable Bede, « avait souillé de son venin pesti- « lentiel la foi de la Grande-Bretagne ». (Pélagius, auteur de cette hérésie, était originaire de la Grande-Bretagne, et y avait habité le célèbre monastère de Bangor, ce qui explique la persistance de son influence dans ce pays.) « Comme les Grands-Bretons », continue le vénétable Bede, « ne voulaient pas recevoir cette doctrine « perverse qui blasphémait la grâce du Christ, et qu'ils « ne se sentaient pas suffisants à réfuter par des discus- « sions verbales l'astuce de cette criminelle hérésie, ils « formèrent le salutaire dessein de demander aux évêques « de Gaule un secours pour cette guerre spirituelle [1]. » Un synode nombreux des évêques de Gaule fut réuni en 429, et l'on y délibéra sur le choix des délégués qu'on destinerait à cette mission en Angleterre. Pour confondre efficacement les hérétiques, il fallait des hommes joignant à la force de la science et de l'éloquence le renom et

---

[1] *Hist. eccl. gent. Angl.*, l. I, c. XVII. La race bretonne était alors la seule portion chrétienne de la population des Iles-Britanniques, qui ont tiré d'elle leur nom. La race conquérante des Angles ou Anglo-Saxons ne fut convertie que vers la fin du sixième siècle par les missionnaires bénédictins de saint Grégoire le Grand.

l'autorité d'une haute sainteté. D'un consentement unanime, le choix se porta sur saint Germain, évêque d'Auxerre, et saint Lupus, évêque de Troyes, « ces « deux illustres lumières de la religion, possédant la terre « par leurs corps et le ciel par leurs mérites », dit le prêtre Constantius [1].

Comme saint Germain d'Auxerre était destiné à devenir, pendant toute sa glorieuse vie et même après sa mort, le protecteur spécial et le véritable père spirituel de sainte Geneviève, il est nécessaire que nous esquissions les traits principaux de sa prodigieuse carrière, l'une des plus étonnantes merveilles de l'histoire des Saints. Germain, né à Auxerre d'une très-noble famille en 380, se rendit à Rome où il étudia le droit et plaida les causes judiciaires; il y épousa une femme de non moindre noblesse, nommée Eustachia. De retour en Gaule, il y fut fait duc de l'Auxerrois et gouverneur des provinces voisines. Comme les seigneurs de ce temps, il s'adonnait à la chasse avec une passion effrénée, et avait coutume de suspendre à un arbre, au milieu de la ville d'Auxerre, les têtes des bêtes qu'il avait tuées. Comme cette coutume était d'origine païenne et scandalisait les fidèles, l'évêque saint Amator l'en avertit à plusieurs reprises, et Germain ne répondit à ses remontrances que par le mépris. Le saint évêque fit alors couper l'arbre, et Germain, enflammé de colère, s'emporta jusqu'à menacer de mort le vénérable pontife, qui lui répondit paisiblement : « Je ne suis pas digne de « subir la mort pour le Christ. » O mystères stupéfiants de la prédestination divine! tandis que Germain le menaçait de mort, saint Amator connut par révélation que ce

[1] *Vita S. Germani.*

farouche et orgueilleux seigneur, à demi païen par ses
mœurs et rebelle à tout sentiment de piété, était choisi de
Dieu pour lui succéder sur le trône épiscopal d'Auxerre,
et se rendit à Autun pour obtenir du préfet Julien la
permission d'agréger Germain au clergé. Muni de cette
permission, Amator revint à Auxerre, et, un jour que
le peuple se réunissait dans l'église, l'évêque fit saisir
à l'improviste Germain, et, sans le consulter, lui coupa
les cheveux et lui conféra la tonsure. Malgré sa surprise,
Germain ne résista pas, et se sentit dompté : la grâce
venait de terrasser subitement ce nouveau saint Paul
et de changer le loup dévorant en agneau docile. Bientôt
saint Amator, lui ayant conféré tous les ordres jusqu'au
sacerdoce et l'ayant revêtu de l'habit clérical, le désigna
pour son successeur en 418, et mourut plein de confiance
dans l'illustre héritier que le ciel lui donnait. Élu évêque
d'Auxerre par acclamation unanime, Germain dut céder
malgré lui aux vœux du peuple, et devint tout à coup
un autre homme. Il se sépara de son épouse, qu'il con-
sidéra dès lors comme une sœur; il rejeta avec mépris
les pompes du siècle où il s'était complu, se vêtit d'un
cilice, distribua ses biens aux pauvres et aux églises, donna
l'hospitalité à tous sans acception de personnes, et se
livra sans relâche à la prière. Pour effacer les souillures
contractées dans la fréquentation du monde, il se construisit en vue de la ville, sur le bord de l'Yonne, un
monastère où, habitant une étroite cellule, il s'instruisit
des choses divines et forma des disciples illustres par
leur sainteté. Ce monastère devint plus tard, sous le
nom de Saint-Germain d'Auxerre, une des plus célèbres
abbayes bénédictines de France, et sa crypte est réputée
l'un des lieux les plus vénérables du monde à cause de
la multitude de saints moines, abbés et évêques dont

les reliques y reposent à côté de celles de saint Germain. Les austérités de la vie du nouvel évêque d'Auxerre étaient prodigieuses : saint Germain ne mangeait jamais avant le soir, quelquefois deux jours seulement dans la semaine, parfois seulement le samedi; il ne se nourrissait que de pain d'orge qu'il saupoudrait de cendre, ne buvait jamais de vin que les jours de Pâques et de Noël, et ne mangeait jamais ni légumes, ni huile, ni vinaigre, ni sel. Il portait, hiver comme été, le même habit, et ne le changeait que lorsqu'il se déchirait par vétusté; il dormait sur une couche de cendre que le poids de son corps avait durcie à l'égal du sol, et sur laquelle il étendait un cilice sans oreiller. Tel était le père spirituel que Dieu réservait à sainte Geneviève, et qui devait être le ministre de sa vocation précoce : nous le retrouverons désormais devenu l'oracle de l'Église, réclamé en tous pays pour subvenir aux nécessités de la foi, et semant sur ses pas les miracles en telle profusion, que, depuis le temps des apôtres, on ne trouve guère avec lui que saint Bernard qui ait tant multiplié les prodiges et exercé sur l'Église de son temps, comme oracle et arbitre imploré de toutes parts, une influence si universelle et si souveraine.

Quant à saint Lupus, dont la langue française traduit le nom par celui de saint Loup ou saint Leu, il avait été marié à la sœur de saint Hilaire d'Arles, et s'était séparé d'elle pour entrer au célèbre monastère de Lérins, d'où il fut appelé malgré lui, en 427, au siége épiscopal de Troyes à cause de sa réputation de sainteté. Nous le verrons plus tard préserver sa ville de l'invasion des Huns au temps même où sainte Geneviève les détournera de Paris par la vertu de ses prières.

Ces deux saints pontifes se mirent en route pour l'Angleterre en 429, se hâtant d'autant plus dans leur entreprise, que la nécessité était plus instante et la tâche plus laborieuse. En ce temps-là, c'était l'usage des hommes apostoliques, comme au temps de Notre-Seigneur et de ses disciples, de voyager ordinairement à pied, ce qui leur donnait l'occasion d'évangéliser les peuples sur leur passage. Tout semble donc indiquer que saint Germain et saint Lupus s'acheminaient à pied vers le port d'embarquement. Après avoir traversé Paris, ils arrivèrent vers le soir au bourg de Nanterre, dans l'intention de s'y reposer, d'y passer la nuit, et surtout d'y prier. Leur renommée avait précédé leur venue, et toute la population de Nanterre, ayant appris l'arrivée de ces deux grands Saints, se porta en masse au-devant d'eux ; car c'était alors la plus grande réjouissance possible, pour les peuples de ces âges de foi, que la visite d'un Saint. Une grande multitude d'hommes, de femmes et d'enfants vinrent donc en foule compacte à la rencontre des deux évêques dans le voisinage de l'église, les entourant de témoignages de respect, et leur demandant leur bénédiction. Geneviève, âgée alors d'environ sept ans, avait accompagné ses parents dans cette réception solennelle, et se trouvait mêlée avec eux à la masse des fidèles. Tandis que saint Germain répondait à ces hommages publics en adressant au peuple une exhortation salutaire, ses regards distinguent au loin, parmi la multitude, la petite Geneviève confondue dans la foule : dès que ses yeux se sont arrêtés sur cette enfant, le saint pontife discerne aussitôt en elle quelque chose de céleste et d'angélique, et, l'Esprit divin lui ayant révélé qu'elle serait une Sainte, il ordonne sur-le-champ qu'on amène Geneviève auprès de lui. Tout le peuple était dans la stupeur, et attendait avec une anxieuse attention que le

grand évêque prononçât sur l'enfant quelque sentence prophétique. Dès que Geneviève eut été conduite devant lui, saint Germain lui donna un baiser sur la tête, et, tout en la caressant paternellement, il demanda aux assistants quel était le nom de l'enfant et quels étaient ses parents. On lui indiqua aussitôt le nom de Geneviève, et l'on amena Sévérus et Gérontia devant le pontife. « C'est là votre enfant? » leur demanda saint Germain. « C'est la nôtre », répondirent-ils. Alors saint Germain, rempli de l'esprit prophétique, prononça solennellement cet oracle sur la jeune vierge élue de Dieu : « Bienheu-
« reux êtes-vous d'avoir enfanté une si vénérable fille,
« et bienheureux vous a faits le jour où vous êtes devenus
« les parents d'une si glorieuse postérité! Sachez que,
« dans sa naissance, un grand mystère de joie et d'allé-
« gresse a été célébré par les anges eux-mêmes dans
« le ciel. Car elle sera grande devant le Seigneur et de
« précieux mérite devant Dieu, et les hommes aussi
« s'efforceront de la prendre pour modèle. Beaucoup de
« pécheurs, admirant sa vie et son saint propos, s'éloi-
« gneront du mal, et, quittant une vie impudique et
« perverse pour se convertir au Seigneur, obtiendront
« du Christ la rémission de leurs péchés et les récom-
« penses de la vie éternelle. »

Après avoir continué à exalter les futurs mérites de l'enfant et à la combler de louanges, saint Germain, se tournant vers Geneviève, la baisa et la caressa de nouveau, et lui dit : « Ma fille Geneviève! » Elle répondit : « Votre servante écoute, saint père; dites ce que vous
« ordonnez. » Saint Germain continua : « Je vous prie
« de ne pas craindre de me manifester les secrets de votre
« cœur, et de me déclarer si vous voulez vous consacrer
« au Christ dans l'état de vierge sacrée, et garder jus-

« qu'au jour de votre mort votre corps intact et imma-
« culé en qualité de son épouse. » Geneviève répondit :
« Soyez béni, mon père : car vous avez daigné me de-
« mander ce que je désire depuis longtemps. Oui, je le
« veux, saint père, et je prie que le Seigneur, sur votre
« intercession, daigne accomplir par ma consécration
« l'objet de mes désirs. » Saint Germain, la baisant
encore une fois, lui dit alors : « Ayez confiance, ma
« fille, *agissez virilement*[1], et faites en sorte d'accomplir
« par vos œuvres ce que vous *croyez de cœur et confessez*
« *de bouche*[2]. Car *le Seigneur donnera la force et la vertu*
« *à la beauté* de votre âme[3]. »

Après cet entretien, les deux évêques, suivis de tout
le peuple, se rendirent à l'église pour y psalmodier
none et vêpres[4]. Pendant toute la durée du chant de
none et de vêpres, saint Germain tint constamment sa
main droite posée sur la tête de Geneviève. L'un des
manuscrits ajoute qu'il donna au peuple la bénédiction,
et célébra une cérémonie que l'écrivain appelle *manus-*

---

[1] Jos. I, 18. *Ps.* XXVI, 14 ; XXX, 25.
[2] *Rom.* X, 10.
[3] *Ps.* XXIX, 8.
[4] Le biographe contemporain de sainte Geneviève, en donnant à l'heure de vêpres le nom de *duodecima*, prouve que l'heure normale des vêpres était la douzième heure du jour naturel, c'est-à-dire la dernière avant le coucher du soleil, et que l'Église comptait alors les heures comme le faisaient anciennement les Juifs et comme le font encore les peuples orientaux, en attribuant en toute saison douze heures au jour et douze à la nuit, d'où résultait que les heures de jour étaient plus longues en été que les heures de nuit, et à l'inverse en hiver, la durée des heures variant suivant les saisons. Il faut aussi remarquer combien essentiellement on tenait, dans ces premiers siècles chrétiens, à psalmodier les heures canoniales en commun et dans une église, selon la coutume primitive : car, bien qu'on tînt aussi beaucoup dans ce temps à réciter chaque heure canoniale à l'heure astronomique précise qui y correspond, les deux saints avaient préféré retarder none afin de pouvoir la psalmodier en commun dans une église.

7.

missio, que les évêques seuls, dit-il, peuvent célébrer et qui a lieu après le baptême ; ce que Viallon et Saintyves traduisent par « imposition des mains », et ils en concluent que saint Germain donna probablement le sacrement de confirmation à Geneviève et au peuple [1].

Après la terminaison de l'office divin, les deux évêques prirent leur repas : car on sait que le jeûne ecclésiastique de ce temps-là, que beaucoup de Saints, notamment saint Germain, gardaient toute l'année, ne finissait qu'après vêpres, au coucher du soleil ; et nous avons vu que saint Germain passait souvent toute la semaine ou la moitié de la semaine sans manger. Geneviève assista à leur repas. Ce repas achevé, et après avoir récité l'hymne d'action de grâces, saint Germain ordonna à Sévérus et à Geneviève de retourner dans leur demeure, et de revenir le trouver le lendemain de grand matin avant son départ.

Le lendemain, au point du jour, Geneviève, accompagnée de son père, revint auprès de saint Germain. Le pontife, voyant encore en elle quelque chose de céleste, et voulant lui faire répéter et renouveler les promesses sacrées du vœu qu'elle avait prononcé la veille, lui dit :

---

[1] C'est évidemment par erreur et par confusion avec la question du baptême des hérétiques, que l'auteur de ce manuscrit rapporte à cette cérémonie, quelle qu'elle soit, le dissentiment survenu entre saint Cyprien et les papes saint Cornélius et saint Étienne. Le nom de *manusmissio* peut signifier affranchissement aussi bien qu'imposition des mains ; et nous aurions supposé qu'il s'agit ici de l'affranchissement des serfs, cérémonie qui pouvait s'accomplir après le baptême à cause de sa corrélation avec l'affranchissement spirituel qui est l'effet de ce sacrement, si l'auteur ne disait que les évêques seuls peuvent célébrer cette cérémonie, ce qui semble mieux convenir à la confirmation. Ce dernier sens semble corroboré par le poëme latin d'Héric, dont nous citons des extraits dans l'appendice, et qui, traduisant en vers, au neuvième siècle, le récit du prêtre Constantius, paraît comprendre que saint Germain a donné la confirmation à Geneviève : *Spiritui sancto vas aptans immaculatum.*

« Je vous salue, ma fille Geneviève : vous souvenez-vous
« de ce que vous m'avez promis hier de la virginité de
« votre corps? » Geneviève, enfant par son âge, mais
non par la maturité de sa profession, selon l'expression
du chroniqueur, répondit à l'évêque : « Je me souviens
« de ce que j'ai promis à Dieu et à vous, saint père : car
« je désire ardemment persévérer dans le propos de cette
« vie dont je fais profession en présence de Dieu qui
« voit le fond de mon cœur; et je veux, avec l'aide du
« Seigneur, garder intacte jusqu'à la fin de ma vie la
« chasteté de l'âme et du corps. » Dieu voulut alors
manifester par un signe avec quelle faveur il accueillait
l'offrande de sa jeune épouse et le vœu qu'elle venait de
réitérer; car saint Germain, tandis qu'il admirait dans
l'enfant les dons de la grâce et la maturité d'une sagesse
et d'une foi précoces, ayant jeté les yeux à terre, vit sur
le sol une pièce de monnaie ou médaille d'airain marquée du signe de la croix, et qui se trouvait en ce lieu
par une disposition providentielle. Il ramassa cette médaille, et, la donnant à Geneviève comme un présent
de grande valeur, il lui dit : « Percez cette médaille,
« suspendez-la à votre cou, et portez-la toujours pour
« l'amour de moi et afin de vous rappeler mon sou-
« venir en mon absence; et ne laissez jamais charger
« votre cou ni vos doigts d'aucun objet de métal, d'or,
« d'argent, de pierres précieuses, de perles, ni d'aucun
« autre ornement de la beauté mondaine. Laissez cela à
« celles qui servent le siècle; vous qui êtes promise au
« Christ comme son épouse, ne désirez que les ornements
« spirituels : car, si le moindre attrait des ornements
« de ce siècle l'emportait dans votre âme, vous seriez
« privée des ornements éternels et célestes. »

C'est en mémoire de cette circonstance que les chanoines de Notre-Dame de Paris, dans certains jours de l'année où ils allaient autrefois en procession à la basilique de Sainte-Geneviève, y recevaient des pains bénits marqués du signe de la croix, en figure et souvenir de la médaille donnée par saint Germain à la Sainte; et l'usage de ces pains bénits de sainte Geneviève était même répandu dans le peuple.

Après avoir adressé cette exhortation à Geneviève, saint Germain lui dit adieu, et la pria de se souvenir toujours de lui en Jésus-Christ; puis, la recommandant à son père, il se remit en route avec saint Lupus, laissant une bonne part de son cœur à Nanterre auprès de l'aimable et sainte enfant dont la chère image ne devait plus jamais sortir de sa mémoire, et sur laquelle il devait désormais veiller toujours avec une paternelle sollicitude, ainsi que nous en trouverons des preuves touchantes.

Les deux saints pontifes s'étant embarqués sur les côtes de la Manche, vers le milieu de la traversée, une tempête suscitée par les démons, furieux de voir de si grands hommes venir leur arracher leurs conquêtes, mit le navire en danger; mais saint Germain, dont on invoqua l'intervention, apaisa les flots par une aspersion d'eau bénite au nom de la sainte Trinité. En Angleterre, les malins esprits avaient annoncé déjà la venue des évêques en avouant, par la bouche des possédés, qu'ils venaient d'être vaincus par les mérites des deux saints navigateurs. Saint Germain et saint Lupus confondirent les Pélagiens par leurs prédications publiques dans les églises, les rues et les campagnes, et saint Germain confirma sa parole par des miracles. Il rendit la vue à la fille aveugle d'un tribun en lui touchant les yeux avec un reliquaire qu'il portait, éteignit un incendie par sa prière, et fut guéri d'une maladie par un ange qui lui apparut en songe. Les Saxons et les Pictes ayant envahi le territoire, saint Germain se mit à la tête de l'armée des Grands-Bretons dont il venait de baptiser une grande partie, et, nouveau Gédéon [1], vainquit sans combat les Barbares par le seul cri d'*Alleluia* répété trois fois après lui par les prêtres et les soldats : à ce cri, l'armée ennemie, frappée d'une terreur surnaturelle, se débanda et s'enfuit en déroute. Après avoir délivré l'Angleterre de l'hérésie pélagienne, saint Germain revint en Gaule, et rentra dans son diocèse, probablement par un autre chemin qu'il en était venu : car ce n'est qu'au bout de dix-huit ans que nous le retrouverons visitant pour la seconde fois sa chère fille Geneviève, jouissant des progrès de sa sainteté, et la défendant contre la calomnie.

[1] *Jud.* vii.

CHAPITRE III

PREMIÈRE PERSÉCUTION CONTRE SAINTE GENEVIÈVE. —
SON PREMIER MIRACLE. — ELLE REND LA VUE A SA MÈRE

Notre-Seigneur a dit à ceux qui veulent le suivre
« qu'ils doivent porter leur croix après lui [1] », et l'Apôtre
dit que « tous ceux qui voudront vivre pieusement en
« Jésus-Christ souffriront persécution [2] ». Cette vérité
s'applique particulièrement aux vierges, à qui Notre-
Seigneur fait, comme à ses dignes épouses, une part
de prédilection, une part spéciale et plus large à sa
croix. Car « le monde, qui est tout entier dans le mal »,
comme dit l'Écriture [3], porte à la virginité une haine
particulière et inextinguible : il semble que ce genre de
vie céleste importune les habitants de la terre, l'humanité
charnelle, à qui les vierges peuvent dire ce que leur
divin Époux disait aux Pharisiens : « Vous êtes d'en bas,
« et je suis d'en haut [4] », et qui se venge de son infériorité en persécutant ce qu'elle ne peut ou plutôt ne
veut pas imiter. Toutes les vierges qu'un privilége
exceptionnel et rare a favorisées dès l'enfance d'une
vocation précoce, nous l'avons déjà dit, ont été persécutées dès l'enfance. Sainte Geneviève en fit immé-

---

[1] MATTH. x, 38; xvi, 24. MARC. viii, 34. Luc. ix, 23; xiv, 27.
[2] *II Tim.* iii, 12.
[3] *I Joan.* v, 19.
[4] JOAN. viii, 23.

diatement l'épreuve : car, à peine s'est-elle consacrée à Dieu, vers l'âge de sept ans, devant le saint évêque d'Auxerre, que nous la voyons, quelques jours après, maltraitée et persécutée pour Jésus-Christ ; et, comme Notre-Seigneur l'a prédit, c'est dans « ses proches » qu'elle trouva aussitôt les « ennemis » de son âme [1].

En effet, quelques jours après le passage de saint Germain et de saint Lupus à Nanterre, survint une fête solennelle. Gérontia, en se rendant à l'église, ne voulut pas emmener sa fille, et lui ordonna de rester à la maison. Geneviève, sachant qu'il « faut obéir à Dieu plutôt qu'aux « hommes [2] », et protestant contre cet ordre impie et tyrannique, qui faisait peut-être même partie d'un ensemble de persécutions dirigées contre sa vocation, poursuivit sa mère en versant des larmes, et en s'écriant : « Je gar-« derai, avec l'aide de Jésus-Christ, la foi que j'ai pro-« mise à saint Germain, et je fréquenterai les céré-« monies de l'Église, afin d'être une digne épouse du « Christ et de mériter ses ornements et ses perles, comme « le très-saint confesseur me l'a promis. » En parlant ainsi, elle suivait en pleurant sa mère, qui, ne pouvant parvenir à la renvoyer, s'emporta jusqu'à lui donner un soufflet. Le châtiment ne se fit pas attendre, et, en punition d'avoir porté la main sur l'épouse du Seigneur, Gérontia fut à l'instant frappée de cécité.

Gérontia resta aveugle pendant vingt et un mois : le ciel voulut lui manifester ainsi à la fois, par son châtiment la grandeur du double crime qu'elle avait commis en voulant empêcher sa fille d'accomplir le précepte de l'Église et en frappant une vierge consacrée à Dieu, et par sa guérison la puissance des prières de Geneviève. En

---

[1] Matth. x, 36. Mich. vii, 6.
[2] *Act.* v, 29.

effet, après ces vingt et un mois de cécité, Gérontia, rentrée en elle-même, repentante de sa faute et se souvenant du témoignage glorieux que saint Germain avait rendu à sa fille, songea que c'était par la médiation de Geneviève elle-même qu'elle pourrait obtenir sa guérison. Elle lui dit donc : « Je t'en prie, ma fille, prends un « seau et va promptement au puits, et apporte-m'en de « l'eau. » Geneviève alla au puits en toute hâte, et en y arrivant elle se mit à pleurer sur la margelle, en songeant que c'était à cause d'elle que sa mère avait perdu la vue. Quel tableau que celui de cette jeune et douce enfant inclinée sur cette eau que sa prière va rendre bienfaisante, et y versant des larmes de miséricorde et de piété filiale ! Les anges durent recueillir ces précieuses larmes, aussitôt exaucées du ciel, pour en obtenir à Geneviève son premier miracle. Après avoir rempli le seau, elle l'apporta à sa mère, et, en soupirant, fit sur l'eau le signe de la croix. Gérontia, levant les mains au ciel, reçut avec foi et vénération l'eau apportée et bénite par sa sainte enfant, et, s'en étant lavé les yeux, elle commença à voir un peu ; elle renouvela ensuite cette lotion, et quand elle l'eut faite deux ou trois fois, elle recouvra entièrement la vue.

En mémoire de cette guérison, les habitants du pays et les pèlerins vénèrent encore aujourd'hui à Nanterre ce puits que sainte Geneviève arrosa de ses larmes et dont l'eau, bénite par elle, guérit la cécité de sa mère, et ont coutume d'en boire par dévotion ou d'en appliquer sur les yeux malades : car les prières et le miracle de la Sainte ont conféré à l'eau de ce puits des propriétés médicinales contre les maux d'yeux et contre la fièvre. Ce puits était autrefois, ainsi que l'emplacement de la maison de sainte Geneviève et de ses parents, renfermé dans une chapelle dont il ne reste plus que des débris; près de là, existe un souterrain voûté en ogives, qui passe pour occuper la place d'un oratoire où la Sainte se retirait pour prier. Le puits et une partie du souterrain sont aujourd'hui contenus dans un enclos voisin de l'église paroissiale de Nanterre et contigu au presbytère. Des autels rustiques, des images de la Sainte, des *ex-voto* populaires et naïfs, ornent la crypte antique et vénérable qui fut témoin des prières de son enfance, et le jardin qui renferme les restes du sanctuaire génovéfain d'autrefois. L'eau du puits sacré, recherchée par la piété des pèlerins, féconde ce jardin tout semé de fleurs et couvert de riants ombrages : la paix profonde qui règne dans ce modeste séjour, le silence qui n'y est interrompu que par le chant des oiseaux, en font un délicieux ermitage dont la quiétude semble démentir le voisinage de la grande et turbulente capitale; c'est que la douce et humble vierge regarde du haut du ciel avec complaisance cet asile où elle passa ses années d'enfance, et que, par prédilection pour ce lieu, elle a voulu y laisser un souvenir et un symbole de sa vie pure et cachée, muette et éloquente protestation contre le luxe et les vanités de la bruyante cité, enseignement toujours efficace et vivant pour les âmes saintes qui veulent, par leur immolation, faire un contrepoids salutaire et nécessaire à la corruption et aux désordres de Babylone.

CHAPITRE IV

CONSÉCRATION SOLENNELLE DE SAINTE GENEVIÈVE

Peu après la guérison miraculeuse de sa mère, c'est-à-dire vers l'an 431 ou 432, Geneviève fut consacrée publiquement par l'imposition du voile bénit. Comme nous l'avons dit dans l'introduction, cette cérémonie épiscopale de consécration solennelle et de prise de voile était célébrée, dans ces premiers siècles qui suivirent la paix de l'Église, pour toutes les vierges sacrées sans exception, non-seulement pour celles qui pratiquaient la vie religieuse dans un monastère, mais encore pour celles qui restaient dans la vie privée. Cette consécration solennelle des vierges était réservée à l'évêque, et, comme nous l'apprend saint Ambroise [1], elle se faisait aux fêtes solennelles comme Pâques et Noël ; on y ajouta ensuite les dimanches et les fêtes des Apôtres : le rit de cette cérémonie, dont nous avons parlé ci-dessus, est inséré au pontifical romain sous ce titre : *De benedictione et consecratione virginum*. La partie la plus essentielle du cérémonial imposant qui s'y observait était la réception du voile sacré, que l'évêque posait sur la tête des vierges : elles portaient ensuite constamment ce voile bénit, qui les distinguait seul des autres fidèles. Car les vierges qui restaient dans la vie privée ne portaient alors, ni pour

---

[1] *De Virgin.*, l. II.

le reste des vêtements, ni pour les cheveux, aucune autre distinction que la simplicité et la modestie. Néanmoins, elles partageaient alors avec les religieuses le nom de *sanctimoniales* ou *moniales*, qui aujourd'hui, dans le sens strict et canonique du mot, ne s'applique plus qu'à celles qui professent l'état religieux dans la vie commune. Il ne semble pas avoir existé encore de monastères de vierges dans le diocèse de Paris au temps de la consécration solennelle de notre Sainte ; quoi qu'il en soit, sainte Geneviève fut du nombre de celles qui restaient dans la vie privée.

Geneviève fut présentée à l'évêque pour la consécration solennelle en même temps que deux autres vierges beaucoup plus âgées qu'elle, et, suivant l'usage, on les lui présenta par rang d'âge, en faisant passer les plus âgées les premières. Mais le pontife, à qui le Saint-Esprit avait manifesté que Geneviève était bien plus grande devant Dieu que celles qui la devançaient, la fit passer au premier rang, et dit : « Que celle qui est la dernière « passe la première ; car elle a déjà reçu du ciel sa con- « sécration. » Et ainsi Geneviève fut voilée et consacrée, quoique encore toute jeune, avant celles qui étaient de beaucoup ses aînées. Elle devait être alors âgée de neuf ou dix ans.

On se représente avec attendrissement cette angélique enfant voilée pour les mondanités qui ne devaient pas frapper ses regards, cachée pour les misères et les péchés, qui ne pouvaient approcher d'elle que pour obtenir leur délivrance ; chère enfant prédestinée recevant cette consécration extérieure, fidèle image de la consécration intérieure de son jeune cœur, déjà voué à Jésus-Christ devant le saint évêque d'Auxerre. Ce voile symbolique de l'Église est bien le « sceau » posé sur la « fontaine » sacrée, et la « fermeture » solennelle et définitive du « jardin » réservé au divin Époux des vierges [1].

Les historiens du temps donnent à l'évêque qui consacra sainte Geneviève le nom de Villicus ou Julicus, et l'un d'eux ajoute à ce nom la qualification de *Carnotensis,* c'est-à-dire « de Chartres ». Mais il n'y a eu aucun évêque de Chartres ni de Paris de ce nom [2], et le Père Lejuge en est réduit à conjecturer que ce serait Palladius, onzième évêque de Chartres. D'autres auteurs [3], renonçant avec plus de raison à y voir un évêque de Chartres, croient voir dans Villicus une altération du nom de Félix, onzième évêque de Paris vers 440 ou 450. D'autres enfin, avec plus de vraisemblance selon nous, voient dans Villicus un simple adjectif désignant l'évêque du lieu [4]. Nous croyons en effet, avec le Père Giry, que ce prélat consécrateur de sainte Geneviève fut saint Marcel, neuvième évêque de Paris, mort en 436. Car la contexture du récit, qui place cette consécration immédiatement après la vocation de Geneviève et l'incident de la cécité et de la guérison de sa mère avec cette transition : « Après cela, *post hæc* », et immédiatement avant la mort de ses parents et son établissement à Paris, ne permet pas de reculer cette consécration solennelle au delà de deux ans environ après sa vocation par saint Germain en 429, puisque Gérontia devint aveugle quelques jours après le passage de saint Germain à Nanterre, et fut guérie vingt et un mois plus tard; ce qui nous place en 431 ou 432, et par conséquent sous le pontificat de

[1] *Cant.* IV, 12.
[2] Ce nom n'a été porté que par un évêque de Metz, postérieur d'un siècle à sainte Geneviève.
[3] *Gallia christiana*, Duplessis, Gérard Dubois, Saintyves.
[4] *Villicus* est, dans la basse latinité, un adjectif qui peut signifier « du pays ».

saint Marcel. Enfin le chroniqueur, qui atteste que Geneviève fut consacrée avec deux vierges « beaucoup plus « âgées qu'elle », indique par là qu'elle ne devait pas être encore à l'âge adulte, ce qui nous place encore vers la même date de 431 ou 432. Ajoutons que l'intime et indissoluble connexion qui exista entre le culte de saint Marcel et celui de sainte Geneviève et entre leurs deux châsses nous semble n'avoir d'autre origine qu'une tradition d'après laquelle saint Marcel aurait été le prélat consécrateur de notre Sainte. Car, ainsi que nous le verrons dans l'histoire du culte de celle-ci, c'était une loi gardée de temps immémorial dans l'abbaye génovéfaine, que la châsse de sainte Geneviève ne devait jamais sortir de sa basilique sans que la châsse de saint Marcel fût venue l'y chercher pour l'accompagner, et la reconduisît même au retour pendant une partie du chemin ; en sorte qu'il était passé en proverbe de dire « que sainte Ge- « neviève ne se mettrait pas en mouvement si saint « Marcel ne venait la chercher » ; de plus, on inclinait leurs deux châsses l'une vers l'autre comme pour se saluer lorsqu'elles se rencontraient ou se séparaient. Et cette loi, d'après laquelle la châsse de saint Marcel devait venir chercher celle de sainte Geneviève, était si inflexiblement gardée, que les Génovéfains refusèrent pour ce motif de porter la châsse de la Sainte à Vincennes au-devant de la Couronne d'épines rapportée par saint Louis, et que ce saint roi, ayant connu la cause de leur refus, l'approuva, ne voulant pas déroger à cette antique et vénérable tradition ; et, sous Charles VI, ils opposèrent un refus semblable à une demande analogue. Or cette tradition ne pouvait être fondée que sur la croyance à un lien spirituel contracté autrefois entre saint Marcel et sainte Geneviève, et consistant en ce que ce pontife aurait donné à la Sainte le voile des vierges sacrées. Nous devons réfuter ici une double et grave erreur, à la fois historique et doctrinale, du Père Saintyves[1]. Cet auteur, qui, comme plusieurs autres, croit devoir attribuer à l'évêque Félix la consécration de sainte Geneviève et la reculer jusqu'en 438, année où la Sainte avait seize ans, joint à cette opinion, que nous croyons erronée, mais qui est discutable, une inconcevable méprise. Il prétend que sainte Geneviève n'aurait point fait vœu de virginité devant saint Germain d'Auxerre, mais seulement indiqué son projet de le faire plus tard, et qu'elle ne l'aurait fait que lorsqu'elle reçut l'imposition du voile et la consécration solennelle de l'Église ; et il croit pouvoir dire « que Geneviève n'avait point encore exécuté cette « résolution », et « qu'âgée de six ou sept ans, elle n'était « pas en état de faire des vœux solennels », et « n'avait « pu qu'exprimer son désir ». L'erreur est double et palpable : car cet auteur se trompe, d'abord en attribuant à cette époque des lois modernes qui n'existaient pas encore dans l'Église, ensuite en se figurant qu'il s'agit ici de l'état religieux. A la première erreur, nous

---

[1] Le Père Saintyves a raison quand il rectifie les auteurs qui disent que sainte Geneviève fut consacrée par saint Germain d'Auxerre : car le nom de consécration ne s'appliquait proprement qu'à la cérémonie par laquelle l'évêque imposait solennellement le voile bénit, et saint Germain ne fit que recevoir le vœu de Geneviève sans procéder à cette cérémonie. Mais cet auteur erre gravement en croyant que la Sainte n'avait pas fait devant saint Germain un vœu valable et définitif, et nous réfutons ici son erreur, qu'il motive encore sur une autre méprise : il allègue que saint Germain ne pouvait consacrer une vierge dans un diocèse étranger ; ce qui serait vrai pour la consécration extérieure par l'imposition du voile, non pour la réception du vœu de virginité au for intérieur. Cet auteur se met d'ailleurs étrangement en contradiction avec lui-même ; car il enseigne que saint Germain donna, à Nanterre, le sacrement de Confirmation, ce qui ne put se faire qu'avec la permission de l'évêque de Paris.

répondons que c'est un canon du concile de Trente qui exige l'âge de seize ans pour les vœux solennels de religion seulement, mais non pour le simple vœu de virginité, et qu'au cinquième siècle, toute personne ayant l'âge de raison, comme Geneviève l'avait lors du passage de saint Germain, pouvait, en vertu de la loi générale de l'Église pour la validité des vœux, non-seulement, comme on le peut encore maintenant, s'engager par vœu de virginité ou autre, mais même embrasser définitivement l'état religieux moyennant certaines conditions [1]. A la seconde erreur, nous répondons que le Père Saintyves erre complétement en croyant qu'il s'agit ici de vœux de religion, et en intitulant un de ses chapitres : *Saint Germain exhorte Geneviève à embrasser la vie religieuse.* Quoique toutes les vierges sacrées, aussi bien celles qui restaient dans la vie privée que celles qui vivaient en communauté dans un monastère, fussent en ce temps désignées sous le nom commun de *sanctimoniales* ou

[1] Témoin l'usage constant qui fut observé pendant tant de siècles et sanctionné par plusieurs Conciles, de tenir pour engagés irrévocablement, même sans profession expresse, les enfants donnés aux monastères par leurs parents, même avant l'âge de raison, en vertu du chapitre 59 de la règle de Saint-Benoît; de ce nombre furent le vénérable Bede, sainte Hildegarde, sainte Gertrude, etc. « *Monachum aut paterna devotio, aut propria professio facit.* » (Concil. Tolet. 4, c. XLIX, LV; Concil. Worm., c. XXII; Concil. Tribur., c. VI; Greg. II, ad S. Bonif.) Mais, en dehors de cette extension qui était propre à l'ordre monastique et qui n'est plus applicable dans l'état religieux depuis le concile de Trente, les canons de l'Église et presque tous les docteurs sont unanimes à décider que toute personne douée de l'usage de la raison, et en moyenne depuis l'âge de sept ans, peut s'obliger par vœu; ainsi l'a toujours enseigné l'Église. En ce sens : Gloss. in C. *Mulier*, 32, q. 2; saint Thomas, saint Alphonse de Liguori, Suarez, Billuart, Ferraris, Gousset, etc. Nous sommes confondu de voir des prêtres, qui ont étudié la théologie, tomber dans de semblables erreurs et méconnaître des principes si connus : on écrit trop vite aujourd'hui, et le Père Saintyves, qui a fait une étude approfondie des anciens manuscrits, a négligé la partie historique de son livre.

moniales, qui est aujourd'hui plus spécial aux religieuses, sainte Geneviève ne pratiqua jamais l'état religieux dans le sens propre et théologique du mot : car l'état religieux consiste substantiellement dans les trois vœux d'obéissance, pauvreté et chasteté appliqués à la vie commune sous une règle commune; or sainte Geneviève, comme toutes les vierges sacrées vivant dans le siècle, ne fit que l'unique vœu de chasteté perpétuelle, conserva pendant toute sa vie la propriété de ses biens, resta dans la vie privée en habitant une demeure particulière, et par conséquent ne fut jamais religieuse. Même aujourd'hui, sous l'empire du concile de Trente, toute jeune fille douée de raison peut faire valablement le vœu de virginité bien avant l'âge requis pour la profession religieuse. Par conséquent, puisque toute personne arrivée à l'âge de raison peut s'engager par vœu, la promesse formelle de virginité que Geneviève avait prononcée à deux reprises devant saint Germain, dans les termes que nous avons rapportés, avait eu le caractère d'un vœu positif, valide et définitif. Car le vœu de chasteté perpétuelle, qu'il soit simple ou solennel, a la même force, et ne peut être dispensé que par le Pape, tout comme les grands vœux de religion ; comment le Père Saintyves l'a-t-il oublié, pour contester la valeur de celui de sainte Geneviève [1] ?

Donc, âgée de sept ans quand saint Germain reçut à Nanterre son vœu de virginité, Geneviève s'engagea dès lors formellement et définitivement, comme plusieurs autres Saintes l'ont fait dès l'enfance ; peut-être même

---

[1] Il est à peine nécessaire de dire que la liturgie catholique, dans l'office propre de Sainte Geneviève, concédé par le saint-Siége au diocèse de Paris en 1872, mentionne comme un vœu formel et définitif l'engagement pris par la Sainte devant saint Germain : il en est de même des offices dont usaient autrefois les Génovéfains.

s'était-elle déjà engagée auparavant par une résolution mentale, puisque Constantius écrit qu'elle avait déjà « depuis longtemps » le désir de la virginité, et puisque l'usage de la raison théologiquement nécessaire à la validité d'un vœu avait dans Geneviève devancé les années. Loin donc qu'il lui restât encore à exécuter une résolution non accomplie, la consécration solennelle qu'elle reçut plus tard n'était qu'une cérémonie usitée, mais non nécessaire, sans laquelle son vœu n'en eût pas été moins définitif, et qui ne fit que renouveler et constater publiquement devant l'Église l'engagement qu'elle avait déjà pris devant Dieu par son premier vœu. Quoique les canons de l'Église ne fixassent pas alors d'autre âge général que celui de raison pour des vœux quelconques, il est probable que les évêques avaient l'usage de ne donner aux vœux des vierges la sanction extérieure et publique de la consécration solennelle et du port du voile qu'à partir d'un certain âge qui fût une garantie de la maturité et de la persévérance de leur saint propos, de même que le pontifical romain indique pour cette cérémonie l'âge de vingt-cinq ans. Mais il n'est pas douteux que la connaissance qu'on avait du vœu fait à saint Germain par Geneviève, le témoignage porté sur elle par le saint évêque d'Auxerre qu'on vénérait comme l'oracle de l'Église, et aussi la sagesse de maturité précoce qui brillait en cette Sainte dès l'enfance, n'aient déterminé l'évêque de Paris à l'admettre à la consécration publique avant l'âge ordinaire : cela est certain, puisqu'elle y fut admise, selon le chroniqueur contemporain, avec deux vierges « beau-« coup plus âgées qu'elle », et puisque l'évêque fit encore en sa faveur une nouvelle exception en la faisant passer avant ses deux aînées contrairement à l'usage ; et cet évêque témoigna lui-même alors, contrairement à l'er-

CHAPITRE QUATRIÈME.

reur du Père Saintyves, que Geneviève « avait déjà reçu « du ciel sa consécration », c'est-à-dire qu'elle ne faisait que réitérer, publiquement et solennellement devant l'Église son vœu de profession déjà prononcé validement et irrévocablement devant Dieu, et dont saint Germain avait été le témoin.

Le Père Saintyves dit avoir été décidé à reculer jusqu'à l'âge de quinze ou seize ans la consécration solennelle de la Sainte parce que son biographe indique les austérités qu'elle pratiqua depuis l'âge de quinze ans jusqu'à celui de cinquante ans ; mais il n'y a aucune connexité d'idées entre la consécration solennelle de sainte Geneviève et le début de ses austérités : il répugnerait absolument au caractère de la Sainte et à la gravité imposante du vœu qu'elle avait prononcé devant saint Germain, non moins qu'à la vérité historique, de supposer, comme le fait à tort le Père Saintyves, que Geneviève ne se serait pas dès lors considérée comme engagée pour toujours dans l'état de vierge sacrée, et qu'elle aurait attendu sa consécration extérieure pour en commencer la vie et les pratiques. Au contraire, il y a connexité parfaite entre ses austérités et l'âge où elle les commença ; et, de même qu'après cinquante ans elle les tempéra par raison d'âge mûr, il est tout naturel qu'elle ne les ait pas commencées avant quinze ans par raison de trop grande jeunesse.

De plus, il est évident qu'entre la consécration solennelle de Geneviève et l'époque de son séjour à Paris, auquel se rapporte le récit de ses austérités, intervint la mort de ses parents, puis son émigration à Paris, dont cette mort fut l'occasion ; et il n'y a aucune raison pour supposer que son père et sa mère soient morts au moment même où elle fut consacrée.

Nous croyons donc que, consacrée solennellement

vers 431 ou 432, à l'âge de neuf ou dix ans, par saint Marcel, Geneviève perdit ses parents et s'établit à Paris dans l'espace compris entre les années 431 et 437 ; et il serait téméraire, là où les documents authentiques et contemporains sont muets, de vouloir fixer des dates précises qui seraient forcément arbitraires.

CHAPITRE V

MORT DES PARENTS DE SAINTE GENEVIÈVE. — ELLE SE FIXE A PARIS

Enchaînée par les liens bienheureux de la grâce à ce glorieux service de Dieu que l'Église qualifie de «royauté[1]», unie pour toujours au céleste Époux des vierges, dont le « joug est suave et le fardeau léger[2] », confirmée par la publique consécration de ses vœux intérieurs, fortifiée par l'appui solennel de l'Église, sainte Geneviève perd ses parents. Dieu lui retire ses appuis visibles pour affermir son caractère, et afin qu'elle réalise dès sa première jeunesse le conseil de saint Germain : « Agissez virile-« ment[3]. » Mais cette âme forte ne connaît pas l'isolement : Dieu reste toujours auprès d'elle comme son premier conseiller et son protecteur souverain.

Le père et la mère de Geneviève étant morts, probablement dans l'intervalle de cinq années qui est compris entre l'an 431 ou 432 et l'an 436 ou 437, la Sainte, sur l'invitation de sa marraine, qui demeurait à Paris, vint habiter cette ville, qui sera désormais, jusqu'à la fin de sa vie, le lieu habituel de sa résidence, et dont elle devient dès lors la patronne illustre et vénérée. Geneviève pouvait être alors âgée de neuf à quinze ans. La maison

---

[1] Deus, cui servire regnare est.
[2] Matth. xi, 30.
[3] Jos. i, 18. *Ps.* xxvi, 14; xxx, 25.

qu'elle habitait à Paris était dans l'île de la Cité, non loin de l'emplacement actuel de la cathédrale, soit que la Sainte ait conservé toute sa vie, après la mort de sa marraine, la maison où celle-ci paraît l'avoir d'abord prise avec elle, soit que la Sainte ait choisi une autre demeure après la mort de cette marraine. Sur l'emplacement de la maison de sainte Geneviève fut élevée, après la mort de la Sainte, l'église connue sous le nom de Notre-Dame la Petite, et plus tard de Sainte-Geneviève des Ardents, et qui, après avoir appartenu aux Génovéfains jusqu'en 1202, puis à l'évêché, comme église paroissiale, fut démolie en 1747 lors de la construction de l'hospice des Enfants trouvés ; c'était devant le portail de cette église, élevée sur le lieu de la maison de notre Sainte, que les évêques et archevêques de Paris étaient, lors de leur installation, présentés au chapitre de leur cathédrale par l'abbé et le prieur de Sainte-Geneviève. Non loin de la demeure de la Sainte, existait le baptistère ou église de Saint-Jean-Baptiste, dite Saint-Jean le Rond, qui a été plus tard contiguë au portail de la nouvelle cathédrale, et où sainte Geneviève avait fondé une communauté de vierges : ce monastère conservait encore, au neuvième siècle, le lit de la Sainte, que nous y verrons faire l'objet d'un miracle.

Avant d'entrer dans le récit de cette nouvelle période qu'inaugure dans la vie de notre Sainte son établissement à Paris, jetons un coup d'œil parallèle sur la situation générale de l'Église dont Geneviève va devenir l'un des plus beaux ornements. Un an après la mission de saint Germain et de saint Lupus en Angleterre contre le pélagianisme, saint Augustin, le plus redoutable adversaire de cette hérésie, était mort à Hippone, au milieu de l'invasion des Vandales. Mais tandis que les Barbares attaquaient de toutes parts le corps de la chrétienté, les hérétiques livraient des assauts encore plus redoutables à sa foi. Après les Pélagiens, deux nouvelles hérésies allaient tour à tour, vers cette époque de la vie de notre Sainte, lancer de l'Orient de nouvelles impiétés à la face de l'Église. La première qui surgit révolta particulièrement la conscience des fidèles à cause des odieux outrages qu'elle vomissait contre la Sainte Vierge ; mais Dieu fit tourner ces blasphèmes à un surcroît de glorification pour sa Mère, et, au moment même où s'épanouissait en Occident, dans Geneviève, une des plus suaves fleurs de virginité que son exemple ait fait éclore dans le monde, Marie allait recevoir de l'Orient les hommages les plus éclatants que l'Église de la terre lui eût encore rendus. Nestorius, patriarche de Constantinople, qui divisait faussement Jésus-Christ en deux personnes, la personne de l'homme et la personne du Verbe, tirait de cette erreur la conséquence que la Sainte Vierge n'était pas la Mère de Dieu, mais seulement de l'homme appelé le Christ ; il osa prêcher que « nommer la Vierge Mère de Dieu, « c'était imiter la folie des païens, qui donnaient des « mères à leurs dieux », et fit lancer en pleine église l'anathème sur qui appellerait Marie Mère de Dieu. Le peuple eut horreur de ces blasphèmes, et le grand saint Cyrille d'Alexandrie réfuta le blasphémateur et formula douze anathèmes contre sa doctrine. Mais, comme le dit l'Église, « la Providence voulut que la dignité de la « Vierge fût conservée intacte par une vierge [1] » : car l'impératrice vierge sainte Pulchérie, dont nous avons rapporté les observances monastiques, déclara la guerre à l'hérésiarque, et pressa la convocation du concile d'Éphèse par le pape saint Célestin Ier, qui allait bientôt

---

[1] *Brev. Rom.*, in f. S. Pulcheriæ.

céder la place à saint Léon le Grand. En 431, dans la basilique de Sainte-Marie d'Éphèse, Nestorius fut condamné aux acclamations de « *Theotocos! Theotocos!* « Mère de Dieu! Mère de Dieu!» répétées avec enthousiasme par les Pères du Concile. Et saint Cyrille adressait alors à la Sainte Vierge cette admirable salutation que toutes les vierges imitatrices de sainte Geneviève, qui venait précisément alors d'être consacrée à Dieu, liront avec bonheur : « Gloire à vous, ô Mère de Dieu, ô Marie,
« perle précieuse de l'univers, lampe inextinguible, cou-
« ronne de la virginité, sceptre de l'orthodoxie, temple
« indissoluble contenant Celui que rien ne peut contenir,
« Mère et Vierge, par qui est béni dans les saints Évan-
« giles *Celui qui vient au nom du Seigneur* [1]! Par vous,
« la Trinité sainte est glorifiée, la Croix célébrée et
« adorée dans tout l'univers; par vous, les anges et les
« archanges se réjouissent, les démons sont mis en fuite,
« et l'homme est rappelé au ciel; par vous, la création
« entière, asservie aux idoles, est convertie à la con-
« naissance de la vérité; par vous, les fidèles parviennent
« au saint baptême, les églises sont fondées dans le
« monde entier et les nations sont amenées à la pénitence;
« par vous, le Fils unique de Dieu *s'est levé à l'Orient*
« *comme la lumière de ceux qui étaient assis dans les ténè-*
« *bres et l'ombre de la mort* [2] ; par vous, les prophètes ont
« prédit et les apôtres ont annoncé le salut aux nations ;
« par vous, les morts ressuscitent, et les rois règnent au
« nom de la Trinité sainte [3] ! »

[1] *Ps.* cxvii, 26.
[2] Luc. i, 78, 79.
[3] Orat. contra Nestor.

CHAPITRE VI

MALADIE DE SAINTE GENEVIÈVE. — SON EXTASE ET SES RÉVÉLATIONS. — SES MORTIFICATIONS. — SES PRATIQUES DE PIÉTÉ.

Sainte Geneviève allait continuer à porter sa croix à la suite de son Époux céleste, et payer son tribut aux souffrances corporelles dont presque toutes les vierges saintes ont reçu une large part. C'est, d'ailleurs, une des lois de ce combat entre le corps et l'esprit dont parle l'Apôtre [1], qu'une grande perfection de l'âme s'achète ordinairement au prix d'infirmités physiques, et il est constant que les vierges y ont presque toutes participé plus largement que les confesseurs.

A une époque qui semble avoir été très-rapprochée du temps où elle fixa sa demeure à Paris, Geneviève fut atteinte de paralysie : ce mal envahit tout son corps avec une telle violence, que tous les membres restaient inertes et sans vie, et qu'on eût pu croire que les jointures en avaient été disloquées. Elle avait perdu aussi l'usage de la parole, et, pendant trois jours, son corps resta gisant, immobile, sans donner signe de vie, en sorte qu'on l'eût crue morte, sans un peu de rougeur qui paraissait encore sur ses joues.

Mais ces trois jours d'anéantissement pour le corps

---

[1] *Gal.* v, 17.

avaient été pour l'âme une occasion de vives lumières. Tandis que ses membres restaient inanimés, Geneviève avait été ravie en extase : car, comme le remarque saint Thomas, « on est d'autant plus disposé à recevoir les « manifestations divines, qu'on est plus séparé du corps, « et ainsi c'est dans l'aliénation des sens, et en songe « pendant un sommeil modéré, qu'on reçoit le plus sou- « vent les révélations divines et les prévisions de l'ave- « nir[1] ». Sainte Geneviève, pendant cette léthargie de trois jours, avait été élevée au ciel en esprit, et, comme elle le déclara lorsqu'elle eut repris ses sens, un ange l'avait introduite dans le séjour des bienheureux, et lui avait montré les récompenses préparées à ceux qui aiment Dieu, et les joies ineffables de la vie éternelle, ainsi que les supplices réservés aux réprouvés.

Depuis cette grâce insigne dont elle avait été favorisée, Geneviève reçut aussi du Saint-Esprit le don habituel de pénétrer les cœurs et leurs pensées les plus secrètes, et de connaître par intuition surnaturelle le fond des consciences. Ce don merveilleux de scrutation des cœurs, que Dieu accorde à beaucoup de Saints, et dont nous verrons sainte Geneviève faire un précieux usage pour la direction et le salut des âmes, lui permit de manifester à plusieurs personnes, par esprit de prophétie, leurs pensées les plus intimes et les secrets de leur vie, mais semble avoir suscité contre la Sainte l'animosité des envieux et des méchants : car son biographe contemporain déclare ne pas vouloir entrer dans plus de détails sur ce point à cause de la jalousie de certains personnages arrogants et malveillants.

Sainte Geneviève commença, depuis son établissement

---

[1] 1a, q. 12, a. 11.

à Paris, à imiter son père spirituel saint Germain d'Auxerre, par des austérités extraordinaires, qui, jointes à sa longévité, semblent indiquer que la maladie qui l'avait atteinte ne fut que passagère et ne laissa point de traces sur sa santé. Depuis l'âge de quinze ans jusqu'à l'âge de cinquante ans, Geneviève ne mangea jamais que deux fois par semaine, le dimanche et le jeudi, à cause de la sainteté de ces deux jours, consacrés l'un par la résurrection du Seigneur, l'autre par l'institution de l'Eucharistie, et elle gardait un jeûne complet tout le reste de la semaine. Le dimanche et le jeudi, elle prenait un léger repas, qui n'était jamais composé que de pain d'orge et de haricots ou fèves, qu'elle avait fait cuire deux ou trois semaines à l'avance, et qu'elle mangeait après s'être bornée, pour tout soulagement, à les remêler dans une marmite, et à les recuire ou réchauffer quand ils étaient préparés depuis trop longtemps. Elle ne but jamais dans toute sa vie ni vin ni aucune boisson enivrante. Quand elle fut âgée de cinquante ans, des évêques lui conseillèrent de modérer ses abstinences, en raison de ses fatigues et de l'approche de la vieillesse : elle aurait regardé comme un sacrilége, nous dit son biographe contemporain, de ne pas obtempérer à leurs conseils, se souvenant que Notre-Seigneur a dit à ses disciples : « Celui qui vous « écoute, m'écoute ; celui qui vous méprise, me mé- « prise [1] ». C'est pourquoi, à partir de l'âge de cinquante ans, elle changea, sinon ses longs jeûnes, du moins le genre de ses aliments, et elle mangea désormais, avec le pain d'orge, du poisson et du lait.

La vie de sainte Geneviève était une sorte de prière continuelle, et, comme ce n'est pas en vain que Notre-Seigneur a promis à « ceux qui ont le cœur pur qu'ils

[1] Luc. x, 16.

« verront Dieu [1] », la pureté de son âme la tenait sans cesse en présence de Dieu et en entretien intime avec le divin Époux qui habitait son cœur ; et son biographe la compare au protomartyr saint Étienne, qui « voyait les « cieux ouverts, et le Fils à la droite du Père [2] ». D'ailleurs elle avait coutume de s'adonner aux veilles non moins qu'au jeûne, et de passer de longues heures de jour et de nuit en prière. Elle ne pouvait élever les yeux vers le ciel sans pleurer, comme pour aspirer à ce séjour bienheureux qu'une révélation mémorable lui avait fait entrevoir ; et les larmes qu'elle versait dans la prière étaient si abondantes, que le pavé de sa chambre en était tout trempé, et que saint Germain, dans sa seconde visite dont nous allons bientôt parler, put montrer aux détracteurs de Geneviève les traces touchantes de ces précieuses larmes que la Sainte offrait à Dieu en réparation des péchés de son peuple.

Geneviève avait coutume de passer toujours toute la nuit du samedi au dimanche en veille et en prière, en mémoire de la résurrection du Seigneur, et comme pour attendre et célébrer, chaque semaine, l'heure de la victoire du divin Maître sur la mort ; se conformant aussi en cela à l'enseignement de Jésus lui-même, qui exhorte ses disciples à veiller « comme des serviteurs qui attendent « que leur maître revienne des noces [3] ».

Elle avait aussi pour règle de s'enfermer dans sa maison depuis l'Épiphanie jusqu'au jeudi saint, pour y rester seule avec Dieu, et pour y vaquer librement à la prière dans une solitude complète, durant tout le saint temps du carême et pendant la période qui le précède, en mémoire

---

[1] Matth. v, 8.
[2] Act. vii, 55.
[3] Luc. xii, 36.

du baptême, de la retraite et du jeûne de Notre-Seigneur dans le désert, que l'Église commémore à l'Épiphanie et pendant la sainte quarantaine. C'était là un temps de retraite qu'elle se ménageait chaque année pour retremper, dans cette solitude si chère et si douce à tous les Saints, les forces de son âme distraite habituellement par les devoirs de sa vie active et du ministère extérieur auquel la condamnaient le renom de sa sainteté et l'obligation de subvenir aux besoins spirituels et temporels de tous les infirmes de corps ou d'esprit qui avaient recours à elle et qui venaient sans cesse implorer son assistance. Aussi avait-elle coutume de ne recevoir ni voir personne pendant cette époque de l'année, depuis l'Épiphanie jusqu'au jeudi saint.

Pour exprimer la réunion des vertus diverses qui brillaient en elle dans un degré éminent et dans une pondération parfaite, le biographe contemporain de sainte Geneviève dit, en reproduisant un texte du très-ancien livre d'Hermas intitulé *le Pasteur*, que notre Sainte avait pour compagnes intimes et inséparables douze vierges spirituelles qui la suivaient partout : la Foi, l'Abstinence, la Patience, la Magnanimité, la Simplicité, l'Innocence, la Concorde, la Charité, la Discipline, la Chasteté, la Vérité et la Prudence.

CHAPITRE VII

SECONDE PERSÉCUTION CONTRE SAINTE GENEVIÈVE. — SECONDE VISITE DE SAINT GERMAIN D'AUXERRE. — SAINTE GENEVIÈVE DIRIGE LES VIERGES SACRÉES ET FONDE UN MONASTÈRE. — VOCATION DE SAINTE ALDA ET DE SAINTE CÉLINIA ET MIRACLE.

L'humanité, telle que l'a faite le péché originel, est, de sa nature, égoïste et envieuse, et toute supériorité la choque et l'irrite. C'est ce qui explique pourquoi, non-seulement dans nos siècles d'impiété et de matérialisme, mais même, toutes proportions gardées, dans les anciens siècles de foi, les Saints ont toujours été en butte à la persécution et à la calomnie. D'ailleurs, nous avons vu que Notre-Seigneur et ses apôtres promettent formellement ces persécutions à tous ceux qui voudront suivre leurs traces, en leur signifiant que quiconque voudrait marcher après eux devrait souffrir comme eux. Et nous avons vu aussi que, comme épouses et amies plus spécialement intimes et familières du Cœur de Notre-Seigneur, les vierges sont destinées à être mises en « signe de « tradiction » pour le monde [1], et à être plus particulièrement configurées à leur divin Époux par la souffrance et la persécution, afin de participer plus pleinement au ministère de victimes propitiatoires qu'elles partagent avec le Rédempteur.

[1] Luc. II, 34.

Dans les années qui suivirent la fixation de sa demeure à Paris, sainte Geneviève y fut en butte à la détraction des envieux et à la calomnie. En notre qualité d'historien consciencieux, et tenant à ne pas écrire un récit de fantaisie, mais à rester dans la rigoureuse et stricte vérité historique, nous n'imiterons pas certains auteurs qui, donnant libre cours à leur imagination, ont inséré ici de vaines amplifications, et ont même composé des discours qu'ils mettent arbitrairement dans la bouche des détracteurs médisant de sainte Geneviève, et dans celle de la Sainte en appelant à Dieu dans la prière. Tout cela est purement fictif, et, devant le silence des historiens contemporains de Geneviève, nous déclarons qu'il est impossible de déterminer avec précision quel genre de calomnies la malveillance des impies osa proférer contre la Sainte. Néanmoins, quoique le prêtre Constantius, contemporain de sainte Geneviève comme son biographe, donne sur ce point plus de détails dans sa Vie de saint Germain que ce biographe anonyme n'en donne dans la Vie de la Sainte, rien, dans ces textes originaux, n'autorise la supposition de quelques auteurs, qui pensent que l'audace des détracteurs serait allée jusqu'à accuser Geneviève de désordres et de crimes. Notre-Seigneur, qui a laissé souvent ses serviteurs en butte à des calomnies de ce genre pour perfectionner leur patience et leur humilité, a généralement préservé ses épouses les vierges sacrées de toute atteinte de cette sorte; et, s'il les laisse exposées à d'autres persécutions, il a coutume d'épargner à la fleur particulièrement délicate de leur pureté les calomnies qui oseraient mettre en doute leur persévérance dans l'intégrité virginale. Il nous semble, au contraire, plus conforme aux textes des récits authentiques et contemporains, que nous suivons toujours pas à pas, et, autant que possible, mot pour mot, de croire que ces calomnies consistaient principalement à rabaisser systématiquement et par envie le mérite de Geneviève, à l'accuser de fausse dévotion, d'hypocrisie, et à prétendre qu'elle cherchait, par des dehors de sainteté, à se concilier un respect et une autorité que ses détracteurs prétendaient être immérités.

Mais Dieu tenait la consolation toute prête après l'épreuve, et c'était le grand saint Germain, son père spirituel et son ami providentiel depuis l'enfance, qui allait être chargé de porter secours à Geneviève, et de justifier et glorifier devant les hommes celle qu'il avait été chargé d'appeler au service de Dieu. En même temps que cette seconde entrevue allait remplir le cœur des deux Saints d'une joie surnaturelle en leur permettant de se revoir encore une fois sur la terre avant de satisfaire pleinement, par leur réunion au ciel, la sainte affection que Dieu avait formée entre eux, le témoignage de l'illustre pontife allait conférer publiquement à Geneviève une autorité désormais nécessaire au ministère de préservation et de protection qu'elle devait exercer ensuite sur la cité parisienne dans les plus tragiques calamités.

Comme la première fois, ce fut encore l'hérésie pélagienne qui amena saint Germain auprès de sainte Geneviève. Après sa première mission en Angleterre, le saint évêque avait regagné son diocèse, et, trouvant sa ville d'Auxerre surchargée d'impôts, il s'était rendu à Arles auprès du préfet Auxiliaris, qui, plein de respect pour l'illustre Saint, lui avait accordé la décharge des tributs imposés à ses diocésains, et avait obtenu de lui, en échange, la guérison miraculeuse de son épouse atteinte de fièvres. Depuis lors, le pélagianisme avait repris des forces en Angleterre, et de nouveau l'église de la

9.

Grande-Bretagne, se souvenant du grand évêque qui l'avait déjà purgée de cette hérésie, supplia saint Germain d'Auxerre de venir encore une fois à son aide. Le saint pontife s'y rendit en toute hâte, en l'an 447, et prit cette fois pour compagnon de sa nouvelle mission un disciple de saint Lupus de Troyes, saint Sévérus, évêque de Trèves, qui prêchait l'Évangile en Allemagne, « homme de toute sainteté », dit le vénérable Bede[1]. Comme la première fois, l'itinéraire des évêques les conduisait à passer à Paris, et saint Germain, sachant que Geneviève, alors âgée de vingt-quatre ou vingt-cinq ans, demeurait présentement dans cette ville, se promettait la joie d'y revoir sa chère fille spirituelle.

Héric, moine bénédictin de l'abbaye de Saint-Germain d'Auxerre, dans le poëme latin qu'il composa au neuvième siècle sur la vie de ce Saint, lorsqu'il arrive à cet épisode, salue avec respect la ville de Paris à cause du tombeau vénéré de sainte Geneviève : « Et toi, célèbre « Lutèce », s'écrie-t-il, « mêle une seconde fois ton antique « nom à mes vers : c'est toujours avec joie que je te « nomme, parce que tu es maintenant ornée des osse- « ments précieux de l'épouse de mon Dieu, très-illustre « autrefois par ses miracles. »

A l'approche du saint évêque d'Auxerre, que toute l'Église catholique révérait alors comme son plus éclatant flambeau, toute la population de Paris sortit de la ville pour venir à sa rencontre et implorer sa bénédiction. Aussitôt après avoir béni le peuple, saint Germain, dont la première pensée se portait sur le précieux trésor qu'il avait laissé dix-huit ans auparavant dans cette contrée, demanda tout d'abord avec sollicitude des nou-

---

[1] *Hist. eccl. gent. Angl.*, l. I, c. xxi.

velles de Geneviève, et s'informa « de ce qu'elle faisait, « et comment elle allait ». Le saint pontife n'ignorait probablement pas, dit Constantius, quelles injures la Sainte avait eu à subir de la part des malveillants depuis qu'il l'avait quittée, les calomnies, les opprobres, les accusations et toutes les méchancetés que l'envie avait suggérés contre elle ; mais il voulait, en interrogeant ces méchants, convaincre leur perfidie, et se donner par là l'occasion de glorifier sa fille spirituelle en présence même de ses détracteurs, afin de les mieux confondre. Le peuple, « toujours prêt à décrier les Saints plutôt « qu'à les imiter », dit l'antique chroniqueur, répondit à saint Germain « que Geneviève n'était pas si parfaite « qu'il la croyait » ; on s'efforça de ternir l'éclat de sa vie en répétant les vains murmures des médisants, et, pour que leur incorrigible opiniâtreté dans le mal se fit mieux connaître, ces impies ne purent s'empêcher de redire, en présence même du saint pontife, tout ce qu'ils avaient dit ou machiné contre elle, et d'épancher devant lui tout le venin de leur perversité.

Saint Germain, qui, éclairé par les lumières d'en haut, connaissait Geneviève mieux que personne au monde, comme le dit l'historien, dédaigna ces calomnies et ces blasphèmes, qui retombèrent sur leurs auteurs pour les couvrir de honte. Le saint évêque, étant entré dans la ville, se rendit immédiatement, suivi du peuple, à la maison de Geneviève. En entrant dans cette modeste demeure, saint Germain salua sainte Geneviève profondément et avec une telle humilité que tous les assistants furent stupéfaits de voir ce grand homme, l'oracle de l'Église, traiter une jeune fille avec une si religieuse vénération : il voulut ainsi, nous dit son biographe, témoigner qu'il vénérait dans Geneviève la présence de Dieu même dont elle était le temple. Puis le saint pontife se mit en prière auprès de sa fille spirituelle, donnant ainsi à entendre qu'il considérait la modeste maison de la jeune vierge comme un sanctuaire consacré à la divinité par l'habitation d'une sainte épouse de Jésus-Christ. Après avoir prié, saint Germain prit la parole, et, s'adressant au peuple, raconta l'histoire de la vocation précoce de Geneviève, les promesses sacrées qu'elle avait faites à Dieu devant lui lors de son premier passage, et le présage qu'il avait eu de sa sainteté, ainsi que les merveilleux débuts de son enfance dans les voies de la perfection. Puis, comme il l'avait fait autrefois à Nanterre, il s'étendit longuement sur l'éloge de la Sainte, et déclara, en présence de tous, combien grande elle était devant Dieu, et quels étaient ses mérites. Pour confondre les détracteurs, et comme preuve convaincante de l'austérité de la vie de Geneviève et de son assiduité à la prière, il montra aux calomniateurs le pavé de la chambre de la Sainte tout humide et trempé de ses larmes, à l'endroit retiré où elle avait coutume de se prosterner à terre pour prier. Après avoir ainsi justifié et glorifié publiquement sa chère fille spirituelle, saint Germain recommanda au peuple de la traiter avec respect, et, quittant Paris, se remit promptement en route pour l'Angleterre.

Au moment de se séparer de la Sainte avec son héros, le moine Héric, dans le poëme latin sur saint Germain dont nous avons parlé, fait en ces termes ses adieux à sainte Geneviève, en regrettant de ne pouvoir la suivre aussi jusqu'à la fin de sa carrière ; et, nous associant nous-même à la prière du moine d'Auxerre, nous disons avec lui à notre Sainte : « Nous avons eu la dévotion, « ô très-illustre vierge, de confier à notre plume le récit « de toutes vos actions ; mais la tâche entreprise rappelle

« le poëte prêt à s'envoler. Cependant, pour que je ne
« vous aie point consacré ces vers sans récompense, sou-
« venez-vous de celui qui vous supplie, et protégez par
« vos prières celui qui vous demeure fidèle. Regardez
« comme rendus à vous-même les hommages qui sont
« rendus à votre Époux céleste. Et maintenant adieu, et,
« unie que vous êtes au Tout-Puissant, souvenez-vous de
« ceux qui sont en ce monde ! »

Telle était l'autorité de saint Germain d'Auxerre, qu'on eût considéré comme un sacrilége de mettre en doute son témoignage. Aussi Geneviève fut-elle dès lors entourée à Paris de la vénération publique. Quoiqu'elle ne fût âgée alors, comme nous l'avons dit, que de vingt-quatre ou vingt-cinq ans, les vierges sacrées de Paris, qui ne vivaient pas en communauté, s'attachèrent à elle comme ses disciples, et se réunirent souvent auprès d'elle dans sa maison, pour recevoir ses enseignements et profiter de ses exemples. On suppose même qu'elle reçut de l'autorité ecclésiastique la charge d'instruire et de diriger les vierges sacrées de la ville.

Parmi les vierges sacrées qui furent ainsi les disciples et les filles spirituelles de sainte Geneviève, on nomme sainte Alda et sainte Célinia, quoiqu'on ignore à quelle époque de sa vie Geneviève entra en relation avec ces deux vierges. La première était autrefois, sous le nom de sainte Aude, l'objet d'une grande vénération de la part du peuple de Paris, et ses reliques, renfermées dans une châsse, étaient conservées dans la basilique de Sainte-Geneviève ; l'Église fait sa fête le 18 novembre. Quant à la seconde, sa vocation fut l'objet d'un miracle de notre Sainte, et nous est racontée par son biographe contemporain avec les détails qui suivent.

Célinia, qui semble avoir été originaire de Meaux, était

une jeune fille de très-noble naissance, et déjà fiancée. Mais, édifiée par les admirables exemples de sainte Geneviève, elle préféra au mariage et aux pompes du siècle la beauté du service de Dieu et la gloire de la virginité. Rompant les fiançailles terrestres où elle avait été engagée, elle pria Geneviève de l'admettre au nombre de ses disciples, et de lui donner, à la place de ses vêtements somptueux, l'habit simple et modeste des vierges sacrées. Geneviève, l'ayant admise parmi ses filles spirituelles, se trouvait à Meaux avec elle, lorsque le jeune homme à qui Célinia avait été promise, apprenant que sa fiancée s'était consacrée à Dieu, fut rempli de fureur, et accourut dans cette ville pour s'y porter à quelque acte de violence. Sainte Geneviève, ayant appris l'arrivée de ce furieux, emmena en toute hâte Célinia dans l'église de Meaux. Dès qu'elles y furent entrées, le baptistère, qui était une partie plus intérieure de l'église, referma miraculeusement ses portes derrière les deux vierges, et mit cet homme dans l'impossibilité de les atteindre, comme autrefois le tabernacle d'alliance s'était refermé sur Moïse et Aaron pour les soustraire à la sédition sacrilége des Hébreux[1]. Célinia, délivrée des liens de ce monde, persévéra jusqu'à la fin dans la virginité sacrée, et l'Église l'honore comme Sainte, à la date du 22 octobre, dans les diocèses de Meaux et de Paris. Sur son tombeau fut fondée une abbaye bénédictine, qui devint au onzième siècle un prieuré dépendant de Marmoutiers.

Une sœur et une fille de Clovis, dont nous parlerons ci-dessous, embrassèrent l'état de vierges sacrées dans la dernière partie de la vie de notre Sainte ; et tout porte à

---

[1] *Num.* xvi, 43.

croire que l'exemple et les enseignements de sainte Geneviève déterminèrent leur vocation, et qu'elles furent aussi du nombre de ses disciples.

Un écrivain du neuvième siècle nous apprend, en outre, que sainte Geneviève avait fondé à ses frais dans Paris un monastère de vierges, situé près de sa demeure, à côté de l'église ou baptistère de Saint-Jean-Baptiste ou Jean le Rond [1], et où, après sa mort, on conservait précieusement son lit, qui, comme nous le verrons, y fut l'objet d'un insigne miracle dans un débordement de la Seine. Ainsi, sainte Geneviève, quoiqu'elle n'ait pas pratiqué personnellement la vie religieuse et cénobitique, eut l'honneur d'introduire, ou tout au moins de propager à Paris ce saint état ; car il ne semble pas avoir existé jusqu'à son temps aucune communauté religieuse dans cette ville, et il est probable que c'est elle qui y établit le premier monastère de vierges. Notre-Seigneur dit que « là où deux ou trois sont rassemblés en son nom, il « est au milieu d'eux », et promet d'exaucer les demandes qui lui seront adressées par l'accord de deux âmes ferventes s'unissant dans la prière [2] : c'est sur cette divine parole qu'est fondée la puissance des associations et des communautés chrétiennes, source féconde et nécessaire de bénédictions pour l'Église militante. Nous trouvons donc ici un des bienfaits les plus signalés que la cité parisienne ait dus à sa patronne : sainte Geneviève, en réunissant,

---

[1] C'est par erreur que quelques auteurs ont cru qu'il s'agit ici de l'église Saint-Jean en Grève, et que ce monastère occupait l'emplacement de celui des Audriettes, nom qu'ils ont voulu faire dériver de celui de sainte Aude : ce lieu était hors de la ville et inhabité au temps de sainte Geneviève, et le texte du neuvième siècle ne permet pas de douter qu'il s'agisse du baptistère de Saint-Jean dans la Cité.

[2] MATTH. XVIII, 19, 20.

tant dans le cloître que dans la vie privée, cette sainte et nombreuse légion de vierges sacrées, avait donné à son peuple un surnaturel rempart de défense bien plus fort que les citadelles édifiées par la main des hommes. Car, si telle est la puissance des prières unies, que le Seigneur leur promet sa présence, combien de prix une société chrétienne doit attacher à ces réunions de cœurs angéliques, d'âmes virginales, unies au Roi des cieux par le titre intime et glorieux d'épouses, dont la vie pure et céleste attire les regards de complaisance de l'Époux divin, compense et répare les péchés du monde, et fait une sainte et douce violence à la miséricorde suprême !

Sainte Geneviève fut donc, depuis le témoignage public rendu à ses vertus par saint Germain, revêtue d'une autorité nouvelle et croissante. Mais la Sainte, qui rapportait à son céleste Époux les honneurs qu'elle recevait, n'usait de son autorité morale que pour la gloire de Dieu et le bien de son peuple ; et cette autorité dont nous la voyons désormais revêtue était un bienfait dont la Providence avait pourvu la cité parisienne en vue des catastrophes qui étaient prochaines, et où Geneviève paraîtra comme sauveur suscité de Dieu pour la préservation de son pays.

Avant d'aborder le récit de ces catastrophes, nous ne pouvons manquer de suivre dans les derniers actes de sa glorieuse carrière ce grand saint Germain d'Auxerre, le père spirituel, le protecteur et l'ami providentiel de sainte Geneviève.

Après avoir quitté Geneviève, qu'il ne devait plus revoir ici-bas, mais dont le cher souvenir ne le quitta jamais, comme nous en aurons encore des preuves, saint Germain, accompagné de saint Sévérus, s'embarqua pour l'Angleterre. « Cependant », dit le vénérable Bede,

« les démons, parcourant toute l'île, annonçaient, malgré
« eux et avec rage, l'arrivée de Germain[1] » ; en sorte
qu'un seigneur du pays vint aussitôt au-devant de lui, avec
le peuple, pour lui demander de guérir son fils boiteux ;
ce que saint Germain fit à l'instant, en le touchant
du doigt. Le peuple, convaincu par ce miracle, acclama
les enseignements du saint pontife, et chassa honteusement les Pélagiens. Après avoir encore une fois délivré
l'Angleterre de cette hérésie, saint Germain, revenu
en Gaule, arrêta, par voie d'autorité surnaturelle et
en détournant son cheval par la bride, Eocharic, roi
des Alains, envoyé par le préfet Aétius contre les Armoricains révoltés. Puis, voulant obtenir le pardon de ces
rebelles, il se rendit à Ravenne, où l'empereur Valentinien III et l'impératrice mère Placidia le comblèrent
d'honneurs. Saint Germain y fit de nombreux miracles,
notamment en ressuscitant un mort, et en tirant de prison
des captifs par le seul effet de sa prière et de sa parole.
Il y mourut le 31 juillet 448, et son corps fut rapporté
solennellement à Auxerre et enseveli dans son monastère.
« Sa vie fut telle », dit l'Église, « que, s'il n'avait fait des
« miracles, elle paraîtrait incroyable : il fit tant de
« miracles, que, si les mérites de sa vie n'avaient précédé,
« on les croirait imaginaires[2]. » Jusqu'à son dernier
soupir, le grand saint Germain conserva toujours présent
le souvenir de sa bien-aimée fille Geneviève, et, comme
il l'avait protégée durant sa vie, nous le verrons lui venir
encore en aide après sa mort : car, soit au moment de
mourir à Ravenne, soit avant de quitter Auxerre, il avait,
sans doute par prévision prophétique, chargé son archi-

---

[1] *Hist. eccl. gent. Angl.*, l. I, c. xxi.
[2] *Brev. Rom.*, in f. S. Germ. Autissiod.

diacre de porter à sainte Geneviève des eulogies qui la délivrèrent plus tard d'un imminent danger de mort et d'une nouvelle persécution.

L'année même de la mort de saint Germain, Eutychès donnait naissance en Orient à une hérésie nouvelle, qui, tombant dans l'erreur opposée à celle des Nestoriens, prétendait qu'il n'y avait en Jésus-Christ qu'une seule nature, la divinité y ayant absorbé l'humanité : cette hérésie se livra aux plus cruels excès dans le scandaleux conciliabule nommé le « brigandage d'Éphèse », où saint Flavien, patriarche de Constantinople, fut mortellement blessé. Mais l'impératrice vierge sainte Pulchérie, que l'Église célèbre comme une nouvelle Débora[1], déploya contre les Eutychiens le même zèle qu'elle avait montré contre les Nestoriens, et s'entendit avec le pape saint Léon le Grand pour réprimer ces impiétés : le concile de Chalcédoine, réuni par ses soins en 451, fit justice de l'erreur eutychienne, et cette glorieuse princesse put ajouter au lis de la virginité la double palme de la victoire contre deux des plus redoutables hérésies que l'Église ait subies ; comme nous allons la voir encore, par son inflexible fermeté, éloigner l'invasion des Huns de l'empire d'Orient, pendant qu'en Occident sainte Geneviève triomphait de cette même invasion par ses prières.

Quel admirable spectacle et quel sublime enseignement ! L'Église, assaillie de toutes parts d'ennemis temporels et spirituels, était alors simultanément défendue contre les uns et les autres, dans les deux parties du monde chrétien, par deux vierges sacrées, l'une en Orient, l'autre en Occident, l'une née sur les marches du trône, l'autre sortie des rangs du peuple, mais déco-

Brev. Rom., in f. S. Pulcher.; *Jud.* IV.

rées toutes deux de la couronne royale d'épouses de Jésus-Christ. Dans toutes deux, le monde, préservé par elles, vénérait le type de Marie « écrasant la tête du ser- « pent [1] ». Le terrible Attila, l'effroi de toute la terre, allait voir ces deux vierges lui barrer le passage des deux côtés à la fois ; l'invincible et farouche conquérant allait reculer devant ces deux vierges, et s'avouer vaincu.

[1] *Gen.* III, 15.

CHAPITRE VIII

INVASION D'ATTILA. — TROISIÈME PERSÉCUTION CONTRE SAINTE GENEVIÈVE. — ELLE PRÉSERVE PARIS DE L'INVASION DES HUNS.

A ce moment, le monde chrétien vit fondre sur lui la plus terrible invasion dont les annales de l'humanité aient jamais enregistré la mémoire. La nation des Huns, sortie des forêts de la Tartarie, menaçait déjà depuis plusieurs années les restes de l'empire romain, et faisait trembler les débiles successeurs des Césars. Une terreur immense s'attachait au nom de ce peuple d'hommes difformes et monstrueux, qui se nourrissaient de chair crue, et qui, pour détruire chez eux les germes de la barbe, sillonnaient le visage de leurs enfants de cicatrices, dont ils gardaient toute leur vie un aspect hideux et terrible. Leur férocité justifiait leur réputation : car ils n'épargnaient rien, détruisaient les villes, ravageaient les campagnes, massacraient les populations. Leur roi Attila, qui avait fait tuer son frère pour régner seul, s'intitulait « le fléau « de Dieu », et se vantait de ce que « l'herbe ne pous- « sait plus là où son cheval avait passé ». C'était un homme d'aspect féroce et étrange, petit, gros et trapu, au teint noir, aux yeux perçants, au nez écrasé. Entouré d'une garde de rois tributaires qui montaient la faction autour de sa tente, il affectait autant de simplicité dans sa personne que de faste dans ses serviteurs, mangeait dans une écuelle de bois en laissant les vases d'or à ses soldats, et recevait, assis sur un escabeau dans le camp retranché qui lui servait de capitale sur les bords du Danube, les envoyés des empereurs romains sur qui il levait tribut, et qui, l'ayant décoré du titre de général romain, dissimulaient sous le prétexte d'appointements la honte de cette redevance. Attila manda un jour, par deux de ses soldast, à Valentinien III et à Théodose le Jeune, un message ainsi conçu : « Attila, mon maître et « le vôtre, vous ordonne de lui préparer un palais » ; et il disait : « Les généraux des empereurs sont des valets, « et les valets d'Attila sont des empereurs. » Tel était l'homme, redouté du monde entier, à qui une humble jeune fille, priant Dieu dans le secret de son oratoire, et appelée sainte Geneviève, allait interdire l'approche de Paris par la vertu de ses mérites et par son crédit auprès du ciel.

Théodose le Jeune étant mort en 450, sainte Pulchérie, qui avait été régente de fait, même depuis la majorité de son inepte frère, se trouvant impératrice d'Orient en titre, associa à l'empire un vaillant soldat, nommé Marcien, à qui elle donna, pour l'élever au trône, le titre purement nominal de son époux, tout en se réservant sa virginité et sa complète indépendance. Ce prince se montra digne de cet honneur et du choix de la Sainte, par son zèle pour la foi catholique et par son dévouement au Saint-Siége. Attila lui ayant réclamé le tribut que Théodose le Jeune et l'eunuque Chrysaphius, fauteur de l'hérésiarque Eutychès, lui avaient payé jadis, Marcien, inspiré et soutenu par l'héroïque fermeté de la vierge sainte à qui il devait la couronne, envoya au terrible conquérant cette fière réponse : « J'ai de l'or « pour mes amis, et du fer pour mes ennemis. » En

CHAPITRE HUITIÈME. 145

même temps, sainte Pulchérie et Marcien mirent l'empire d'Orient en état de défense. Attila, qui n'avait pas l'habitude qu'on lui résistât, fut étonné et ébranlé par cette forte attitude : se détournant de l'Orient, il se jeta sur l'Occident.

Pour agir à coup sûr de ce côté, Attila fit alliance avec Genséric, roi des Vandales, qui possédait l'Afrique, et qui promit d'occuper l'Italie pendant qu'Attila s'emparerait des Gaules et détruirait le royaume des Wisigoths d'Espagne. Tous deux prirent un prétexte pour déclarer la guerre à l'empire : le fils de Genséric, qui avait épousé la fille de Théodoric, roi des Wisigoths, la lui renvoya après lui avoir coupé le nez; quant à Attila, il feignit de réclamer la main d'Honoria, sœur de Valentinien III, qui lui avait autrefois envoyé imprudemment un anneau de fiançailles, et qui depuis lors avait été mariée.

Au mois de mars 451, l'armée des Huns, sous la forme d'un flot humain de cinq à sept cent mille combattants, parut sur le Rhin. Jamais invasion de barbares ne se présenta sous un si terrifiant aspect. « L'Asie », dit M. Amédée Thierry, « y figurait par ses plus hideux et « féroces représentants [1] », et l'Europe y avait joint les siens. On voyait confondus dans cette armée : les Huns difformes, au visage cicatrisé, armés d'arcs et de carquois; les Alains, armés de lances et revêtus de cuirasses en lames de corne; les Gélons, tatoués, armés de faux, et vêtus de casaques de peau humaine; les Sarmates, montés sur des chariots; les Germains des bords de la Vistule, de l'Oder et du Niemen; les Hérules, dont la férocité épouvantait les autres Germains qui finirent

[1] *Histoire d'Attila.*

par les exterminer; les Gépides, les Ostrogoths, et une quantité d'autres peuples. Les Francs des bords du Necker s'y joignirent sous la conduite du frère aîné de Mérovée, se vengeant d'avoir été dépossédé par son frère.

Ce flot effroyable se précipita sur la Gaule sous la conduite d'Attila. Trèves, Besançon, Strasbourg, Spire, Mayence, Cologne, Tongres, Arras, Metz, furent pris d'assaut et brûlés, le peuple et le clergé massacrés; et c'est à Cologne que furent alors martyrisées sainte Ursule et ses onze mille vierges. Reims eut le même sort, et son évêque saint Nicaise fut tué avec sa sœur tandis qu'il psalmodiait des chants liturgiques; mais un bruit soudain qui retentit dans l'église terrifia les barbares, qui abandonnèrent la ville. Laon et Saint-Quentin furent ensuite pris et pillés.

C'était le tour de Paris. De Laon et Saint-Quentin, Attila pouvait arriver à Paris en deux ou trois jours de marche, et son itinéraire le lui indiquait : car, puisqu'il voulait se rabattre des Gaules sur l'Espagne, Paris était droit sur la ligne qu'il devait parcourir nécessairement pour rejoindre de là, par Orléans, la direction des Pyrénées.

Qui défendra Paris du pillage, de la ruine et du massacre? Nul bras humain : car la cité parisienne ne semble guère avoir eu à cette époque de fortifications sérieuses; et d'ailleurs, devant l'inondation des Huns, les peuples paralysés par la terreur ne songeaient guère à se défendre, mais seulement à fuir. Le préfet Aétius, qui seul aurait pu, avec l'armée romaine, opposer quelque résistance, était bien loin dans le Midi, à Arles, hésitant encore sur ce qu'il devait faire, et n'osant affronter les Huns avant de s'être assuré le concours des Wisigoths d'Espagne.

CHAPITRE HUITIÈME.

Qui défendra Paris? qui le sauvera? qui empêchera Attila et ses sept cent mille barbares féroces d'y venir mettre le fer et le feu? Une jeune fille de vingt-neuf ans, une humble et pauvre enfant, dont le terrible conquérant qu'elle vaincra ignore même et ignorera toujours l'existence, forcé qu'il sera de reculer devant elle sans savoir devant qui ; une enfant qui n'a ni armée ni soldats pour combattre, mais qui est une vierge sacrée et une Sainte, qui a pour armes ses prières écoutées du ciel, et qui est épouse du « Roi des rois [1] », de Celui qui tient dans sa main les conquérants comme des instruments qu'il fait et qu'il brise ; c'est elle qui fera descendre d'en haut une puissance surhumaine, une voix secrète et irrésistible, pour dire de sa part à l'indomptable Attila : « Tu n'avanceras pas! Va-t'en! »

Paris était dans la terreur : on savait que, partout où avait passé Attila, il n'avait laissé que des ruines et des cadavres; le bruit des incendies, des pillages et des massacres des villes voisines, qui était parvenu aux oreilles des Parisiens, leur disait assez le sort qui les attendait; et ils savaient que l'invasion approchait, que les Huns étaient déjà presque à leurs portes. Ne voyant donc plus d'espoir que dans la fuite, les Parisiens avaient résolu d'émigrer avec leurs femmes et leurs enfants, d'emporter tous leurs biens, et de se réfugier, avec leurs familles et ce qu'ils pourraient sauver de leur fortune, dans d'autres villes qu'ils croyaient plus sûres, soit par leurs fortifications, soit par leur éloignement du théâtre de l'invasion.

Tandis que les hommes délibéraient ainsi, et ne mettaient leur confiance que dans des ressources humaines,

---

[1] *I Tim.* vi, 15. *Apoc.* xvii, 14; xix, 16.

sainte Geneviève, rassemblant les femmes de Paris, les exhortait à ne mettre leur confiance qu'en Dieu, et leur conseillait, à l'exemple de Judith et d'Esther, de recourir au jeûne et à la prière pour détourner la catastrophe[1]. Dociles à ses avertissements, les femmes parisiennes se réunirent avec Geneviève dans le baptistère, et là, sous la présidence de la Sainte, elles consacrèrent plusieurs jours de suite aux veilles, à la prière et au jeûne pour apaiser le ciel et conjurer les calamités imminentes. Quelques auteurs croient à tort que le baptistère dont il est question aurait été l'église de Saint-Étienne, située alors à l'extrémité orientale de l'île de la Cité, et qui fut démolie lorsqu'on construisit, au douzième siècle, la nouvelle cathédrale; mais on ne peut douter qu'il s'agisse au contraire ici de l'église de Saint-Jean-Baptiste ou Saint-Jean le Rond, qui était désignée ordinairement sous le nom de « baptistère » parce qu'elle servait de baptistère à la cathédrale; cette église, voisine de la maison de la Sainte, occupait l'emplacement actuel du parvis Notre-Dame, et c'est auprès d'elle que Geneviève fonda le monastère de vierges qui gardait plus tard son lit. C'est dans cette église de Saint-Jean-Baptiste que la Sainte rassembla les femmes de Paris pour détourner, par des prières communes, les malheurs dont le pays était menacé.

Ainsi, tandis que, sous la conduite du « fléau de « Dieu », d'innombrables hordes de barbares sanguinaires et impies conjuraient ensemble pour ruiner la chrétienté et s'apprêtaient à porter dans Paris le meurtre et le sacrilége, les voûtes de l'antique sanctuaire de la Cité abritaient les réunions quotidiennes d'une autre con-

[1] *Judith*, VIII, IX. *Esth.* IV, XIV.

juration, sainte conjuration où venait se grouper, autour de la vierge illustre déjà malgré sa jeunesse, tout ce que Paris renfermait de femmes saintes ou pieuses, depuis les vierges sacrées dont Geneviève avait la direction, jusqu'aux femmes mariées interrompant les travaux habituels de leur pénible existence pour fléchir la colère divine par des supplications pleines de foi. Ce fut cette sainte conjuration du sexe féminin qui préserva Paris de la ruine. La future capitale de la France allait être sauvée par des vierges, entre lesquelles la vierge de Nanterre brillait comme un astre entouré de ses satellites ; de même que, mille ans plus tard, la France elle-même devait être sauvée par la vierge de Domremy. Pourquoi ce remarquable rapprochement qui nous montre la France sauvée deux fois par deux vierges, sainte Geneviève et Jeanne Darc ? Parce que la France s'est signalée entre tous les autres pays par le culte incomparable dont elle a honoré l'auguste Reine des vierges dès les temps les plus reculés : c'est elle qui donna naissance au plus illustre panégyriste de Marie, le glorieux saint Bernard ; c'est elle qui, consacrée à la Sainte Vierge par un de ses rois, mérita d'être nommée « le « royaume de Marie : *regnum Galliæ, regnum Mariæ* ». Et ici même, dans ce pieux cénacle féminin qui sauvait Paris sous la présidence visible de sainte Geneviève, Marie était présente par son patronage et sa protection spéciale, et couvrait de sa maternelle sauvegarde la cité qui lui était consacrée : car la cathédrale de Paris, dont dépendait ce baptistère voisin où Geneviève réunissait les femmes, était déjà dédiée à la Sainte Vierge dès ces premiers siècles mérovingiens.

Non contente de réunir ainsi les femmes de Paris dans ces prières publiques, sainte Geneviève, voulant préserver la population d'une résolution qui aurait eu les conséquences les plus funestes, exhorta les hommes à renoncer à leur projet d'émigration, et leur conseilla de rester paisiblement dans Paris avec leurs familles et leurs biens : elle leur affirma, avec une certitude prophétique, et assurément par la révélation qu'elle en avait reçue du ciel, que les villes qu'ils croyaient plus sûres et où ils projetaient de se réfugier seraient prises et dévastées par les barbares, et qu'au contraire Paris serait sauvé par la protection divine, et resterait à l'abri de toute atteinte de l'invasion ennemie.

Quoique la sainteté de Geneviève fût déjà bien connue, et que le témoignage du grand saint Germain eût récemment retenti à leurs oreilles, les hommes se montrèrent rebelles à cet avertissement. Tandis que les femmes de Paris, pleines de foi, n'hésitaient pas à recevoir l'assurance de la Sainte comme une vérité divine, et quoiqu'elles s'efforçassent d'inculquer à leurs maris la même confiance dans la parole de celle dont les œuvres et le mérite étaient assez notoires pour qu'on ne pût douter que c'était Dieu qui l'inspirait quand elle parlait avec cette assurance prophétique, le sexe masculin, toujours moins docile et réfractaire à la foi, ne sut que s'irriter de voir contrarier ses projets. Tandis que Geneviève, renfermée dans sa chambre ou dans le baptistère, priait pour eux et obtenait, par ses mérites et son intercession, la préservation et la délivrance de tout son peuple, ce même peuple s'insurgeait contre sa bienfaitrice et libératrice; et au moment même où la Sainte, s'offrant en victime propitiatoire pour leurs péchés, les sauvait à leur insu et malgré eux, ces hommes pervers et ingrats se disaient entre eux que Geneviève « était une fausse « prophétesse qui avait paru dans ces temps », et qui ne

CHAPITRE HUITIÈME.

oulait les empêcher de se réfugier dans des villes plus sûres avec leurs familles et leurs biens que dans le dessein de les perdre. Ils en vinrent jusqu'à tenir entre eux, dans divers endroits de la ville, des conciliabules dans lesquels ils résolurent de mettre à mort celle qui voulait les empêcher d'émigrer et qui avait réussi à persuader leurs femmes de la nécessité de rester dans Paris.

L'ingratitude est le vice le plus profondément enraciné dans la nature humaine déchue par le péché originel, et la reconnaissance, impérieux besoin pour les âmes d'élite, pèse aux âmes vulgaires, qui sont malheureusement le plus grand nombre; mais l'humanité est plus particulièrement encline à l'ingratitude et à la rébellion envers ceux qui la sauvent. Sans parler de l'histoire de Moïse, tant de fois menacé de mort par le peuple qu'il avait délivré, et du Fils de Dieu lui-même, crucifié en échange de ses bienfaits, l'histoire de tous les peuples et de tous les siècles est là pour attester que les nations récompensent bien souvent par une noire et lâche ingratitude ceux auxquels elles doivent le plus, tant dans l'ordre spirituel que dans l'ordre temporel. Le mal attire le mal, et, un mauvais sentiment en attirant un autre, par punition de Dieu qui retire alors peu à peu sa grâce, un peuple qui commence par murmurer contre une Sainte à laquelle il doit son salut tombe progressivement de la révolte dans l'ingratitude, de l'ingratitude dans la haine, et, rendant honteusement le mal pour le bien, parvient enfin, comme le fit alors la population masculine de Paris, à méditer le plus affreux des crimes, le meurtre sacrilége d'une Sainte.

Une seule circonstance de détail retarda et arrêta l'exécution de cet horrible forfait : c'est que les Parisiens n'avaient pu encore s'accorder sur le genre de mort que méritait à leurs yeux la patronne et bienfaitrice de Paris : les uns voulaient la lapider, les autres la noyer dans la Seine ; et ce fut ce dissentiment qui les préserva de l'accomplissement de leur criminel dessein.

En effet, tandis que les Parisiens discutaient entre eux cette horrible controverse dans leurs exécrables conciliabules, on vit arriver à Paris, venant d'Auxerre, l'archidiacre Sédulius, qui avait été chargé par saint Germain d'Auxerre, mort depuis trois ans, d'apporter de sa part des eulogies à sa bien-aimée fille Geneviève. Apprenant l'odieux forfait que les Parisiens préparaient dans leurs réunions sacriléges, l'archidiacre leur dit : « Gardez-vous bien de commettre un si grand crime : « celle dont vous méditez la mort, nous savons, par le « témoignage de saint Germain notre évêque, qu'elle « a été élue de Dieu dès le sein de sa mère, et j'ai « souvent entendu ce saint pontife la louer de sa voix « vénérable et célébrer les mérites de sa vie. Et voici « des eulogies que saint Germain lui a envoyées et que « je lui apporte. » Au nom vénéré de saint Germain d'Auxerre, et à la vue des eulogies qu'il avait destinées à Geneviève, les Parisiens furent saisis de crainte et d'admiration, et, rentrant en eux-mêmes, comprirent qu'ils avaient offensé Dieu et calomnié une Sainte. Renonçant donc à leur criminel dessein, ils cessèrent de conspirer contre Geneviève, et, se décidant à rester dans leur ville, ils obéirent à l'exhortation de la Sainte, que les événements se chargèrent bientôt de justifier. L'archidiacre remit à sainte Geneviève les eulogies que saint Germain lui avait envoyées : on nommait « eulogies », en ce temps-là, de petits présents sans autre valeur qu'un souvenir pieux, que les personnes consacrées à Dieu s'envoyaient l'une à l'autre en signe d'amitié fraternelle et de communauté de sentiments et de foi, par exemple un pain bénit. Selon Dubreul, les eulogies envoyées en cette occasion à sainte Geneviève par saint Germain consistaient en une manche de sa coule monastique, qui était conservée parmi les reliques de Notre-Dame de Paris. C'est ainsi qu'une des dernières pensées de ce grand Saint avait été pour sa fille chérie Geneviève, et que saint Germain d'Auxerre, non content de la protéger pendant sa vie, la protégeait encore après sa mort, quelle que fût la cause, assurément providentielle, qui avait fait retarder l'envoi de ces eulogies jusqu'à trois ans après sa mort bienheureuse à Ravenne.

Sainte Geneviève avait sauvé Paris : les Parisiens, enfin dociles à ses avertissements prophétiques, n'eurent rien à souffrir en restant dans leur ville, et y furent préservés de tout mal. Car Attila, au lieu de continuer sa marche sur Paris, comme son itinéraire l'y conduisait nécessairement de Laon et Saint-Quentin en ligne directe pour parvenir ensuite à Orléans, subitement empêché de Dieu, et détourné, sans s'en douter, par l'intercession et les mérites de Geneviève, changea tout à coup de direction, et, se rejetant sur sa gauche, marcha vers Châlons-sur-Marne, de là sur Troyes, puis sur Sens, et, faisant un immense circuit pour éviter Paris qu'il contournait ainsi de loin, revint de Sens sur Orléans, qu'il assiégea. Paris était désormais hors de danger, et, comme on peut s'en convaincre en suivant sur une carte géographique cet étrange itinéraire, Attila venait de faire un immense détour pour éviter de passer par la ville que défendait sainte Geneviève. Remarquons aussi qu'Attila, jusque-là toujours victorieux dans les deux parties du monde chrétien, cessa de vaincre et ne fit plus que tomber de défaite en défaite depuis que cette vierge lui eut barré le chemin de Paris [1].

Saint Anianus ou Aignan, évêque d'Orléans, se rendit à Arles pour implorer le secours du préfet Aétius, et lui dit : « Mon fils, je vous prédis, de la part du Seigneur, « que si, le 8 avant les calendes de juin, vous n'êtes pas « venu à notre aide, la bête féroce aura dévoré mon « troupeau. » Après bien des angoisses, et après avoir en vain tenté de fléchir Attila, le saint évêque vit au jour fixé, le 25 mai, sa ville délivrée par l'arrivée de l'armée romaine, qui força les Huns à lever le siége d'Orléans.

Attila se rejeta sur Troyes, où nous trouvons aux prises avec lui un ancien ami de sainte Geneviève, l'évêque saint Lupus, compagnon de saint Germain lors de son passage à Nanterre. Sur l'avertissement qu'il en avait reçu d'un ange, saint Lupus vint au-devant d'Attila en habits sacerdotaux avec son clergé. Attila lança ses soldats sur le cortége sacré, et le diacre saint Nemorius, qui portait les Évangiles, fut tué avec quelques clercs; mais, à la vue de saint Lupus, le barbare, saisi de respect, fit cesser le massacre. « Qui es-tu, toi qui ravages « notre territoire et troubles le monde du bruit de tes « armes ? » lui demanda l'évêque. « Je suis le fléau de

---

[1] En présence de la vérité historique, que dire de l'absurdité inconvenante d'un groupe de sculpture placé sous le portail de l'église patronale de Sainte-Geneviève, à Paris, et qui ose représenter la Sainte aux pieds d'Attila? Sainte Geneviève ne vit jamais Attila, et resta toujours séparée de lui par plus de trente lieues de distance. Et, si elle s'était trouvée en sa présence, elle ne se serait point jetée à ses pieds : les vierges sacrées, type de force et de courage, ne se prosternent pas devant les princes de la terre; elles connaissent leur dignité d'épouses du Roi des cieux, et ne s'agenouillent que devant Dieu et ses représentants.

« Dieu », répondit Attila. « Hélas ! » reprit humblement le pontife, « et moi, je suis le *loup* (*Lupus*), dévastateur « du troupeau de Dieu et trop digne du fléau de Dieu. « Si tu es le fléau de Dieu », continua-t-il, « sois le bien-« venu, et châtie-nous autant que la main qui te conduit « te le permettra. » Attila, ému de ce langage, promit d'épargner Troyes. Saint Lupus lui fit traverser la ville avec son armée sans qu'Attila ni ses soldats pussent reconnaître où ils se trouvaient, frappés qu'ils étaient d'un aveuglement semblable à celui dont Élisée frappa les Syriens[1]. Attila lui dit ensuite : « Tu viendras avec « moi jusqu'aux bords du Rhin ; là, je te promets de « te renvoyer libre : un si saint personnage ne peut « manquer de porter bonheur à moi et à mon armée. »

C'est alors que se livra, dans les champs Catalauniques, près d'Arcis-sur-Aube, de Méry-sur-Seine et de Châlons-sur-Marne, la gigantesque bataille où l'armée des Huns en vint aux mains avec l'armée romaine d'Aétius jointe aux Wisigoths de Théodoric et aux Francs de Mérovée ; un million d'hommes y combattirent, et le nombre des morts et blessés en est évalué de cent soixante mille à trois cent mille. Attila vaincu battit en retraite, et relâcha fidèlement saint Lupus, qui, accablé d'outrages à Troyes par le peuple qu'il avait sauvé, fut forcé de s'exiler de sa ville épiscopale jusqu'à ce que Dieu y eût ramené les cœurs à la justice.

Dans l'hiver suivant, de 451 à 452, Attila, défait dans les Gaules, voulut avoir sa revanche en Italie : il prit et détruisit Aquilée, Milan, Pavie, Vérone, Mantoue. Le pape saint Léon le Grand, prévoyant pour Rome le même sort, fut choisi de Dieu pour préserver la Ville

---

[1] *IV Reg.* VI.

éternelle, comme sainte Geneviève avait préservé Paris et comme saint Anianus et saint Lupus avaient préservé Orléans et Troyes. S'étant rendu auprès d'Attila, saint Léon inspira au barbare un si grand respect, que, cessant ses ravages, il épargna le reste de l'Italie, et rentra en Pannonie, où il mourut peu après d'une mort mystérieuse, attribuée à un meurtre ou à l'intempérance. Comme on s'était étonné autour de lui de le voir céder si facilement au pontife romain, Attila déclara qu'il avait vu auprès du Pape un autre homme, vêtu d'un habit sacerdotal, qui le menaçait d'un glaive s'il n'obéissait à saint Léon. Aussi, faisant allusion à la signification latine des noms de *Lupus* et de *Léon,* les officiers d'Attila disaient-ils que ce conquérant « avait été vaincu par un « *loup* en Gaule et par un *lion* en Italie ». On peut comparer le sentiment de respect surnaturel que ces deux pontifes surent inspirer au barbare, avec l'impression de respect semblable qu'inspira à un autre conquérant païen, Alexandre de Macédoine, marchant sur Jérusalem, la vue du grand prêtre Jaddus en habits sacerdotaux avec ses prêtres et ses lévites.

Nous avons dit que le nom de Geneviève signifie « fille « du ciel » : c'est surtout en cette mémorable circonstance que la patronne de Paris vérifia son nom prophétique. Le farouche Attila, semblant deviner, à travers son impie et barbare ignorance, que c'était en punition des péchés des peuples que Dieu lui donnait le pouvoir d'asservir le monde, s'intitulait « le fléau de Dieu ». Qui pouvait détourner du monde le « fléau de Dieu », si ce n'est la « fille du ciel »? De même que, dans la révolte des anges infidèles, l'archange, patron de l'Église universelle, qui terrassa le démon par le glaive de cette puissante parole : « Qui est semblable à Dieu? » reçut le nom de saint Michel en souvenir de ce victorieux cri de guerre, il était réservé à la « fille du ciel » de vaincre le « fléau de Dieu », à la « fille de lumière [1] » de faire fuir le roi des ténèbres. Car, si les crimes du monde avaient appelé le châtiment du ciel, les mérites et l'immolation des Saints, faisant contre-poids aux corruptions du monde dans la balance divine, devaient fléchir le Roi céleste par la médiation de sa fidèle épouse Geneviève. Dans les conseils de la Providence suprême, la miséricorde l'emporte ordinairement sur la justice, et la bonté de Dieu se lasse moins vite de nous secourir que nos faibles mains ne se lassent de se tendre vers elle pour implorer grâce.

Quand l'éloignement d'Attila eut prouvé aux Parisiens la véracité des prédictions de sainte Geneviève, et leur eut montré que c'était à l'intercession et aux mérites de cette vierge que leur ville avait dû son salut, la vénération dont elle était déjà l'objet de la part du peuple de Paris reçut un accroissement dont nous trouverons les traces dans l'autorité qu'elle exercera désormais sur les destinées de l'église de Paris, et dans l'influence et le crédit dont elle jouira tant auprès des rois qu'auprès du clergé, depuis qu'en cette circonstance tragique et à jamais mémorable, elle avait chassé l'armée des Huns par le pouvoir de ses prières, et préservé Paris d'une ruine inévitable. C'est pourquoi le biographe contemporain de la Sainte la compare en cette occasion aux évêques saint Martin et saint Anianus, dont le premier arrêta sans armes deux armées prêtes à combattre devant Worms, et dont le second obtint, comme nous l'avons vu, la délivrance d'Orléans par ses prières ; et, faisant

---

[1] Luc. xvi, 8. Joan. xii, 36. *Eph.* v, 8. *I Thess.* v, 5.

allusion à l'ingratitude momentanée des Parisiens qui avaient d'abord refusé de croire aux promesses de Geneviève, il constate qu'on a vu s'accomplir alors cette parole de l'apôtre : « Tous n'ont pas la foi ; mais Dieu, « qui est fidèle, vous gardera et vous préservera du « mal[1]. »

M. Amédée Thierry estime que, sans l'intervention de sainte Geneviève, Paris aurait non-seulement subi les ravages des Huns, mais probablement cessé pour toujours d'être habité, et que c'est à peine si les archéologues en découvriraient à présent quelque vestige dans les lieux déserts où l'antique et obscure Lutèce, disparue dès lors de l'histoire, aurait eu quelque temps d'une courte et éphémère existence, ignorée de tous, et connue seulement de quelques érudits qui en rechercheraient aujourd'hui péniblement les ruines là où s'élève maintenant cette illustre, immense et bruyante capitale[2].

---

[1] *II Thess.* III, 2, 3.

[2] Nous croyons d'autant plus intéressant de reproduire l'opinion de cet éminent historien, que M. Amédée Thierry, lorsqu'il écrivait ces lignes, n'avait pas encore reçu les lumières qui lui ont donné de finir sa vie en fervent catholique : l'expression dont il se sert, en qualifiant d'« ob-« stination courageuse » ce qui n'était de la part de la Sainte que la fidélité aux ordres qu'elle avait reçus du ciel, témoigne du point de vue encore incomplet et trop humain auquel l'auteur se plaçait alors, et ne fait qu'accroître l'importance et l'autorité de son jugement impartial : « Cette ville dut sa conservation », dit-il, « à l'obstination courageuse « d'une pauvre et simple fille. Si ses habitants se fussent alors dispersés, « bien des causes eussent pu empêcher leur retour, et, selon toute « apparence, la petite ville de Lutèce, réservée à de si hautes destinées, « serait devenue, comme tant de cités gauloises plus importantes « qu'elle, un désert dont l'herbe et les eaux recouvriraient aujourd'hui « les ruines, et où l'antiquaire chercherait peut-être une trace de l'in-« vasion d'Attila. » (*Histoire d'Attila.*)

CHAPITRE IX

SAINTE GENEVIÈVE FONDE LA BASILIQUE DE SAINT-DENYS. — MIRACLE DANS SA CONSTRUCTION

Sainte Geneviève professait une dévotion spéciale à saint Denys l'Aréopagite, premier évêque de Paris, et cette dévotion devint l'origine de l'illustre basilique abbatiale de Saint-Denys en France. Il convenait que la Sainte qui allait être bientôt le conseil et l'oracle des premiers fondateurs de la monarchie française fût aussi la fondatrice de cette basilique célèbre qui servit pendant tant de siècles de sépulture aux rois de France, et dont l'insigne monastère, si intimement lié à l'histoire du royaume, fournit à la France le plus grand de ses ministres dans la personne de l'un de ses abbés, l'illustre Suger. Il était aussi dans l'ordre providentiel que la patronne de Paris élevât un temple au martyr patron de la capitale.

Nous avons ajouté à dessein au nom de saint Denys sa qualification d'Aréopagite, pour protester à la fois contre l'erreur du Père Saintyves et contre la manière dédaigneuse avec laquelle cet auteur rejette parmi les erreurs surannées la tradition constante de l'identité du premier évêque de Paris avec l'Aréopagite, disciple de saint Paul [1]. Ce n'a jamais été qu'une vaine érudition, faussée par l'esprit de secte, et entachée de gallicanisme et de

---

[1] *Act.* xvii, 34.

jansénisme, qui, pour ruiner systématiquement les traditions catholiques, a contesté, depuis les deux derniers siècles seulement, à saint Denys son titre d'Aréopagite, comme à sainte Madeleine son identité avec la pécheresse de l'Évangile et son apostolat en Provence, et qui, pour y parvenir, n'a pas reculé devant la falsification de la liturgie. La vraie science, d'accord avec la tradition et avec la liturgie romaine, rétablie en 1873 dans la capitale, affirme, à l'honneur de l'église de Paris, que son premier évêque fut l'Aréopagite converti par saint Paul, ce Denys qui avait remarqué avec un religieux effroi l'éclipse anormale de soleil survenue lors de la Passion de Notre-Seigneur [1], et qui écrivit les livres sublimes de la *Hiérarchie céleste,* de la *Hiérarchie ecclésiastique,* des *Noms divins* et de la *Théologie mystique.*

Saint Denys l'Aréopagite et ses compagnons, le prêtre saint Rusticus et le diacre saint Éleuthérius, subirent le martyre par la décapitation sur la colline située au nord de Paris, à quatre milles de distance du Paris de ce temps-là, colline qui s'appelait alors, du nom de temples païens, « mont de Mars » ou « mont de Mercure », *mons Martis* ou *mons Mercurii,* et que les chrétiens nommèrent depuis lors « mont des Martyrs » ou « Montmartre », *mons Martyrum,* d'où le nom que porte encore dans Paris la rue des Martyrs qui conduit vers Montmartre. Selon les actes de saint Denys, au moment où les licteurs se préparaient à jeter les corps des martyrs dans la Seine, une femme païenne, nommée Catulla, fit enlever secrètement par ses serviteurs les restes précieux de ces Saints, et les fit transporter et ensevelir à deux milles plus loin, dans son champ labouré pour la moisson, à la sixième pierre mil-

---

[1] Matth. xxvii, 45. Marc. xv, 33. Luc. xxiii, 44, 45.

liaire de distance de Paris : cela répond à la situation de
la ville actuelle de Saint-Denys, qui a pris son nom du
tombeau des martyrs et du monastère qui y fut établi
ensuite. En mémoire de cette Catulla, qui avait pieusement enseveli les martyrs dans son domaine, ce lieu reçut
d'abord le nom de *Catulliacum,* en français « Cateuil ».
Quand la persécution fut finie, les chrétiens y élevèrent
un tombeau sur les restes des martyrs, et ensuite une
église, la première des deux églises qui furent fondées
en ces lieux en l'honneur de ces Saints. Pour la distinguer
plus tard de la seconde et plus grande église qui s'éleva
près de là dans la suite, et qui devint l'abbaye de Saint-
Denys en France, cette première église, avec le monastère moins important qui y fut attaché, prit ultérieure-
ment le nom de prieuré de Saint-Denys *de Strata,* en
français « de l'Estrée », c'est-à-dire de la voie publique,
à cause de la grande route qui passait auprès. Cette première église était évidemment la seule qui existât encore
lorsque sainte Geneviève entreprit de construire la seconde ; et le texte de son historien contemporain nous
montre qu'au moment où elle entreprit la fondation de
cette seconde église, le lieu où étaient situés la première
église et le tombeau des martyrs avait gardé son nom
de Cateuil,[1] et ne portait pas encore celui de Saint-
Denys ; au contraire, à partir du moment où la Sainte a
fondé la nouvelle église, le même historien nomme cette
seconde église, toutes les fois qu'il en parle, « la basi-
« lique de Saint-Denys ».

Cela étant établi, il demeure évident que l'église, ou
plutôt « la basilique », comme dit le chroniqueur contemporain, que la Sainte entreprit de construire à grands
frais et magnifiquement, sans doute parce qu'elle ne
trouvait pas la première assez digne des glorieux martyrs

qu'on y honorait, n'a pu être que la seconde, la seule qui mérite le nom de « basilique », la seule dont les dépenses et la magnificence pussent rendre la fondation difficile et la faire retarder par l'hésitation du clergé, en un mot la future abbaye de Saint-Denys en France, si honorée et si richement dotée par les rois, et où des moines furent établis, probablement par Clotaire II ou Dagobert I*er*, au septième siècle.

Divers auteurs [1] rejettent cette conclusion qui attribue à sainte Geneviève la fondation de la basilique abbatiale de Saint-Denys. Pour prouver notre opinion, nous devons réfuter celle de ces auteurs, qui ne laissent à la Sainte que la fondation ou plutôt la simple restauration de la petite église dite de l'Estrée [2]. Ils nous objectent en vain que l'abbaye de Saint-Denys occupe un emplacement différent de l'ancien prieuré de l'Estrée ou de Cateuil, et que ce serait à Cateuil même, selon le chroniqueur, que Geneviève aurait fondé une basilique : nous y répondons que la distance est assez faible pour que le nom de

---

[1] Bollandus, Dubreul, Saintyves, etc.

[2] Il n'est pas nécessaire de réfuter les conjectures fantaisistes de Duplessis et de Tillemont, qui imaginent de placer le sépulcre des martyrs à Chaillot ou près du Louvre, où jamais n'exista aucun sanctuaire de Saint-Denys, non plus que l'opinion de Godescard, qui le place à Montmartre. Cette dernière supposition est démentie par les actes de saint Denys, qui attestent que les martyrs furent ensevelis à deux milles plus loin de Paris que le lieu de leur supplice, lequel eut lieu à Montmartre même. Les étranges conjectures de Duplessis et de Tillemont sont encore démenties par l'antique biographe de sainte Geneviève, qui atteste que le sanctuaire des martyrs était notablement éloigné de Paris, puisque le prêtre Génésius avait besoin d'un temps long pour aller chercher à la ville la boisson qui manquait aux ouvriers de la basilique ; ce même chroniqueur indique partout que sainte Geneviève avait une longue course à faire pour aller de Paris au tombeau des martyrs, et il semble indiquer une fois qu'il fallait à la Sainte deux heures de marche pour arriver à ce sanctuaire.

Cateuil ait pu s'étendre aux deux emplacements, comme le nom de Saint-Denys s'est étendu plus tard à tous deux, et que d'ailleurs le biographe contemporain de la Sainte ne dit nullement qu'elle ait fondé sa basilique à Cateuil même, mais seulement « qu'en raison de la vénération « qu'elle portait au bourg de Cateuil », lieu de la sépulture des martyrs, « elle voulut élever une basilique en « l'honneur de saint Denys », sans préciser en quel lieu elle la fonda, et sans indiquer que ce fût sur le lieu où était alors leur sépulture. Ils objectent encore que ce fut seulement sous Dagobert que les reliques des martyrs furent transférées de la première église dans la seconde; objection qui ne prouve rien : car il se peut fort bien que sainte Geneviève se soit contentée d'avoir élevé en leur honneur et dans le voisinage de leur tombeau une basilique vaste et digne de leur gloire, et que ce ne soit qu'après sa mort qu'on ait opéré leur translation dans la basilique qu'elle avait fondée à leur nom. Mais deux arguments décisifs confirment notre opinion et la prouvent : d'abord le nom de « basilique », que le chroniqueur contemporain donne sans cesse à la nouvelle église fondée par la Sainte, et la construction dispendieuse dont les frais faisaient hésiter le clergé de Paris, ce qui ne pourrait s'entendre d'une simple église provisoire, modeste et secondaire comme celle de l'Estrée; ensuite la mention expresse que ce chroniqueur fait d'un édifice entièrement nouveau et construit de fond en comble, ce qui s'oppose à l'hypothèse d'une simple restauration ou rénovation de la première et antique église.

Nous nous attachons donc fidèlement au texte de ce biographe contemporain de notre Sainte, qui ne parle jamais que d'une somptueuse « basilique » et d'une construction entièrement nouvelle; et, devant cette double et positive affirmation, nous tenons, avec Félibien, Lebœuf et Lecerf de la Viéville, que ce fut l'illustre basilique, plus tard abbatiale, de Saint-Denys en France, que sainte Geneviève fonda dans l'emplacement même où elle subsiste encore [1]. Il est d'ailleurs rationnel que la Sainte qui, de concert avec saint Remy et sainte Clotilde, décida Clovis à fonder la célèbre abbaye des saints Pierre et Paul qui porta plus tard son nom, ait été aussi l'auteur de la basilique qui lui fut parallèle en gloire dans l'histoire de la capitale, et ait réuni, comme tout l'indique, le titre de fondatrice de l'abbaye royale de Saint-Denys, sépulture de tant de générations de rois de France, au titre de fondatrice de l'abbaye royale de Sainte-Geneviève, sépulture des premiers rois chrétiens.

Sainte Geneviève donc avait une vénération et une dévotion particulières pour le tombeau de saint Denys et de ses compagnons. Dans les fréquents pèlerinages qu'elle faisait à ce bourg de Cateuil, et plus tard à la célèbre basilique fondée par elle, la tradition assure qu'elle s'arrêtait souvent dans le lieu qui est devenu le bourg de la Chapelle Saint-Denys, ainsi nommé probablement parce qu'on y vénérait après sa mort, dans quelque sanctuaire, le souvenir de son passage. Ce village est à présent renfermé dans Paris, et c'est en mémoire de cette tradition que, dans la belle église paroissiale de Saint-Bernard de la Chapelle, récemment construite, sainte Geneviève a une chapelle qui lui est dédiée, en regard de celle de Saint-Bernard, et dont les sculptures y représentent la vie de la patronne de Paris, en face de celles qui rappellent la vie du glorieux abbé de Clairvaux.

---

[1] Cette opinion est suivie également dans l'office propre de saint Denys concédé par le Saint-Siége au diocèse de Paris en 1872.

CHAPITRE NEUVIÈME. 165

Sainte Geneviève avait le fervent désir d'élever en l'honneur de saint Denys une basilique qui fût digne de l'illustre fondateur de l'église de Paris : car il est probable que le premier sanctuaire élevé alors à Cateuil, sur son tombeau, était modeste et peu en rapport avec la gloire du célèbre martyr. Mais les ressources manquaient pour la construction d'une basilique, nom qu'on donnait alors à toute église de proportions vastes, de style monumental et de magnificence royale. Geneviève était dès lors vénérée par le clergé de Paris comme la plus haute autorité morale du diocèse, et les prêtres de la ville avaient coutume de venir la voir souvent et de la consulter comme un oracle. Un jour qu'ils étaient réunis auprès d'elle selon leur usage, la Sainte leur dit : « Saints « et vénérables prêtres et pères en Jésus-Christ, je vous « supplie de vous concerter pour construire une basilique « en l'honneur de saint Denys : car nul ne peut douter « que le lieu où il repose ne soit auguste et redoutable. » Les prêtres lui répondirent : « Nous aussi, nous désirons « vivement cette construction ; mais peut-être nos faibles « ressources seront-elles insuffisantes pour bâtir : car « nous manquons surtout de chaux et du moyen d'en « cuire. » Geneviève, remplie du Saint-Esprit, et le visage illuminé d'une clarté qui reflétait la lumière prophétique de son âme, leur dit : « Que votre sainteté « veuille bien sortir, je vous prie, et promenez-vous sur « le pont de la ville : que chacun de vous écoute attenti« vement ce qu'il pourra entendre, et rapportez-moi ce « que vous aurez entendu. » Les prêtres, étant sortis dans la rue et ayant gagné le pont, se promenèrent, s'attendant à entendre quelque chose de conforme à la volonté de la Sainte. Ils rencontrèrent alors deux gardiens de porcs qui s'entretenaient ensemble non loin d'eux. L'un de ces porchers disait à l'autre : « En poursuivant les « traces d'une truie qui s'était enfuie pour aller paître, j'ai « trouvé un four à chaux d'une merveilleuse grandeur. » L'autre porcher lui répondit : « Et moi aussi, j'ai trouvé « dans la forêt un arbre arraché par le vent, et sous ses « racines un autre four à chaux d'où je crois qu'on n'a « encore rien retiré. » En entendant ce dialogue, les prêtres, remplis de joie et élevant les yeux vers le ciel, bénirent Dieu des grâces dont il avait comblé sa servante Geneviève. Puis ils s'empressèrent d'aller dans les endroits désignés par les porchers, et y reconnurent les deux fours à chaux découverts par ces hommes. Ils se hâtèrent de venir annoncer à Geneviève ce qu'ils avaient entendu et trouvé. Geneviève, en les entendant, versa d'abondantes larmes de joie et de reconnaissance. Ensuite, quand les prêtres furent sortis de sa maison, elle se prosterna à terre, et passa toute la nuit en prières et en larmes, remerciant Dieu et lui demandant assistance pour la construction de la basilique de Saint-Denys.

Le lendemain, au point du jour, « quoique épuisée de « fatigue par cette nuit de veille », Geneviève se hâta d'aller trouver le prêtre Génésius, soit que ce prêtre ne fût pas venu la visiter la veille en même temps que les autres, soit qu'il résidât à Cateuil avec un ministère spécial auprès du tombeau des martyrs. Elle le pria de s'occuper de la construction d'une basilique en l'honneur de saint Denys, et lui raconta par quel procédé surnaturel les prêtres de Paris avaient, la veille, sur son indication, découvert la provision de chaux que le ciel avait voulu fournir pour l'édifice. En entendant ce récit merveilleux, le prêtre Génésius, saisi d'un religieux effroi, et accablé par le respect que lui inspiraient les œuvres prodigieuses de la Sainte, tomba à genoux et se prosterna devant Ge-

neviève, à qui il promit de se consacrer désormais jour et
nuit à l'accomplissement de l'œuvre qu'elle lui ordonnait
d'entreprendre.

Les habitants de Paris, pleins de respect aussi pour
l'autorité de la Sainte, s'empressèrent, sur sa demande, de
coopérer par le secours de leurs bras et de leur argent à
la construction de l'édifice; et ainsi, sous la direction de
sainte Geneviève, la célèbre basilique de Saint-Denys fut
commencée, construite, et entièrement achevée depuis
ses fondations jusqu'à son faîte.

Un miracle éclatant, accompli sur l'intercession de la
Sainte, accompagna la construction de la basilique. Un
jour que les charpentiers étaient occupés, les uns à couper dans la forêt le bois nécessaire à l'édifice, les autres
à transporter ce bois dans des chariots, il arriva que la
provision de boisson destinée aux ouvriers vint à manquer. Geneviève ignorait qu'ils n'avaient plus à boire :
le prêtre Génésius en avertit la Sainte, lui dit qu'il allait
se rendre lui-même à Paris pour y chercher la provision nécessaire, et la pria d'exhorter les ouvriers à la patience jusqu'à ce qu'il fût de retour. Apprenant ce qui
se passait, Geneviève se fit apporter le vase qui avait
contenu la boisson des ouvriers, et, quand on le lui eut
présenté, elle ordonna que tout le monde se retirât. Lorsqu'elle fut seule, elle s'agenouilla et se mit à prier en
répandant des larmes; puis, quand elle sentit qu'elle
avait obtenu du ciel ce qu'elle demandait, elle se leva et
fit le signe de la croix sur le vase, qui se trouva aussitôt
miraculeusement rempli de boisson jusqu'au bord. L'un
des manuscrits ajoute que, tandis qu'elle priait, elle
aurait été prise de sommeil, que saint Denys lui serait
alors apparu en songe, et, lui ayant demandé la cause de
ses larmes, lui aurait prescrit de faire le signe de la croix

sur le vase, en lui promettant que la provision serait désormais inépuisable. Quoi qu'il en soit de ce détail, Dieu voulut perpétuer l'effet de ce miracle en renouvelant, en faveur de sainte Geneviève, le prodige accompli autrefois en faveur d'Élie lorsqu'il rendit inépuisable, pendant tout le temps de la famine, la farine et l'huile de la veuve de Sarepta [1]. Car, depuis ce moment, la boisson miraculeuse dont Geneviève avait rempli le vase devint inépuisable pendant toute la durée de la construction, et suffit, jusqu'à l'achèvement total de la basilique, à désaltérer surabondamment tous les ouvriers, qui en rendirent grâces à Dieu et honneur à la sainte fondatrice.

[1] *III Reg.* xvii.

CHAPITRE X

SIÉGE DE PARIS PAR CHILDÉRIC. — SAINTE GENEVIÈVE DÉLIVRE LE PEUPLE DE PARIS DE LA FAMINE. — SON VOYAGE A ARCIS-SUR-AUBE ET A TROYES. — MIRACLES PENDANT LE VOYAGE.

Le siége à la suite duquel Geneviève délivra le peuple de Paris de la famine est attribué par quelques auteurs à Clovis, qui, selon eux, se serait emparé de cette ville de vive force, avant son baptême. Toute preuve historique manquant à cette conjecture, nous préférons, dans le silence des historiens du temps, suivre l'opinion de Baronius et des historiens modernes les plus sérieux, qui attribuent ce siége à Childéric, père de Clovis.

Ce siége eut donc lieu vers l'an 456, année où montait sur le siége épiscopal de Reims le célèbre saint Remy, qui baptisa plus tard Clovis, et qui fut en relations amicales avec sainte Geneviève, comme partageant avec elle le ministère de conseiller spirituel de ce premier roi chrétien des Francs. Childéric assiégea longtemps Paris, et une terrible famine en fut la conséquence. Ce siége dura cinq ans d'après certains manuscrits, et même dix ans d'après les autres, qui semblent être les plus authentiques. Il est évident que cela ne peut s'entendre d'un siége entièrement continu, mais probablement d'attaques fréquentes et répétées, accompagnées d'un blocus ou investissement. Car, le pays compris entre la Seine et la Somme étant encore au pouvoir des Romains, Childéric, roi des Francs, dont la résidence ordinaire était à Tournay, ne put que faire des incursions plus ou moins prolongées dans le territoire parisien, entre lesquelles il lui était facile de cerner et d'affamer la ville de Paris, renfermée alors, au moins pour sa plus grande partie, dans l'île de la Cité : il lui suffisait pour cela d'intercepter les communications par eau en surveillant le cours de la Seine en amont et en aval de l'île, et de bloquer l'entrée du pont peut-être unique, ou tout au plus des deux ponts par lesquels elle communiquait à terre. C'est en effet ce qui semble résulter d'une très-ancienne *Vie de sainte Geneviève* en vers français, qui rapporte qu'il y eut une disette et une cherté de vivres extrême dans Paris pendant dix ans, parce qu'aucun navire ne pouvait y aborder, ce qui faisait manquer le blé et le pain ; et Thomas Benoist, dans son ancienne *Vie de sainte Geneviève* en prose, confirme que cette famine fut le résultat d'un siége ou investissement de dix ans, et que plusieurs personnes y moururent de faim.

Les Francs finirent par s'emparer de Paris, et nous verrons dans le chapitre suivant Childéric y régnant, et ses rapports avec sainte Geneviève ; il n'est donc pas douteux qu'il ait réussi à s'établir pendant quelque temps dans Paris, quoiqu'il ne semble pas s'y être maintenu.

La famine régnait donc dans Paris et dans son territoire, et y faisait des victimes. Qui viendra en aide à cette population mourant de misère et d'inanition ? Ce sera Geneviève qui délivrera son peuple de la famine, comme elle l'avait préservé de l'invasion et de la ruine, et comme plus tard, lorsqu'elle sera montée au ciel, elle le délivrera encore d'une terrible peste, ainsi que des inondations et d'innombrables calamités.

En effet, soit que le siége fût déjà terminé, soit qu'il fût plus facile d'éluder le blocus des assiégeants en sortant par la voie du fleuve que par la voie de terre, sainte Geneviève, qui devait être alors âgée d'au moins trente-quatre ans, résolut d'aller à la tête d'une flottille chercher des approvisionnements en amont de Paris, à Arcis-sur-Aube. Comme on va le voir par le récit du voyage, cette navigation, consistant à remonter la Seine jusqu'au-dessus de Nogent, puis l'Aube jusqu'à Arcis, en allant contre le courant de deux fleuves peu navigables, et avec des navires nécessairement imparfaits, que le poids des provisions à rapporter devait rendre lourds et difficiles à gouverner, était semée de dangers graves et imminents; et il est probable que Geneviève s'en chargea elle-même par le double motif que nul n'aurait osé s'y risquer sans elle, et que l'ascendant de sa sainteté devait lui faciliter l'acquisition des vivres nécessaires. Elle montra donc qu'une vierge sacrée est étrangère à tout sentiment de crainte, et, son courage inflexible rendant des forces à la pusillanimité commune, elle s'embarqua, accompagnée du prêtre Bessus, et d'un personnel assez nombreux pour diriger les bateaux de sa flottille, qui était composée de onze navires.

Après quelque temps de navigation, la flottille parvint à un lieu fort redouté des navigateurs à cause des fréquents naufrages qui y étaient survenus : car un arbre planté sur la rive du fleuve y étendait ses racines sous l'eau, de manière à former une sorte d'écueil invisible sur lequel les navires venaient se heurter, et le tourbillon que produisait cet obstacle perfide achevait d'engloutir les bateaux que le choc avait brisés ou chavirés. En arrivant à ce périlleux passage, Geneviève ordonna qu'on approchât son navire de la rive pour y aborder : elle mit pied à terre, et, tandis que les mariniers concertaient entre eux comment ils pourraient couper l'arbre, la Sainte se retira pour prier; sa prière achevée, elle ordonna d'abattre l'arbre. A peine les mariniers avaient-ils commencé à le frapper à coups de hache, l'arbre fut arraché tout entier jusqu'aux racines et tomba de lui-même, Dieu voulant ainsi montrer qu'il tombait sous les prières de la Sainte et non sous l'effort de la cognée. On vit aussitôt sortir du même endroit deux monstres hideux, d'une énorme grandeur, ressemblant à des serpents, et revêtus d'écailles de diverses couleurs, qui s'enfuirent en laissant après eux l'odeur fétide de leur souffle empesté, dont la puanteur incommoda gravement les navigateurs pendant deux heures environ après leur disparition.

Étant parvenue à Arcis-sur-Aube, où elle voulait se procurer les provisions nécessaires au ravitaillement de Paris, Geneviève mit pied à terre. La renommée de son arrivée l'y avait précédée, et aussitôt un tribun nommé Passivus accourut au-devant d'elle, et la pria de visiter et de guérir son épouse, depuis longtemps atteinte de paralysie. Sur la demande de ce tribun, à laquelle les principaux personnages de la ville joignirent leurs supplications, Geneviève, étant entrée dans la maison de Passivus, et s'étant approchée du lit de la malade, se mit aussitôt en prière, selon sa coutume, en arrosant le sol de ses larmes; sa prière achevée, elle fit le signe de la croix sur la paralytique, et, lui rendant ses forces par ce signe de salut, lui ordonna de se lever. A l'instant, cette femme, qui, comme tous l'attestaient, n'avait pu se mouvoir par elle-même depuis environ quatre ans, se leva, tout à coup guérie, sur l'ordre de Geneviève. En voyant ce miracle, tout le peuple glorifia Dieu, « admirable dans ses « Saints [1] ».

D'Arcis-sur-Aube, Geneviève se rendit à Troyes. La

---

[1] *Ps.* LXVII, 36.

tradition rapporte qu'elle passa dans une localité située entre ces deux villes, et nommée les Petites-Chapelles ou la Chapelle-Vallon, où existe un monument de haute antiquité consacré à sainte Geneviève. Le peuple de Troyes vint en foule à sa rencontre, lui amenant d'innombrables infirmes de l'un et l'autre sexe, atteints de diverses maladies. Elle les bénit et les marqua du signe de la croix, et à l'instant même ils furent guéris, à l'admiration de tous les assistants.

Dans cette même ville de Troyes, on lui présenta un homme qui avait été frappé de cécité par la justice divine en punition d'avoir travaillé le dimanche, ainsi qu'une jeune fille âgée d'environ douze ans et également aveugle. Geneviève marqua les yeux de tous deux du signe de la croix en invoquant la sainte Trinité, et leur rendit la vue.

Un sous-diacre, voyant que Dieu opérait tant de miracles par sa servante, conduisit vers Geneviève son fils, qui, depuis dix mois, était souffrant de fièvres très-violentes : il avait pu avoir ce fils avant son ordination ; c'est d'ailleurs seulement vers cette époque que le pape saint Léon le Grand étendit formellement au sous-diaconat l'obligation du célibat. La Sainte se fit apporter de l'eau sur laquelle elle fit le signe de la croix, et, ayant invoqué le nom du Seigneur, elle donna au malade cette eau à boire, et aussitôt il fut guéri.

Plusieurs personnes, en ce temps-là, ayant, par esprit de foi, arraché des franges du vêtement de sainte Geneviève et les ayant emportées avec dévotion, furent par ce moyen guéries de diverses infirmités ; et plusieurs possédés furent par elle délivrés du démon.

Étant revenue de Troyes à Arcis-sur-Aube, Geneviève y passa quelques jours, probablement pour se procurer les provisions destinées à ravitailler Paris, et que l'autorité de sa sainteté décida tout le monde à lui fournir en abondance. Dans cette ville, l'épouse du tribun, qu'elle avait précédemment guérie, s'attacha aux pas de la Sainte, et la suivit partout jusqu'à ce qu'elle se fût rembarquée.

Étant remontée sur son navire après avoir achevé l'objet de sa mission, Geneviève, à la tête de sa flottille de onze bateaux chargés de vivres et de provisions, se remit en route vers Paris, en descendant l'Aube et la Seine. Ce trajet fut bien plus périlleux encore que la première navigation. Car un vent impétueux se mit à souffler, et les navires, violemment secoués par les flots, et poussés contre les arbres et les rochers qui bordaient le fleuve, s'y heurtaient rudement, et se trouvaient en grand danger. Cet ouragan fut d'autant plus redoutable, que les embarcations, surchargées de vivres et alourdies par le poids des provisions, se voyaient menacées d'être englouties; les vases qui contenaient ces provisions s'étant renversés, les bateaux commencèrent à se remplir d'eau, et furent presque submergés. Geneviève, voyant la gravité du péril, éleva les mains vers le ciel, et implora le secours de son divin Époux; aussitôt le danger cessa, et les navires menacés furent remis en bon état et en bonne voie : c'est ainsi que la Sainte sauva d'un naufrage imminent ses onze bateaux de vivres. Le prêtre Bessus, qui s'était senti glacé d'effroi à la vue du péril, rempli de joie à l'aspect de ce miracle, se mit à chanter à pleine voix ce verset du cantique de l'Exode : « *Adjutor et protector factus est nobis « Dominus in salutem.* Le Seigneur est venu nous se- « courir et nous protéger pour notre salut [1]. » Alors tous les mariniers de la flottille, élevant avec lui leurs voix vers

---

[1] *Ex.* xv, 2.

le ciel, se mirent à chanter en chœur le cantique de l'Exode en manière de chant nautique, glorifiant Dieu qui les avait sauvés de la mort par sa servante Geneviève.

Rentrée à Paris, où son retour était certainement attendu avec une anxieuse impatience par le peuple affamé qui comptait sur sa libératrice, sainte Geneviève se hâta de réparer les forces des malheureux habitants, pâles, amaigris et exténués par les privations, et distribua les vivres à chacun selon ses besoins. Elle donnait des pains entiers à ceux qu'elle voyait plus épuisés que les autres et dénués de toutes leurs forces ; en sorte que les jeunes filles qui l'assistaient dans cette pieuse distribution, et qui étaient probablement les vierges disciples de la Sainte, s'étonnaient souvent, en allant au four, de n'y pas retrouver des fragments de pain qu'elles y avaient placés, Geneviève en ayant distribué secrètement une partie aux pauvres. Mais elles comprenaient ensuite qui avait enlevé ces pains du four, quand elles voyaient dans la ville les pauvres emportant des pains chauds, et qu'elles les entendaient bénir et glorifier le nom de Geneviève. Car, dit le biographe contemporain de la Sainte, elle avait l'espérance « non des choses visibles, mais des invisibles [1] », et elle comprenait la vérité de cette parole du Prophète : « Celui qui donne aux pauvres prête à Dieu [2]. » Une révélation du Saint-Esprit, que nous avons rapportée, lui avait autrefois montré cette patrie céleste dans laquelle ceux qui prêtent à Dieu dans la personne des pauvres retrouvent leur trésor ; et c'est pourquoi, continue-t-il, elle pleurait toujours en priant, parce qu'elle savait que,

---

[1] *II Cor.* iv, 18.
[2] *Prov.* xix, 17.

« tant qu'elle restait dans ce corps, elle était en pèleri-
« nage loin du Seigneur [1] ».

C'est ainsi que sainte Geneviève délivra de la famine le peuple qu'elle avait récemment préservé des horreurs de l'invasion barbare.

---

[1] *II Cor.* v, 6.

CHAPITRE XI

RELATIONS DE SAINTE GENEVIÈVE AVEC LE ROI CHILDÉRIC. — ELLE OUVRE MIRACULEUSEMENT LES PORTES DE PARIS.

Comme nous l'avons vu, Childéric, roi des Francs, s'empara de Paris vers le milieu du cinquième siècle, et y résida quelque temps. Ce prince était païen, et de mœurs dissolues. Néanmoins, l'historien contemporain atteste que Childéric, pendant tout le temps qu'il séjourna dans Paris, entoura sainte Geneviève d'une vénération et d'une dévotion si profondes et si extraordinaires, que l'écrivain déclare renoncer à l'exprimer suffisamment par le langage : il en cite cependant des exemples éclatants. Ce roi, quoique infidèle, barbare, et corrompu dans sa vie scandaleuse, connaissant les miracles insignes que Geneviève opérait, rendait un culte si attentif et si respectueux à cette pure et humble vierge, qu'il n'osait jamais refuser à la Sainte absolument rien de ce qu'elle lui demandait : il aurait cru commettre une sorte de sacrilége s'il avait manqué d'accorder quelque chose à l'épouse du Dieu qu'il n'adorait pourtant pas. Et, à l'exemple du roi, tous les comtes et les seigneurs de sa cour entouraient Geneviève d'affection respectueuse et de vénération. Le chroniqueur contemporain cite un mémorable exemple de la déférence de Childéric pour les volontés de la Sainte, et un miracle qu'elle accomplit à cette occasion.

Une fois qu'il gardait en prison des captifs qu'il avait

résolu de mettre à mort par la décapitation, Childéric, sachant que le cœur compatissant de Geneviève voudrait certainement obtenir la révocation de cette cruelle sentence, et regardant comme une impiété de refuser quelque chose à la Sainte, recourut à un subterfuge pour exécuter son projet sanguinaire. Comme il n'aurait pas osé rejeter une demande de Geneviève, persuadé qu'il était qu'un tel refus lui aurait porté malheur, il fit en sorte d'empêcher la Sainte de parvenir jusqu'à lui pour lui demander la grâce des condamnés. Il sortit donc de la ville, et en fit fermer à clef les portes derrière lui, en donnant l'ordre de mettre à mort les prisonniers, afin que la Sainte, se trouvant enfermée dans les murs de Paris, ne pût le suivre et le rejoindre. Mais sainte Geneviève, apprenant par de fidèles messagers l'action du roi, se mit en marche à la hâte pour sortir de la ville et aller trouver le prince. A peine Geneviève fut-elle arrivée devant les portes de Paris, qui avaient été verrouillées avec soin, aussitôt, à son approche, et comme si elles eussent obéi à un commandement, ces serrures et ces portes s'ouvrirent d'elles-mêmes, à la grande stupeur des sentinelles qui les gardaient, et à l'admiration de tout le peuple. Elle sortit donc de la ville sans obstacle, et, continuant son chemin, rejoignit Childéric, qui, confondu de voir son plan déjoué, n'en conçut que plus de vénération pour la Sainte devant qui ses serrures n'avaient pu tenir, et lui accorda, comme toujours, la grâce des condamnés. C'est ainsi que Geneviève sauva ces malheureux au moment même où le supplice les attendait.

Baronius, après avoir rapporté ce fait, y joint cette remarque : « Voilà ce que nous savons des rapports de « sainte Geneviève avec le roi Childéric ; mais il faut que « ce fait ait été précédé de beaucoup d'autres faits analo-

« gues, par lesquels la Sainte s'était acquis une telle con-
« fiance de la part d'un nouveau roi, étranger à la religion
« chrétienne, et féroce de sa nature. » Et Baronius ajoute
les réflexions suivantes, que nous avons voulu reproduire
parce qu'écrites à l'époque où l'hérésie protestante dissé-
minait en Europe, et surtout en France, un venin d'orgueil et de révolte précurseur des crises révolutionnaires
ultérieures, ces lignes du célèbre cardinal prophétisaient
en quelque sorte les ruines que notre siècle était destiné
à voir, et parce qu'elles contiennent une terrible leçon
donnée par avance aux prétendus catholiques de notre
temps, moins respectueux pour les Saints et pour les
vierges sacrées que ne l'était, dans une époque de barbarie, ce prince païen et dissolu. Car ce dernier siècle a
profané les reliques de la Sainte que le roi barbare vénérait ; d'où nous concluons que, comme Baronius le pré-
voyait, nous en sommes revenus, par le mépris des Saints
et l'oubli de Dieu, à une barbarie bien pire que la première :

« Vous voyez », dit Baronius, « et vous admirez, je
« pense, que ce roi barbare, idolâtre, ennemi du nom ro-
« main, envahisseur des Gaules, et de plus, comme l'at-
« teste saint Grégoire de Tours, impudique dans ses
« mœurs, ait entouré d'un si grand honneur une vierge
« chrétienne, qu'il ait, à sa prière et comme sur l'ordre
« de Dieu, retenu et remis au fourreau sans une tache de
« sang le glaive tiré et déjà levé pour frapper. Compre-
« nez par là combien les hérétiques sont pires que les
« infidèles, et combien sont dégénérés de cette pieuse
« noblesse des Francs ceux qui, tout en se déclarant
« fidèles, sont cependant surpassés par un roi païen pour
« la vénération et le culte des Saints. Dieu, rémunérateur
« de toutes choses, a rendu largement à celui-ci sa ré-

« compense : car, de même que les accoucheuses égyp-
« tiennes obtinrent des maisons en récompense d'avoir
« soustrait à la mort les enfants des Hébreux [1], de même
« ce roi des Francs a obtenu (ce qui n'a été jusqu'ici
« accordé à aucun des barbares) de fonder, dans la plus
« noble partie de la Gaule, un royaume qui durera lui-
« même aussi longtemps que dureront ses fondations
« pieusement basées sur le culte des Saints, mais qui pé-
« rira tout à fait quand ces fondations auront été arrachées
« avec impiété par la perversité hérétique. »

Nous avons vu, dans les pages qui précèdent, Geneviève venir au secours du peuple parisien, tantôt en le préservant d'une effroyable guerre, tantôt en le délivrant de la plus affreuse famine, tantôt en ramenant à la clémence et à la mansuétude un roi païen et étranger qui le gouvernait. La ville de Paris s'habitua ainsi à considérer sainte Geneviève comme sa protectrice naturelle contre toutes les calamités ; c'est pourquoi nous verrons l'église de Paris honorer cette Sainte d'un culte public aussitôt après sa mort bienheureuse.

[1] *Ex.* I, **21**.

CHAPITRE XII

SAINT SIMÉON LE STYLITE CONNAIT LA SAINTETÉ DE GENEVIÈVE ET SE RECOMMANDE A SES PRIÈRES.

L'ordre chronologique nous oblige à placer ici la mention de la liaison extraordinaire et surnaturelle qui s'était établie, à travers un millier de lieues de distance, entre sainte Geneviève et un Saint illustre dont la vie serait incroyable, si elle n'était attestée par les plus authentiques témoignages et par l'admiration d'une multitude de peuples. Car ce Saint, destiné de Dieu à suivre des voies tout exceptionnelles, et à être donné en spectacle au monde comme un exemple de mortification admirable, mais nullement imitable (quoique quelques Saints de l'Orient aient ensuite suivi ses traces), passa la plus grande partie de sa vie au sommet d'une colonne où il ne pouvait se tenir que debout, sans jamais s'asseoir, ni se coucher, ni presque se remuer dans cet étroit espace ; d'où lui vint le surnom de Stylite, dérivé du mot grec *stylos,* qui signifie colonne : et l'on peut dire que de là il gouverna le monde pendant près de quarante ans, consulté comme oracle par les princes, les évêques et les peuples, qui venaient des contrées les plus lointaines pour le vénérer, protégeant les faibles, punissant les méchants, vengeant les opprimés, et attestant sa sainteté par d'innombrables miracles sans lesquels on aurait pu douter de l'origine divine de sa vocation étrange, qui vérifiait éminemment cette parole de l'Apôtre : « Dieu a choisi ce « qui est insensé aux yeux du monde, afin de confondre la « sagesse humaine [1]. »

Pour comprendre toute la valeur de l'hommage qu'il rendit du haut de son tribunal aérien à la sainteté de Geneviève, il est nécessaire que nous esquissions à grands traits la vie de cet homme extraordinaire.

Siméon, né en Cilicie vers l'an 387, fut employé dans son enfance à garder les troupeaux, comme le fut probablement aussi sainte Geneviève. Après une vision céleste qui l'avertissait d'une vocation éclatante achetée par de grandes souffrances, Siméon entra dans un monastère, d'où il fut obligé de sortir deux fois parce que ses mortifications y parurent excessives : l'une d'elles avait consisté à s'enfouir à demi dans une fosse pour s'y exposer à l'ardeur du soleil d'été; l'autre, à se serrer les reins avec une corde à nœuds qui, pénétrant dans les chairs, y avait produit d'horribles plaies. Reçu dans un autre monastère, il passa dès lors tous les carêmes sans rien manger.

Deux autres visions lui ayant fait comprendre les desseins de Dieu, il se retira dans un enclos situé à quinze lieues d'Antioche, et désormais demeura toute sa vie en plein air, exposé, sans autre abri qu'une robe de cuir et un capuchon, aux intempéries du soleil, de la pluie et du froid. Comme une grande multitude y affluait pour le voir et pour toucher son vêtement en signe de vénération, voulant s'éloigner davantage du commerce des hommes, et averti par une nouvelle vision, il monta sur une pierre haute de trois coudées, puis sur une colonne de douze, puis sur une autre colonne de dix-sept coudées, ensuite

---

[1] *I Cor.* I, 27.

sur une troisième de vingt-deux coudées : il demeura sept ans debout sur ces premières colonnes, et enfin monta sur la dernière, où il mourut après y être resté debout pendant trente ans, et qui était haute d'abord de trente, puis de quarante coudées.

Cette effroyable mortification, jointe au renom croissant de sa sainteté et de ses miracles, faisait affluer au pied de cette colonne d'innombrables pèlerins, venus parfois des pays les plus reculés pour le consulter ou implorer sa protection. Il donnait ainsi ses audiences tout le jour, conciliant les différends, guérissant les malades, secourant l'innocence et punissant le crime par des procédés miraculeux ; au coucher du soleil, il donnait sa bénédiction au peuple agenouillé. De terribles punitions du ciel frappaient ceux qui négligeaient ses avis ou qui rabaissaient sa gloire. Il convertit à la foi les païens du Liban. Doué des dons de bilocation et de scrutation des cœurs, il connut souvent à distance les besoins de ceux qui invoquaient son aide, et leur apparut sous forme visible et palpable, dans des pays éloignés de sa colonne, pour les délivrer de l'oppression : c'est ainsi qu'il sauva les chrétiens persécutés en Perse, et, en Mésopotamie, une vierge sacrée poursuivie par un païen qui voulait l'épouser. Il connut, par la vision de deux verges tombant du ciel sur l'Occident et l'Orient, la double invasion des Huns et des Perses dans les deux empires. L'empereur Théodose le Jeune lui écrivit deux lettres pour le prier de ramener à l'unité catholique des évêques orientaux qui soutenaient encore l'hérésie nestorienne après le concile d'Éphèse. L'immobilité où il restait sur sa colonne lui ayant causé des ulcères qui mirent sa vie en danger, le même empereur lui écrivit pour le supplier de se laisser soigner, et des évêques vinrent le conjurer de conserver sa vie précieuse à l'Église. Enfin Siméon détacha l'impératrice Eudoxie du parti de l'hérésie eutychienne, et l'empereur Marcien se déguisa pour venir en pèlerinage au pied de sa colonne. Le saint Stylite mourut sur cette colonne le 1ᵉʳ janvier 460 : le patriarche d'Antioche présida à ses funérailles, que de nouveaux miracles illustrèrent, et où les évêques voulurent porter le corps du Saint sur leurs épaules, avec une escorte de vingt et un comtes et une troupe de soldats protégeant les reliques contre la dévotion des divers peuples qui auraient voulu se les approprier. L'Église fait sa fête le 5 janvier.

Tel était ce grand solitaire, dont l'enveloppe, broyée par la pénitence, laissait l'âme souveraine assister l'Église en péril et les peuples en détresse ; tel était l'homme prodigieux qui, du haut de sa chaire aérienne, se plaisait à rendre témoignage de la sainteté de Geneviève, soit que le renom des miracles et des vertus de l'humble vierge de Nanterre et de Paris lui eût été apporté à travers toute l'Europe et par delà les mers, soit, comme cela semble plus probable, que saint Siméon eût reçu du Saint-Esprit une révélation surnaturelle des perfections et des mérites de Geneviève : car l'un des manuscrits compare la connaissance que Siméon en eut, à la révélation que saint Ambroise et saint Séverin reçurent de la mort de saint Martin, et saint Benoît de la mort de saint Germain de Capoue. Quoi qu'il en soit, l'illustre saint Siméon, du haut de cette colonne au pied de laquelle peuples, évêques et rois venaient chercher ses oracles, avait soin, lorsqu'il passait devant lui des marchands en relation de commerce avec l'Europe, de leur demander avec sollicitude des nouvelles de sainte Geneviève ; puis il les chargeait de porter à la vierge de Paris ses salutations et les témoignages de sa profonde vénération, et de lui faire savoir qu'il demandait instamment qu'elle se souvînt de lui dans ses prières.

« Celui qui s'humilie sera exalté », a dit Notre-Seigneur [1], et c'est ainsi que la vie cachée d'une modeste jeune fille, qui ne cherchait qu'à rester ignorée « dans le « secret de la face de Dieu [2] », défiant les espaces et traversant les mers, allait atteindre dans son extraordinaire retraite ce solitaire qui s'était suspendu entre ciel et terre pour être plus éloigné des hommes, et que le nom et la gloire de l'humble Geneviève, connus de saint Siméon, probablement par révélation divine, étaient répétés aux peuples d'Orient sur la terre de Syrie par la voix vénérée de l'illustre Stylite, du haut de ce tribunal d'où l'Europe et l'Asie venaient écouter avidement sa parole.

Un des anciens chroniqueurs de la Sainte fait remarquer ici de quelles grâces Dieu se plaît à enrichir ses serviteurs, puisqu'il permet à ceux que séparent les distances et la diversité des contrées, de se connaître entre eux par le procédé divin d'une vue intérieure et spirituelle qui représente les âmes l'une à l'autre ; ce qui semble confirmer encore que c'était par voie surnaturelle que saint Siméon avait connu les mérites de la patronne de Paris.

---

[1] Matth. xxiii, 12. Luc. xiv, 11 ; xviii, 14.
[2] *Ps.* xxx, 21.

CHAPITRE XIII

DIVERS MIRACLES DE SAINTE GENEVIÈVE.

En commençant ce chapitre, où nous réunirons plusieurs miracles qui sont rapportés sans aucune détermination de date possible, et sans nulle circonstance qui permette de les rattacher à aucun autre des actes de la vie de notre Sainte, nous reproduirons quelques lignes d'un discours par lequel un auteur du neuvième siècle nous montre, dans les miracles de sainte Geneviève, le caractère tout céleste de la vie qu'elle menait sur la terre :
« Les divins miracles qu'elle accomplissait dans un corps
« mortel, habitant encore la terre avec une vie angé-
« lique, mais demeurant dans le ciel par son âme, mani-
« festaient que cette vierge, dont l'Église catholique
« admire les exemples, respirant encore ici-bas, brillait
« déjà au firmament. Car d'où lui venait ce pouvoir d'é-
« clairer les aveugles, de délivrer les démoniaques, de
« guérir les paralytiques, de ressusciter les morts, si cette
« vertu ne lui venait du ciel ? Elle habitait la terre cor-
« porellement parmi les hommes, mais elle montait aux
« cieux en esprit parmi les archanges. Ici, elle se macé-
« rait de jeûnes ; là, elle goûtait les joies du Monarque
« éternel ; là, elle vivait, selon ce que dit l'Apôtre : *Notre*
« *vie est dans les cieux*[1] ; là donc, elle priait, et obte-

« nait les dons salutaires qu'elle distribuait ici-bas à notre
« pauvreté [1]. »

Geneviève avait, comme nous l'avons vu, la coutume
de passer toutes les nuits du samedi au dimanche en veille
et en prière, pour honorer la résurrection du Seigneur.
Une fois qu'elle pratiquait cette pieuse dévotion, à
l'heure où le chant des coqs annonçait le prochain lever
de l'aurore du dimanche, la Sainte, accompagnée d'une
troupe de vierges, sortit avant le jour pour se rendre à la
basilique de Saint-Denys, où nous savons qu'elle allait
fréquemment en pèlerinage. La pluie tombait en abondance, et le cierge allumé qu'on portait devant Geneviève
fut éteint par le vent. Les vierges de son cortége furent
troublées de se voir ainsi sans lumière, dans l'obscurité
d'une nuit sombre, sous les torrents de pluie qui tombaient, et dans des chemins fangeux. La Sainte, pour les
rassurer, se fit donner le cierge éteint : aussitôt qu'elle
l'eut pris dans sa main, le cierge se ralluma de lui-même;
et, le tenant en main, elle arriva ainsi jusqu'à la basilique
de Saint-Denys sans que le vent ni la pluie pussent ensuite éteindre ce cierge miraculeusement rallumé, et sans
qu'elle ni ses compagnes trouvassent aucune difficulté à
diriger leurs pas dans cette nuit de tempête; elle laissa
ensuite ce cierge achever de brûler devant elle dans
l'église.

On rapporte encore d'elle deux autres miracles analogues. Geneviève, étant entrée vers le même temps dans
une église, y pria très-longuement, prosternée sur le
pavé ; lorsqu'elle eut achevé sa prière et qu'elle se leva,

---

[1] Ce discours se trouve dans un manuscrit daté de la septième année
du règne de Charles le Chauve, c'est-à-dire de l'an 847 ou 848, et
pourrait avoir pour auteur le diacre Félix, qui écrivit vers ce temps une
Vie de sainte Geneviève.

un cierge qu'elle tenait dans sa main fut miraculeusement allumé sans avoir touché le feu.

Enfin, une autre fois que, dans sa chambre, Geneviève était restée prosternée très-longtemps en prière, un cierge fut encore allumé dans sa main sans avoir reçu le contact du feu, et par le seul effet de la puissance divine, qui, dans ces miracles symboliques, manifestait par une flamme extérieure l'ardente ferveur des prières de la Sainte, communiquant par force d'expansion le feu intérieur de son âme. Plusieurs malades ayant, par dévotion et par esprit de foi, emporté quelques morceaux de ce cierge, furent ainsi guéris de leurs infirmités et recouvrèrent pleinement la santé.

Une femme, qui venait de dérober furtivement les chaussures de Geneviève, fut frappée de cécité aussitôt qu'elle rentra dans sa maison avec les objets volés. La voleuse, comprenant qu'elle était punie du ciel pour l'injure qu'elle avait faite à la bienheureuse vierge, se fit conduire à la maison de la Sainte, et, lui rapportant ses chaussures, se jeta à ses pieds en implorant avec des gémissements son pardon et sa guérison. Geneviève, souriant et la relevant avec bonté, marqua du signe de la croix les yeux de l'aveugle, qui recouvra la vue aussitôt.

Sainte Célinia, disciple de Geneviève, dont nous avons raconté déjà la vocation, conduisit à la Sainte, vers le temps même où elle devint vierge sacrée sous sa conduite, une jeune fille qui avait été sa servante et qui, malade depuis deux ans environ, avait perdu l'usage de ses pieds. Aussitôt que Geneviève l'eut touchée de sa main, l'infirme fut guérie et put marcher librement.

A Paris, on amena une fois devant Geneviève douze possédés des deux sexes, que le démon tourmentait cruellement. La Sainte, touchée de compassion pour leur misérable état, se mit à prier avec larmes, et invoqua le secours divin pour leur délivrance. Aussitôt les démoniaques, se sentant brûlés par un feu intérieur, furent soulevés au-dessus du sol, et demeurèrent suspendus en l'air sans que leurs mains touchassent le plafond de la chambre ni que leurs pieds touchassent la terre, en sorte que cette suspension de leurs corps dans le vide, sans aucun soutien visible, frappait de terreur les assistants. Ces malheureux possédés se tordaient en poussant des cris horribles, tantôt déclarant d'une voix lamentable qu'ils se sentaient tourmentés par d'affreux supplices, tantôt se recourbant sur eux-mêmes comme s'ils eussent été attachés en forme de rouleaux, tantôt se laissant aller et frappant l'air à coups redoublés de leurs bras, tout en s'arrachant les cheveux. Geneviève, s'étant relevée après avoir achevé sa prière, ordonna de les conduire à la basilique de Saint-Denys. Les énergumènes se mirent alors à crier qu'ils ne pouvaient avoir la faculté de marcher que si Geneviève les déliait par le signe de la croix. La Sainte, les ayant marqués du signe de la croix, leur ordonna de marcher : on leur lia les mains derrière le dos, pour les empêcher de se faire du mal et de s'échapper, et, ainsi enchaînés et gardant enfin le silence, ils furent conduits à la basilique de Saint-Denys. La Sainte les y suivit au bout de deux heures environ, ne pouvant aller aussi vite qu'eux, à cause de son sexe et de sa fatigue. Arrivée dans la basilique, elle se prosterna sur le pavé, et se mit à prier, selon sa coutume, en versant des larmes. A ce moment, les démoniaques se mirent à crier, avec des hurlements épouvantables, qu'ils sentaient arriver et approcher ceux que Geneviève avait appelés à son aide : probablement, dit l'antique historien, le démon, qui se sentait chassé de ces malheureux par les mérites de la Sainte, voulait parler des anges, des apôtres, des martyrs et des autres Saints, ainsi que de Notre-Seigneur lui-même, qui venaient à l'appel de Geneviève ; et peut-être le malin esprit voulait-il, en signalant leur approche, faire preuve de perspicacité, dans l'espoir d'attirer à lui le culte de quelques insensés ; mais bien plutôt c'était par la volonté de Dieu et pour la gloire de la Sainte qu'il était contraint de s'avouer hautement vaincu par elle et par ceux qu'elle invoquait. Geneviève, ayant achevé de prier, se leva, et fit le signe de la croix sur chacun des possédés tour à tour ; aussitôt ils furent tous délivrés de l'obsession des esprits immondes. Au même instant, une puanteur insupportable frappa l'odorat de tous les assistants, afin que tous comprissent, par la marque sensible de cette odeur repoussante, que ces malheureux venaient d'être purifiés de la domination pestilentielle des esprits infernaux. Tout le peuple glorifia Dieu et Geneviève pour ce prodige.

Un jour, arriva de Bourges à Paris, pour s'entretenir avec Geneviève, probablement dans un esprit de vaine curiosité plutôt que de véritable zèle, une femme qui avait reçu la consécration de vierge sacrée, mais qui avait ensuite enfreint son vœu par des relations sacriléges ; cette personne avait réussi à cacher son crime, et passait auprès de l'opinion publique pour être encore vierge. Geneviève lui demanda si elle était veuve ou bien vierge sacrée. Cette femme répondit audacieusement qu'ayant reçu la consécration de vierge sacrée, elle était restée fidèle à ses promesses, et qu'elle servait fidèlement Jésus-Christ dans l'état virginal. Alors Geneviève lui dit quels étaient le temps et le lieu où elle avait commis la violation sacrilége de son vœu, et quel était l'homme qui avait été son complice dans ce commerce criminel. La malheureuse coupable, sentant sa conscience l'accuser, et épouvantée de voir que Geneviève en connaissait surnaturellement les secrets, se jeta aux pieds de la Sainte en rougissant de sa honte et de son imposture. Nous avons rapporté que Geneviève avait reçu de Dieu, dès sa jeunesse, vers l'époque où elle avait fixé sa demeure à Paris, le don de scrutation des cœurs et la faculté de connaître souvent le fond des consciences par esprit de prophétie. Le biographe contemporain de la Sainte ajoute qu'elle connut, par la même voie surnaturelle, les crimes commis secrètement par plusieurs autres personnes qui faisaient extérieurement profession d'être consacrées à Dieu, mais qui ne l'étaient nullement par leur conduite cachée, et que, divinement instruite des fautes que ces personnes avaient dissimulées, elle les fit connaître publiquement, en châtiment de leur impudence. L'auteur ajoute qu'il a préféré passer sous silence les récits qui s'y rapportent, tant pour ne pas allonger son livre, que par sentiment de réserve et de convenance, et pour ne pas donner prise aux malveillants. Car cet historien, écrivant dix-huit ans après la mort de la Sainte, s'adressait à des lecteurs qui avaient pu la voir et connaître les détails qu'il omettait ; et pour la même raison, il aurait peut-être, en publiant ces récits, porté une grave atteinte à quelques-uns de ces personnages criminels, qui pouvaient survivre encore.

Peu de temps après, Geneviève avait auprès d'elle une femme qu'elle avait délivrée de la possession du démon, et cette femme avait un fils âgé de quatre ans. Cet enfant, en jouant, tomba dans un puits, d'où l'on ne put le retirer qu'au bout de trois ou quatre heures. L'enfant, qui était resté si longtemps sous les eaux, y avait perdu la vie, et de plus son corps avait été broyé dans la chute.

CHAPITRE TREIZIÈME. 193

Quand on le retira du puits pour l'ensevelir, la mère, s'arrachant les cheveux et se frappant le visage et la poitrine, avec des pleurs et des gémissements, prit dans ses bras le corps inanimé du pauvre petit noyé, et le déposa aux pieds de Geneviève. La Sainte couvrit de son manteau le cadavre de l'enfant, se prosterna pour prier, et ne cessa de verser des larmes jusqu'à ce qu'elle eût vaincu la mort en lui ravissant sa proie ; car, à la prière de Geneviève, l'enfant ressuscita. C'était au temps du carême, et cet enfant, étant déjà catéchumène, recevait les enseignements de la foi catholique. Après sa résurrection, l'enfant rappelé à la vie par la Sainte fut baptisé la veille de Pâques, selon l'usage de l'Église de ce temps qui baptisait surtout le samedi saint et la vigile de la Pentecôte, et il reçut au baptême le nom de Cellomeris, pour signifier que c'était dans la *cellule* ou chambre de sainte Geneviève qu'il avait recouvré la vie.

Dans la ville de Meaux, Geneviève rencontra un homme qui avait la main et le bras desséchés jusqu'au coude, et qui la supplia de lui rendre la santé. La Sainte saisit cette main desséchée, toucha les articulations des doigts et le bras paralysé, et fit le signe de la croix sur les membres malades. Dans l'espace d'une demi-heure, cet homme recouvra l'usage de sa main et de son bras, vérifiant, dit l'un des manuscrits, la promesse que Notre-Seigneur a faite à ses disciples en leur disant « qu'ils opére-
« raient des miracles comme les siens, et de plus grands
« encore [1] ».

Nous avons dit que Geneviève avait coutume de passer dans la retraite et la solitude tout le temps compris entre l'Épiphanie et le jeudi saint, et que, renfermée alors dans sa chambre, elle ne recevait personne durant cette pé-

[1] JOAN. XIV, 12.

riode de l'année, afin de vaquer plus librement aux veilles et à la prière. Un jour, une femme, poussée par la curiosité plutôt que par la dévotion, voulut connaître furtivement ce que la Sainte faisait dans sa maison pendant tout ce temps, et s'approcha pour regarder à travers la porte de Geneviève. A l'instant même où elle arriva devant la porte, cette femme devint aveugle, Dieu châtiant ainsi sa curiosité malveillante ou irrespectueuse. Elle resta dans cet état de cécité jusqu'à la fin du carême. Le carême achevé, Geneviève, quand elle sortit de sa maison après son temps de retraite, rendit la vue à cette femme par un signe de croix et par la vertu de sa prière.

Il y avait dans la ville de Meaux un défenseur nommé Fruminius. C'est par erreur que certains auteurs ont traduit cette qualification par celle d'avocat : on donnait alors le nom de « défenseurs » à des procureurs ou syndics choisis par l'autorité ecclésiastique pour gérer les biens des églises, comme les lettres de saint Grégoire le Grand y font constamment allusion. Cet homme était atteint de surdité depuis quatre ans ; certains manuscrits ajoutent qu'il aurait été également boiteux. Il vint à Paris supplier Geneviève de le guérir en le touchant. La Sainte lui ayant touché les oreilles avec sa main et y ayant fait le signe de la croix, il fut aussitôt guéri de toutes ses infirmités, et rendit grâces au Seigneur et à sa servante bénie.

Sainte Geneviève avait quelques possessions en terres dans le voisinage de Meaux. Au temps de la moisson, elle travaillait un jour elle-même à son champ de concert avec ses moissonneurs, fidèle aux habitudes de simplicité des mœurs de cette époque, en vertu desquelles il est probable qu'elle a gardé aussi ses troupeaux ou ceux de son père, quoiqu'elle fût comme eux dans une condition de fortune moyenne. Une pluie soudaine étant survenue, et un orage menaçant d'éclater, les moissonneurs de Geneviève furent grandement troublés. La Sainte aussitôt, étant entrée sous la tente, s'agenouilla, et, selon sa pieuse coutume, se mit à prier avec larmes. Il s'ensuivit un miracle qui frappa d'admiration tous les assistants. Car, tandis que la pluie tombait tout à l'entour et inondait les moissons de tous les autres, il ne tomba pas même une seule goutte d'eau sur le champ et la moisson de Geneviève ni sur ses moissonneurs. Quoique les anciens auteurs n'indiquent pas le lieu où étaient situées les terres de la Sainte dans le pays de Meaux, on peut supposer que son domaine se trouvait dans l'une des localités qui y ont gardé son nom, par exemple près de la fontaine de Juilly, nommée *fontaine de sainte Geneviève*, où les habitants avaient coutume de venir puiser de l'eau chaque mois : ils conservaient cette eau dans leurs maisons, et en usaient comme d'un remède et préservatif contre la fièvre et d'autres maladies.

Dans un de ses voyages, dont le but ne nous est pas indiqué, Geneviève naviguait sur la Seine : on usait alors fréquemment de ce moyen de transport par eau, à cause de la rareté des routes de terre et de leur mauvais état. Le temps, qui était beau, changea tout à coup, et, une violente tempête ayant commencé à sévir, la barque qui portait Geneviève fut secouée par les vents et les flots, et se trouva en danger d'être submergée. Aussitôt la Sainte, étendant les mains et levant les yeux vers le ciel, implora le secours divin. Sur le champ la tempête cessa, et il se fit une si grande tranquillité, que nul ne douta que Notre-Seigneur, à la prière de son épouse, ne fût venu commander aux vents et aux flots, comme il le fit autrefois sur le lac de Tibériade [1].

[1] Matth. viii, 26. Marc. iv, 39. Luc. viii, 24.

CHAPITRE XIV

VOYAGE DE SAINTE GENEVIÈVE A ORLÉANS ET A TOURS. — MIRACLES PENDANT LE VOYAGE.

Sainte Geneviève fit un voyage à Tours, en passant par Orléans, à une époque et pour un motif que ses contemporains ne nous disent point. Cependant il est probable que le but de ce voyage fut le désir de la Sainte de faire un pèlerinage au tombeau du grand saint Martin de Tours, dont la dévotion était alors, à bon droit, l'une des plus répandues et populaires. Quant à l'époque, la contexture du récit permet de supposer, sans toutefois dépasser les bornes d'une simple conjecture, que ce put être dans la dernière période de la vie de Geneviève, et vers les temps de Clovis. Mais, comme ce n'est là qu'une pure possibilité, nous avons dû ranger les faits qui s'y rapportent à la suite des miracles qui précèdent, et sans leur assigner non plus aucune date.

Geneviève s'étant rendue d'abord à Orléans, une mère de famille de cette ville, nommée Fraterna, était dans les larmes, parce que sa fille, nommée Claudia, se mourait. Cette pauvre mère, apprenant l'arrivée de la Sainte, courut aussitôt la chercher. Geneviève était allée à la basilique de Saint-Anianus pour y prier [1]. Fraterna accourut

---

[1] Cette église était dédiée au saint évêque Anianus ou Aignan, que nous avons vu défendre Orléans contre Attila, tandis que Geneviève préservait Paris de son atteinte.

en toute hâte à cette église, et, y trouvant la Sainte en prière, se jeta à ses pieds, et lui adressa en pleurant ce seul cri de détresse : « Ma dame Geneviève, rendez-moi « ma fille[1] ! » La Sainte, voyant la foi de cette femme, lui dit : « Ne me troublez point davantage ; levez-vous, « et cessez de pleurer, car votre fille est guérie. » A ces paroles, Fraterna, se levant pleine de joie, revint à sa maison avec Geneviève. Par un prodige merveilleux, la jeune Claudia avait été si soudainement guérie, et rappelée du seuil même de la mort, qu'elle vint en bonne santé, et sans que personne soutînt ses pas, à la rencontre de sainte Geneviève pour recevoir la bienheureuse vierge à son entrée dans la maison. La multitude des assistants glorifia le Seigneur et sa Sainte pour ce miracle, dont les circonstances touchantes et l'esprit de foi qui y présida rappellent quelques-unes des guérisons accomplies par le divin Maître, et dont les Évangiles nous ont conservé le récit.

Dans la même ville d'Orléans, Geneviève implora d'un homme la grâce de son serviteur qui s'était rendu coupable d'une faute. Mais le maître, endurci par l'orgueil et l'obstination, ayant refusé de pardonner au coupable, et ayant persisté à dédaigner l'intercession de la Sainte, Geneviève lui dit : « Si vous méprisez ma prière, mon « Seigneur Jésus-Christ ne me méprise point ; car il est « miséricordieux et clément pour pardonner. » Dès que cet homme fut rentré dans sa maison, il fut saisi d'une fièvre si terrible, qu'il passa toute la nuit haletant et brû-

---

[1] Les mots latins que nous sommes forcé de traduire insuffisamment par « ma dame » signifient littéralement « ma souveraine, *domina mea*, « *domina nostra* », titre qu'on donne aux Saintes et que nous verrons les Génovéfains donner souvent à leur patronne, mais qui n'est usité en français que pour la Sainte Vierge : « Notre-Dame. »

lant, sans pouvoir reposer. Le lendemain, au point du jour, atteint d'une maladie qui lui tenait la bouche ouverte avec la langue pendante, et répandant des flots de salive, comme un animal sauvage, ce malheureux vint se jeter aux pieds de Geneviève, et implorer d'elle pour lui-même le pardon qu'il avait refusé de lui accorder la veille pour son serviteur. La Sainte, l'accueillant avec bonté, le marqua du signe de la croix, et aussitôt la fièvre disparut avec l'infirmité hideuse qui s'y était jointe ; et Geneviève renvoya le maître guéri de corps et d'esprit, et le serviteur excusé et pardonné. L'ancien chroniqueur ajoute que cet homme avait été assurément frappé par un ange de Dieu, comme précédemment Avicianus, ce juge obstiné, devant la porte duquel saint Martin était venu, pendant la nuit, demander grâce pour des prisonniers, et qui, frappé lui-même par un ange, vint à son tour devant la porte du Saint lui accorder l'objet de sa demande d'abord rejetée.

D'Orléans, Geneviève se rendit à Tours, en suivant en bateau le cours de la Loire, et elle fut exposée à de graves et nombreux dangers pendant cette navigation : ces dangers lui furent suscités par les démons, furieux de voir que la Sainte venait leur ravir des victimes, de même qu'ils avaient autrefois suscité sur la mer une tempête contre son père spirituel saint Germain d'Auxerre allant combattre en Angleterre l'hérésie pélagienne.

Quand la Sainte aborda au port de la ville de Tours, une multitude de démoniaques, venant de la basilique de Saint-Martin, accoururent au-devant d'elle. Les démons s'écriaient, par la bouche de ces énergumènes, qu'ils se sentaient brûlés par des flammes entre saint Martin et sainte Geneviève, et par la vertu et le mérite de ces deux Saints : ces malins esprits avouaient aussi que c'étaient eux qui avaient suscité à Geneviève, à cause de la haine qu'ils ressentaient pour elle, tous les dangers qu'elle venait de subir dans sa navigation sur la Loire.

Geneviève, ayant mis pied à terre, fut reçue avec de grands honneurs par la population de Tours, et se rendit à la basilique de Saint-Martin, où elle délivra par sa prière et par le signe de la croix un grand nombre de démoniaques. Au moment où les malins esprits sortaient de leurs corps, ces possédés s'écriaient, avec des hurlements et des contorsions terribles, ou plutôt les démons chassés par la Sainte s'écriaient par leur bouche, qu'ils se sentaient en proie à des tourments, et que les doigts de Geneviève étaient enflammés d'un feu céleste et divin comme autant de cierges allumés qui les brûlaient cruellement.

Trois des principaux personnages de la ville de Tours, dont les épouses étaient tourmentées secrètement par le démon dans leurs maisons, où ils les tenaient sans doute renfermées pour ne pas laisser paraître ce pénible spectacle, vinrent supplier Geneviève de daigner, par sa visite, délivrer leurs femmes de la tyrannie des esprits malins. La Sainte les suivit avec sa bonté ordinaire ; elle entra successivement dans la maison de chacun d'eux, et y délivra du démon chacune de ces trois femmes, par sa prière et par une onction d'huile bénite.

Le lendemain, assistant à l'office de nuit ou des matines dans la basilique de Saint-Martin, Geneviève s'était placée dans un coin de l'église pour y prier plus librement, et était confondue dans la foule parmi le peuple qui ne la connaissait pas. Tout à coup, un de ceux qui psalmodiaient l'office divin fut saisi du démon, et se mit à déchirer ses propres membres, que, dans l'égarement de son esprit, il prenait pour ceux d'un autre ; puis ce malheureux, comme cédant à une attraction secrète, sortit de l'abside ou du chœur où il était placé, et accourut droit jusqu'à Geneviève. La Sainte commanda au démon de sortir de cet homme. Le démon, parlant par la bouche du possédé, menaça alors de sortir de lui par son œil, c'est-à-dire en arrachant l'œil à sa victime ; mais la Sainte ne le lui permit pas. L'esprit immonde, ne pouvant résister au commandement de Geneviève, sortit alors du démoniaque dans un flux de ventre, laissant après lui d'ignobles traces de son passage[1], et le possédé fut délivré à l'instant.

Les habitants de Tours rendirent de grands honneurs à sainte Geneviève, lorsqu'elle quitta leur ville comme lorsqu'elle y était entrée, quoique son humilité résistât à accepter ces hommages. L'un des anciens chroniqueurs la compare, dans le dernier prodige que nous venons de rapporter, à saint Evurtius, qui, arrivant à Orléans comme pèlerin, y fut élu évêque par la manifestation d'une colombe qui se posa sur sa tête dans l'église ; et il fait remarquer la grandeur des œuvres et des mérites de Geneviève, en vertu desquels l'esprit immonde qui avait tourmenté ce choriste dans la basilique de Saint-Martin n'y redoutait personne du clergé présent, ni évêque, ni prêtre, ni diacre, ni exorciste, mais cette vierge seule, vers laquelle le démoniaque fut conduit par un instinct divin comme vers la seule personne qui pût le délivrer.

Vers le même temps, Geneviève, se tenant à l'entrée de sa maison, vit passer une jeune fille qui portait une

---

[1] Des traits analogues, fréquents dans l'histoire des Saints, accompagnent communément les apparitions ou les disparitions du démon, Dieu le disposant ainsi afin d'instruire les hommes, par des signes sensibles qui inspirent le dégoût, du mépris dont est digne le malin esprit, qui essaye, pour nous tromper, de « se transfigurer en ange de lumière » (*II Cor.* xi, 14), mais que la puissance divine contraint à se montrer dans la bassesse et l'ignominie, symboles de sa perversité.

bouteille à la main, et, l'ayant appelée, lui demanda ce qu'elle portait. La jeune fille répondit : « C'est une bou-
« teille d'huile qui vient de m'être vendue par les mar-
« chands. » Or Geneviève avait vu, par intuition spirituelle, le diable, l'antique ennemi du genre humain, placé sur l'orifice de cette bouteille. La Sainte menaça le malin esprit, et, touchant la bouteille, la marqua du signe de la croix, et souffla dessus. A l'instant, une partie de l'orifice de la bouteille se brisa et tomba, tandis que le démon en était chassé. Geneviève fit ensuite le signe de la croix sur la bouteille, et renvoya la jeune fille en sûreté. Ce prodige causa une grande admiration aux assistants, émerveillés de voir que le démon, malgré qu'il fût invisible, n'avait pu rester caché aux regards de la Sainte, et que, découvert malgré ses artifices, il avait été chassé par elle et empêché de faire le mal qu'il préparait.

Un jour, à Paris, un enfant nommé Marovée, aveugle, sourd, muet et boiteux, fut présenté par ses parents à Geneviève. La Sainte l'oignit d'huile bénite, et le marqua du signe de la croix. Toutes les infirmités de l'enfant disparurent alors : ses jambes se fortifièrent, et il put marcher sans difficulté ; et il obtint de même intégralement la vue, l'ouïe et la parole.

Sainte Geneviève avait coutume, pour guérir les malades et les infirmes, de les oindre d'huile bénite. Or, une fois qu'un démoniaque lui fut présenté par ses parents, qui pleuraient et gémissaient de son misérable état, Geneviève, voulant l'oindre d'huile bénite, ordonna qu'on lui apportât la fiole qui en contenait. Mais la fiole qu'on lui présenta était vide, et la Sainte, troublée de ce contre-temps, hésitait sur ce qu'elle devait faire : car il n'y avait pas là d'évêque pour lui bénir de l'huile. S'étant donc agenouillée, Geneviève implora le secours du ciel pour la délivrance du possédé. Dès qu'elle se leva après avoir achevé sa prière, la fiole qu'elle tenait dans ses mains se trouva remplie d'huile par un miracle divin : deux prodiges furent donc réunis ensemble, dans le procédé miraculeux par lequel elle obtint que le ciel remplît une fiole vide, et dans la délivrance du possédé qu'elle affranchit du démon par l'onction de cette huile miraculeuse. L'un des anciens chroniqueurs compare en cette occasion sainte Geneviève à saint Martin, guérissant une paralytique par une infusion d'huile; on peut surtout rapprocher de ce fait le miracle de saint Benoît, remplissant d'huile un tonneau par sa prière. Le biographe contemporain de Geneviève déclare avoir vu de ses yeux, dix-huit ans après la mort de la Sainte, et dans l'année même où il écrivait sa vie, cette même fiole renfermant encore l'huile miraculeuse dont elle s'était emplie à la prière de sainte Geneviève.

CHAPITRE XV

RELATIONS DE SAINTE GENEVIÈVE AVEC LE ROI CLOVIS, AVEC SAINTE CLOTILDE ET AVEC SAINT REMY. — SES VOYAGES A REIMS. — VOYAGE A LAON, ET MIRACLE. — VOCATION DE LA SŒUR ET DE LA FILLE DE CLOVIS. — FONDATION DE LA BASILIQUE DES SAINTS PIERRE ET PAUL, DITE PLUS TARD DE SAINTE-GENEVIÈVE.

Nous avons vu jusqu'ici sainte Geneviève, en semant autour d'elle les bienfaits, les miracles et les exemples de sainteté, protéger Paris, sa cité d'adoption, contre deux terribles calamités, la guerre et la famine, comme elle la protégera plus tard du haut du ciel contre les épidémies, les inondations et les sécheresses. Il restait encore à Geneviève une autre tâche à remplir, avant de quitter la terre, envers la ville dont Dieu l'avait faite la patronne : c'était d'assurer l'avenir de Paris en contribuant à la fondation d'un état stable et régulier. Car les deux calamités dont elle avait préservé Paris, l'invasion des Huns et la famine d'un siége, étaient toutes deux les conséquences de la ruine de l'empire romain, qui tombait en débris. Geneviève allait donc, dans la dernière partie de sa vie mortelle, mettre le dernier sceau à ses bienfaits envers la cité parisienne en faisant d'elle la capitale d'un royaume chrétien et durable. Dieu destinait la Sainte qui avait rempli, à l'égard de cette ville, le ministère d'un ange protecteur dans les temps de trouble, à devenir dans ses derniers jours, pour le couronnement et la consommation parfaite des œuvres de sa carrière, la conseillère spirituelle et l'inspiratrice du premier roi chrétien des Francs, du fondateur de la monarchie française.

Childéric, roi des Francs, dont nous avons raconté les relations avec Geneviève et le respect extraordinaire qu'il témoignait à cette Sainte, mourut à Tournay en 481, et son fils Clovis lui succéda. C'était alors un instant solennel pour la chrétienté. Car l'année précédente, en 480, naissait en Italie saint Benoît, destiné à opérer, par la fondation de l'ordre monastique, une rénovation du monde et une sorte de seconde fondation de l'Église catholique, puisque ce sont les moines qui ont civilisé l'Europe, et que, pendant plusieurs siècles à la suite, les évêques des pays chrétiens et les apôtres des nations infidèles furent presque tous des moines. C'était donc par une corrélation divine que la Providence préparait en même temps une monarchie chrétienne pour la France, qui, par l'éclat dont elle fit briller l'ordre monastique, devait être au moyen âge la vraie patrie des moines, le vrai foyer de la civilisation monastique.

Les Francs étant alors partagés en divers royaumes, celui dont Clovis héritait, ne s'étendait guère au delà du territoire de Tournay, et la domination que nous avons vu Childéric exercer à Paris, où il régnait après s'en être emparé par un long siége, au temps où il rendait de si grands honneurs à sainte Geneviève, semble n'avoir été que la conséquence d'une incursion dans le territoire encore au pouvoir des Romains. Cependant, dès l'avénement de Clovis, et quoique les Francs fussent encore païens, il semble que saint Remy et d'autres évêques des Gaules aient témoigné une faveur marquée à ce prince, comme s'ils prévoyaient qu'il devait être un jour le soutien de l'Église. D'ailleurs, les Bourguignons et les Goths, qui possédaient une grande partie des Gaules, étant Ariens, on comprend la préférence du clergé catholique pour les Francs : car il est notoire que les infidèles sont généralement bien plus respectueux pour la religion catholique que les hérétiques, et la belle conduite du roi païen Childéric envers sainte Geneviève est de nature à faire honte, par comparaison, à bien des catholiques de nos jours ; de même que la bienveillance du gouvernement ottoman pour nos missions catholiques établit actuellement un regrettable contraste entre la liberté complète dont la juridiction de l'Église et la vie religieuse jouissent chez les musulmans, et les restrictions tyranniques que la conscience et la liberté catholiques subissent sous la loi des États chrétiens de l'Europe.

Clovis se révéla tout de suite comme conquérant. Dès l'an 486, il vainquit à Soissons les Romains commandés par Syagrius, et s'empara du territoire attenant à cette ville. Établissant une certaine discipline parmi ses soldats barbares, il s'attachait surtout à ne pas s'aliéner le clergé catholique, et à préserver les églises de toute spoliation. On sait avec quelle déférence il voulut rendre à saint Remy un vase sacré dérobé dans sa ville de Reims, et comment ensuite il punit de mort l'audacieux soldat qui avait brisé ce vase.

L'espoir du clergé des Gaules était d'amener Clovis et ses Francs à la foi catholique. C'est dans cet esprit que les évêques du pays, et à leur tête saint Remy, qui était alors le plus célèbre d'entre eux, et qui avait su prendre déjà quelque influence sur le prince franc, préparèrent le mariage de Clovis avec Clotilde, nièce de Gondebaud, roi de Bourgogne, princesse qui, quoique élevée à la cour de ce roi arien, avait conservé la foi catholique ; elle avait d'ailleurs été instruite à la grande école de l'adversité : car elle avait vu son père et sa mère tués par Gondebaud qui voulait régner seul. Devenue reine des Francs, à la grande joie des Gaulois catholiques du Soissonnais, désormais sujets de Clovis, Clotilde gagna la confiance du Roi, et en profita pour le détacher peu à peu de l'idolâtrie. Elle obtint de lui la permission de baptiser leur fils premier-né, nommé Ingomer; mais l'enfant mourut presque aussitôt, et Clovis, en tirant un sujet de scandale, dit à Clotilde : « S'il avait été consacré à mes « dieux, il vivrait encore. » Cependant il ne s'opposa point au baptême de son second fils Clodomir. Ce second enfant tomba malade à son tour, et Clovis accusait déjà la religion chrétienne de la mort de ses deux fils, lorsque les prières de Clotilde obtinrent la guérison de Clodomir.

Clovis, d'abord ébranlé dans ses bonnes dispositions par la mort de son premier-né, fut vivement frappé de la guérison inespérée de son second fils, sauvé de la mort par le Dieu des chrétiens sur la prière de Clotilde. Celle-ci, qui savait que le clergé des Gaules comptait sur son influence, persévérait dans la prière. Il est très-probable que sainte Geneviève, qui, comme oracle du peuple et de l'église de Paris, était sans doute instruite par le clergé du prix qu'on attachait à convertir le Roi franc, adressait au ciel sa puissante intercession pour obtenir cette conversion du conquérant que Paris pressentait avoir bientôt pour maître : on ne peut donc douter que sainte Geneviève n'ait eu, par ses suffrages, une part au moins égale à celle de sainte Clotilde dans la conversion de Clovis.

Ici se place en effet un fait mémorable, l'amitié de sainte Geneviève et de sainte Clotilde, l'union intime de l'humble vierge de Nanterre avec la noble reine des

Francs, union vivifiante des âmes, qui devait avoir de si grands résultats pour la France et pour l'Église. Saint Remy fut probablement le lien de ces deux belles âmes : cet illustre évêque, conseiller intime de Clotilde, connaissait certainement la sainteté et les œuvres éclatantes de Geneviève [1]; c'est pourquoi il réunit à lui les cœurs de ces deux admirables femmes pour former une sainte conjuration à laquelle Dieu ne pouvait rien refuser. Saint Remy, sainte Geneviève et sainte Clotilde demandant ensemble au ciel la conversion de Clovis ! quel faisceau d'irrésistibles invocations ! Triple puissance du sacerdoce, de la virginité et de la famille, qui vous eût résisté ? Dieu veut être vaincu par nos prières : la souveraineté du Créateur, voulant se communiquer à sa chère créature, lui donne la prière, la vertu, la pénitence, le sacrifice : armes sublimes forgées dans le ciel, unissez-vous donc, combattez vaillamment, et d'en haut vient la victoire, la justice de Dieu fléchit devant sa miséricorde, et la bonté divine s'incline vers nous, parce que, dans ce combat spirituel, Dieu veut être vaincu par ses sujets, comme il voulut l'être par Jacob dans sa lutte mystérieuse [2] : il est venu nous le dire lui-même, « le royaume des cieux « souffre violence, et les violents le conquièrent [3] ».

Dieu préparait en effet les voies à la conversion du roi des Francs. Quatre mois après la merveilleuse guérison du jeune Clodomir, en 496, les Allemands ayant

---

[1] Quelques auteurs supposent que saint Remy aurait été le père spirituel de sainte Geneviève depuis la mort de saint Germain d'Auxerre : c'est là une pure imagination, que rien dans l'histoire n'autorise à admettre. Un lien d'ordre aussi exceptionnel que celui qui unissait Geneviève à saint Germain ne se remplace jamais : saint Remy était seulement l'ami de sainte Geneviève.

[2] *Gen.* xxxii, 24-30.

[3] Matth. xi, 12. Luc. xvi, 16.

envahi, près de Cologne, les États de Sigebert, roi des Francs ripuaires, Clovis vint au secours de ce prince, et engagea la bataille à Zulpich ou Tolbiac. Les Francs eurent d'abord le dessous. Clovis, qui avait commencé par invoquer ses dieux, voyant la bataille perdue, se souvint que le Dieu des chrétiens lui avait rendu son second fils : il invoqua le Dieu de Clotilde, et lui promit de se faire baptiser s'il avait la victoire. La victoire fut éclatante.

De retour dans ses États, Clovis eut hâte de se faire instruire de la foi chrétienne par saint Remy et par le moine saint Vedastus ou saint Waast. Quelle ardeur chez ce barbare, et comme il répondait vivement à la grâce ! son zèle est fait pour confondre notre tiédeur et notre lâcheté. Comme il craignait l'opposition de son peuple, une assemblée de Francs, après avoir entendu la parole de l'évêque de Reims, s'écria : « Nous voulons servir le Dieu « que Remy adore ! » Le jour de Noël de l'an 496, dans l'église de Saint-Martin de Reims, Clovis reçut solennellement le baptême, de la main de saint Remy, avec plusieurs milliers de ses sujets. Le pape saint Anastase II écrivit à Clovis pour le féliciter de ce grand événement, qui donnait à l'Église un puissant protecteur temporel, et pour saluer en lui le premier souverain de la nation qui, seule catholique encore parmi les races barbares fondant le monde nouveau sur les ruines du monde antique, reçut pour ce motif le titre de « fille aînée de l'Église », titre qui a été le gage de sa prospérité et de sa grandeur tant qu'elle en est restée digne, c'est-à-dire sous les dynasties mérovingienne et karolingienne, et aussi sous la dynastie capétienne jusqu'au début du quatorzième siècle, mais qui cessa d'être mérité depuis que les rois de cette troisième race, prétendant se déclarer indépendants du chef de l'Église, contrôler ses pouvoirs spirituels, et se faire ses rivaux plutôt que ses fils soumis, eurent attaché au nom même de leur royaume, en les qualifiant de « gallicanes », les fausses et détestables doctrines qui, par un retour mérité de la justice divine, inoculèrent dès lors à cette monarchie le germe de sa dissolution, et l'acheminèrent peu à peu vers sa ruine.

Il n'est pas possible de déterminer à quelle époque précise Clovis, ayant étendu sa domination sur toute l'Ile-de-France, établit sa capitale à Paris, ni par conséquent la date où commencèrent les relations intimes et suivies que ce prince et sainte Clotilde entretinrent avec sainte Geneviève. Cependant tout semble indiquer que ce fut dans les années qui suivirent immédiatement le baptême de Clovis, c'est-à-dire dans les dernières années du cinquième siècle, puisque c'est en 507 que ce roi, préparant à Paris, qui semble alors avoir été déjà depuis assez longtemps sa capitale, son expédition contre Alaric, résolut et commença la fondation de la basilique des Saints Pierre et Paul ou de Sainte-Geneviève.

Quoi qu'il en soit de l'époque où commencèrent ces relations, nous savons que, dès le moment où Clovis se fut établi à Paris, Geneviève fut désormais, avec saint Remy, la conseillère spirituelle et l'oracle de ce premier roi chrétien des Francs, et que notre Sainte se trouva dès lors en rapports constants avec ce prince, comme avec la reine Clotilde et le saint évêque de Reims. Il n'est pas douteux que Clotilde, qui avait eu l'honneur de servir d'intermédiaire providentiel à la conversion de Clovis et du peuple franc, et dont deux arrière-petites-filles, Berthe et Ethelburge, devaient exercer plus tard un ministère analogue auprès du royaume anglais de Kent en secondant l'œuvre des missionnaires bénédictins qui convertirent la Grande-Bretagne, n'ait trouvé dans l'intimité de sainte Geneviève une source de grâces et de progrès spirituels pour devenir de plus en plus digne de la couronne des Saintes que l'Église lui a décernée.

L'amitié de sainte Geneviève a donc grandement contribué à la sanctification de Clotilde. Saint Remy avait obéi à une inspiration céleste en liant à la patronne de Paris cette pauvre reine, d'abord isolée dans sa foi au milieu des païens, et singulièrement éprouvée dans cette situation difficile : le cœur affligé de Clotilde dut trouver alors un incomparable appui dans le cœur si ferme et si tendre de Geneviève, et en recevoir la force et les lumières pour attendre et préparer le temps du triomphe de la foi. Si Dieu avait « envoyé sa brebis au milieu des « loups [1] » pour les pacifier, il avait suscité des pasteurs fidèles pour la consoler et la défendre.

Ce n'est pas seulement sur le roi et la reine que s'exerça l'influence salutaire et sanctifiante de Geneviève, mais encore sur toute la famille royale. Car une sœur de Clovis, nommée Alboflède, et baptisée en même temps que lui, et une fille de Clovis, nommée Théodechilde, se vouèrent à Dieu dans l'état de vierges sacrées; et nul doute que ce ne soient l'éclatant exemple et les enseignements de sainte Geneviève et des vierges ses disciples qui aient induit les deux princesses à ce saint propos et à cet état sublime : toutes deux furent donc probablement disciples de Geneviève. La première, Alboflède, étant morte, Clovis son frère en fut si attristé, qu'il négligeait le soin de son royaume, et que saint Remy dut le rappeler aux devoirs de sa charge en lui écrivant en ces

[1] Matth. x, 16. Luc. x, 3.

termes : « Il n'y a pas lieu de pleurer cette sœur, dont la
« fleur virginale répand son parfum en présence de Dieu,
« et qui a reçu une couronne céleste pour prix de sa
« virginité. Monseigneur, chassez cette tristesse : il vous
« reste votre royaume à gouverner; vous êtes le chef des
« peuples, et sur vous repose leur conduite. » Quant à la
seconde, Théodechilde, sa douce et pure image apparaît
à peine dans saint Grégoire de Tours et dans les autres
chroniques pour attester les conquêtes que sainte Geneviève fit dans la famille royale au profit de la virginité
sacrée, et les fleurs de sainteté que son influence fit éclore
sur les marches mêmes du trône qu'elle protégeait.

Quant à Clovis, il suivit et surpassa les exemples que
son père lui avait laissés par la vénération et les hommages dont il avait entouré sainte Geneviève. Car, si Childéric, païen et de mœurs déréglées, avait témoigné à la
Sainte une si grande révérence, et n'osait lui refuser
aucune de ses demandes, dominé qu'il était par l'ascendant de sa pureté et de sa sainteté, il est facile d'estimer
combien plus encore Clovis, premier roi chrétien et plein
de zèle pour la gloire de l'Église catholique, honora
cette Sainte qui était une des illustrations de l'Église, et
en qui il vénérait l'épouse de son Dieu et la patronne de sa
capitale. Aussi l'historien du temps, sans entrer dans des
détails que tous ses lecteurs contemporains connaissaient
certainement et gardaient présents dans leur mémoire,
se borne-t-il à rapporter que Clovis aimait et honorait
grandement Geneviève, et que très-souvent, comme son
père l'avait déjà fait, il accordait, sur la demande de la
Sainte, le pardon à des criminels ou à des ennemis qu'il
tenait en prison; que souvent même, à la prière de Geneviève, il fit grâce à des coupables déjà condamnés à mort
et au moment même où ils allaient subir leur supplice.

Car, bien plus encore que son père, Clovis eût regardé comme une sorte de sacrilége de refuser quelque chose à sainte Geneviève, qui, sous son règne comme sous le règne précédent, sauva ainsi la vie à un grand nombre de malheureux condamnés.

Clovis fit aussi don à sainte Geneviève de deux terres situées sur la route et dans le voisinage de Reims, à Crugny et à la Fère-Champenoise, comme l'atteste le testament de saint Remy. Car nous apprenons par ce même testament que sainte Geneviève avait coutume d'aller très-souvent à Reims, soit pour y visiter saint Remy et pour conférer avec lui sur les intérêts de l'Église et du royaume, soit que Clovis allât quelquefois résider dans cette ville où il avait reçu le baptême, et voulût y jouir de la présence de la Sainte afin de n'être pas privé de ses conseils durant ce temps. Il lui donna donc ces terres pour qu'elle y résidât, ou au moins pour qu'elle s'y reposât dans ses voyages entre Paris et Reims. Étonnante pensée chez un barbare que cette délicate et touchante expression de reconnaissance : Sainte Geneviève lui avait généreusement fait part de ses richesses spirituelles; et lui, roi de cette terre, possesseur de biens visibles, il donne ce qu'il a, sans croire s'acquitter, laissant ainsi un témoignage vivant après tant de siècles pour faire rougir la tiédeur et l'ingratitude des princes civilisés. « On peut
« estimer », dit Baronius, « par quels dons, avec quel
« zèle assidu, quelle révérence et quels hommages Clovis
« honora sainte Geneviève, d'après ces paroles du testa-
« ment de saint Remy, publié dans Brisson : «A l'égard de
« Crugny (*Crusciniacus*) et de la Fère », dit saint Remy,
« ces deux terres que la très-sainte vierge du Christ Gene-
« viève reçut du Roi très-chrétien Clovis, pour faciliter
« ses voyages quand elle avait coutume de visiter très-

« souvent l'église de Reims, je confirme que Crugny
« sera affecté aux besoins de l'évêque mon succes-
« seur et à l'entretien de l'église principale, et que la
« Fère sera affectée perpétuellement au même évêque
« et à l'entretien de l'église où je serai enseveli. » Il
résulte de là que peut-être Clovis n'aurait donné ces deux
terres à Geneviève que pour sa vie durant, et qu'elles
auraient été attribuées à l'église de Reims après la mort
de la Sainte, mais que plus probablement la Sainte, les
ayant reçues de Clovis en pleine propriété, les avait elle-
même données ou léguées à l'église de Reims.

En mémoire de ces fréquents voyages de sainte Geneviève à Reims, son culte a subsisté dans ce diocèse, où sa
fête a été mise dans le calendrier ; sa statue était
placée dans la cathédrale, et il y avait aussi une statue et
un autel de sainte Geneviève dans l'église Saint-Pierre,
nommée maintenant Saint-Remy, et qui possède le tombeau de ce saint évêque. De plus, il y avait, depuis le
neuvième siècle, une antique chapelle de Sainte-Geneviève près de la porte de la ville de Reims, sur la route
de Paris.

Il faut probablement rapporter à l'époque de ces
voyages de sainte Geneviève à Reims, pendant le règne
de Clovis, le récit d'un voyage que la Sainte fit à Laon,
ville placée en ce temps sous la juridiction spirituelle de
saint Remy, comme un des manuscrits l'atteste, et d'un
miracle qu'elle y opéra. Le bruit de son arrivée l'y ayant
devancée, la plus grande partie de la population de Laon
sortit au-devant de la ville, et vint à la rencontre de
Geneviève. Dans cette foule, se trouvaient les parents
d'une jeune fille atteinte depuis neuf ans d'une paralysie
si complète qu'aucun de ses membres ni aucune de ses
articulations ne pouvait se mouvoir. Sur la supplication

des parents et des principaux personnages de la ville, Geneviève se rendit à la maison de la malade. Après avoir prié, elle toucha les membres paralysés de la jeune fille, puis lui ordonna de s'habiller, de se chausser de ses propres mains, et de venir avec elle à l'église. Aussitôt la paralytique, complétement guérie, lui ayant obéi et s'étant levée de son lit, se rendit à l'église avec le peuple à la suite de Geneviève. La multitude, voyant ce miracle, bénit le Seigneur d'avoir accordé de si grandes grâces à ceux qui l'aiment. Et quand Geneviève quitta Laon, le peuple lui fit cortége, et l'accompagna en poussant des cris de joie et en psalmodiant des chants sacrés.

Sainte Geneviève désirait profiter de son influence sur le Roi pour fonder à Paris une basilique en l'honneur de saint Pierre et saint Paul, afin de mettre la capitale sous la protection des saints apôtres, comme elle l'avait déjà mise sous la protection de ses premiers pasteurs en édifiant la basilique de Saint-Denys. La Sainte devait ainsi, avant de quitter la terre, doter la monarchie française, fondée sous son patronage, de ses deux plus célèbres basiliques, qui furent aussi toutes deux les sépultures de ses rois. Saint Remy et sainte Clotilde s'unirent à sainte Geneviève pour demander à Clovis la fondation de cette nouvelle basilique, et les événements facilitèrent le projet.

En effet, Clovis, zélé pour la propagation de la foi catholique, après avoir favorisé une conférence tenue à Lyon en 501 par saint Remy et d'autres évêques dans le dessein de ramener à l'unité romaine les Bourguignons ariens, fut guéri miraculeusement d'une maladie par saint Séverin, abbé d'Agaune ou Saint-Maurice en Valais, et résolut, en reconnaissance de ce bienfait, de chasser des Gaules les Wisigoths ariens, qui, sous Alaric II, possédaient l'Aquitaine et le Poitou. Pour se rendre le ciel propice dans l'expédition qu'il préparait contre eux, il céda aux demandes de sainte Geneviève, de saint Remy et de sainte Clotilde, et fit vœu, en 507, de fonder à Paris la basilique des saints apôtres Pierre et Paul s'il avait la victoire ; et, comme nous allons le voir, il en commença même la construction avant d'entreprendre la guerre.

Clovis habitait à Paris le palais des Thermes, dont les ruines subsistent encore. Ce palais, bâti par l'empereur Julien l'Apostat hors des murs, dans la région qui s'étend au midi de la Seine, était situé sur le versant d'une haute colline, qui s'est appelée plus tard « mont Parnasse » à cause de la résidence de l'Université, et plus communément « montagne Sainte-Geneviève », comme elle se nomme encore, à cause du tombeau de notre Sainte, mais qui s'appelait alors *mons Locutitius,* en français « mont Parloir ». Ce nom dérivait, selon la plupart des auteurs, de ce que Clovis avait coutume de donner ses audiences et de rendre la justice dans le palais des Thermes ; selon d'autres, il serait dérivé de l'endroit situé près de la place Maubert, et nommé « Parloir-aux-« Bourgeois », où les marchands tenaient leurs réunions et où leurs préposés rendaient la justice ; enfin, selon d'autres auteurs, le véritable nom de cette colline aurait été *mons Leucotitius,* ce qui ne serait qu'une des formes de *Lutetia,* l'ancien nom de Paris [1].

---

[1] Quant à l'étymologie de ce nom de *Lutetia,* les avis sont nombreux : les uns le dérivent de *lucus,* soit à cause d'un bois sacré dédié par les païens à Isis, soit du nom d'un chef gaulois nommé Lucus ; d'autres, du mot grec *leucos,* à cause de la blancheur du terrain crayeux de Paris ; d'autres, de deux mots celtiques signifiant « belle tour » ou « tour de l'île » ; d'autres, enfin, de *lutum,* à cause des marais fangeux qui avoisinaient la Seine. Quant au nom de Paris, qui, comme le montre le

On croit que sur cette colline existait déjà une crypte, qui devint plus tard la chapelle souterraine située sous la basilique et contenant le tombeau de sainte Geneviève, et l'on pense que cette crypte aurait été déjà, dès avant la fondation de la basilique, un oratoire secret consacré aux saints apôtres Pierre et Paul par saint Denys ou par l'un de ses successeurs, et fréquenté par les premiers chrétiens au temps des persécutions, et que ce serait l'existence de cet antique sanctuaire qui aurait déterminé le choix de ce lieu pour l'emplacement de la nouvelle basilique. Il est du moins certain qu'un antique cimetière chrétien existait déjà sur cette colline, à l'endroit même où s'éleva la basilique, et que Prudentius, évêque de Paris et prédécesseur de saint Marcel, y avait été enseveli dans la crypte même où fut ensevelie plus tard sainte Geneviève, dont le premier tombeau était à côté de celui de cet évêque. Cette préexistence d'un cimetière chrétien explique d'autant mieux pourquoi Clovis, qui avait résolu de se faire ensevelir lui-même dans la basilique des Apôtres, choisit cet emplacement pour la fonder, d'accord avec sainte Geneviève, saint Remy et sainte Clotilde, et pourquoi la reconnaissance publique y plaça ensuite le tombeau de la patronne de Paris auprès de celui du premier roi chrétien des Francs.

Une *Vie de sainte Clotilde,* écrite au huitième siècle, rapporte que Clovis, se promenant un jour sur cette colline avec Clotilde, au moment de partir pour la guerre, lança au loin devant lui sa hache d'armes comme

texte de l'historien contemporain de sainte Geneviève, avait déjà en 530 remplacé complétement l'ancien nom de Lutèce, les uns le dérivent d'un chef gaulois nommé Paris ; les autres, d'un bois sacré dédié à Isis (*Parisius*); d'autres, enfin, du nom de la rivière d'Oise, *Isia,* que portait aussi la ville de Melun.

pour marquer l'étendue de l'édifice futur, et s'écria :
« Que l'église des Saints Apôtres se construise, si je
« reviens sain et sauf de mon expédition ! » Le moine
Roricon assure que, non content de faire cette promesse,
Clovis voulut la sanctionner par un commencement
d'exécution, et fit poser, dès avant son départ pour la
guerre, les premières fondations de la célèbre basilique
des Apôtres, dite plus tard de Sainte-Geneviève, qui fut
ainsi commencée en 507. Admirons encore ici la foi de ce
roi néophyte et presque barbare : cette première pierre,
posée si fermement en l'honneur des princes des apôtres,
n'obligeait-elle pas le Dieu des armées à assister une si
vive et noble confiance ?

Après cette pieuse préparation, Clovis partit pour son
expédition. Il défit l'armée des Wisigoths à Vouillé, où
Alaric II fut tué. Cette victoire refoula les Goths ariens
jusque dans le Languedoc, et ajouta le Poitou et l'Aquitaine à l'unité catholique et au royaume des Francs, qui,
ainsi complété, mérita dès lors le nom de « royaume
« très-chrétien de France ».

Clovis, de retour à Paris, accomplit pleinement son
vœu en continuant, vers 508, les travaux de la basilique
des Saints Pierre et Paul dont il avait déjà posé les fondations, et qui porta plus tard le nom de Sainte Geneviève. Mais il n'eut pas le temps de la terminer avant la
fin de son règne, et laissa l'achèvement de ce magnifique
édifice aux soins de sainte Clotilde. Ce monument célèbre
était encore un des merveilleux fruits de l'amitié de
Geneviève et de Clotilde ; conception sortie sans doute
de l'oratoire de la vierge, adoptée avec enthousiasme
par la reine, affirmée par la hache du conquérant, et
consacrée par la bénédiction du pontife. Dieu réunit les
éléments les plus variés pour les faire concourir au

même but, et ainsi s'élèvent les monuments de sa gloire et de sa bonté.

Dans la dernière année de son règne, Clovis réunit à Orléans, par le conseil de saint Remy, un concile, dont les canons sanctionnèrent le droit d'asile des églises et des maisons des évêques, confirmèrent l'institution de la propriété ecclésiastique, et ordonnèrent la célébration des Rogations. Le Roi donna force de loi dans ses États aux décrets de ce concile : belle et chrétienne union de l'Église et de l'État, non dans une prétendue égalité impie et contraire à la suprématie de l'ordre spirituel, mais dans la pieuse subordination du bras séculier mettant la force temporelle au service de la puissance spirituelle. Clovis mourut à Paris le 26 novembre 511, quelques semaines avant sainte Geneviève, et fut enseveli dans la nouvelle basilique des Saints Pierre et Paul, où son tombeau, ainsi que ceux de sainte Clotilde et de ses enfants et petits-enfants, subsista jusqu'à la Révolution française. Ses quatre fils Théodoric, Clodomir, Childebert et Clotaire se partagèrent ses États.

CHAPITRE XVI

MORT DE SAINTE GENEVIÈVE. — CARACTÈRE DISTINCTIF DE LA SAINTE. — SON CULTE COMMENCE AUSSITÔT APRÈS SA MORT.

Sainte Geneviève ne survécut que de quelques semaines à Clovis ; car nous avons exposé dans le premier chapitre les motifs qui nous font, selon l'opinion généralement suivie, placer la mort de la Sainte au 3 janvier 512.

La tâche de Geneviève était accomplie : elle avait achevé son ministère terrestre de patronne. Après avoir assisté dans les dangers le peuple dont Dieu lui avait donné la garde, elle le laissait dans la sécurité d'un avenir assuré par la fondation du royaume catholique des Francs. Et il semble que ce n'ait été que pour lui permettre de conduire son œuvre jusqu'à la fin, que Dieu ait tant prolongé le séjour de son épouse dans cet exil terrestre, et l'y ait retenue juste assez pour terminer en sa présence le règne du premier roi catholique, et pour la laisser jusqu'au bout comme une tutelle auprès de ce prince dont elle était le soutien et le guide. Car, si l'on excepte la longévité de plusieurs saints moines habitants des déserts, la vie de la plupart des Saints qui ont eu à remplir ici-bas un ministère actif, et spécialement de la plupart des vierges, ne s'est généralement pas prolongée jusqu'à l'extrême vieillesse qu'atteignit Geneviève, qui était âgée de quatre-vingt-huit à quatre-vingt-dix ans lorsque sa bienheureuse mort la fit passer à la véritable vie. La Sainte, comme nous l'avons vu, soupirait depuis sa jeunesse après la patrie céleste. Une faveur spéciale qui, pendant une grave maladie, lui avait fait entrevoir quelques instants le séjour de la félicité éternelle, ainsi que nous l'avons rapporté, et dont le souvenir la faisait pleurer quand elle levait les yeux vers le ciel, lui faisait sentir encore plus vivement le regret d'avoir à prolonger ici-bas son pèlerinage avant d'entrer en possession de la récompense promise. Ce n'était donc que pour obéir à son divin Époux et pour achever les travaux qu'elle devait accomplir pour sa gloire, qu'elle se résignait à tant prolonger l'exil de cette vie mortelle avant de s'envoler au ciel, où les chœurs sacrés des vierges saintes l'attendaient pour la conduire aux « noces « éternelles de l'Agneau [1] », à la suite de Celle dont la pureté surpasse la pureté des anges, et qui, seule conçue sans péché, a mérité d'être la Mère de Dieu et la souveraine de toute la création. Au ciel aussi l'attendait la réunion éternelle à la plus grande affection de sa vie, au grand saint Germain d'Auxerre, l'ami providentiel de son enfance, son père spirituel et son protecteur assidu.

L'historien contemporain, écrivant à une date où tout le monde avait présents à la mémoire les derniers moments de la Sainte et la pompe que la dévotion du peuple et du clergé apporta dans ses funérailles, omet à dessein d'en raconter aucun détail; et le silence est préférable à des conjectures qui seraient certainement au-dessous de la réalité. Nous savons seulement que cette bienheureuse mort eut lieu le 3 janvier 512, jour de l'octave de saint Jean l'Évangéliste, où l'Église fait la fête de sainte Geneviève, et que le corps de la Sainte

[1] *Apoc.* xix, 9.

fut porté solennellement dans la basilique des Saints Pierre et Paul, qui devait bientôt prendre son nom, et y fut inhumé dans la chapelle souterraine qu'on croit avoir été consacrée dès l'antiquité aux saints apôtres, et qui faisait partie de l'ancien cimetière chrétien où avait été enseveli Prudentius, huitième évêque de Paris. Le corps précieux de la Sainte y resta déposé auprès du tombeau de cet évêque, dans un cercueil de pierre qui est conservé actuellement à Saint-Étienne du Mont, jusqu'à l'époque où il fut transféré dans une châsse et transporté dans l'église supérieure. Cette chapelle souterraine reçut de là le nom de « crypte de Sainte-Gene-« viève », et les seules personnes qu'on y ensevelit dans la suite furent sainte Alda ou sainte Aude, vierge compagne et disciple de sainte Geneviève, et saint Céraunus, vingt-cinquième évêque de Paris au septième siècle. Les corps de sainte Alda et de saint Céraunus furent plus tard transférés dans des châsses d'argent, et transportés dans la chapelle de Sainte-Clotilde, dite chapelle des reliques, au temps où déjà le corps de sainte Geneviève avait été transféré dans sa châsse ; et, depuis cette époque jusqu'à la Révolution, le cénotaphe de sainte Geneviève demeura dans cette crypte entre le tombeau de Prudentius et le cénotaphe de saint Céraunus, qui étaient placés à sa droite et à sa gauche. Nous verrons aussi que cette crypte de Sainte-Geneviève fut la première paroisse de la région comprise dans le domaine de la basilique, jusqu'à la fondation de l'église Saint-Étienne du Mont.

Qu'on ne croie pas que nous quittions notre Sainte parce que nous venons d'enregistrer sa mort et ses funérailles. Les Saints ne meurent point : ils vivent éternellement, non-seulement au ciel dans la béatitude, mais encore sur la terre par leur culte. C'est d'eux que l'Écriture dit : « Bienheureux les morts qui meurent dans le « Seigneur : car leurs œuvres les suivent[1]. » La mort, qui est la fin pour les impies et pour les mondains, est pour les Saints le vrai commencement, non-seulement de la félicité, mais aussi de la puissance et de la gloire ; et sainte Geneviève, dont nous ne faisons que continuer la vie en écrivant l'histoire de son culte, va nous apparaître désormais plus puissante encore, plus agissante et plus honorée qu'elle ne l'était tant qu'elle restait sur terre.

Avant d'aborder l'histoire de ce culte, jetons un coup d'œil sur le type de la grande Sainte que nous venons d'accompagner depuis son humble berceau jusqu'à son tombeau glorieux. Chaque Saint semble représenter une fleur du jardin spirituel de l'Église, et avoir sa forme et son parfum particuliers. Outre l'humilité, qui est la base fondamentale de la perfection et la séve nourrissante de tous les Saints, le caractère spécial de sainte Geneviève paraît être le don de force. « Agissez virile-« ment[2] », lui avait dit saint Germain : d'un mot, sa voie fut tracée, et fermement elle la suit. Rien ne l'effraye, rien ne la trouble : ni la défiance, ni l'ingratitude, ni la calomnie, ni la persécution. Les clameurs insensées de la multitude, les féroces complots de mort, l'approche des barbares, le contact des possédés, la fureur des démons, les tempêtes des flots, le soulèvement des méchants, rien ne peut l'ébranler. Son vaillant dévouement combat la peur, la maladie, la famine ; et les fléaux vaincus reculent devant elle. Les portes verrouillées

---

[1] *Apoc.* xiv, 13.
[2] *Jos.* i, 18. *Ps.* xxvi, 14 ; xxx, 25.

s'ouvrent d'elles-mêmes devant celle qui ne craint rien; les rois sauvages, vainqueurs des empires, s'inclinent devant elle et font sa volonté. Tout s'apaise devant son tranquille courage, la colère des barbares et les vagues irritées des fleuves : la « fille du ciel » obtient la soumission des cœurs et celle des éléments. C'est la prière, cette prière où elle répandait habituellement des larmes, qui valait à Geneviève cette force surnaturelle, et qui lui assujettissait les puissances du monde et de la nature. Ces larmes étaient chez elle un signe de force, et non de faiblesse. Est-ce que les larmes procédaient de la faiblesse dans la divine personne du Créateur souverain de l'univers pleurant sur la tombe de son ami Lazare et sur la ruine de l'incrédule Jérusalem[1]? Les larmes que les Saints versent à son exemple sont une puissance, non une faiblesse : ces larmes des Saints sont l'expression de la force de leur dévouement prêt à tous les dangers, à toutes les immolations, à tous les sacrifices. Larmes de miséricorde, larmes de compassion, larmes expiatoires, que vous êtes puissantes! Combien grande est donc l'erreur de ceux qui se représentent les vierges saintes, et en particulier sainte Geneviève, comme des jeunes filles timides et tremblantes, ne sachant que se cacher! Notre époque, dont le trait dominant est la faiblesse, et où la force de caractère n'existe plus guère que chez les Saints et les Saintes, se forge ainsi à son image des types chimériques. Nous l'avons dit dans l'introduction, la force portée au degré héroïque, le courage qui ne craint rien et qui méprise la mort, voilà le caractère distinctif des vierges sacrées : elles restent cachées tant que le monde n'a pas besoin d'elles; mais elles

---

[1] Joan. xi, 35. Luc. xix, 41.

paraissent et ne reculent jamais quand le monde épouvanté se cache et commence à trembler. Les vierges sacrées ont débuté dans l'Église par le martyre, et celles qui suivent aujourd'hui leurs traces seraient prêtes, comme l'était sainte Geneviève, à sceller de leur sang la confession de leur foi et de leur virginité ou les œuvres de leur ministère de dévouement et de sacrifice.

L'histoire du culte de sainte Geneviève est la démonstration providentielle de la mission de cette vierge sur la France, et la confirmation de sa sainteté. La Sainte, qui avait assisté à la fondation de la monarchie des Francs, s'est toujours trouvée présente pour secourir son pays dans les moments difficiles. Rien n'est plus grand que l'histoire ininterrompue de ces quatorze siècles de protection et de bienfaits. Les peuples ne se sont pas plus lassés d'aimer et d'invoquer Geneviève, que la bonne Sainte de les écouter et de les assister; et cette vénération a grandi, se fortifiant de toutes les grâces reçues; et cette confiance a monté sans cesse, à travers les temps et les obstacles, comme les flots assurés d'un océan vainqueur : éclatant témoignage de la bonté de Dieu pour la fille aînée de l'Église, qui devait servir de lumière au monde, et qui, dans ses obscurcissements, ne peut être ravivée que par le flambeau des Saints.

Les anciens martyrologes et la messe propre de l'ancienne liturgie gauloise prouvent que sainte Geneviève fut honorée d'un culte public, et d'un culte célèbre, presque aussitôt après sa mort. Car, si ce n'est qu'à partir du huitième siècle que son nom paraît dans les martyrologes du vénérable Bede et d'Usuard, l'office de sainte Geneviève se trouve déjà dans la liturgie qu'on suivait en France au temps de saint Grégoire le Grand, c'est-à-dire moins de quatre-vingts ans après la mort de la Sainte;

d'où Baillet conclut avec raison qu'on célébrait la messe de sainte Geneviève le 3 janvier dès la seconde moitié du sixième siècle. Dans un très-antique missel, les noms de sainte Scholastique et de sainte Geneviève sont inscrits après ceux de sainte Agnès et de sainte Anastasie ; et un antique martyrologe dit que sainte Geneviève fut « illus- « trée par des vertus et des miracles admirables[1] ».

En effet, les miracles qui se firent dès lors continuellement au tombeau de sainte Geneviève, dans cette crypte où le peuple venait sans cesse l'invoquer, et dont nous rapporterons le récit dans la suite de ce livre, ne faisaient que continuer les preuves de sainteté qui avaient rempli toute sa vie mortelle ; et nous verrons, dès le moment même de sa mort, ce tombeau devenir de plus en plus glorieux, et la dévotion à la Sainte devenir de jour en jour plus populaire.

La dévotion publique devait se manifester d'abord par la recherche et la conservation des souvenirs de la vie de Geneviève, soit au moyen de récits, soit par la consécration des lieux où elle avait marqué son passage.

En effet, dix-huit ans après la mort de la Sainte, c'est-à-dire en 530, un personnage qui l'avait probablement connue personnellement écrivit en latin une *Vie de sainte Geneviève*, qui, complétée par diverses variantes ou reproductions ultérieures, a été notre principal guide pour suivre le récit de cette histoire et éclaircir les points douteux. Cet auteur a gardé l'anonyme ; quelques écrivains lui attribuent le nom de Salvius ; d'autres croient

---

[1] Nous reproduisons en appendice d'antiques hymnes ou proses de sainte Geneviève tirées de vieux manuscrits, ainsi que les offices dont faisaient usage les Génovéfains dans leur dernière organisation sous le nom de Congrégation de France, et que les offices dont le diocèse de Paris fait usage actuellement.

que ce fut le prêtre Génésius, que nous avons vu collaborer avec la Sainte pour construire la basilique de Saint-Denys; mais ce ne sont là que des conjectures. Toutefois il est indubitable que ce récit est l'œuvre d'un contemporain de la Sainte, et tout y dénote un écrit de la première moitié du sixième siècle : en effet, l'auteur n'écrit évidemment qu'en vue des contemporains de Geneviève, et omet à dessein, comme superflus, des dates, des détails, des circonstances et des explications qui devaient être connus de toutes les personnes de ce temps : il parle notamment du long siège de Paris et du pouvoir exercé par Childéric dans cette ville, sans nous révéler quelles furent les causes et l'origine de ces deux faits si graves; en outre, il emploie des locutions antiques qui disparurent du langage de la Gaule bientôt après la fin de l'empire romain [1].

L'exactitude de cet historien pour les faits qu'il rapporte est attestée et contrôlée par un autre contemporain, le prêtre Constantius, qui, dans sa *Vie de saint Germain,* confirme et développe le récit du biographe de sainte Geneviève pour les épisodes de ses deux entrevues avec le saint évêque d'Auxerre. La concordance des deux auteurs sur ces deux épisodes est parfaite et frappante jusque dans les moindres détails. Prêtre de Lyon dans la seconde moitié du cinquième siècle, Constantius était contemporain de saint Germain et de sainte Geneviève; il est donc possible qu'il ait connu personnellement le grand Saint dont il s'est fait le biographe sur la demande de saint Patient, évêque de Lyon, et de

---

[1] Par exemple, il dit : *civitas Duracordarum* pour désigner Reims, *civitas Vangionum* pour Worms, *tertia Lugdunensis* pour la Touraine, *cursus spiritualis* pour l'office divin, *duodecima* pour vêpres; enfin il évalue les distances en stades, comme les Romains de cette époque.

saint Censorius, évêque d'Auxerre, et qu'il ait recueilli de la bouche même de saint Germain les précieux détails qu'il nous a transmis sur la vocation et la vie de Geneviève.

D'autre part, en même temps que se développait autour du tombeau de sainte Geneviève ce culte public qui allait entourer d'une immense illustration la basilique nouvelle, on vit surgir, dès l'époque de sa bienheureuse mort, une multitude de sanctuaires accessoires consacrés au nom et à la mémoire de la Sainte par la vénération et la reconnaissance du peuple dans les divers lieux qu'elle avait habités ou sanctifiés par son passage. Plusieurs de ces sanctuaires subsistent encore aujourd'hui, ou laissent au moins les traces palpables de leur existence. Avant de revenir au sanctuaire principal et illustre de ce précieux tombeau, qui fera désormais l'unique objet de notre histoire, nous énumérerons quelques-uns de ces sanctuaires commémoratifs élevés à sainte Geneviève en divers lieux par un sentiment facile à comprendre.

En effet, lorsque la mort nous a enlevé une de ces amitiés dont l'éloignement ôte à notre cœur une portion de lui-même, nous cherchons, comme adoucissement à nos regrets, à revoir et à parcourir les lieux où celui qui est parti a laissé les traces et les souvenirs de son passage. Selon une pieuse tradition conservée à Jérusalem, la Sainte Vierge, dans les années qu'elle survécut ici-bas à l'ascension de Notre-Seigneur, blessée qu'elle était de l'amour divin porté dans son âme sublime au plus éminent degré où l'ait pu sentir aucune créature, et languissant dans le désir de l'éternelle réunion, se plaisait à faire un pèlerinage quotidien aux lieux sanctifiés à jamais par la présence, la passion et la résurrec-

tion de ce divin Fils qui avait rempli toute sa vie, et
vers lequel elle tendait par toutes les aspirations d'un
cœur à la fois virginal et maternel, cherchant en lui à la
fois son Fils et son Dieu. La disparition de sainte Geneviève avait causé, toutes proportions gardées et sans
comparaison avec ce qui est incomparable dans Jésus
et Marie, une impression analogue. Les Saints sont les
êtres les plus aimants, les plus aimables et les plus
aimés qui existent; et, si le sentiment que nous avons
décrit se retrouve même dans les affections naturelles
qui sont d'un ordre inférieur, il se trouve avec une force
incomparablement supérieure dans les affections spirituelles d'ordre surnaturel. Or c'est le propre des Saints
de n'inspirer que des affections de cet ordre, et de savoir
en inspirer souvent aux âmes même les plus grossières,
et qui semblaient incapables de toute affection surnaturelle. L'amitié d'un Saint ou d'une Sainte est le plus
grand bienfait dont Dieu puisse nous gratifier en cette
vie, après celui du salut éternel : car une telle affection
nous donne un avant-goût du ciel, en nous mettant en
rapports intimes avec une âme que Dieu habite d'une
manière spéciale comme un sanctuaire de prédilection;
et, quoiqu'une telle affection, par son caractère surnaturel et spirituel, tende particulièrement au ciel et ait
moins besoin de manifestations sensibles, la séparation
momentanée que la mort vient mettre à un commerce
si consolant et si sublime, lorsque le ciel ravit ce saint
objet à notre affection, laisse derrière elle un vide immense et un cruel déchirement que nous sentons le
besoin de soulager, dans l'attente de l'éternel revoir,
en nous remettant en esprit en présence de celui ou
de celle qui règne maintenant avec Dieu, et en nous
représentant les instants qu'il a passés près de nous

dans ce pèlerinage terrestre. C'est pourquoi, lorsque sainte Geneviève fut montée au ciel, ceux qu'elle avait laissés attardés derrière elle sur la terre, ces peuples qui l'avaient aimée et qui souffraient d'être privés de sa présence bénie, cherchèrent, en fréquentant les lieux où elle avait passé et demeuré, et en y instituant tout ce qui pouvait y rappeler sa mémoire, à se rendre présente celle dont le départ les désolait, et à se retracer ce qu'ils avaient vu de ses actions et de ses exemples : ils cherchaient à se figurer ainsi, par une sorte de pieuse et consolante illusion, que la Sainte était encore avec eux, non-seulement en esprit et par son assistance, mais encore par sa présence sensible : il leur semblait ainsi revoir encore son visage bienveillant et rayonnant de l'expression surnaturelle de la grâce, entendre encore sa voix chérie, et recevoir encore de sa parole bénie les exhortations et les consolations qu'on avait eu coutume d'aller chercher auprès d'elle. D'ailleurs nous prions mieux les Saints dans les lieux où nous savons qu'ils ont passé ; nous y vivons de leur vie, et il nous semble aussi qu'ils nous écoutent avec plus de faveur quand nous les invoquons là où ils ont partagé nos épreuves.

Le plus vénéré de ces sanctuaires fut, après son tombeau, la maison habitée à Paris par sainte Geneviève, dans la Cité. Cette maison devint une église, sous le vocable de Notre-Dame la Petite, pour la discerner de la cathédrale, et fut plus tard honorée du titre de Sainte-Geneviève des Ardents, en mémoire du miracle insigne dont nous parlerons. C'était devant sa porte que, pendant tant de siècles, les nouveaux évêques ou archevêques de Paris se faisaient présenter à leur chapitre cathédral par l'abbé et le clergé de Sainte-Geneviève, comme pour faire à la Sainte hommage du diocèse dont ils prenaient possession; jusqu'à ce que la construction d'un hospice fit démolir cette vénérable église en 1747, dans un temps où la foi s'était refroidie et où le culte des souvenirs avait disparu au milieu d'une société dépravée et pourrie.

Paris possédait aussi, près de là, le lit de sainte Geneviève. Ce lit, où la Sainte avait rendu le dernier soupir, était précieusement gardé dans le monastère de vierges qu'elle avait fondé à côté de l'église ou baptistère de Saint-Jean-Baptiste ou Saint-Jean le Rond, et où nous verrons ce lit être l'objet d'un éclatant miracle. Ce baptistère de Saint-Jean, le même où Geneviève avait réuni les femmes de Paris en prières à l'approche d'Attila, et qu'on appelait quelquefois Saint-Germain le Vieux à cause d'une relique de saint Germain de Paris, fut démoli aussi en 1749 pour élargir l'entrée du cloître Notre-Dame, auquel il était contigu.

Nanterre, comme berceau de la Sainte et théâtre de sa vocation, fut depuis sa mort l'objet d'une dévotion qui a duré jusqu'à nos jours. On croit que sainte Geneviève légua à la basilique des Saints Pierre et Paul la maison et le domaine de ses parents à Nanterre, ainsi que sa maison de Paris et ses possessions dans le pays de Meaux; et nous verrons en effet les Génovéfains posséder toujours la paroisse et le domaine de Nanterre, et y fonder plus tard un séminaire et un monastère de religieuses. Le prieuré des Génovéfains y gardait le voile et une partie du vêtement de la Sainte. Une église fut élevée dès les premiers temps sur la maison où Geneviève naquit et passa son enfance : cette église renfermait le puits qui avait servi à la Sainte pour son premier miracle. Un enclos et une chapelle consacrèrent également, sous le nom de « Parc de Sainte-Geneviève », le lieu voisin où l'on disait qu'elle avait fait paître ses brebis.

Et, dans la région d'alentour, on vénérait aussi les traces de la Sainte et de sa vie pastorale sur le mont Valérien en visitant dévotement le « Clos de Sainte-Geneviève » et en buvant l'eau de la «Fontaine de Sainte-Geneviève ». Malgré le malheur des temps, qui a détruit ces sanctuaires élevés par l'amour et la reconnaissance du peuple au souvenir de la Sainte qu'il chérissait, on visite encore pieusement à Nanterre le puits et l'oratoire souterrain de Geneviève parmi les ruines de l'ancienne église des Génovéfains, qui eut autrefois, comme nous le verrons, ses jours de gloire.

Le village de la Chapelle Saint-Denys, enclavé présentement dans Paris, était aussi l'objet de la vénération publique : on y cherchait les traces de sainte Geneviève s'arrêtant en ce lieu dans ses fréquents pèlerinages à Saint-Denys; et tout porte à croire que ce village prit son nom de quelque sanctuaire qu'on y avait anciennement élevé en son honneur, et dont la chapelle de Sainte-Geneviève, dans l'église actuelle de Saint-Bernard, y perpétue encore le souvenir.

La ville et le territoire de Meaux, où la Sainte allait souvent et où elle possédait des terres, consacrèrent aussi à sa mémoire les lieux où elle avait séjourné. Nous verrons les Génovéfains y posséder plusieurs paroisses et divers domaines, parmi lesquels probablement ceux qu'on croit avoir été légués par la Sainte à la basilique des Apôtres. Et, comme nous l'avons rapporté, son nom est resté populaire dans le pays, témoin la « Fontaine de « Sainte-Geneviève » à Juilly, dont les habitants recherchent l'eau comme remède contre la fièvre.

A Reims, le clergé et le peuple conservaient pieusement la mémoire des nombreux voyages que sainte Geneviève avait faits dans cette ville sous le règne de Clovis;

la célébration liturgique de sa fête, l'autel et la statue de la Sainte dans la cathédrale et dans l'église de Saint-Pierre ou de Saint-Remy, attestaient que le souvenir de Geneviève y restait attaché dans l'affection publique à ceux du premier roi franc qui y avait reçu le baptême et du saint évêque qui l'avait baptisé. Enfin, comme nous l'avons dit, au devant de la porte de la ville et sur la route de Paris, on avait érigé une chapelle de Sainte-Geneviève, comme si l'amour des fidèles pour la Sainte avait voulu, en suivant ses traces bénies, venir encore une fois au-devant d'elle sur ce chemin par lequel on l'avait souvent attendue et introduite avec joie dans la ville de Reims.

Entre Arcis-sur-Aube et Troyes, nous avons mentionné, au village nommé la Chapelle-Vallon ou les Petites-Chapelles, un antique sanctuaire de sainte Geneviève, que l'impiété n'a pu détruire, et que la dévotion publique a restauré en 1842 avec une cérémonie solennelle; il commémorait le lieu où la chère Sainte s'était arrêtée lors du voyage qu'elle fit à Arcis et à Troyes pour ravitailler Paris affamé.

Près de Montlhéry, un antique sanctuaire portait dès le douzième siècle le nom de Sainte-Geneviève des Bois.

Dans le diocèse de Beauvais, probablement dans la paroisse qui porte actuellement le nom de Sainte-Geneviève et qui possède une de ses reliques, existait déjà au neuvième siècle une église située au milieu d'une forêt qu'un ancien auteur nomme Tellis; des muets, aveugles et autres infirmes venaient en foule, dès cette époque reculée, à ce sanctuaire pour y invoquer sainte Geneviève, et y obtenaient leur guérison. Là existait, avant la Révolution, un prieuré de Sainte-Geneviève, dont le prieur nommait le curé. Deux territoires du voisinage ont porté, de temps immémorial, dans la forêt le nom de « Fonds de Sainte-Geneviève », et dans le vallon celui de « Vallée de Sainte-Geneviève ». Un cours d'eau y porte aussi le nom de « Source de Sainte-Gene- « viève »; sur cette source a été récemment élevé un monument avec une statue sous le nom de « Fontaine « de Sainte-Geneviève », et l'eau de cette fontaine est connue pour ses propriétés médicinales et bienfaisantes.

Ce n'était pas seulement dans les environs de Paris, mais encore dans les provinces éloignées, et même hors de France, que le culte de la Sainte s'était répandu dès les temps les plus reculés. Nous en citerons encore quelques exemples.

A Romans en Dauphiné, la fête de sainte Geneviève était célébrée solennellement par les habitants du quartier dit de la Fontaine-Couverte, en vertu d'un vœu fait de temps immémorial à l'occasion d'une épidémie contagieuse dont cette ville fut autrefois atteinte et dont ce quartier fut préservé. En reconnaissance de ce bienfait, on s'y abstenait d'œuvres serviles dans la fête de la Sainte, et l'on faisait célébrer une messe avec distribution de pain bénit; la population, qui attestait avoir été, par cette dévotion à sainte Geneviève, préservée d'incendies, d'épidémies et d'autres fléaux, avait institué une confrérie pour perpétuer ce culte de la Sainte, culte qui a survécu à la Révolution et qui a refleuri à Romans dans notre siècle.

Saint Trudon, qui vécut en Flandre au huitième siècle, avait coutume de passer toutes les nuits en prière dans une église dédiée dans ce pays, dès cette époque, à sainte Geneviève.

Dans le huitième siècle aussi, existait déjà une chapelle dédiée à sainte Geneviève dans le monastère bâti en Flandre par sainte Begga, sœur de sainte Gertrude de Brabant.

Dans le diocèse de Trèves, selon Bollandus, existait un village consacré à sainte Geneviève, et qui avait constamment éprouvé le pouvoir de cette Sainte pour détourner les orages et les tempêtes. Dès qu'on y apercevait les pronostics d'un orage, les habitants sonnaient les cloches, et ne cessaient de sonner que lorsqu'ils apercevaient sur le toit de l'église comme des flambeaux allumés, qu'ils appelaient « les cierges de sainte Gene- « viève »; ce signe était pour le village un indice certain de préservation. Bollandus cite ce fait et cette dévotion d'après des témoins oculaires graves et dignes de foi, parmi lesquels des évêques.

La ville et le diocèse de Turin célèbrent la fête de sainte Geneviève avec la plus grande solennité. Enfin le nom et le culte de la Sainte, loin d'être localisés en France, se sont répandus même en Amérique, où des églises ont été consacrées sous le vocable de la patronne de Paris.

CHAPITRE XVII

PREMIERS TEMPS DU CULTE ET DE LA BASILIQUE
DE SAINTE GENEVIÈVE.

Il est temps de revenir au tombeau de sainte Geneviève, et d'y suivre les progrès de son culte s'y développant comme à son foyer naturel depuis le jour où la Sainte eut quitté la terre.

Nous avons dit que Clovis était mort avant d'avoir achevé la basilique des Saints Pierre et Paul. Sainte Clotilde continua son œuvre, témoignant ainsi sa dévotion, non-seulement aux saints apôtres, mais encore à la Sainte qui avait été ensevelie dans leur église et dont elle avait eu le bonheur d'être l'amie, la disciple et la protégée spéciale; cette pieuse princesse eut donc l'honneur d'achever la célèbre basilique dont Geneviève avait voulu la fondation, et qui était d'une splendeur inusitée. L'historien de sainte Geneviève nous atteste, comme témoin oculaire, dix-huit ans après la mort de la Sainte, en 530, que cette basilique était ornée d'un triple portique, et décorée de peintures représentant les images des patriarches, des prophètes, des martyrs et des confesseurs, et les histoires des livres sacrés ou de la vie des Saints [1].

---

[1] Le Père Saint-Yves croit pouvoir induire d'un mot d'Étienne de Tournay qu'il s'agirait de mosaïques, *musivo opere*; le chroniqueur contemporain ne parle que de peintures, *pictura*; quant à l'expression d'Étienne de Tournay, elle peut s'entendre de toute œuvre d'art

La basilique des Apôtres fut consacrée solennellement par saint Remy, à la date du 28 novembre, où se célébrait l'anniversaire de cette dédicace.

Le tombeau de pierre de sainte Geneviève, situé dans la chapelle souterraine ou crypte dont nous avons parlé, ne fut d'abord recouvert que d'un édicule de bois. Une lampe brûlait dès lors constamment devant ce précieux tombeau, et, comme nous le verrons, l'huile de cette lampe doublement miraculeuse ne s'épuisait jamais et guérissait les malades.

Clovis avait fait don à la basilique de terres considérables, qui formèrent le premier noyau des domaines de la future abbaye : ce fut probablement lui qui attribua au clergé de la basilique les terres plantées de vignes comprises entre la Seine et la Bièvre, autour de la montagne Sainte-Geneviève; il lui donna aussi les villages de Nanterre, Rosny, Vanves, Jossigny et Choisy : certains auteurs pensent que ces terres avaient été confisquées sur les domaines d'un ancien temple d'Isis situé à Issy et des prêtres païens qui l'avaient desservi. Clotilde, de son côté, fit don à la basilique d'un grand domaine en Bourgogne, et d'une terre située à Bagneux qui s'appelait « fief de Sainte-Clotilde ».

En 533, une affreuse tragédie survenue dans la descendance de Clovis donna deux habitants de plus aux sépultures royales de la nouvelle basilique. Clodomir, l'un des fils de Clovis, était mort, laissant trois fils, Théobald, Gontran et Clodoald, que Clotilde avait recueillis. Un autre des fils de Clovis, Childebert, conçut le projet de s'emparer du royaume de Clodomir en dé-

---

l'usage des mosaïques comme décoration d'églises, très-répandu en Italie dans ces premiers siècles, ne semble pas, à notre connaissance, avoir été répandu en Gaule.

CHAPITRE DIX-SEPTIÈME.

possédant les trois héritiers ; il communiqua son dessein à son frère Clotaire, qui l'approuva. Ayant fait venir les trois jeunes princes sous le prétexte de leur livrer leur héritage, ils envoyèrent à Clotilde un messager porteur d'une épée et de ciseaux, avec mission de lui donner à choisir de voir ses petits-fils cloîtrés ou tués. Clotilde, égarée par l'indignation en apprenant cette perfidie, ayant répondu inconsidérément qu'elle aimait mieux les voir morts que dépossédés, Childebert et Clotaire tuèrent leurs neveux Théobald et Gontran. Quant à Clodoald, connu sous le nom de saint Cloud, il leur échappa providentiellement : divinement instruit par cette catastrophe, il embrassa l'état monastique, et fonda un monastère dans la forêt du Rouvre sur le bord de la Seine, où il réunit des disciples et mourut dans la sainteté ; l'Église fait sa fête le 7 septembre, et son monastère a donné naissance à la ville qui porte son nom. Les corps de Théobald et de Gontran furent transportés à Paris, et ensevelis près de leur aïeul dans la basilique des Saints Pierre et Paul.

Sainte Clotilde, après ce malheur, acheva ses jours dans la retraite à Tours, auprès du tombeau de saint Martin, vaquant à la prière et aux bonnes œuvres. Elle y mourut en 543, et son corps, transporté à Paris, avec accompagnement de psalmodie sacrée, par ses fils Childebert et Clotaire, fut enseveli auprès de Clovis, dans la basilique des Saints Pierre et Paul : l'Église fait sa fête le 3 juin.

Une fille de Clovis et de sainte Clotilde, nommée aussi Clotilde, et mariée à Amalaric, roi des Goths, fut aussi ensevelie dans la même basilique ; et ainsi la plus grande partie de la première famille royale chrétienne de France choisit cette église pour sépulture, et voulut y reposer sous les mêmes voûtes que la patronne de Paris et à l'ombre de son tombeau, en signe de la protection de sainte Geneviève sur la capitale et sur les débuts de la monarchie française.

Saint Grégoire de Tours, environ un demi-siècle après sainte Geneviève, atteste le culte de la Sainte déjà de son temps en plein exercice : « Sainte Geneviève », dit-il, « y « est ensevelie dans la basilique des Saints Apôtres. Elle « fut si puissante en vertu, tandis qu'elle était dans « cette vie terrestre, qu'elle ressuscita un mort. Les « prières faites à son tombeau obtiennent de très-fré- « quentes grâces, et ceux qui souffrent de fièvres y ob- « tiennent très-souvent leur guérison par sa vertu [1]. » Ailleurs, parlant des funérailles de sainte Clotilde enseve- lie dans la basilique des Apôtres, il dit : « Car elle avait « construit cette basilique, dans laquelle la très-sainte « Geneviève est aussi ensevelie [2]. »

La vénération croissante qui s'attachait à ce tombeau sacré fit que le nom de Sainte Geneviève fut ajouté d'abord par la dévotion populaire au titre des Saints Apôtres, et finit par le remplacer complétement. Car, en 831 ; Anse- gise, abbé de Saint-Wandrille, faisant un legs à la basi- lique, l'appelle « Sainte-Geneviève de Paris », en 883, l'auteur des *Annales de saint Bertin,* et, vers 890, l'au- teur des *Gestes des Normands,* la désignent ainsi : « l'église de Saint-Pierre et Sainte-Geneviève » ; vers 890, Dudon, abbé de Saint-Quentin, la nomme « l'église de « Sainte-Geneviève, vierge sacrée, à Paris » ; le roi Robert en 999, « monastère des Saints Apôtres Pierre et Paul, « et de Sainte-Geneviève » ; le roi Henri Ier, en 1035,

---

[1] *De gloria confess.*
[2] *Histor.*, l. IV.

« congrégation des Saints Apôtres Pierre et Paul et de
« Sainte-Geneviève »; et à partir de ce onzième siècle, le
nom de sainte Geneviève paraît avoir été seul conservé.

En 635, le tombeau de sainte Geneviève fut transformé
en une sorte de châsse richement ornée, due au travail
de saint Éloy, soit que le corps de la Sainte ait été dès
lors transféré de son cercueil de pierre dans une châsse,
soit que, comme le croient plusieurs auteurs, saint Éloy
se soit borné à orner d'ouvrages d'or, d'argent et de
pierreries l'édicule de bois élevé primitivement sur le
tombeau de pierre, et à lui donner ainsi l'apparence
d'une châsse. Nous verrons ce travail du saint orfévre
remplacé plus tard par une vraie châsse plus somptueuse.

Le très-ancien auteur de la *Vie de sainte Bathilde*
assure que Clovis avait, dès la fondation, destiné la basilique à être desservie par une communauté de moines.
Il est certain, en effet, que ce fut d'abord une communauté religieuse, soit de moines proprement dits, soit de
chanoines réguliers, qui eut la garde de la basilique de
Sainte-Geneviève jusqu'à sa destruction par les Normands
au neuvième siècle.

Il est certain aussi que le tombeau de sainte Geneviève
fit surgir en peu de temps un quartier nouveau sur la
montagne qui porte son nom : des habitants de la Cité et
des campagnes vinrent s'établir autour de la basilique,
comme le fit plus tard l'Université, et donnèrent à la ville
de Paris sa première extension sur la rive gauche de la
Seine. C'était un sentiment d'amour et de confiance
qui portait le peuple fidèle à venir se grouper ainsi
autour du tombeau de sa sainte patronne, pour se
mettre de plus près sous sa protection, et pour s'attirer
ainsi, par la tutelle de son précieux voisinage, soit des

grâces spirituelles, soit un secours surnaturel contre les ennemis temporels dans ce lieu situé hors des murs de Paris et exposé aux incursions des barbares. La venue de cette population nouvelle constitua bientôt une véritable paroisse, aux besoins spirituels de laquelle les religieux gardiens de la basilique durent pourvoir. Les offices paroissiaux pour le peuple furent célébrés d'abord, pendant sept siècles environ, dans la chapelle souterraine ou crypte de Sainte-Geneviève, à côté du tombeau de la Sainte ; cette chapelle paroissiale, dont le curé portait le titre de chapelain de l'abbaye, fut d'abord sous l'invocation de la Sainte Vierge, puis sous le titre de Saint-Jean du Mont. Enfin, au treizième siècle, l'accroissement de la population nécessita la construction d'une église paroissiale spéciale contiguë à la basilique et dépendante de l'abbaye, sous le nom de paroisse du Mont ou de Saint-Étienne du Mont, que nous verrons constamment unie à l'histoire de l'abbaye, et qui, lui ayant survécu, possède aujourd'hui le tombeau de sainte Geneviève, comme au temps où elle résidait dans la crypte de la basilique.

L'histoire de la basilique de Sainte-Geneviève comprend quatre périodes : la première, où elle fut entre les mains de moines ou de chanoines réguliers, depuis sa fondation jusqu'aux invasions normandes ; la seconde, où, après son incendie par les Normands, elle fut entre les mains de chanoines séculiers, depuis le neuvième jusqu'au douzième siècle ; la troisième, où l'abbaye, réformée par le pape Eugène III et par Suger, fut confiée aux chanoines réguliers de Saint-Victor, depuis le douzième siècle jusqu'au dix-septième ; la quatrième, sous l'organisation nouvelle que le cardinal de la Rochefoucauld donna aux chanoines réguliers jusqu'à la Révolution.

Mais avant de suivre l'histoire de l'abbaye dépositaire

du tombeau et du culte de sainte Geneviève, et le récit des nombreux et éclatants miracles que la Sainte y opéra pendant treize siècles, il est indispensable que nous exposions d'abord les priviléges de cette célèbre abbaye, et les cérémonies adjointes à ces priviléges. Car, comme ces priviléges et cérémonies furent sensiblement les mêmes pendant presque toute la durée de la basilique, il est préférable de les connaître d'abord avant de parcourir la suite des temps. Les détails dans lesquels nous entrerons ne seront, nous l'avons dit, que la continuation de la vie de sainte Geneviève, et sa période de glorification. Car, si ce monastère et ses abbés furent pendant treize siècles en possession de si hautes prérogatives, c'était pour l'amour et l'honneur de la Sainte, et à cause de l'immense dévotion qu'elle inspirait : c'était à sainte Geneviève que ces honneurs et ces hommages étaient rendus dans la personne des gardiens de son tombeau. Ce caractère surnaturel des priviléges et cérémonies de l'abbaye génovéfaine apparaît d'autant plus clairement que l'ordre des chanoines réguliers, auquel cette abbaye appartint pendant la majeure partie de son existence, n'a jamais brillé d'un bien vif éclat, si l'on en excepte l'abbaye de Saint-Victor et une ou deux autres. L'abbaye de Sainte-Geneviève a produit, il est vrai, quelques saints personnages et de nombreux savants; mais toute son illustration procéda du tombeau qu'elle gardait, et non de son personnel; et, à travers ses vicissitudes de ferveur ou de relâchement, ce fut à cause de la Sainte dont elle portait le nom que cette communauté fut toujours glorieuse. Ce serait donc à tort qu'on regarderait comme une petitesse le soin minutieux avec lequel ces priviléges étaient notés, et le zèle jaloux avec lequel les Génovéfains en défendaient le moindre détail contre toute usurpation : car ils ne faisaient en cela que

défendre un dépôt sacré, celui des droits de « leur sou-
« veraine », comme ils appelaient la Sainte qui régnait
par eux, et dont la puissance était vénérée en leur personne par les princes et les pontifes, comme elle l'avait
été autrefois, durant sa vie mortelle, dans sa propre
personne. Dans ces contestations, en apparence futiles,
sur des immunités ou des préséances, mais qui étaient au
fond très-graves, puisque tout privilége d'un ordre religieux est un droit divin divinement acquis aux serviteurs
de Dieu, ils ne faisaient que défendre le patrimoine héré-
ditaire de la vénération que les siècles passés avaient
léguée à la gloire de sainte Geneviève.

CHAPITRE XVIII

PRIVILÉGES SPIRITUELS ET TEMPORELS DE L'ABBAYE DE SAINTE-GENEVIÈVE.

Les priviléges spirituels de l'abbaye de Sainte-Geneviève consistaient, avant tout, dans une entière exemption de la juridiction des évêques de Paris et autres ordinaires, l'abbaye ne dépendant et ne relevant que du Saint-Siége directement et sans intermédiaire. L'abbé nommait même les curés des paroisses dépendantes de son abbaye, sauf l'approbation qui devait leur être donnée ensuite par l'évêque du diocèse, lequel n'avait d'ailleurs aucun autre droit de surveillance sur ces paroisses que pour l'administration des sacrements et la cure des âmes. Parmi ces paroisses dépendantes de l'abbaye, étaient, à Paris, celles de Saint-Étienne du Mont, de Saint-Médard, et de Sainte-Geneviève dans la Cité ou des Ardents, établie sur l'emplacement de la maison de la Sainte, et qui fut cédée à l'évêché en 1202. Hors de Paris, l'abbaye possédait, entre autres, la paroisse de Sainte-Geneviève de Nanterre, renfermée, croit-on, dans la donation de Clovis, les paroisses de Saint-Remy de Vanves, de Saint-Éloy de Roissy, de Saint-Waast de la Ferté-Milon, de Saint-Pierre de Choisy, de Saint-Martin de Mareuil, de Saint-Denys de Rosny, de Saint-Médard de Lisy, de Sainte-Geneviève de Jossigny, de Sainte-Geneviève de Marisy, de Sainte-Geneviève d'Épinay, cette dernière donnée par saint Louis, et plusieurs autres paroisses que nous trouverons nommées dans la suite, principalement dans les diocèses de Paris, de Meaux et de Soissons. Après la réforme du cardinal de la Rochefoucauld, qui érigea au dix-septième siècle Sainte-Geneviève en maison mère de la Congrégation des chanoines réguliers de France, cet ordre comptait plus de neuf cents maisons dépendantes de Sainte-Geneviève, et l'abbé nommait à plus de cinq cents cures.

L'abbaye possédait une prébende de chanoine dans la cathédrale de Paris, par don de Théobald, prêtre et préchantre, qui avait élevé d'un étage la tour de l'église, et orné d'argent et de pierres précieuses le bâton de chantre.

L'abbé de Sainte-Geneviève était juge et conservateur des priviléges apostoliques, et député du Saint-Siége pour connaître de toutes causes, tant ecclésiastiques que civiles, c'est-à-dire de dettes, de matières décimales, de portions canoniques et congrues, de pétitoire de bénéfice et de pension constituée par le Pape sur tous bénéfices, évêchés, abbayes, prieurés ou cures. Cette qualité lui donnait le caractère de vicaire du Pape en France, et le pouvoir de décerner des monitoires dans tout le royaume. En vertu de ce privilége, l'abbaye de Sainte-Geneviève était la résidence ordinaire du Pape et de ses légats quand ils venaient en France.

Les appels des sentences de l'abbé de Sainte-Geneviève ressortissaient directement au Saint-Siége, sans que ni ordinaire, ni métropolitain y pussent prétendre aucune autorité, attendu que l'abbaye et les siens ne dépendaient que du Pape et étaient exempts de toute juridiction épiscopale, et que l'abbé avait autant de pouvoir en sa juridiction que les primats en ont dans la leur. On remarquait que quiconque était excommunié par censure, monitoire ou autre lettre de la chambre apostolique de l'abbé de Sainte-Geneviève, ne vivait pas longtemps ou était atteint de graves calamités ; d'où était venu ce proverbe : « Il ne faut s'ébahir s'il ne « profite : il est excommunié de sainte Geneviève. » C'est pourquoi, à partir de l'époque où, avec le progrès du gallicanisme, les rois de France avaient, au mépris des canons de l'Église, empiété sur le spirituel au profit du temporel, et asservi illégalement dans leur royaume toutes les causes spirituelles et ecclésiastiques à la suprématie despotique et indue de leurs parlements et de leurs légistes, le parlement de Paris avait cru pouvoir défendre d'interjeter appel à l'abbé de Sainte-Geneviève autrement que pour des choses de conséquence, de crainte que les poursuivants n'obtinssent par fraude des lettres d'excommunication en informant mal le conservateur.

L'abbé de Sainte-Geneviève déléguait, sous le titre de camérier, un de ses religieux pour tenir cette chambre apostolique, et juger en son nom les causes portées devant elle. Les actes, citations, munitions, sentences et procès de cette chambre étaient rédigés par un greffier que l'abbé nommait.

Quand il y avait appel contre la sentence du camérier, l'abbé commissionnait deux juges constitués en dignité ecclésiastique, comme abbés, prieurs, doyens, chanoines, ou conseillers-clercs. Après la sentence des nouveaux juges, les parties pouvaient encore en appeler : l'abbé nommait alors d'autres juges ; et ainsi de suite, jusqu'à ce qu'il y eût trois sentences conformes définitives, ou deux sentences conformes interlocutoires, après lesquelles on ne pouvait plus appeler. Si c'était l'abbé qui avait jugé par lui-même sur les causes ou appels, on ne pouvait appeler de sa sentence qu'en cour de Rome

Les privilégiés qui avaient leurs causes commises à la chambre apostolique de Sainte-Geneviève étaient : les officiers du Roi et des enfants de France, aumôniers du Roi, conseillers, clercs de chapelle et secrétaires ; les conseillers de la cour, procureurs et avocats du Roi, greffiers et le premier huissier ; messieurs de la chambre des comptes, des généraux et du grand conseil ; les pauvres de Montagu, dits Capettes ; les boursiers des colléges des Cholets et du cardinal Lemoine ; les prieurs et religieux de Sainte-Croix de la Bretonnerie, de Saint-Martin des Champs, des Blancs-Manteaux et des Billettes ; les doyens et chanoines de la cathédrale de Paris et des églises de sa dépendance, c'est-à-dire de Saint-Benoît, de Saint-Merry, de Sainte-Opportune, de Saint-Marcel, de Saint-Éloy, de Saint-Denys de la Chartre, de Saint-Germain l'Auxerrois, de Saint-Étienne des Grés et du Saint-Sépulcre ; le chapitre de la cathédrale de Meaux ; les chanoines de la Sainte-Chapelle ; les Minimes de Chaillot et du bois de Vincennes, dits Bonshommes ; les religieux des abbayes de Cluny et de Prémontré et de tous les monastères qui en dépendaient ; les monnoyers de Paris ; les moines des abbayes de Saint-Germain des Prés et de Saint-Denys en France ; le chapitre de Poissy ; les chanoines des chapelles du bois de Vincennes et du Vivier en Brie.

Quant aux causes regardant l'abbaye de Sainte-Geneviève et les prieurés qui en dépendaient, elles étaient portées devant les abbés de Saint-Pierre de Chartres et de Josaphat, qui déléguaient un de leurs religieux comme juge conservateur, assisté d'un greffier de leur justice.

L'abbé de Sainte-Geneviève avait l'usage de la crosse et de la mitre, et, comme les abbés mitrés, le pouvoir d'officier pontificalement, et de conférer la confirmation et les ordres mineurs à ses subordonnés.

Les officiers de l'abbaye étaient, après l'abbé : le prieur; le sous-prieur; le maître des novices; le cellerier; le pitancier; le procureur; l'infirmier; le chapelain, chargé de la cure paroissiale du Mont Sainte-Geneviève ; le chèvecier, chargé de garder les châsses et ornements d'église et de recevoir les offrandes; le préchantre, qui portait dans les cérémonies un bâton argenté orné de pierreries, comme le préchantre de la cathédrale; l'aumônier, qui, chargé de soulager les pauvres, avait pour cet objet les revenus de la ferme et du village d'Aulnay, dîmes, usage des forêts, pâturages et autres droits à four et à ban; nous avons déjà parlé du camérier, et nous allons parler spécialement aussi du chancelier.

La dignité de chancelier de l'Université de Paris appartenait de droit au chancelier de l'abbaye de Sainte-Geneviève, parce que l'Université avait fixé son siége sur le territoire de l'abbaye. Ce chancelier avait pour fonctions d'examiner et d'attester par écrit quelles personnes étaient aptes à enseigner. C'était donc Sainte-Geneviève qui, par son chancelier, présidait aux examens de l'Université, et donnait les licences pour la théologie, le droit canon, les arts et toutes facultés. C'est en allusion à cette présence de l'Université dans les domaines de Sainte-Geneviève que l'office propre de la Sainte disait, dans le septième répons de matines : « Le Seigneur a exalté cette « humble et pauvre jeune fille sur sa montagne sainte au « milieu de l'Université, afin de confondre la sagesse du « monde, et d'enseigner à tous que la sagesse de ce « siècle est folie devant Dieu [1]. » Ce ne fut qu'à une

[1] *I Cor.* III, 19.

époque ultérieure que le chancelier de Sainte-Geneviève dut partager ce privilége avec le chancelier de Notre-Dame, récemment institué. C'est à cause de cette suzeraineté de Sainte-Geneviève sur l'Université de Paris et de la présence des écoles sur le territoire de l'abbaye, que le trop fameux Pierre Abailard donne à la montagne Sainte-Geneviève le nom de « Parnasse de Sainte-Geneviève », d'où le nom de « Montparnasse », conservé actuellement à deux voies publiques de Paris dans le quartier qui en dépendait. Le chancelier de Sainte-Geneviève et de l'Université devait être maître ès arts, et choisir un sous-chancelier qui fût docteur en théologie. Voici quelle était la formule des licences qu'il décernait : « Nous, frère N., « religieux profès du monastère de Sainte-Geneviève, et « chancelier de l'Université de Paris, par l'autorité apo- « stolique qui en cet endroit nous est commise, vous « donnons licence de régenter, disputer et déterminer, « et d'exercer tous autres arts scolastiques et magistériaux « à Paris, et par tous les coins du monde, au nom du Père, « et du Fils, et du Saint-Esprit. *Amen.* »

Quant aux priviléges temporels, la justice de l'abbaye de Sainte-Geneviève s'étendait sur tout le territoire nommé bourg de Sainte-Geneviève, et comprenait la plus grande partie de l'Université et du faubourg Saint-Marcel. L'abbé y avait droit de haute, moyenne et basse justice, de faire brûler, d'aubaine et d'épaves, et tous priviléges propres aux seigneurs qui avaient droit de plein haubert. L'abbaye avait pour cet objet sa prison, ses juges, ses greffiers, son procureur fiscal, et autres officiers de justice. Elle avait droit de péage sur les bateaux abordant sur la rive de la Bièvre. L'abbé avait le droit d'instituer des bouchers jurés et un pharmacien expert pour visiter la viande et les médicaments qui se vendaient dans toute la montagne Sainte-Geneviève et ses dépendances, et dans le faubourg Saint-Marcel. Il avait aussi le droit d'étalonnage des poids et mesures des marchands de la place Maubert.

L'abbaye possédait en outre, en divers lieux et diocèses, des domaines, terres et revenus considérables donnés, en signe de dévotion à sainte Geneviève, par les princes et les particuliers, et dont nous trouverons l'indication dans la suite du récit.

La basilique de Sainte-Geneviève possédait un grand nombre de reliques. Après les châsses de sainte Geneviève, de sainte Alda, de saint Céraunus et de sainte Clotilde, les principales de ses reliques étaient : la tête de saint Baudélius, martyr de Nîmes, dont l'Église fait la fête le 20 mai; une statuette de sainte Geneviève dont le piédestal contenait une dent de la Sainte, séparée du corps par l'abbé Herbert, comme nous le dirons plus tard; la chasuble de saint Pierre, précieuse relique rapportée d'Antioche, qui opérait de nombreux miracles dont saint Hugues, abbé de Cluny, fut témoin, mais qui disparut lors de la première réforme de l'abbaye, probablement par l'effet d'un vol sacrilége dont on soupçonna les chanoines séculiers qui en furent alors chassés pour leur indiscipline; un reliquaire de saint Pierre et saint Paul.

En outre des sépultures royales de Clovis et des autres personnes de sa famille, dont nous avons parlé, beaucoup de grands personnages tinrent à honneur de se faire ensevelir dans la basilique, sous la protection de sainte Geneviève et à l'ombre de son glorieux tombeau.

CHAPITRE XIX

PRIVILÉGES DE L'ABBAYE DE SAINTE-GENEVIÈVE POUR L'INSTALLATION DES ÉVÊQUES ET ARCHEVÊQUES DE PARIS.

On peut dire que le plus glorieux des priviléges de l'abbaye génovéfaine fut celui dont elle jouissait lors de l'installation des évêques, et plus tard archevêques de Paris. Car le cérémonial qui s'y observait « de temps im- « mémorial » indique clairement, de la part des évêques de Paris qui l'ont établi dès les temps les plus reculés, l'intention de venir demander à sainte Geneviève, comme patronne de Paris, l'investiture de leur dignité, de se mettre sous sa protection et comme sous sa suprématie en prenant la charge de leur troupeau, et de se faire présenter par elle à leur peuple, en un mot, de faire à la Sainte hommage de leur personne, de leur charge et de leur gouvernement, et de témoigner ainsi qu'elle présidait toujours, comme quand elle vivait ici-bas, à la ville et au diocèse dont elle était la patronne, et que le pontife prenant possession de son siége voulait le recevoir en quelque sorte de la main de sainte Geneviève, afin d'exercer son pouvoir avec elle, par elle et en son nom, et de s'assurer ainsi sa bénédiction et son assistance. Nous ne connaissons pas d'hommage semblable rendu à aucun Saint, si ce n'est à saint Pierre, de qui le Pape élu professe tenir son sceptre pastoral et qui est censé vivre toujours dans le Pape régnant, comme sainte Geneviève était censée vivre toujours dans l'évêque ou archevêque en titre.

Quand donc un évêque ou archevêque de Paris nouvellement créé devait prendre possession de son siége, il allait, la veille du jour fixé pour cette cérémonie, coucher dans l'abbaye de Saint-Victor, ou dans quelque autre lieu voisin de Sainte-Geneviève. Le lendemain matin, les religieux de Saint-Victor le conduisaient processionnellement jusqu'à la porte de la basilique de Sainte-Geneviève; l'évêque portait alors seulement le rochet et le camail.

Il était reçu à la porte de la basilique par les religieux de l'abbaye de Sainte-Geneviève, vêtus de chapes de soie, ayant à leur tête l'abbé, qui lui présentait l'eau bénite et l'encens, et le prieur, qui lui donnait les Évangiles à baiser; après quoi, l'abbé de Saint-Victor faisait une courte allocution et se retirait avec ses religieux.

L'abbé de Sainte-Geneviève, ayant alors complimenté l'évêque, le prenait par la main droite, et le prieur par la main gauche, et tous deux l'introduisaient dans le chœur de la basilique, tandis qu'on chantait le répons de la Trinité *Deum time* et l'antienne de sainte Geneviève *O felix*. L'évêque s'agenouillait sur un tapis avec coussin, et priait devant l'autel. L'abbé récitait ensuite sur lui quelques versets avec l'oraison : *Deus omnium fidelium :* « O Dieu, pasteur et maître de tous les fidèles, regardez « favorablement votre serviteur N., que vous avez mis « comme pasteur à la tête de l'église de Paris : donnez-« lui de profiter par la parole et par l'exemple au peuple « qu'il gouverne, afin qu'il parvienne à la vie éternelle « avec le troupeau qui lui est confié. » Après cela, l'évêque montait au maître-autel, qu'il baisait, et où, selon une antique coutume, il devait offrir un morceau de drap d'or ou d'autre étoffe précieuse pour ornements d'église. Puis il allait à la sacristie se vêtir des habits pontificaux, et revenait s'asseoir sur un trône placé à côté du maître-autel ; le chantre entonnait alors le *Te Deum laudamus,* que le chœur continuait. Ensuite on apportait devant l'évêque les Évangiles et un livre contenant la formule du serment suivant en latin : « Moi, N., « évêque de Paris, je jure sur ces saints Évangiles de « Dieu que je respecterai les droits, libertés, priviléges, « exemptions, immunités et coutumes du monastère de « Sainte-Geneviève de Paris, et les autres compositions « conclues entre mes prédécesseurs et les abbés et la « communauté dudit monastère de Sainte-Geneviève [1]. » L'évêque lisait à haute voix cette formule, et prêtait serment entre les mains de l'abbé, en disant en latin, la main étendue vers les Évangiles : « Je le jure. »

Alors, l'évêque ayant donné la bénédiction pontificale, les ordres mendiants et les paroisses passaient en avant pour former la procession. L'évêque était alors enlevé avec son trône, recouvert d'une pièce d'étoffe précieuse, et porté ainsi sur les épaules de quatre religieux de Sainte-Geneviève jusqu'à la porte de la basilique. Là, un huissier appelait les quatre barons vassaux de l'évêque de Paris, c'est-à-dire ceux de Massy, de Montgeron, de Luzarches et de Chevreuse (précédemment celui de Montmorency, avant son élévation à la dignité ducale). Les quatre religieux déposaient alors l'évêque entre les mains de ces quatre seigneurs, et l'évêque devait donner

---

[1] Ego, N., Parisiensis episcopus, juro ad hæc sancta Dei Evangelia me servaturum jura, libertates, privilegia, exemptiones, immunitates et consuetudines monasterii Sanctæ Genovefæ Parisiensis, et compositiones alias habitas inter prædecessores meos et abbates et conventum dicti monasterii Sanctæ Genovefæ.

une pièce d'or de la valeur de dix sous parisis à chacun de ces quatre religieux qui l'avaient porté.

La procession se mettait alors en marche dans cette disposition : les ordres mendiants ; le clergé des paroisses ; les religieux de Sainte-Geneviève ; les officiers de la ville, et de l'évêque ; les évêques assistants ; puis la croix de Sainte-Geneviève et celle du pontife ; enfin l'évêque, porté dans son trône sur les épaules de ses quatre barons, avec l'abbé de Sainte-Geneviève marchant à sa droite et le prieur de Sainte-Geneviève à sa gauche.

La procession passait par la rue Saint-Étienne des Grés et la rue Saint-Jacques. Devant le couvent des Dominicains, le recteur de l'Université faisait une harangue en latin. La procession passait ensuite sur le Petit Pont, et arrivait devant l'église de Sainte-Geneviève des Ardents, qui occupait, on s'en souvient, l'emplacement de la maison de notre Sainte. Au devant de cette église, se trouvaient rangés le chapitre de Notre-Dame et le clergé de la cathédrale, attendant leur évêque, ainsi que le prévôt des marchands et des échevins.

Là, dans ce lieu sanctifié par la demeure habituelle de sainte Geneviève, par ses prières et ses austérités, par les entretiens intimes de son âme avec son Époux céleste, dans ce lieu où le clergé et le peuple parisiens venaient autrefois écouter ses conseils et implorer son secours, l'évêque était déposé à terre. Alors l'abbé de Sainte-Geneviève prenait le pontife par la main droite, en lui disant : « Bienvenue soit votre paternité » ; le prieur de Sainte-Geneviève prenait, de son côté, l'évêque par la main gauche ; et ces deux fils et représentants de sainte Geneviève conduisaient l'évêque vers son chapitre. Là, l'abbé disait au chapitre : « Très-vénérable compagnie, « suivant les louables coutumes établies autrefois par nos

« prédécesseurs et inviolablement observées, nous vous
« présentons Révérend Père en Jésus-Christ et sei-
« gneur N., par la miséricorde divine, évêque de Paris,
« afin que vous daigniez le recevoir comme votre véritable
« pontife. » Le doyen du chapitre répondait à l'abbé de
Sainte-Geneviève par un petit discours commençant en
ces termes : « Vénérable Père, nous le recevons volon-
« tiers. » Le chapitre ayant ainsi reçu son évêque des
mains de l'abbé et du prieur de Sainte-Geneviève, c'est-
à-dire des mains de la Sainte et au seuil même de son
ancienne demeure, les religieux de Sainte-Geneviève et
le chapitre de Notre-Dame se saluaient, et les Génovéfains se retiraient, gardant pour eux, selon une antique
coutume, le siége où l'évêque avait été porté et l'étoffe
qui le recouvrait. L'évêque alors, livré par eux à son
clergé, prêtait devant son chapitre le serment de respecter les droits, libertés et priviléges de l'église de
Paris, selon la même formule qu'il avait juré précédemment de respecter ceux de l'abbaye de Sainte-Geneviève. C'est seulement après ce serment qu'on ouvrait
à l'évêque les portes de sa cathédrale, où il se rendait
processionnellement du seuil de l'église de Sainte-Geneviève des Ardents. Le soir, l'abbé de Sainte-Geneviève
était invité à la table de l'évêque.

Tel était le cérémonial « gardé de toute antiquité et de
« temps immémorial, inébranlablement observé, et usité
« sans contestation », ce sont les expressions mêmes des
actes authentiques du treizième et du seizième siècle. Et
l'évêque Eustache du Bellay, ayant cru pouvoir, par ordre
du roi, manquer à quelques-unes de ces cérémonies en
1551, dut avouer à l'abbé de Sainte-Geneviève, publiquement et par-devant notaires, « qu'il était tenu à observer
« tous ces usages, comme ses prédécesseurs y avaient été

« tenus et avaient eu coutume de faire », et consentit à préter publiquement entre les mains de l'abbé le serment de ne porter atteinte à aucun de ces priviléges. Un Génovéfain du treizième siècle, dans une note où il décrit ce cérémonial, conclut en ces termes : « C'est là ce qui a « été observé de toute antiquité. Et, si l'évêque refusait « d'observer ces cérémonies envers l'église de Sainte-Ge- « neviève, qui est libre, depuis sa fondation, de toute juri- « diction épiscopale, nous refuserions de lui témoigner la «révérence et l'honneur que nous avons coutume de lui « témoigner pour sa joyeuse entrée. »

Dans tout l'ensemble de ce cérémonial et jusqu'en ses moindres détails, on voit sainte Geneviève vivante dans la vénération du clergé et du peuple, et présidant comme en personne à l'installation du nouveau pontife de la ville qu'elle protége.

CHAPITRE XX

CÉRÉMONIAL DE LA RÉCEPTION DES ABBÉS DE SAINTE-GENE-VIÈVE ET DES PAPES, LÉGATS ET ROIS. — PROCESSIONS ANNUELLES DE LA CATHÉDRALE A SAINTE-GENEVIÈVE.

Lorsqu'on procédait à l'installation d'un nouvel abbé de Sainte-Geneviève, le prieur et le sous-prieur, vêtus de chapes, précédés de religieux portant l'eau bénite, l'encens et les chandeliers, et suivis de la communauté, venaient à sa rencontre au-devant des degrés, recevaient ses bulles, les lisaient et acceptaient, et le recevaient pour abbé. Ils lui faisaient jurer sur les Évangiles de tenir et faire observer l'ordre et la règle de Saint-Augustin dans la communauté, et de conserver les droits, priviléges et immunités de la maison et des religieux. Puis le prieur aspergeait l'abbé d'eau bénite, l'encensait, et, tandis qu'on chantait le répons de la Trinité *Deum time* et l'antienne de sainte Geneviève *O felix*, l'introduisait dans le chœur, où il prenait place à un trône orné d'un coussin et d'une draperie, et préparé à la tête du tombeau de Clovis. L'abbé s'y étant agenouillé, le prieur récitait sur lui les prières d'usage; après quoi le prieur et le sous-prieur le conduisaient à sa stalle, d'où il donnait pour la première fois la bénédiction pontificale.

Lorsque le Pape, ou un de ses légats, ou le Roi ou la Reine, venait à Sainte-Geneviève, on usait du même cérémonial, et l'abbé venait lui faire baiser les Évangiles.

De plus, pour l'entrée du souverain pontife, on démurait une porte ronde qui donnait dans le jardin de l'abbé, entre la porte Saint-Marcel et la porte Saint-Jacques, et les deux plus grosses cloches sonnaient à son arrivée et à son départ.

Les religieux de Sainte-Geneviève portaient le même habit que ceux de l'abbaye de Saint-Victor, d'où était sortie leur première réforme, c'est-à-dire une tunique de laine blanche ; par-dessus la tunique, un surplis de lin de même longueur, qu'ils portaient toujours, même hors de l'église ; et, par-dessus le surplis, un manteau et un capuchon noirs : ce surplis ajouté perpétuellement à l'habit religieux était commun chez les chanoines réguliers, et les Dominicains, issus des chanoines réguliers d'Osma, le portèrent d'abord avant de le remplacer par le scapulaire de laine blanche. Parmi les Génovéfains, les officiers seuls, pour la commodité de leurs fonctions, portaient, au lieu du surplis, un rochet à manches étroites.

La formule de profession des religieux de Sainte-Geneviève était au douzième siècle la suivante, que nous traduisons du latin : « Moi, frère N..., clerc, promets à « l'église de Sainte-Geneviève, devant Dieu et les saintes « reliques de la même église, en présence de notre sei- « gneur et prélat et des autres frères, la stabilité de mon « corps et l'amendement de mes mœurs, principalement « pour la chasteté, la communauté de biens et l'obéis- « sance, selon la grâce que Dieu m'a donnée et selon la « mesure de mes forces [1]. »

---

[1] Ego, frater N., clericus, stabilitatem corporis mei ecclesiæ beatæ Genovefæ promitto coram Deo et sanctis reliquiis ejusdem ecclesiæ, in præsentia domini nostri prælati et ceterorum fratrum, et emendationem morum meorum, præcipue in castitate, et in communione, et in obedientia, secundum gratiam mihi a Deo collatam, et facultatem virium

La communauté de Sainte-Geneviève renfermait des frères convers, et anciennement aussi des sœurs converses qui aidaient au service extérieur et qui faisaient des vœux simples. Il y avait aussi à Sainte-Geneviève des reclus et recluses, c'est-à-dire des pénitents qui s'enfermaient dans de petites cellules près des églises et y restaient parfois toute leur vie, comme il y en eut longtemps au mont Valérien.

La dévotion de l'église de Paris pour sa patronne se traduisait, en outre de quelques autres pèlerinages publics dont nous allons parler, par trois processions solennelles que l'évêque et son chapitre faisaient chaque année, de la cathédrale à Sainte-Geneviève, le 3 janvier, fête de la Sainte, le dimanche des Rameaux, et la vigile de l'Ascension.

Le dimanche des Rameaux, les processions collégiales sujettes à l'évêché se réunissaient à Notre-Dame; l'évêque et ses chanoines s'y joignaient, avec les deux chèveciers, vêtus de chapes, et portant la châsse de Notre-Dame. La procession se rendait de la cathédrale, par le Petit-Pont, la rue Saint-Jacques et la rue des Grès, à la basilique de Sainte-Geneviève du Mont, sans chanter. Quand on était arrivé à la basilique, l'évêque y faisait la bénédiction des rameaux ; après quoi un Génovéfain chantait l'Évangile *Cum appropinquasset,* et un docteur y prononçait ensuite

---

mearum. — Le Père Saintyves a commis un contre-sens en traduisant par vie commune le mot de *communio,* qui signifie communauté de biens, et il en conclut à tort que cette formule ne renfermerait pas le vœu de pauvreté, qui s'y trouve exprimé formellement. D'ailleurs, l'ancienne formule monastique de profession, telle que l'édicte la règle de Saint-Benoît, et avec laquelle celle-ci présente quelque ressemblance, n'exprime formellement que le seul vœu d'obéissance, les deux autres y étant implicitement compris; mais ici ils sont exprimés tous trois.

un sermon. En sortant de Sainte-Geneviève, la procession chantait le répons *Cum appropinquasset,* et faisait une station au collége de Lisieux, puis s'en allait, par la rue Saint-Jacques, jusqu'à la porte de la Cité au Petit Châtelet, où les maisons étaient tapissées, et des bancs placés des deux côtés pour asseoir les chanoines. On chantait alors le répons *Gloria, laus et honor,* à la fin duquel l'évêque, en habits pontificaux, venait chanter *Attollite portas* à la porte de la prison, y entrait, et délivrait un prisonnier, qui suivait l'évêque jusqu'à Notre-Dame en portant sa queue en signe de gratitude ; à l'entrée de la cathédrale, on chantait l'antienne *Tota pulchra es.*

Dans les deux autres processions annuelles que le chapitre de la cathédrale faisait à Sainte-Geneviève, le 3 janvier, fête de la Sainte, et la veille de l'Ascension, les chanoines de Notre-Dame recevaient à l'abbaye génovéfaine des pains bénits sur lesquels était empreinte l'image de la pièce de monnaie ou médaille à l'effigie de la croix que saint Germain d'Auxerre avait donnée à sainte Geneviève en signe de sa consécration à Dieu.

Le jour de Sainte-Geneviève, les chanoines de Notre-Dame venaient processionnellement chanter la grand-messe à la basilique génovéfaine ; après quoi, ils dînaient au réfectoire avec les religieux. Un Génovéfain prononçait en latin le panégyrique de la Sainte, et l'on distribuait les pains bénits de sainte Geneviève ; il en était de même la veille de l'Ascension. Cette coutume ayant donné lieu à des désordres, le cardinal de la Rochefoucauld décida, au dix-septième siècle, que ces pains seraient désormais distribués dans l'église.

La vigile de l'Ascension, les chanoines de Notre-Dame venaient en procession à Sainte-Geneviève avec les paroisses dites « filles de la cathédrale », c'est-à-dire Saint-

Benoît, Saint-Merry, Sainte-Opportune, Saint-Marcel, Saint-Éloy, Saint-Denys de la Chartre, Saint-Germain l'Auxerrois, Saint-Étienne des Grès et le Saint-Sépulcre, ou au moins quatre d'entre elles ; on y portait la châsse de Notre-Dame, et l'effigie d'un dragon figurant le monstre qui fut exterminé par saint Marcel.

En outre de ces trois processions annuelles, c'était anciennement l'usage que, le lundi de Pâques, l'évêque de Paris allait chanter la grand'messe à Sainte-Geneviève.

Le 26 novembre, jour de la fête commémorative de Sainte-Geneviève des Ardents, après vêpres, les chantres de Notre-Dame allaient à Sainte-Geneviève y chanter un répons en l'honneur de la Sainte, et les religieux leur servaient ensuite une collation.

Le troisième lundi de carême, les chanoines de Notre-Dame venaient anciennement à Sainte-Geneviève avec solennité. Un diacre, avec deux assistants, en habit de chœur, attendait le retour de la procession du côté de l'épître, donnait à tous les chanoines l'Évangile à baiser, et leur disait en latin : « Nous prions pour les vôtres, « priez pour les nôtres. » Le lendemain, la messe de prime était chantée à Sainte-Geneviève pour le chapitre de Notre-Dame, et probablement de même à Notre-Dame pour les Génovéfains.

Indépendamment de ces processions annuelles et fixes, il y en avait d'autres éventuelles, de deux sortes. D'abord, la cathédrale et toutes les paroisses de Paris faisaient des processions générales à Sainte-Geneviève, en supplication ou en action de grâces, lors de certains événements graves. Ensuite, lorsqu'il devait y avoir une procession solennelle de la châsse de la Sainte, ce qui ne se produisait qu'exceptionnellement et pour de grandes nécessités publiques, la cathédrale et toutes les paroisses de Paris faisaient, chacune à son tour, des processions préparatoires à Sainte-Geneviève, soit huit jours avant la date fixée pour la procession de la châsse, soit dans les jours qui la précédaient immédiatement.

Les fêtes solennelles de la Sainte propres aux Génovéfains étaient : le 3 janvier, la fête de sainte Geneviève, double de première classe avec octave, et à l'octave, le 10 janvier, la Révélation de la tête de sainte Geneviève ; le 28 octobre, la Translation de sainte Geneviève, double de première classe ; le 26 novembre, l'Excellence de sainte Geneviève, ou Sainte-Geneviève des Ardents, double de seconde classe ; le 28 novembre, l'anniversaire de la dédicace de la basilique, qui en 1665 fut transféré au 31 décembre.

CHAPITRE XXI

PROCESSIONS DE LA CHASSE DE SAINTE GENEVIÈVE ET LEUR CÉRÉMONIAL.

Les cérémonies les plus pompeuses et les plus solennelles dont l'abbaye génovéfaine avait le privilége étaient celles qui se célébraient pour les processions de la châsse de sainte Geneviève, quand une de ces processions était résolue pour quelque circonstance grave. Car telle était la vénération portée à la Sainte par le peuple et le clergé de Paris et par la communauté qui gardait son tombeau, que la châsse renfermant ses reliques ne pouvait être enlevée du lieu où elle reposait ordinairement que pour des raisons très-graves, telles que des calamités publiques et extraordinaires, et avec une pompe et un appareil de solennité exceptionnels.

Cet usage de porter processionnellement les reliques des Saints en manière de supplication publique et pour implorer leur secours fut pratiqué dès les premiers siècles chrétiens. C'est pourquoi le peuple de Paris, se souvenant que sainte Geneviève l'avait préservé autrefois de l'invasion des Huns et d'une ruine certaine, qu'elle l'avait délivré aussi des horreurs de la famine, et qu'elle avait souvent apaisé des tempêtes par sa prière, eut l'idée de recourir d'une manière spéciale à sa patronne lorsqu'il se voyait menacé de fléaux et de calamités diverses, telles que guerres, invasions, épidémies, sécheresses, pluies excessives ou inondations. Alors on faisait une procession de la châsse de sainte Geneviève, et la suite du récit nous montrera quels éclatants miracles furent dus à ce genre de supplications. C'est au neuvième siècle que nous trouvons la première mention d'une procession semblable, et, depuis cette date, il y en eut au moins soixante-dix-sept jusqu'à la Révolution.

Trois conditions étaient exigées pour que la châsse de sainte Geneviève sortît de son église et fût portée processionnellement dans Paris.

La première condition était qu'il y eût une nécessité pressante et extraordinaire. Car la vénération toute particulière qui entourait les reliques de la Sainte imposait de ne recourir à cette cérémonie de leur déplacement que dans des cas rares et exceptionnels, afin que ce mode de supplication extraordinaire ne devînt pas banal aux yeux du peuple et ne perdît rien de son caractère solennel. C'est ce qui fut observé dans les premiers temps. Et, comme il était légitime, c'était à l'abbé et aux religieux de Sainte-Geneviève que devait être demandée la permission de faire sortir la châsse. Comme l'atteste Jacques de Dinant, c'était « une coutume antique, approuvée et in-
« violablement observée, que la châsse de sainte Gene-
« viève ne sortît pas de son église à moins que les cha-
« noines de la cathédrale, et non d'autres, en fissent
« humblement et dévotement la demande à l'abbé et aux
« religieux pour quelque nécessité ou danger urgent, et
« promissent qu'il lui serait rendu l'honneur et la révé-
« rence convenables » ; d'après le même auteur, si, après l'observation faite qu'il ne conviendrait pas de rendre ces processions trop fréquentes au risque d'en lasser la dévotion publique, les chanoines persévéraient dans leur demande, les religieux ne croyaient pas pouvoir s'y refu-

ser. Mais, avec le progrès du gallicanisme et l'envahissement toujours croissant de l'autorité civile sur les droits de l'autorité spirituelle, on en vint, dans les derniers siècles, à s'adresser au Parlement pour demander ces processions, et le Parlement les décrétait abusivement par arrêt, sans même consulter l'abbé de Sainte-Geneviève ni l'archevêque, et en se bornant à les avertir de sa décision. Et, par la même raison, comme l'autorité temporelle ne consultait en cela que son bon plaisir, sans considérer les raisons de piété qui portaient auparavant les religieux à ne pas prodiguer cette solennité, les processions se multiplièrent outre mesure, sous la double influence des troubles de ces temps et de l'ingérence indue des magistrats civils en cette matière.

La seconde condition était qu'on donnât à cette cérémonie une pompe exceptionnelle, et que le chapitre de la cathédrale vînt, avec son évêque ou archevêque, chercher solennellement la châsse de sainte Geneviève dans sa basilique. « C'est une coutume inviolablement observée « de toute antiquité », disent à la fois le témoin oculaire du miracle des Ardents et Jacques de Dinant, « que, quand « la bienheureuse vierge Geneviève est portée, elle sorte « solennellement, et soit rapportée solennellement. » Jacques de Dinant ajoute qu'en conséquence, une fois le jour fixé, on devait l'annoncer dans toutes les églises, nettoyer les rues et les places, et apporter les reliques des Saints à la basilique de Sainte-Geneviève.

Enfin la troisième condition était que la châsse de saint Marcel, neuvième évêque de Paris, vînt de la cathédrale chercher la châsse de sainte Geneviève dans sa basilique, et la reconduisît même au retour pendant une partie du chemin. « Car on dit en proverbe », écrit Jacques de Dinant, « que la bienheureuse vierge Gene-

« viève ne se mettrait pas en marche si saint Marcel ne « venait la chercher. » Cette condition était si rigoureusement exigée, que les Génovéfains refusèrent pour ce motif de porter la châsse de la Sainte au-devant de la Couronne d'épines de Notre-Seigneur transférée par saint Louis, et que ce Roi, ayant appris que c'était une coutume immémoriale que sainte Geneviève ne sortît jamais sans que saint Marcel vînt la chercher, approuva leur refus ; ils firent aussi un refus semblable à une demande analogue sous le règne de Charles VI. Nous avons rapporté l'origine de cet usage à une tradition d'après laquelle ce serait saint Marcel qui, comme nous le croyons, aurait consacré solennellement sainte Geneviève en lui imposant le voile des vierges.

Dans les premiers temps, la châsse de sainte Geneviève, étant légère et peu ornée, était portée dans ces processions par quatre des religieux. Mais, quand elle fut chargée plus tard d'or, d'argent et de pierreries, il fallut recourir à un autre mode de translation. C'est pourquoi on institua, en 1524, la confrérie des porteurs de la châsse, qui furent au nombre de seize, auxquels on ajouta vingt-quatre attendants. On les choisissait parmi les bourgeois les plus notables de Paris, et l'on exigeait pour y être admis une vie irréprochable : ceux qui tombaient dans quelque faute grave en étaient exclus. Les attendants étaient pris parmi les membres de la grande confrérie de Sainte-Geneviève, et destinés à succéder aux porteurs titulaires et à les remplacer ou seconder. La châsse était portée dans les processions par les seize porteurs, pieds nus, couronnés de fleurs, et vêtus de longues chemises de toile plissées en forme d'aubes, et qui étaient anciennement, sous le nom de sac ou de cilice, l'habit des pénitents. Quatre religieux, néanmoins, mettaient la main aux quatre bâtons du brancard de la châsse, pour en être les porteurs honoraires, du moins dans les premiers temps ; car cela tomba ensuite en désuétude. Un dix-septième porteur, pris parmi les attendants, portait un cierge. Tous les religieux de Sainte-Geneviève avaient les pieds nus et restaient à jeun pendant ces processions.

C'était ordinairement du prévôt des marchands et des échevins de Paris que venait, sur l'avis des bourgeois notables, la demande d'une procession de la châsse pour remédier à quelque malheur public. Comme nous l'avons dit, le Parlement s'était arrogé, dans les derniers siècles, l'usage abusif de décider s'il y aurait ou non procession ; mais, comme une telle usurpation du temporel sur le spirituel est nulle de soi, nous disons que, comme cela se fit dans tous les siècles précédents, la demande des bourgeois, adressée à l'évêque de Paris, devait être portée par le chapitre de Notre-Dame à l'abbé de Sainte-Geneviève, qui accordait ou refusait, sur l'avis de sa communauté. Le prévôt des marchands et les échevins donnaient otages pour la sûreté de la châsse, et l'évêque jurait de la faire rapporter sans délai avec la révérence accoutumée.

Le jour de la procession étant fixé et publié dans toutes les églises par mandement épiscopal, qui ordonnait souvent un jour de jeûne public, quelques jours auparavant toutes les paroisses de Paris faisaient leurs processions particulières à Sainte-Geneviève, selon l'ordre concerté entre l'évêque et l'abbé. L'évêque y venait avec la procession de Notre-Dame, accompagné des paroisses « filles de Notre-Dame », c'est-à-dire Saint-Benoît, Saint-Merry, le Saint-Sépulcre, Sainte-Opportune, Saint-Marcel, Saint-Éloy, Saint-Denys de la Chartre, Saint-Étienne des Grès et Saint-Germain l'Auxerrois, ou au moins des quatre premières. L'évêque était reçu à Sainte-Geneviève par les religieux en chapes, et y célébrait la messe solennelle, pendant qu'on prêchait à Saint-Étienne du Mont sur l'objet de la procession. Vers la fin de la messe, l'abbé et ses religieux prenaient place au chœur ; l'évêque et ses chanoines s'y rendaient aussi après la messe, et prenaient place à la droite de l'abbé. Après diverses allocutions, l'évêque et les chanoines se retiraient. L'abbé exhortait alors ses religieux à se préparer à la cérémonie par la prière et par un jeûne de trois jours. Les porteurs de la châsse étaient avertis par le clerc de leur confrérie de se préparer par la confession à communier le jour de la procession.

Quelquefois, on faisait à Sainte-Geneviève une neuvaine préparatoire, pendant laquelle on chantait chaque jour, au salut du Saint Sacrement, un répons pour l'objet spécial des nécessités publiques, puis une antienne de la Sainte Vierge, puis une hymne et une antienne de sainte Geneviève, enfin une oraison spéciale selon l'intention des prières.

Pendant ces jours préliminaires, messieurs de la Ville faisaient nettoyer les rues où la procession devait passer, et l'on tapissait les maisons comme pour la procession de la Fête-Dieu.

La veille de la procession, l'abbé de Sainte-Geneviève célébrait pontificalement les vêpres à deux heures ; elles étaient suivies de complies. Nous reproduisons en appendice l'office propre qui était célébré pour les jours de procession. Depuis l'époque où, la ferveur de l'observance s'étant relâchée, les religieux ne se levaient plus de nuit pour l'office divin, l'heure de matines et laudes était avancée, et on les célébrait ce jour-là à quatre heures du soir, au lieu de huit heures un quart.

A la tombée de la nuit, le chevalier du guet venait avec

ses soldats prendre la garde de toutes les portes de l'abbaye et de la basilique.

Depuis onze heures du soir jusqu'à minuit, on sonnait sans relâche la plus petite des cloches.

A minuit, l'abbé et ses religieux, pieds nus, se rendaient au chœur, et y récitaient prime, tierce, sexte et none ; et tous demeuraient ainsi nu-pieds et à jeun jusqu'à la fin de la cérémonie du jour, qui ne se terminait jamais que vers le soir.

A la fin des petites heures, l'abbé, étant allé se revêtir des habits pontificaux, mais toujours nu-pieds comme tous les autres, rentrait au chœur accompagné de ses ministres, et se prosternait à terre ; et tous les religieux, prosternés de même, récitaient avec lui les sept psaumes de la pénitence et les litanies des Saints avec leurs prières et oraisons, auxquelles on ajoutait, avant la dernière, une oraison spéciale pour l'objet de la procession. Après cela, on récitait le *Confiteor*, et l'abbé, s'étant levé, donnait l'absolution générale comme au mercredi des Cendres selon le propre génovéfain, dont voici la formule que nous traduisons du latin : « Que Notre-Seigneur « Jésus-Christ, qui a dit à ses disciples : *Tout ce que vous* « *lierez sur la terre sera lié dans les cieux, et tout ce que* « *vous délierez sur la terre sera délié dans les cieux*[1], au « nombre desquels disciples il a voulu que je fusse, « quoique indigne et pécheur, sur l'intercession de la « glorieuse Mère de Dieu Marie et de l'apôtre saint Pierre, « à qui a été donné le pouvoir de lier et de délier, et de « tous les Saints, vous absolve lui-même par notre minis- « tère de tous les péchés que vous avez commis par pen- « sée, ou par parole, ou par action ou négligence, et,

---

[1] Matth. xvi, 19 ; xviii, 18.

« nous ayant déliés de nos péchés, daigne nous conduire
« au royaume des cieux, lui qui, étant Dieu, vit et règne
« avec le Père et le Saint-Esprit dans tous les siècles des
« siècles. *Amen.* Que Dieu tout-puissant vous accorde
« l'absolution et la rémission de tous vos péchés, le temps
« d'une vraie pénitence et l'amendement de votre vie.
« *Amen.* »

Ensuite le Père sacristain et un autre religieux prêtre, en aube et en étole, montaient au haut des quatre colonnes de marbre au sommet desquelles quatre anges de bronze soutenaient la châsse de sainte Geneviève, et la descendaient avec l'aide des assistants, tandis qu'on chantait le répons *Beata virgo Genovefa.* A ce moment, on sonnait en volée toutes les cloches de l'abbaye pour annoncer au peuple de Paris la descente de la châsse ; quelquefois même, une sonnerie de trompettes s'y joignait du haut du clocher. On allumait les cierges, et quatre des plus anciens religieux, recevant la châsse sur leurs épaules, la portaient dans la chapelle de Sainte-Clotilde, dite des Reliques, où ils la déposaient sur une table, et où se trouvaient, pour la garder, les bailli, lieutenant, procureur fiscal et autres officiers de justice de l'abbaye. L'abbé encensait la châsse, puis la baisait, et tous les religieux allaient après lui la saluer et la baiser.

Le cérémonial que nous venons de décrire, depuis la récitation à genoux et nu-pieds des psaumes pénitentiaux et des litanies, était toujours observé dès qu'on déplaçait la châsse de sainte Geneviève, même dans les cas exceptionnels où l'on se bornait à la descendre sans la porter en procession, comme cela eut lieu quand on la répara et quand on fit la translation des reliques, et deux autres fois au dix-septième siècle pour des maladies de la Reine et de la Reine mère.

Après la descente de la châsse, l'abbé célébrait pontificalement la grand'messe propre du jour de la procession, et tous les religieux, même prêtres, y communiaient comme au jeudi saint, à l'exception de celui qui devait dire la messe pour les porteurs. Après la grand'messe, les religieux allaient, huit par huit ou six par six, à tour de rôle, réciter constamment le psautier devant la châsse de sainte Geneviève jusqu'au départ de la procession.

Pendant ce temps, les porteurs, nu-pieds et vêtus de leurs longs vêtements de toile, assistaient à une messe dite pour eux dans la chapelle de la Miséricorde, située dans le cloître, et y communiaient tous.

Au point du jour, quelquefois même dès avant minuit, les lieutenants criminel et civil et les procureur et avocat du Roi au Châtelet, en robes rouges, venaient à Sainte-Geneviève avec leurs commissaires et officiers, pour prendre la châsse sous leur garde au nom de la Ville. Ils s'engageaient, par serment et par écrit, à la garder et à en répondre. Aussi accompagnaient-ils la châsse de tout près depuis ce moment, sans s'en éloigner ni la perdre de vue un seul instant, jusqu'à ce qu'après la procession elle eût été remontée et remise en sa place ordinaire.

Vers sept heures du matin, les cours souveraines, réunies au Palais, se mettaient en marche pour aller à Sainte-Geneviève à cheval, escortées par les archers de la Ville, le Parlement portant ses robes rouges. Elles étaient reçues par deux religieux et par le bailli de l'abbaye, et, après avoir salué et baisé la châsse, les magistrats entraient dans le monastère pour y déjeuner en attendant la procession.

A la même heure, le prévôt des marchands et les échevins, en grand costume, se rendaient à cheval, avec l'escorte de leurs archers, de l'Hôtel de ville à Notre-

Dame, d'où le clergé de la cathédrale se mettait en marche processionnellement vers Sainte-Geneviève par la rue Saint-Jacques, avec la châsse de saint Marcel, portée par la confrérie des orfévres, qui étaient vêtus de manteaux noirs et couronnés de fleurs ; on y portait aussi quelquefois d'autres châsses, comme celles de saint Magloire, de saint Méderic ou saint Merry, de saint Paxentius, de saint Landry, de sainte Opportune, de sainte Avoye. L'évêque ou archevêque marchait à la suite de son chapitre, vêtu d'une chape, la mitre en tête, la crosse et la croix portées devant lui. Derrière l'évêque, le prévôt des marchands et les échevins suivaient à cheval, vêtus de leurs robes mi-parties rouges et violettes, et coiffés de toques ; leurs archers escortaient la procession sur deux files, pour contenir la foule.

A l'entrée de la basilique génovéfaine, les orfévres cédaient la châsse de saint Marcel aux porteurs de sainte Geneviève, qui, l'inclinant un peu devant la châsse de sainte Geneviève comme pour la faire saluer, la portaient sur le maître-autel. L'évêque et ses chanoines prenaient place au côté droit du chœur, l'abbé et les Génovéfains au côté gauche. Les chanoines chantaient alors l'antienne des saints Pierre et Paul et celle de sainte Geneviève, *O felix;* puis les Génovéfains chantaient celle de saint Marcel, *O dulce decus.* L'évêque et ses chanoines allaient baiser la châsse de sainte Geneviève, et messieurs de la Ville, c'est-à-dire le prévôt et les échevins, faisaient de même.

Alors, tandis que le chantre de Sainte-Geneviève entonnait le répons de tous les Saints, *Concede nobis,* la procession se mettait en marche dans l'ordre suivant : les ordres mendiants ; les églises paroissiales et collégiales, avec leurs reliquaires ; la châsse de saint Marcel, portée par les porteurs de sainte Geneviève, pieds nus, couronnés de fleurs, et vêtus de leurs longues chemises de pénitents ; la châsse de sainte Geneviève, portée par les orfévres en manteaux noirs et couronnés de fleurs (on sait que, dans les processions, les dernières places sont les plus dignes : la châsse de sainte Geneviève avait donc la place d'honneur en marchant la seconde, ou bien, quand les deux châsses marchaient de front, celle de sainte Geneviève tenait la droite ; autant que possible, on les maintenait toutes deux côte à côte entre les deux chœurs) ; les lieutenants criminel et civil et les procureur et avocat du roi au Châtelet, en robes rouges, veillant sur la châsse de sainte Geneviève et l'entourant, avec leurs commissaires et sergents armés de bâtons bleus fleurdelisés d'or ; le Père sacristain de Sainte-Geneviève marchait aussi tout près et au-devant de la châsse, avec une baguette en main, pour en éloigner la trop grande affluence du peuple ; puis, sur deux files parallèles, les chanoines de Notre-Dame, tenant le côté gauche, et précédés des neuf paroisses « filles de Notre Dame », ou au moins des quatre premières que nous avons nommées, et les religieux de Sainte-Geneviève, tenant le côté droit, chantant seuls par privilége, marchant nu-pieds, et précédés de leurs deux paroisses de Saint-Étienne du Mont et de Saint-Médard. A la suite des deux files, marchaient côte à côte l'abbé de Sainte-Geneviève à droite, et l'évêque ou archevêque à gauche, tous deux en ornements pontificaux, mitre et chape, l'abbé ayant les pieds nus, et tous deux donnant la bénédiction au peuple sur leur passage. L'abbé était précédé des officiers de justice de son abbaye. Derrière ces deux prélats, marchaient le Parlement en robes rouges, les autres cours souveraines en grand costume, enfin messieurs de la Ville. Quand le roi assistait à la procession, il marchait seul, la tête nue, après les deux prélats, ayant devant lui les ambassadeurs et les princes, et derrière lui les cours souveraines.

La procession descendait vers Notre-Dame par la rue Saint-Jacques, en chantant l'antienne *De Jerusalem* et un répons propre selon l'objet de la nécessité publique. En arrivant au Petit-Pont, on chantait les répons de sainte Geneviève, *Ingrediente* et *Advenisse*.

A l'entrée de la cathédrale, les porteurs échangeaient leurs deux châsses, ceux de sainte Geneviève reprenant celle de leur patronne, et l'on chantait les répons de la Sainte Vierge, *Gaude, Maria Virgo,* et *Inviolata,* avec l'oraison. Les châsses étaient portées dans le chœur. L'abbé de Sainte-Geneviève prenait place à la première stalle du côté droit du chœur ; la seconde restait vide à côté de lui pour marquer la place de l'évêque, qui officiait ; le premier président du Parlement occupait la troisième, et les Génovéfains, mêlés avec le Parlement, occupaient le reste du côté droit ; au côté gauche du chœur, se plaçaient les chanoines de Notre-Dame, avec la Chambre des comptes et la Cour des aides.

L'évêque ou archevêque célébrait pontificalement la grand'messe votive de la Sainte Vierge, avec des Génovéfains pour diacre, sous-diacre et ministres. Le chantre de Notre-Dame et celui de Sainte-Geneviève entonnaient ensemble l'*Introït*. Pendant la messe, un sermon se faisait dans une des salles de l'évêché.

Après la messe, les chantres de Notre-Dame chantaient le *Domine, non secundum ;* puis les Génovéfains chantaient le *Salve, Regina,* dont l'abbé de Sainte-Geneviève disait l'oraison. Ensuite, les cours souveraines se retirant au Palais, la procession se remettait en marche dans le même ordre qu'elle était venue, si ce n'est que cette fois l'évêque et ses chanoines tenaient la droite, et l'abbé de Sainte-Geneviève avec ses religieux la gauche, afin que chaque corporation eût à son tour la place d'honneur. En sortant de la cathédrale, on chantait les répons de saint Marcel et de sainte Geneviève, *O sancte Marcelle* et *Flos sudans*. On allait ainsi jusqu'à ce que les deux châsses fussent sur le Petit-Pont, vers le portail de l'Hôtel-Dieu, et les deux prélats devant le portail de Sainte-Geneviève des Ardents, l'ancienne maison de la Sainte. Là, les porteurs de sainte Geneviève reprenaient aux orfévres la châsse de leur Sainte, et leur rendaient celle de saint Marcel. Puis, par une touchante intention, on inclinait les deux châsses l'une vers l'autre, comme pour faire se saluer entre eux la patronne de Paris et l'évêque de Paris qui l'avait probablement voilée et consacrée. En même temps, l'évêque et l'abbé, les chanoines de Notre-Dame et les Génovéfains, se saluaient aussi, et les deux cortéges se séparaient.

Tandis que l'évêque et son chapitre retournaient à Notre-Dame avec la châsse de saint Marcel, les Génovéfains reportaient à Sainte-Geneviève la châsse de leur Sainte sous l'escorte des lieutenants criminel et civil et des procureur et avocat du Roi au Châtelet, qui ne la quittaient pas afin de rester fidèles à leur serment. Le cortége était précédé des quatre ordres mendiants, des chanoines de Saint-Marcel, et des paroisses génovéfaines de Saint-Étienne du Mont et de Saint-Médard. Les Augustins quittaient le cortége au delà du Petit-Pont, les Franciscains à la place Maubert, les Carmes vers leur église de la rue de Vaugirard, et les Dominicains seulement au portail de Sainte-Geneviève. A la croix des Carmes, on chantait le répons de saint Pierre, *Cornelius centurio*. A l'entrée de la basilique de Sainte-Geneviève, on chantait le répons de la Sainte, *Revera ;* les porteurs s'arrêtaient, et tout le clergé passait sous la châsse de sainte Geneviève, comme pour recevoir sa bénédiction, puis se rangeait en haie sur deux files, dans la longueur de la nef. Les porteurs marchaient ensuite entre les deux files du clergé, et allaient déposer la châsse derrière le maître-autel. Alors on la remontait à sa place ordinaire, tandis qu'on chantait le répons *Audivi vocem* et l'antienne *Gloriosam,* et l'abbé, ayant dit l'oraison, donnait au peuple la bénédiction pontificale.

Ce jour-là, les porteurs de la châsse et les officiers de justice du Châtelet et de l'abbaye dinaient au réfectoire avec les religieux, qui n'avaient pas mangé avant le retour, c'est-à-dire jusqu'au soir. Les cierges et torches fournis par l'Hôtel de ville restaient pour le service de l'église.

Quelquefois, pendant huit jours après la procession, la châsse était laissée découverte, pour permettre au peuple de la vénérer plus à l'aise. Souvent, à la suite de ces processions, le prévôt des marchands et les échevins apportaient à Sainte-Geneviève un *ex-voto* de reconnaissance pour les grâces obtenues.

CHAPITRE XXII

LE CULTE ET L'ABBAYE DE SAINTE-GENEVIÈVE JUSQU'AUX INVASIONS DES NORMANDS. — MIRACLES DE CETTE PÉRIODE. — INSIGNE MIRACLE DU LIT DE SAINTE GENEVIÈVE PENDANT UNE INONDATION.

Après avoir tracé un tableau d'ensemble des priviléges attachés au tombeau de sainte Geneviève et des fêtes solennelles qui s'y célébraient en son honneur, il nous faut revenir à l'histoire de ce glorieux tombeau et de la communauté qui en avait la garde. Nous le répétons, ce n'est que continuer la vie de notre Sainte, dont nous verrons la puissance et la gloire y rayonner de plus en plus. Si parfois notre devoir d'historien fidèle nous oblige à enregistrer, à côté de miracles éclatants et continuels, d'autres faits moins attrayants, arides en apparence, et qui semblent au premier abord de peu de conséquence, comme des donations, des litiges, des actes de gestion, des titres de propriété, nos lecteurs se souviendront, comme nous l'avons senti nous-même, qu'il n'y a rien d'aride ni d'insignifiant dans les honneurs rendus à une Sainte, et que tout, même dans ces détails matériels, était fait en vue d'elle et pour elle : c'était, comme le portent tant d'actes que nous avons eus sous les yeux, « en témoignage « d'amour et de vénération à sainte Geneviève et pour le « remède et salut de leur âme », que les pieux donateurs de ces temps fondaient les domaines de l'abbaye. Nous devons donc nous souvenir que, dans tous ces faits de détail, c'était sainte Geneviève qui recevait, sainte Geneviève qui possédait, sainte Geneviève qui obtenait gain de cause, en un mot qui régnait sur la terre comme au ciel, dans ce temps où le commerce entre le ciel et la terre était constant et intime. Ce point de vue surnaturel doit donc dominer et prévaloir jusque dans les moindres particularités que, pour être complet, notre récit ne pouvait omettre : seulement, nous renverrons aux notes ceux de ces faits qui n'ont qu'un rapport indirect au culte de la Sainte.

Nous avons dit qu'il est certain que des religieux furent chargés, presque dès la fondation de la basilique de Sainte-Geneviève, de la garde du tombeau de la Sainte et du service de l'église, et que ces religieux y restèrent jusqu'à la destruction de l'église par les Normands en 856. Mais on ne sait si ce furent, dans cette première période, des moines proprement dits ou bien des chanoines réguliers qui y furent établis. L'ancien auteur de la *Vie de sainte Bathilde* dit que Clovis fonda cette basilique des Saints Pierre et Paul « pour y faire régner la religion de « l'ordre monastique »; Mabillon en conclut que ce furent des moines qui possédèrent l'abbaye génovéfaine jusqu'en 856 ; il se fonde encore sur ce que l'abbé Lupus, écrivant à Wenilon, archevêque de Sens, donne à ces religieux génovéfains le nom de « moines » comme à ceux des autres monastères où l'on sait positivement que des moines étaient établis ; tandis qu'Aymoin, racontant la translation des reliques de saint Germain de Paris en 863, donne aux gardiens du tombeau de sainte Geneviève à cette époque le nom de « clercs », d'où Mabillon induit avec certitude qu'après son incendie par les Normands en 856, l'abbaye génovéfaine fut possédée par des chanoines séculiers, qui y remplacèrent alors les moines. D'autres auteurs, combattant l'opinion de Mabillon, disent que les expressions de « moines » et de « monastique » doivent être entendues dans un sens générique applicable à tout ordre religieux quelconque, et croient que ce furent des chanoines réguliers qui possédèrent Sainte-Geneviève depuis sa fondation jusqu'en 856 ; et le Père Charpentier suppose que ce serait saint Remy qui y aurait établi ces chanoines réguliers, qu'il aurait tirés de son église de Reims, comme il le fit pour l'église de Laon. Quoique la question reste douteuse, nous inclinons plutôt pour l'opinion de Mabillon, parce qu'il semble rare que les termes de « religion de l'ordre monastique » aient été appliqués aux chanoines réguliers, même avant que la diffusion de la règle de Saint-Benoît eût accentué la distinction entre l'ordre monastique et l'ordre canonique. Il nous paraît donc préférable d'entendre l'expression de « moines » dans son sens littéral et précis, plutôt que dans un sens générique et vague.

Quoique l'histoire de la communauté de Sainte-Geneviève pendant cette première période soit peu connue, ce que les anciennes chroniques en révèlent manifeste, dès cette époque, le grand honneur dont elle était déjà entourée. Ainsi, trois conciles tenus à Paris dans la période mérovingienne siégèrent à Sainte-Geneviève. Le premier, tenu le 11 septembre 573, où furent convoqués neuf archevêques et vingt évêques, avait pour objet la solution de divers litiges ecclésiastiques. Le second, tenu en 577, où furent présents quarante-cinq évêques, parmi lesquels saint Grégoire de Tours, fut convoqué par le roi Chilpéric, sur la demande de l'impie Frédégonde, pour perdre saint Pretextatus, évêque de Rouen, que cette reine scélérate fit tuer ensuite. Le troisième, qualifié de « synode général » ou cinquième concile de Paris, réuni en 615 par le roi Clotaire II, saint Céraunus étant évêque de Paris, et où assistèrent soixante-dix-neuf évêques, édicta quinze canons sur la discipline ecclésiastique. La basilique de Sainte-Geneviève jouissait du droit d'asile dès l'époque mérovingienne : car, selon saint Grégoire de Tours, Leudastes, comte de Tours, se réfugia à Sainte-Geneviève pour éviter la punition de ses calomnies contre son évêque. Le concile de Reims, en 630, loue l'observance de l'abbaye de Sainte-Geneviève. Nous verrons plus tard l'abbaye génovéfaine être encore le siége d'un synode tenu en 1290 par deux légats, et d'un concile national de la province de Sens en 1490.

En 591, Gontran, roi de Bourgogne, se rendit à Paris, et de là à Rueil, d'où il alla à Nanterre pour y faire baptiser Clotaire II, évidemment par dévotion pour le berceau de sainte Geneviève.

En 635, comme nous l'avons rapporté, saint Éloy orna le tombeau de sainte Geneviève de rinceaux d'or et d'argent et de pierreries ; certains auteurs croient que ce travail consista même à faire une châsse proprement dite, où l'on aurait dès lors transféré les reliques de la Sainte, en les extrayant de son tombeau primitif. Quoi qu'il en soit, quand même saint Éloy n'aurait fait que décorer l'édicule de bois anciennement élevé sur le tombeau de sainte Geneviève, ce travail donnait dès lors à ce tombeau l'aspect d'une châsse.

Le roi Dagobert fit don à l'abbaye de Sainte-Geneviève des terres de Draveil et de Champrosay.

Dans la même période, une femme nommée Ermentrude fit don à Sainte-Geneviève de la terre qui fut appelée, de son nom, le bourg de Charmentré.

Saint Céraunus, évêque de Paris au septième siècle, sous lequel fut tenu à l'abbaye génovéfaine l'important concile dont nous avons parlé, fut enseveli dans la crypte de Sainte-Geneviève, au côté gauche du tombeau de la Sainte, et à l'opposite du tombeau de l'évêque Prudentius ; son épitaphe attestait qu'on l'invoquait contre les maux de dents : le diocèse fait sa fête le 28 septembre.

En 831, Ansegise, abbé de Fontenelle ou Saint-Wandrille, légua à Sainte-Geneviève deux livres de monnaie.

En 846 ou 847, le diacre Félix, intitulé aussi doyen, écrivit en latin une *Vie de sainte Geneviève,* reproduisant avec plus de détails la première Vie écrite dix-huit ans après la mort de la Sainte. Cet ouvrage est cité partiellement par Aymoin, moine bénédictin de Saint-Germain des Prés, dans son livre des *Gestes des Francs*.

Dans le neuvième siècle aussi, Héric, moine bénédictin de l'abbaye de Saint-Germain d'Auxerre, composant un poëme latin sur la *Vie de saint Germain,* y raconta les deux entrevues du grand évêque d'Auxerre avec sainte Geneviève : cet auteur a traduit en vers, avec une fidélité et une élégance remarquables, le récit du prêtre Constantius. Nous en avons cité deux invocations qui prouvent sa grande dévotion à la Sainte, et nous reproduisons en appendice le texte latin de ces deux épisodes.

On ne possède pas la liste complète des abbés de Sainte-Geneviève durant cette première période, de 512 à 856 ; on ne connaît que les suivants :

Optatus, nommé dans le récit des miracles accomplis peu après la mort de la Sainte. C'est probablement le même Optatus qui fut ensuite évêque d'Auxerre, accompagna sainte Clotilde dans cette ville pour y fonder la basilique de Saint-Germain d'Auxerre, et y mourut en 533.

Frothandus, cité dans le livre des miracles de saint Hilaire de Poitiers comme ayant envoyé à Draveil des reliques de ce Saint.

Herbert ou Egbert, qui transféra le corps de la Sainte à Athis et à Draveil au temps de l'invasion normande, et qui fut puni du ciel, comme nous le verrons, pour en avoir retiré une dent[1].

On pourrait aussi attribuer à Sainte-Geneviève certains prélats désignés dans cette période sous le titre d' « abbés « de Paris », et qui ne figurent pas dans les listes des abbés des autres monastères parisiens. Ce sont : Amphilochius, représentant Amélius, évêque de Paris, au quatrième concile d'Orléans en 541 ; Germoald, représentant Audebert, évêque de Paris, au concile de Châlons vers 550; et Dodon, qui fut envoyé deux fois à Rome par Pépin le Bref et par Charlemagne. On peut y joindre un abbé nommé dans la charte de Vandemir en 690 ou 691, dont le nom se termine en *noaldus,* et qui pourrait être le même que Turnoald, évêque de Paris en 693.

Nous allons maintenant rapporter les miracles qui, selon d'antiques manuscrits, se sont accomplis au tombeau de sainte Geneviève dans cette période de trois siècles et demi qui s'étend depuis la mort de la Sainte jusqu'aux invasions normandes. Ce récit est tiré, pour les deux premiers miracles, de l'œuvre même du biographe contemporain de la Sainte, ce qui prouve qu'ils furent accomplis dans les dix-huit années qui suivirent immédiatement la mort de sainte Geneviève. Les autres sont tirés d'un récit rédigé vers l'an 856 par un religieux génovéfain, témoin oculaire de beaucoup des miracles qu'il rapporte, et qui précède le récit des miracles accomplis dans la période suivante pendant les invasions normandes et dans les translations qu'elles nécessitèrent.

---

[1] Sous cet abbé, des terres de Sainte-Geneviève, voisines des terres de l'abbaye de Saint-Germain des Prés ou de celle de Saint-Denys, sont appelées « terre de Saint-Pierre », d'après l'ancien nom de la basilique.

Un enfant nommé Prudent était atteint de la gravelle ; ses parents, désespérant de lui conserver la vie, allèrent, avec des larmes et des gémissements, implorer sa guérison au tombeau de sainte Geneviève, peu après la mort de la Sainte, entre les années 512 et 530. Le jour même où ils y avaient prié, l'enfant rendit la pierre qui était la cause de sa maladie, et dans la suite ne fut plus jamais atteint de cette infirmité.

Dans la même période de dix-huit ans, 512 à 530, un Goth, qui travaillait le dimanche, eut, en punition du ciel, ses deux mains paralysées. Touché de repentir, il alla au tombeau de sainte Geneviève, morte récemment, et il y resta toute une nuit en prière. Le lendemain, il recouvra l'usage de ses mains devant le sépulcre de la Sainte, et s'en alla guéri.

Dès la mort de sainte Geneviève, une lampe allumée brûla sans cesse devant son tombeau. On y remarqua dès lors un double et permanent miracle : car l'huile de cette lampe était inépuisable, et, loin de se consumer par le feu, se perpétuait et débordait même en se répandant au dehors comme une source abondante ; cette huile bouillonnait aussi dans la lampe en montant jusqu'au bord, comme si elle eût été en effervescence et en ébullition ; en outre, cette huile bouillonnante et exubérante avait la propriété de guérir les malades et les infirmes, comme le prouvèrent les guérisons miraculeuses et innombrables d'une multitude de malades qui en furent oints. L'auteur contemporain voit dans ce débordement prodigieux et dans cette effervescence surnaturelle de l'huile le symbole mystique de l'exubérance des grâces que sainte Geneviève répand du haut du ciel dans les âmes.

Un homme aveugle et muet avait fait un long séjour et de longues veilles auprès du tombeau de sainte Geneviève, en y déplorant sa double infirmité et en lui demandant une double guérison. Un jour que les religieux célébraient l'office divin, au moment de la communion, et lorsque l'un d'eux, nommé Haimon, entonna ce verset « *Illumina faciem tuam super servum tuum,* Faites luire « la lumière de votre face sur votre serviteur[1] », l'infirme recouvra aussitôt et simultanément la vue et la parole. La Sainte voulut lui rendre l'une et l'autre, dit le chroniqueur, pour que la voix rendue ne déplorât pas la perte des yeux, et pour que la privation de la langue ne l'empêchât pas de rendre grâces pour la lumière recouvrée.

Un homme nommé Fulcoin, muet de naissance, et originaire du Pincerais, près de Poissy, reçut en révélation l'ordre de venir implorer sainte Geneviève pour obtenir l'usage de la parole. Sur la foi de cette révélation, il vint à Sainte-Geneviève. Au moment où il entra dans l'église, le diacre Leutgaldon y lisait l'Évangile qui dit : « *Bene* « *omnia fecit, et surdos fecit audire et mutos loqui.* Il « a bien fait toutes choses, il a fait entendre les sourds et « parler les muets[2] », ce qui indique que ce devait être le onzième dimanche après la Pentecôte. Fulcoin entendit, et crut. Aussitôt, sa langue se trouvant déliée, il usa de la parole pour la première fois de sa vie, et s'en servit pour louer Dieu. Après la messe, Optatus, abbé de Sainte-Geneviève, demanda à cet homme ce qu'il voulait faire après avoir obtenu cette grâce insigne. Fulcoin répondit qu'il ne voulait plus jamais quitter ce lieu où une révélation divine l'avait appelé et où il avait obtenu surnaturellement l'usage de la parole que la nature lui avait refusé ; il déclara qu'il avait oublié les siens et ne voulait

---

[1] *Ps.* cxviii, 135.
[2] Marc. vii, 37.

plus retourner dans son pays, parce qu'il ne pourrait plus vivre désormais sans jouir de la présence de la bienheureuse vierge tous les jours de sa vie. L'abbé, ému de cette vive et touchante reconnaissance pour la Sainte, lui accorda volontiers sa demande, et lui fit donner pour toute sa vie ce qui était nécessaire à sa subsistance auprès de sa chère basilique et de la Sainte sa bienfaitrice.

Dans le même temps, une femme fut avertie, par révélation, d'apporter au tombeau de sainte Geneviève son fils, aveugle de naissance. Elle s'y rendit dès le matin. Ce même jour, on lisait dans l'église de Sainte-Geneviève l'Évangile où Notre-Seigneur ouvre les yeux de l'aveugle-né [1], ce qui indique que ce devait être le mercredi de la quatrième semaine de Carême. Au moment où l'on prononçait ces paroles de l'Évangile : « *A seculo non est auditum quia quis aperuit oculos cæci nati*, Il est sans exemple que quelqu'un ait jamais ouvert les yeux d'un aveugle-né [2] », à l'instant même, dit le chroniqueur, « ainsi que nous avions entendu, nous avons vu dans la cité du Seigneur des vertus, sur sa montagne sainte [3] », une pellicule blanche tomba des yeux du petit aveugle, qui s'ouvrirent. Stupéfait de la nouveauté de tout ce qu'il voyait pour la première fois, l'enfant souriait, et fixait sur les objets ses regards étonnés. La mère alluma un cierge en action de grâces, comme c'était l'usage, et, à la grande admiration de tous, l'enfant saisit et embrassa ce cierge : l'inexpérience et l'étonnement de ses yeux attestaient aux assistants que sa cécité était bien de naissance, et rehaussaient l'éclat du miracle par lequel sainte Geneviève avait renouvelé celui du divin Maître.

[1] Joan. ix.
[2] Joan. ix, 32.
[3] *Ps.* xlvii, 2, 9.

Un homme de Paris, possédé du démon, avait été conduit aux sanctuaires de plusieurs Saints, et n'y avait pas été délivré. Comme on désespérait de le guérir, on le tenait enchaîné et on le gardait à vue. Une nuit, le sommeil ayant vaincu ses gardiens fatigués, le démoniaque s'enfuit, et Dieu dirigea ses pas jusqu'à la porte de la basilique de Sainte-Geneviève. Mais, comme le démon ne pouvait habiter auprès de la Sainte, aussitôt le malin esprit, subissant la puissance de Geneviève, abandonna le possédé. Le démon qui, quand elle vivait, n'avait jamais prévalu contre elle, dit le chroniqueur, maintenant après sa vie ne prévaut même plus à côté d'elle. Peu d'instants après, on ouvrit les portes de la basilique pour l'office de nuit; alors cet homme se rendit avec joie au tombeau de la Sainte, et, lui ayant offert les chaînes dont il avait été attaché, rentra dans sa maison, où il raconta le bienfait de sa délivrance.

Un jour que des ouvriers travaillaient sur le toit de l'abbaye de Sainte-Geneviève, l'un d'eux tomba du faîte de l'église, et n'eut que le temps d'accrocher ses doigts dans la fente d'un lambris sculpté, tout le reste de son corps demeurant suspendu dans le vide. Tandis que les religieux priaient pour lui, plusieurs montèrent au lieu où il était suspendu, et, lui attachant une corde sous les bras, le soulevèrent et le retirèrent du précipice. Cet homme, une fois tiré du péril, déclara qu'il n'avait eu aucun sentiment du danger, et que, suspendu au-dessus du précipice, il s'était reposé comme dans un doux sommeil. Et, pour attester le caractère surnaturel de sa préservation, dès qu'il en eut été retiré, le lambris, que le poids de son corps n'avait pu entraîner, se brisa sans être tiré par aucune force, et tomba jusqu'à terre où il se fracassa en morceaux.

Dans un faubourg de Paris, le jour de la Nativité de la Sainte Vierge, une femme se mit à carder de la laine, au mépris de cette solennité de précepte. Une de ses voisines l'ayant réprimandée d'enfreindre la loi d'une si grande fête, cette femme, ajoutant péché sur péché, répondit : « Est-ce que Marie n'était pas une femme, et « est-ce qu'elle ne faisait pas des œuvres serviles ? » A peine eut-elle proféré ce blasphème, ses mains restèrent si indissolublement attachées aux peignes dont elle se servait pour carder, que, jusqu'à la fête de sainte Geneviève, c'est-à-dire depuis le 8 septembre jusqu'au 3 janvier, elle fut condamnée à porter ce fardeau incommode sans pouvoir s'en défaire, l'instrument du péché servant précisément à le punir. Dans la nuit de la fête de sainte Geneviève, cette femme vint à la basilique de la Sainte, et, aux premiers chants de l'office de matines, les peignes se détachèrent et tombèrent de ses mains. Ces peignes furent suspendus au dehors de la basilique génovéfaine en témoignage du miracle. Le chroniqueur ajoute que la Très-Sainte Vierge Marie a voulu être apaisée par la vierge Geneviève, et pardonner dans la fête de celle-ci le mépris fait de sa propre fête, pour manifester de quelle vénération cette Sainte est digne.

Dans un hiver de la première moitié du neuvième siècle, la Seine, grossie par des pluies continuelles et par la fonte d'abondantes neiges, déborda d'une manière si terrible, qu'elle inonda tout Paris, et chassa le peuple et le clergé des maisons et des églises. L'évêque Inchadus, qui gouvernait l'église de Paris de 810 à 839 (ce qui nous donne la date de cette inondation et de ce miracle), craignant que ce ne fussent ses péchés et ceux de son peuple qui attiraient la colère de Dieu, exhorta les fidèles à apaiser le ciel par des jeûnes. Il ordonna aussi aux prêtres et aux clercs de visiter, à l'aide de bateaux, toutes les basiliques et les églises, en emportant des livres et des ornements sacrés, afin de voir si l'on pouvait encore y célébrer les offices divins. L'un d'eux, nommé Richard, s'étant embarqué, puisqu'on ne pouvait plus circuler autrement, parvint en bateau au monastère de vierges que sainte Geneviève avait fondé à ses frais près de l'église de Saint-Jean-Baptiste ou Saint-Jean le Rond, la même église-baptistère où la Sainte avait réuni en prières publiques les femmes de Paris au temps de l'invasion des Huns. On conservait encore précieusement dans ce monastère le lit de sainte Geneviève, ce lit où elle avait rendu son âme à Dieu et d'où elle avait émigré au ciel. Richard trouva le monastère inondé par les eaux, qui l'avaient envahi jusqu'à la moitié de la hauteur de ses murailles. Mais, par un miracle éclatant, les eaux, qui environnaient de toutes parts le lit de sainte Geneviève, restaient suspendues à l'entour et au-dessus de ce lit vénéré, et formaient autour de lui comme un mur, sans avoir pu le couvrir ni même le mouiller ; de la même manière que les flots de la mer Rouge s'étaient ouverts en formant « comme un mur » autour du peuple de Dieu[1]. Richard, ayant vérifié avec le plus grand soin la réalité de ce miracle, alla l'annoncer à l'évêque, qui se transporta en ce lieu avec le clergé et une multitude de peuple ; et tous rendirent aussitôt grâces à Dieu et à la Sainte, qui n'avait pas privé de la vertu de sa présence le lit d'où elle avait quitté la terre, et qui, présente par sa puissance quoique absente de corps, avait arrêté le cours impétueux des eaux et les avait suspendues en leur opposant comme une muraille infranchissable. En outre, depuis ce même

---

[1] *Ex.* xiv, 22.

jour, la Seine débordée baissa promptement, et rentra dans son lit, voulant, dit le chroniqueur, avoir un miracle parmi les miracles de sainte Geneviève : nous verrons qu'elle en eut encore de semblables.

Dans le même temps, on gardait en prison, avec d'autres criminels, un voleur condamné à mort. Un soir, trompant ses gardiens, ce voleur feignit d'aller aux latrines, et, sous ce prétexte, s'enfuit vers la basilique de Sainte-Geneviève pour y profiter du droit d'asile. Mais la porte du monastère, du côté de la ville, étant fermée, comme c'était l'usage à l'approche de la nuit, il fit le tour de l'abbaye, et arriva devant l'autre porte, près de l'église de Saint-Michel. Witegaüs, magistrat de la ville, poursuivait de près le voleur, et l'un de ses soldats, nommé Ratoin, méprisant plus audacieusement que les autres la puissance de la Sainte, courait impétueusement vers le fuyard, sans aucune révérence pour le saint lieu. A l'approche du monastère, le larron suppliait sainte Geneviève, et le soldat qui allait périr insultait le voleur comme s'il le tenait déjà. Enfin, ayant osé proférer un blasphème en taxant d'impuissance la bienheureuse vierge et en s'écriant que sainte Geneviève ne pourrait pas délivrer le larron qui se réfugiait auprès d'elle, aussitôt, subissant la puissance de la Sainte, le soldat tomba mort. Ce terrible exemple ayant glorifié sainte Geneviève, les autres soldats, rendant hommage à Dieu et à la bienheureuse vierge, emportèrent leur mort et l'ensevelirent sans honneur hors de la ville. « *O combien terrible est ce « lieu*[1] » , s'écrie le chroniqueur, « et combien terrible « aussi la vierge qui y préside, et qui, gardant avec ja-

---

[1] *Gen.* xxviii, 17.

« lousie sa maison *comme une armée rangée en bataille*[1], « terrassa le soldat blasphémant et sauva le larron sup- « pliant, donnant ainsi un double exemple de sévérité et « de clémence ! »

[1] *Cant.* vi, 3.

CHAPITRE XXIII

INVASIONS DES NORMANDS. — DOUBLE TRANSLATION DES RELIQUES DE SAINTE GENEVIÈVE. — MIRACLES PENDANT CES DEUX VOYAGES ET DANS L'INTERVALLE.

Au printemps de l'an 845, les Normands, qui infestaient déjà depuis quelques années les pays riverains de la Seine, arrivèrent jusqu'à Paris en remontant le fleuve sur leurs barques. Une grande partie de la population s'enfuit. Les religieux de Sainte-Geneviève étaient d'autant plus exposés au danger, que l'abbaye était en dehors des murs de la ville. Voulant donc soustraire aux profanations des barbares le précieux trésor dont ils avaient la garde, ils opérèrent la translation du corps de sainte Geneviève dans une contrée plus sûre, soit que les reliques de la Sainte fussent déjà, depuis le travail de saint Éloy, dans une châsse mobile, soit qu'ils les aient alors pour la première fois extraites de son sépulcre de pierre pour les renfermer dans une châsse portative. La double émigration que cette calamité nécessita fut une grâce insigne pour les pays où la présence du corps de la Sainte répandit alors ses bienfaits, et eut pour résultat providentiel la diffusion plus grande de son culte, avec la multiplication des miracles qu'elle sema en divers lieux sur son passage.

Les religieux, accompagnés d'un grand concours de peuple qui voulait suivre sa patronne, transférèrent d'abord leur précieux fardeau à Athis, qui était du domaine de Sainte-Geneviève. Dans ce trajet, un cierge qu'on portait devant la châsse fut, entre autres miracles, allumé sans toucher le feu, comme la Sainte l'avait fait plusieurs fois de son vivant, et afin, dit le chroniqueur génovéfain contemporain et témoin oculaire de ces translations et de ces miracles, que celle qui n'avait eu « aucune participa- « tion aux ténèbres [1] » ne marchât point dans les ténèbres.

Des miracles devançaient même la venue de la Sainte dans le lieu où elle était attendue. Car l'autel sur lequel la châsse devait être déposée à Athis se remuait et s'agitait avec la croix et les reliques qu'il portait, comme par impatient désir de l'arrivée de sainte Geneviève : à l'entrée de son corps sacré, tout ce mouvement cessa, et l'autel qui devait le porter redevint immobile.

Après cette station à Athis, on passa la Seine, et l'on transporta la Sainte à Draveil, qui était aussi du domaine de Sainte-Geneviève. Là, une série continue de miracles signala son arrivée par la guérison de nombreux malades. Herbert ou Egbert, abbé de Sainte-Geneviève, touché d'un sentiment de dévotion mal entendue et « d'un zèle « qui n'était pas selon la science [2] », vint vénérer de plus près les saintes reliques pour se mettre sous leur protection, et, à l'insu de la plupart de ses religieux, il enleva du corps sacré une dent, qu'il voulait garder pour lui. Le ciel blâma cette action : car Herbert fut aussitôt agité par des visions effrayantes, et atteint de douloureuses maladies qui le mirent à toute extrémité. Il comprit alors son erreur, et confessa qu'il avait péché par ignorance. Pour réparer sa faute, il fit enchâsser cette dent de sainte Ge-

---

[1] *II Cor.* vi, 14.
[2] *Rom.* x, 2.

neviève dans un reliquaire d'or et de cristal qu'il donna à la communauté, et qui fut plus tard renfermé dans le piédestal d'une statuette de la Sainte.

Cependant les Normands avaient essayé trois ou quatre fois d'incendier la basilique de Sainte-Geneviève et celle de Saint-Germain des Prés, et en avaient été empêchés, dit Aymoin, par le secours des saints patrons de ces deux églises. Les Parisiens ayant enfin traité avec les barbares, les Génovéfains ramenèrent « leur souveraine » à son saint lieu. Une grande multitude de peuple vint avec joie à la rencontre de sa patronne. En passant la rivière de Bièvre, le cierge qu'on portait devant la châsse s'éteignit; mais, les religieux s'étant mis en prière, le cierge se ralluma de lui-même miraculeusement. Le corps de la Sainte fut rapporté, au milieu d'une indicible allégresse du peuple, dans la basilique de Sainte-Geneviève; mais, au lieu de le replacer dans la crypte où il était resté précédemment, les religieux, voulant satisfaire à la dévotion croissante des fidèles en le mettant plus en évidence, le déposèrent dans sa châsse sur l'autel des Saints-Apôtres; et depuis lors, il eut toujours sa place dans l'église supérieure.

En effet, depuis ce premier retour, le corps de sainte Geneviève est toujours resté dans une châsse séparée du tombeau de pierre qui était demeuré dans la crypte où la Sainte avait été ensevelie. Mais ce sépulcre de pierre, où son corps avait longtemps reposé, resta toujours l'objet d'une grande vénération publique, et la dévotion des fidèles continua à l'entourer de cierges et de lampes dans la crypte où il était placé, comme on le fait encore devant ce même sépulcre, qu'on vénère aujourd'hui à Saint-Étienne du Mont.

Peu après cette première invasion normande, une

femme, malade de grandes fièvres, vint de Louvigny, lieu qui dépendait de Saint-Denys, pour implorer de sainte Geneviève sa guérison. Étant restée une nuit en veille devant la Sainte, elle obtint aussitôt un soulagement partiel, et retourna chez elle. Elle revint après une semaine pour rendre grâces de ce soulagement, et, ayant passé encore une nuit devant sainte Geneviève, elle fut entièrement guérie.

Une femme s'était rendue coupable d'adultère à Orgeval ou Orval, dans le Pincerais, et, son mari ayant été tué, elle-même, poursuivie par la vengeance divine, perdit la parole. Elle vint au tombeau de sainte Geneviève, où elle s'humilia pendant une semaine entière avec des gémissements, des prostrations et des afflictions corporelles. Dans la nuit du dimanche suivant, s'étant levée après ces longues prières, elle eut un vomissement de sang, et, aux premiers sons des cloches, elle recouvra la parole. Ayant passé une seconde semaine en actions de grâces, elle voulut s'en retourner chez elle le dimanche suivant sans permission et sans entendre la messe. Mais, avant qu'elle fût sortie du territoire de Sainte-Geneviève, elle tomba, ses jambes s'étant subitement paralysées, en punition de son ingratitude. On la rapporta au sanctuaire de Sainte-Geneviève, et, après y avoir été longtemps soutenue par les aumônes de personnes charitables, elle recouvra enfin l'usage de ses jambes. Frappant exemple de la nécessité de la reconnaissance pour les grâces que nous recevons du Ciel.

Une femme aveugle de Paris apprit par révélation, en songe, que l'huile de la lampe de Sainte-Geneviève lui rendrait la vue, si Martin, gardien de l'église, lui oignait les yeux de cette huile. Sur la foi de cet avertissement, elle vint à Sainte-Geneviève, et raconta ce qui lui avait été manifesté. Martin lui fit l'onction des yeux avec l'huile miraculeuse, et elle recouvra la vue.

Au bout d'une semaine, cette même femme, ayant éprouvé l'effet des miracles de la Sainte, conduisit un aveugle à Sainte-Geneviève. On oignit les yeux de cet homme avec l'huile miraculeuse de la lampe, et la vue lui fut rendue.

Dans le même temps, un nommé Magnoard, qui, selon une version, aurait été un serf, se laissa accabler par le sommeil en gardant pendant la nuit les abeilles d'un frère, et y perdit la vue. Se trouvant aveugle en s'éveillant, il fit faire deux cierges du poids de son corps, les fit mettre devant le tombeau de sainte Geneviève, et y pria pendant une semaine pour sa guérison. Ayant persévéré dans la prière jusqu'à la nuit du dimanche, il sentit comme si quelqu'un passait auprès de lui et lui touchait les yeux avec une étoffe. Il supposait que c'était l'un des religieux qui venait de passer. Mais il comprit bientôt par l'effet de ce contact, dit le chroniqueur, que c'était Celui qui « a « passé en faisant le bien [1] ». Car, dès qu'on sonna le premier coup des matines, il recouvra la vue, et rendit grâces à Dieu et à la Sainte.

Dans le même temps aussi, une femme aveugle, du domaine de Sainte-Geneviève, fut amenée par son mari pour implorer de « sa souveraine » le recouvrement de la vue. Après avoir prié, elle demanda et reçut de l'huile de la lampe du tombeau sacré, et fit une confession de ses péchés, pour ne pas retarder par ses fautes l'effet du miracle. Et aussitôt l'onction faite et la confession achevée, elle recouvra la vue.

En 856 ou 857, une nouvelle invasion des Normands obligea les Génovéfains à s'éloigner de Paris encore une

---

[1] *Act.* x, 38.

fois avec les reliques de leur Sainte. Cet éloignement était nécessaire : car, cette fois, les Normands brûlèrent la basilique de Sainte-Geneviève, le 29 décembre 856 ou 857, et détruisirent presque entièrement ce magnifique édifice orné par la piété de Clovis et de sainte Clotilde. Heureusement, le corps de la Sainte avait été soustrait à temps à ce désastre.

Les religieux portèrent d'abord la Sainte à Draveil, où un jeune enfant, dont les membres étaient contractés et paralysés, fut guéri après avoir été étendu sous la châsse de sainte Geneviève.

De Draveil, où l'on ne se trouva pas encore assez en sûreté, on transporta les reliques de la Sainte à Marisy, autre domaine de Sainte-Geneviève, qui avait été donné à l'abbaye par un seigneur nommé Helmogald, à la condition de célébrer chaque année son anniversaire : Marisy était protégé par le voisinage de la forteresse de la Ferté-Milon. Pendant ce trajet, beaucoup de miracles se firent sur le passage de la Sainte ; mais la hâte de fuir l'invasion n'a pas laissé au chroniqueur, comme il l'atteste, le temps de les consigner par écrit.

A Marisy, un homme nommé Fulchéric était contrefait à tel point que ses pieds s'étaient retournés sous lui et ne pouvaient plus se disjoindre du dos auquel ils avaient adhéré. On l'apporta devant sainte Geneviève ; aussitôt ses pieds et ses jambes se redressèrent, et, s'étant levé, il marcha et sauta de joie en louant Dieu.

Un homme de Rebais ayant moulu du grain dans la nuit du dimanche, un grain lui sauta dans l'œil, et le punit de sa faute par la perte de cet œil, qui fut suivie d'une maladie plus funeste encore. Car cet homme commença à se frapper la poitrine et le ventre à coups de poing, et à vomir le sang sous les coups qu'il se portait sans

CHAPITRE VINGT-TROISIÈME.

relâche. Pendant une année entière, il chercha en vain sa guérison dans les sanctuaires de différents Saints. Enfin, venant auprès du corps de sainte Geneviève, il se mit en prière, et, tandis que les religieux priaient aussi pour lui, il retira ses mains de sa poitrine et les leva au ciel en signe de délivrance. Ce miracle remplit les assistants d'une telle admiration, qu'ils firent retentir l'église de leurs acclamations joyeuses.

Une femme nommée Fulcoara, qui avait la moitié du corps paralysée, fut apportée et déposée auprès de sainte Geneviève; au bout de deux jours, la vie fut rendue à la partie paralysée, et, le troisième jour, cette femme, entièrement guérie par une sorte de résurrection, retourna chez elle après avoir glorifié Dieu et la Sainte.

Une autre femme de Marisy, depuis longtemps possédée du démon, fut amenée de force, les mains liées, auprès du corps de sainte Geneviève; après s'y être roulée longtemps en écumant, sous l'empire du démon qui l'agitait, elle fut enfin délivrée du malin esprit, à la suite d'un vomissement de sang.

Un jeune homme de Chouy, dont les bras s'étaient roidis, fut aussi amené en ce lieu, et, après qu'il eut prié sainte Geneviève pendant deux jours, le troisième jour, ses bras devinrent aussi souples et flexibles qu'ils avaient jamais pu l'être.

Dans le même temps, un serf du domaine de Sainte-Geneviève vint d'Arcis, souffrant de la fièvre, et atteint de la lèpre. On oignit tout son corps avec l'huile de la lampe de sainte Geneviève, et il fut guéri à la fois de la fièvre et de la lèpre.

Une jeune fille qui avait perdu un œil pria sainte Geneviève pour sa guérison; ayant ensuite allumé un cierge selon l'usage, elle recouvra cet œil en même temps qu'elle alluma le cierge, et s'en retourna en rendant grâces à la Sainte.

Une femme impotente de Chouy, nommée Amilde, apportée auprès de sainte Geneviève, attendait depuis longtemps devant l'église. Ayant été enfin portée dans le sanctuaire et déposée devant le corps de la Sainte, elle fut guérie, et, se levant, elle se mit à marcher sans aide ; tandis que tous les assistants glorifiaient ce miracle, elle s'écriait qu'elle ne sentait plus rien de son infirmité.

Les reliques de sainte Geneviève furent portées une fois au monastère de Saint-Germain, voisin de Marisy. Là, une femme paralysée, qu'on avait apportée, poussait de grands cris pour demander le secours de la Sainte : elle fut guérie, revint à pied chez elle, et ne garda désormais aucune trace de paralysie.

Un démoniaque étant venu en présence du corps de sainte Geneviève, le démon, ne pouvant supporter le voisinage de la Sainte, s'enfuit, et cet homme s'en retourna délivré en rendant grâces au ciel.

Un autre démoniaque étant survenu, on lui fit signe d'offrir un cierge à l'autel de sainte Geneviève. Mais ensuite, agité du démon, cet homme redemanda son offrande à Martin, gardien de l'église, en le menaçant de le tuer. On voulut le saisir ; il s'enfuit ; on le ramena enfin garrotté, et le lendemain, conduit à l'église, il fut délivré du démon, et s'en retourna guéri.

Un serf du domaine de Sainte-Geneviève, nommé Flodegise, était tellement tourmenté du démon, qu'il grinçait constamment les dents, se mordait la langue et vomissait le sang, et aucune lueur de raison ne venait tempérer cette fureur. On l'amena de force devant sainte Geneviève, et on l'y terrassa sur le sol avec de grands efforts. Il y resta longtemps étendu comme mort ;

après quoi, il se leva paisiblement sans le secours de personne, et s'en retourna délivré.

Aucun démoniaque ne pouvait demeurer caché en présence du corps de sainte Geneviève : le fait suivant en fournit la preuve. Un possédé, nommé Erchamfred, avait si bien dissimulé son état, que nul ne le croyait démoniaque, et, étant venu à l'église avec les fidèles, il y pria devant la Sainte. Mais aussitôt, le démon étant contraint de se trahir, cet homme se mit à pousser des cris, et à déchirer ses mains avec ses dents, et ses vêtements avec ses mains. On voulut le saisir pour le lier, mais il s'enfuit. Sa mère ayant voulu le suivre pour le ramener, il se retourna pour la lapider, et, lui jetant des pierres, la poursuivit jusqu'à l'église. Alors les prêtres, bénissant un grand vase d'eau, y plongèrent de force le démoniaque après l'avoir lié. On le mena ensuite devant le corps de sainte Geneviève, et, ayant été marqué du signe de la croix, il fut délivré du démon.

Une femme qui était devenue muette depuis longtemps vint dans la même époque auprès de sainte Geneviève, et, après y avoir prié, recouvra la parole, et s'en retourna en louant Dieu et la Sainte.

On apporta devant sainte Geneviève un homme nommé Génébald, dont les pieds s'étaient retournés sous lui jusqu'à adhérer au dos sans pouvoir en être détachés. Après un peu de temps, ses pieds se redressèrent, il se leva et marcha régulièrement, rien ne restant plus de cette monstrueuse difformité.

Une multitude de personnes atteintes de fièvres vinrent aussi auprès de sainte Geneviève, en ce temps, et y furent toutes guéries miraculeusement. Le chroniqueur et témoin oculaire déclare avoir renoncé à les désigner en particulier, à cause de leur grand nombre.

Les ravages des Normands s'étant prolongés, le corps de sainte Geneviève resta cinq ans hors de Paris. Quand l'invasion fut finie, les Génovéfains se mirent en devoir de ramener « leur souveraine » à son saint lieu. De Marisy, ils la transportèrent à Mareuil, bourg de son domaine. Il y avait en ce lieu un pilori, où une femme était attachée avec sa fille pour une dette de son mari, qui s'était enfui après avoir fait un emprunt. Quand la châsse en approcha, sainte Geneviève, comme en ayant reçu puissance du ciel, brisa les chaînes de ces deux captives, qui vinrent se jeter à genoux devant son corps sacré en signe de reconnaissance. Après avoir célébré la gloire de ce miracle éclatant et inusité, les religieux passèrent la nuit dans ce bourg de Mareuil.

De là, ils se transportèrent avec la châsse à l'église de Saint-Martin, que sainte Geneviève illustra par deux miracles. A l'entrée de sa châsse, une femme sourde recouvra l'ouïe, et une jeune fille, qui avait perdu l'usage de tous ses membres excepté des mains, fut partiellement guérie ; quant à savoir pourquoi elle ne fut pas guérie totalement, le chroniqueur déclare en laisser le secret à « Celui qui parfait et cache dans une infirmité « corporelle une guérison spirituelle plus complète ».

Le lendemain, la châsse fut transférée, au milieu d'une grande affluence de peuple, à Lisy-sur-Ourcq, dans l'église de Saint-Médard, également du domaine de Sainte-Geneviève. A la porte de cette église, gisait une jeune fille paralysée, qui dit à la Sainte, lorsque sa châsse y entra : « O sainte Geneviève, si je pouvais être guérie « par votre intercession, et vous suivre jusqu'à votre « demeure ! » Elle fut guérie sur-le-champ, et, s'étant levée, elle voulut être pendant toute sa vie servante de Sainte-Geneviève.

Dans le même bourg, une femme, ayant les mains contractées, ne pouvait plus exercer son métier, consistant à tisser. Étant venue prier sainte Geneviève, elle étendit sa main vers la châsse, et, ayant recouvré la flexibilité des articulations, elle remua la main en signe de guérison, et reprit l'exercice de son métier sans aucune difficulté.

De ce lieu, la châsse, accompagnée d'une grande multitude de peuple, fut portée à Try-le-Bardou, du domaine de Sainte-Geneviève, où l'on passa la nuit.

Le lendemain matin, on se remit en route. Deux jeunes gens vinrent au-devant de la Sainte, au moment où le cortége sortait du domaine génovéfain. Ils apportaient une femme contrefaite, dont les pieds s'étaient depuis longtemps repliés sous elle et attachés au dos ; ayant été déposée devant le corps de sainte Geneviève, cette femme y fut guérie peu à peu ; rendue à sa santé première, elle demanda et obtint des religieux l'emploi de balayeuse de la basilique de Sainte-Geneviève, en signe de sa gratitude. Le même jour, on vint à Rosny, et 'on y passa la nuit.

Le lendemain, on traversa la Seine sur des bateaux préparés pour ce trajet. Le peuple venait en foule, avec des cris de joie, à la rencontre de sa patronne, dont il avait été privé depuis cinq ans. Le clergé séculier s'unit aux religieux pour célébrer par des chants le retour de sainte Geneviève dans sa demeure. Ce devait être vers l'an 861 ou 862. Grâce aux nombreuses terres dont la piété publique avait doté l'abbaye génovéfaine aux alentours de Paris, la Sainte, pendant ces deux pérégrinations, n'avait eu à faire aucun séjour ni aucune station que dans des localités dépendantes de son domaine.

Les Génovéfains réparèrent à la hâte et provisoirement ce qui restait de la basilique et de l'abbaye. On restaura la crypte, dont la voûte avait été endommagée par l'incendie des Normands ; on y exhaussa de terre l'antique tombeau de sainte Geneviève, et ceux de Prudentius et de saint Céraunus, à la droite et à la gauche du tombeau de la Sainte. Mais, comme nous l'avons dit, le corps de sainte Geneviève resta désormais exposé dans l'église supérieure, et, comme il l'avait déjà été lors du premier retour, fut déposé, dans la châsse qui avait servi à sa translation, sur l'autel des Saints-Apôtres.

CHAPITRE XXIV

LE CULTE ET L'ABBAYE DE SAINTE-GENEVIÈVE DEPUIS LES INVASIONS NORMANDES JUSQU'A LA RÉFORME D'EUGÈNE III ET DE SUGER. — PREMIÈRES PROCESSIONS DE LA CHASSE.— CÉLÈBRE MIRACLE DES ARDENTS. — RELACHEMENT DES CHANOINES SÉCULIERS. — SCÈNE SCANDALEUSE A LA VISITE DU PAPE. — L'ABBAYE EST DONNÉE AUX CHANOINES RÉGULIERS DE SAINT-VICTOR.

Depuis le retour qui suivit la seconde invasion normande jusqu'à la réforme de l'abbaye par Eugène III et par Suger, c'est-à-dire depuis 862 jusqu'en 1148, tout indique que le tombeau de sainte Geneviève cessa d'être gardé par des religieux, et que ce furent des chanoines séculiers qui possédèrent l'abbaye et la basilique ; car ils ne sont plus désignés que sous le nom de « clercs », et ceux de leurs supérieurs dont les noms sont connus ne portent plus le titre d'abbés, mais celui de « doyens »[1].

C'est dès le début de cette période qu'eut lieu la première procession connue de la châsse de sainte Geneviève ; plusieurs auteurs ne comptent pas celle-ci, parce que, par nécessité de force majeure, elle ne fut pas faite selon le cérémonial usité plus tard et que nous avons

---

[1] Le 19 juillet 863, les Génovéfains assistèrent à la translation à Saint-Germain des Prés des reliques de saint Germain de Paris, qui avaient été emportées à Nogent-l'Artaud pendant l'invasion normande.

décrit : néanmoins, elle doit certainement être comptée dans la liste des processions de la châsse, puisqu'elle fut faite pour remédier à une calamité publique. En 886 ou 887, les Normands assiégèrent Paris, qui leur opposa une vive résistance sous la conduite du comte Eudes, plus tard roi de France, secondé par Goslin, évêque de Paris, et par Ebolon, abbé de Saint-Germain des Prés. Abbon, dans le poëme qu'il a composé sur ce siége, atteste que le corps de sainte Geneviève fut transporté dans la Cité, et évidemment dans la cathédrale; on l'y transporta avec les corps de saint Germain de Paris, de saint Marcel et de saint Cloud, dans le double but de mettre ces précieuses reliques sous l'abri des fortifications de la Cité, et d'assurer à la ville assiégée la protection de ces Saints. Or, dans l'un des assauts donnés par les Normands, comme l'ennemi escaladait déjà les murs, on porta la châsse de sainte Geneviève à la pointe orientale de la Cité, où le danger était le plus grave. Aussitôt les assiégeants furent vaincus et repoussés. L'empereur Charles le Chauve ayant traité avec les Normands, la châsse de sainte Geneviève fut rapportée à sa basilique, en même temps qu'on rapporta dans leurs demeures respectives celles de saint Cloud et de saint Germain de Paris, la châsse de saint Marcel seule restant depuis cette époque à la cathédrale.

On trouve mentionné, avec le titre de doyen, le diacre Félix, qui, comme nous l'avons dit, avait écrit une nouvelle *Vie de sainte Geneviève* en 846 ou 847.

On cite, à la fin du dixième siècle, un doyen de Sainte-Geneviève, nommé Bernerius, qualifié du titre d' « évêque « de cette église », probablement à cause des priviléges d'exemption qui donnaient aux supérieurs de Sainte-Geneviève des droits épiscopaux. Vers ce temps, le roi

Hugues Capet donna une charte de protection confirmant toutes les donations faites à Sainte-Geneviève de biens soustraits autrefois au culte des idoles; selon quelques auteurs, cela se rapporterait aux terres d'un temple d'Isis, dont le village d'Issy aurait tiré son nom, terres confisquées par Clovis et par lui données à la basilique génovéfaine pour constituer son domaine.

Le roi Robert, fils d'Hugues Capet, fit construire le cloître de l'abbaye de Sainte-Geneviève, et y orna d'or et d'argent l'autel des Apôtres. Par une charte signée de deux légats, il confirme au chapitre de Sainte-Geneviève ses droits, possessions et bénéfices, la libre élection de son doyen, et la libre collation de ses prébendes.

Sous le doyen Ulric, le roi Henri Ier, par une charte de l'an 1035, dit que l'abbaye de Sainte-Geneviève, fondée par Clovis sur le conseil de saint Remy, a été enrichie de nombreux domaines, dont il lui confirme la possession, en défendant qu'aucun de ses successeurs la donne ou l'aliéne du patronage royal par procuration quelconque, ce qui interdisait à l'avance l'usage des commandes, plus tard si funestes à l'état religieux; enfin il veut que cette charte soit présentée à la sanction du pape [1]. En 1040, un autre puissant prince, Godefroy Martel, comte d'Anjou, « pour les âmes de ses parents et la rémission de ses « péchés », fait une donation de terres à Sainte-Geneviève [2].

---

[1] Par une autre charte, Henri Ier signifie que Theudon de la Ferté-Milon a renoncé à d'injustes entreprises sur le domaine de Sainte-Geneviève à Marisy.

[2] Il donne aux Génovéfains des plaines et des bois dans sa terre de Borret, et les dispense d'une redevance de dix muids d'avoine, demandant seulement quatre muids d'avoine pour ses chevaux quand il y viendra. Sous le doyen Ulric, le savant Hucbold vint de Liège s'ad-

Le doyen Étienne I*er* est mentionné dans une charte du roi Henri I*er*, affranchissant un serf de Vanves.

Un doyen de Sainte-Geneviève, nommé Hilgot, devenu évêque de Soissons, donna à l'abbaye, en 1085, deux églises de son diocèse, Marisy et Saint-Waast, près de la Ferté-Milon.

On nomme à cette époque le doyen Sevinus, à la prière duquel Hilgot fit cette donation[1]. On vénérait de son temps, à Sainte-Geneviève, la chasuble de saint Pierre, apportée d'Antioche, et avec laquelle saint Hugues, abbé de Cluny, guérit miraculeusement un paralytique. Au dix-huitième siècle, il y restait encore, dans la châsse de sainte Geneviève, un seul fragment de cette précieuse chasuble, qu'on accuse les chanoines séculiers d'avoir dérobée lors de leur expulsion par le pape Eugène III.

On mentionne, en 1088, le doyen Lisiard[2], sous lequel Bernard, préchantre de Sainte-Geneviève, reçut d'Ansellus, préchantre du Saint-Sépulcre et ancien chanoine de Paris, une croix faite avec la pierre du saint Sépulcre de Notre-Seigneur. Selon une Bulle donnée à Meaux par son légat en 1108, le pape Pascal II, à la demande du roi Philippe I*er*, prit l'abbaye de Sainte-Geneviève sous la protection du Saint-Siége, confirma les prébendes

---

joindre aux chanoines de Sainte-Geneviève, « parmi lesquels beaucoup « étaient lettrés », dit un ancien auteur, et, après y avoir enseigné à plusieurs disciples, revint à Liége, où on le réclamait.

[1] Ce doyen Sevinus donna à Sainte-Geneviève une burette d'argent, et affecta à perpétuité sa prébende au luminaire et aux réparations de l'église.

[2] Sous ce doyen, Godefroy, évêque de Paris, donna en 1088 à Sainte-Geneviève la cure de Saint-Pierre de Bungy. En 1107, Galon, évêque de Paris, reconnaît n'avoir aucune juridiction sur les serviteurs, familiers et sujets de Sainte-Geneviève.

fondées par le roi Robert, la libre élection du doyen, les droits et possessions de la communauté, et défendit aux rois de France de donner l'abbaye en bénéfice sous aucune forme.

On nomme en 1109 le doyen Étienne II[1], sous lequel, en 1111, le roi Louis VI, « pour l'âme de son père », déclare renoncer à ce que les Génovéfains puissent être cités et accusés à sa cour, comme l'usage abusif s'en était introduit. En 1118, le même roi leur concède de régler tout dans leur église sans avoir besoin de consulter ceux d'entre eux qui demeuraient hors de la communauté sans service actif ; ce qui prouve que la vie commune n'y était plus guère observée, et que le relâchement, qui occasionna trente ans plus tard la réforme d'Eugène III, commençait déjà. Louis VI accorda, en outre, aux serfs de Sainte-Geneviève le privilége de pouvoir, nonobstant leur état et contrairement aux lois du temps, témoigner en justice[2].

En 1129, une calamité publique donna lieu à la seconde procession connue de la châsse de sainte Geneviève, qui devint l'occasion d'un éclatant et mémorable miracle de la Sainte, peut-être le plus populaire parmi tous, et célèbre sous le nom de « miracle des Ardents ». La bienheureuse vierge qui avait préservé Paris de l'invasion d'Attila, qui l'avait sauvé de la famine et délivré

---

[1] Ce doyen, sous lequel eut lieu le miracle des Ardents, est peut-être le même personnage qui, sous le nom d'Étienne de Garlande, fut chancelier de France et doyen de Sainte-Croix, Saint-Samson et Saint-Anianus d'Orléans. Le 10 janvier 1109, il échange avec Guillaume, abbé du Bec, les possessions de Sainte-Geneviève à Vernon et Gamilly, contre des terres que l'abbaye du Bec possédait à Auteuil et à Paris.

[2] En 1124, Louis VI concède à Sainte-Geneviève un droit alternatif sur la terre de Rungis, et confirme la coutume d'après laquelle les femmes libres de Villeneuve, Moray et Caloy, alors même qu'elles épousaient des serfs, restaient libres avec leur postérité.

déjà d'une inondation désastreuse, allait porter remède à son peuple atteint d'une sorte d'horrible peste. Car une épidémie étrange et terrible sévissait en ce temps-là en France, et principalement à Paris. Cette maladie, jusque-là inconnue, dont on attribue généralement la cause au déréglement des mœurs, était désignée sous les noms de « feu sacré » et de « mal des ardents », parce qu'elle était un châtiment de Dieu, et parce que les malheureux qui en étaient atteints sentaient leurs membres brûlés et dévorés par une sorte de feu qui les conduisait à la mort après d'horribles souffrances. Les médecins avaient en vain cherché à combattre cette maladie inconnue : tous les remèdes s'étaient trouvés inutiles ; le mal se montrait incurable et continuait ses ravages : ceux qui en étaient atteints n'avaient plus qu'à mourir d'une mort affreuse.

Tout remède humain étant superflu, le peuple, à bout de ressources, apportait ses malades, non-seulement de Paris et des environs, mais même des provinces éloignées, et les déposait dans la cathédrale de Notre-Dame de Paris. Cette église, qui a précédé la cathédrale actuelle, était située à peu près sur l'emplacement de l'ancien archevêché, et c'est seulement trente ans environ plus tard que fut commencée, sur un emplacement contigu à l'ancienne, la vaste cathédrale qui subsiste aujourd'hui. On entassait donc ces malheureux dans l'église de Notre-Dame, où leur encombrement ne laissait plus dans la nef qu'un étroit passage, à peine suffisant pour laisser passer le clergé et les offrandes du peuple, et pour accomplir les offices divins ; les offices ordinaires étaient même en partie suspendus, par l'effet de cette calamité et de la consternation générale.

L'évêque de Paris était alors Étienne, dont la vertu est attestée par tous les historiens, et qui, gravement molesté dans une occasion par le roi Louis VI, eut l'honneur mérité d'être énergiquement défendu par saint Bernard, l'oracle des peuples, des rois et des papes. Ce vertueux évêque, dans la douleur qu'il ressentait des malheurs de son troupeau, attribuant ce fléau à la colère divine provoquée par les péchés du peuple, ordonna plusieurs jours de jeûnes et de prières publiques, dans lesquels on porterait processionnellement à Notre-Dame les reliques des Saints. Mais ces supplications solennelles ne furent point exaucées, et le mal continuait à sévir, parce que, dit le chroniqueur contemporain et témoin oculaire de ces faits, « ce miracle était réservé à sainte Geneviève. « Mais », continue-t-il, « cette vierge sainte, ne voulant « pas avoir la première place dans le miracle, récusa d'être « honorée dans sa propre personne et dans sa propre église, « et, gardant une modeste humilité, elle prévint d'hon- « neur la Très-Sainte Mère de Dieu, afin que, comme il « est convenable, Marie fût considérée comme l'auteur « du miracle, et Geneviève comme son intercesseur. »

En effet, tandis que tous désespéraient, le pieux évêque Étienne se souvint que sainte Geneviève avait autrefois, par ses prières, éloigné les Huns de la capitale, que plus récemment elle en avait repoussé les Normands, et avait fait rentrer dans son lit la Seine débordée et dévastatrice. Il se rendit avec d'autres vénérables personnes à la basilique de Sainte-Geneviève, et, ayant réuni les Génovéfains au chapitre, il leur exposa l'urgence du fléau, l'espérance qu'il mettait en sainte Geneviève, et, comme les priviléges de l'abbaye ne lui permettaient pas d'y exercer l'autorité épiscopale, il pria les chanoines génovéfains d'accorder que la châsse de sainte Geneviève sortît dans la ville. Le chroniqueur, qui était génovéfain, constate avec soin que l'évêque sollicita cette procession comme une faveur qu'il n'avait pas le droit d'exiger, l'abbaye étant indépendante et souveraine ; à bien plus forte raison, ajouterons-nous, les parlements et les rois n'avaient-ils pas le droit de commander ces processions, comme ils s'en arrogèrent plus tard l'usage. Les Génovéfains consentirent volontiers à la demande du vénérable évêque, et le jour de la procession fut fixé au 26 novembre.

C'est alors que nous voyons paraître pour la première fois, dans toutes ses parties essentielles, le cérémonial que nous avons décrit ci-dessus, et qui sera toujours gardé ensuite pour toutes les processions de la châsse de sainte Geneviève, jusqu'à la dernière qui précéda de peu la Révolution.

Un mandement épiscopal annonça dans tout le diocèse la procession solennelle, et prescrivit un jeûne universel. On choisit pour porter la châsse les plus anciens et les plus vertueux des Génovéfains, qui s'y préparèrent par le jeûne et la prière, en même temps que par des bains, et en prenant pour ce jour des vêtements neufs.

Le 26 novembre 1129, quelques Génovéfains déposèrent la châsse de sa place ordinaire, tandis que tous les autres chanoines étaient prosternés dans la basilique et priaient. L'évêque Étienne sortit processionnellement de Notre-Dame avec son clergé, et, suivi d'une grande affluence de peuple, vint à Sainte-Geneviève pour y chercher la châsse de la Sainte. « Car », dit déjà le témoin oculaire, comme le répétera un siècle plus tard Jacques de Dinant, « c'est une coutume inviolablement observée « de toute antiquité, que, quand sainte Geneviève est « portée au dehors, elle sorte solennellement et soit rame- « née solennellement. » Il est très-probable aussi que, dès cette procession, la châsse de saint Marcel fut apportée au-devant de celle de sainte Geneviève par le clergé de Notre-Dame, puisque la cathédrale avait conservé cette châsse de saint Marcel depuis le siége de Paris par les Normands, et devait la porter dans toutes ses processions solennelles ; il est donc presque certain que, dès celle-ci, et comme il en sera toujours rigoureusement de même dans la suite, la châsse de saint Marcel vint, avec le successeur de ce saint pontife, chercher la Sainte, qui, selon l'ancien dicton, « ne se mettait jamais en marche si saint « Marcel ne venait la chercher ».

De la basilique génovéfaine, la procession portant la châsse de sainte Geneviève se rendit à la cathédrale, l'évêque suivant la châsse avec les Génovéfains et le chapitre de Notre-Dame. La foule immense qui encombrait les rues retardait la marche du cortége. Cent trois infortunés atteints du mal des ardents remplissaient la nef de la cathédrale, où ils attendaient la mort. Au moment où la châsse de sainte Geneviève entra dans la nef de Notre-Dame, cent des malades furent guéris sur-le-champ par le seul contact de la châsse, de même, dit le chroniqueur témoin oculaire, que la femme de l'Évangile fut guérie d'un flux de sang par le contact du vêtement de Notre-Seigneur [1]. Quant aux trois qui n'obtinrent pas leur guérison, ajoute-t-il, la seule raison qu'on puisse assigner à cette exception, c'est que « tous n'ont pas la « foi [2] », puisque le Seigneur a dit au centurion : « Qu'il te « soit fait comme tu as cru [3]. »

A la vue du miracle, l'évêque et le clergé voulurent rendre grâces au ciel par des chants liturgiques ; mais les

---

[1] Matth. ix, 20. Marc. v, 25. Luc. viii, 43.
[2] II Thess. iii, 2.
[3] Matth. viii, 13.

joyeuses acclamations du peuple ne leur permirent pas de se faire entendre. Parmi les cris d'allégresse, se mêlaient quelques voix demandant que sainte Geneviève ne fût plus ramenée à son église, mais qu'elle restât dans la ville pour la protéger par sa présence. Les Génovéfains, alarmés de ces propos, et craignant de se voir ravir leur précieux trésor, se hâtèrent alors de retourner à leur basilique avec la châsse de sainte Geneviève, sur laquelle ils tinrent soigneusement et sans cesse les yeux et les mains pendant le trajet; précaution qui n'était pas inutile : car le témoin oculaire assure que le peuple leur aurait enlevé de force les reliques de sainte Geneviève pour les garder dans la Cité, si les principaux personnages de la ville ne s'étaient opposés à cet excès téméraire de dévotion, qu'il appelle « une piété impie ». Mais le cortége trouva sur son chemin une si grande multitude venant à la rencontre de la Sainte, que ce ne fut qu'à la nuit tombante que les Génovéfains et la précieuse châsse furent de retour à Sainte-Geneviève.

Ce ne fut pas seulement à Paris et dans la cathédrale que cet insigne miracle fit sentir son effet, mais dans toute la France. Car l'affreuse épidémie cessa partout, et tous ceux qui étaient atteints de la maladie ou qui la redoutaient dans de terribles angoisses furent délivrés de la mort qu'ils attendaient.

L'année suivante, en 1130, le pape Innocent II, chassé de Rome par le schisme de l'antipape Pierre de Léon, se réfugia en France. Comme le roi Louis VI hésitait quel était le pontife légitime, le concile d'Étampes, réuni sur sa demande, déféra la sentence à saint Bernard, qui déclara Innocent II seul chef de l'Église, et qui imposa ensuite surnaturellement au roi d'Angleterre et à l'Empereur la reconnaissance du Pape légitime et vrai. Innocent II, étant donc venu à Paris, où l'on croit qu'il logea dans l'abbaye de Sainte-Geneviève, et ayant eu connaissance du miracle des Ardents qui s'était accompli l'année précédente, ordonna que l'anniversaire en serait célébré dans le diocèse de Paris, le 26 novembre, par une fête, qui prit le titre de « l'Excellence de sainte Geneviève » ou de « Sainte Geneviève du miracle des Ardents », et qui est restée depuis lors au calendrier de Paris. En mémoire du même fait, l'église paroissiale de Notre-Dame la Petite, qui occupait l'emplacement de la maison de sainte Geneviève, et qui appartenait aux Génovéfains, reçut le nom de Sainte-Geneviève des Ardents, et le Pape attacha des indulgences à cette église, qu'on nommait aussi quelquefois Sainte-Geneviève de la Cité, pour la distinguer de la basilique de Sainte-Geneviève du Mont.

Un exemple redoutable confirma divinement l'importance de cette nouvelle fête du 26 novembre, commémorative du miracle des Ardents. Car, le relâchement ayant déjà envahi la communauté des chanoines séculiers de Sainte-Geneviève, le chèvecier, nommé Simon, voulut une fois éviter les dépenses que coûtait la célébration de cette fête, parce que c'était lui qui fournissait le luminaire et les ornements sacrés. Il s'absenta donc pour ce jour-là, en sorte qu'on fut obligé de célébrer la fête de Sainte-Geneviève des Ardents sans y mettre la solennité habituelle. Le lendemain de la fête, Simon étant revenu, comme il montait les degrés du sanctuaire, le pied lui manqua sur les dernières marches, il tomba à la renverse, et roula sur le pavé, où il expira sans avoir donné aucun signe de vie.

Le relâchement dont nous venons de parler faisait en ce temps de rapides progrès dans la communauté de Sainte-Geneviève. C'est pourquoi, en 1135, le roi

Louis VI écrivait aux Génovéfains pour leur rappeler que leur basilique avait été célèbre dès les anciens temps, et « que cette église royale, de même qu'elle « avait été dotée de grands domaines extérieurs, devait « aussi être décorée par l'observance religieuse »; mais, comme on le verra bientôt, la communauté ne brillait pas par là en ce moment [1]. En 1140, le chanoine Godefroy y fonda un chapelain pour célébrer la messe dans la crypte où était resté le tombeau vide de sainte Geneviève, objet de la vénération des fidèles; comme nous l'avons dit, jusqu'à l'époque où l'on bâtit plus tard l'église annexe de Saint-Étienne du Mont, cette crypte de Sainte-Geneviève servait d'église paroissiale au quartier de l'abbaye, et le chapelain de la crypte y faisait fonctions de curé. Saint Guillaume, dit de Danemark, était alors déjà au nombre des chanoines séculiers de Sainte-Geneviève, comme nous l'y verrons rester après la réforme en qualité de chanoine régulier : car il a signé cet acte qui fonde un chapelain pour la crypte. D'après cet acte, en cette année 1140, la communauté de Sainte-Geneviève était composée nominalement de vingt-quatre membres, savoir : quatre dignités, qui étaient le doyen, le chance-

---

[1] En 1132, l'évêque Étienne lança l'interdit sur toute la montagne Sainte-Geneviève, y compris la basilique; on croit que ce fut pour quelque querelle survenue entre le chancelier de Sainte-Geneviève et de l'Université et les autres maîtres : mais, en vertu de ses priviléges, l'église de Sainte-Geneviève ne pouvait être canoniquement atteinte par un interdit épiscopal; aussi cet interdit fut-il levé par ordre d'Innocent II. En 1136, l'abbaye de Charlis, qui venait d'être fondée, reçut de Sainte-Geneviève une partie de son territoire, en échange du droit pour les Génovéfains de couper du bois dans sa forêt. En 1138, Louis VII confirma une prébende concédée aux chanoines réguliers de Saint-Victor dans l'abbaye de Sainte-Geneviève. En 1140, maître Albéric, célèbre professeur de dialectique, était chancelier de Sainte-Geneviève et de l'Université.

lier, le chantre et le cellerier; six chanoines résidants; dix chanoines non résidants ou bénéficiaires; enfin quatre chapelains. On voit par là que la communauté effective et résidante était réduite à un nombre minime.

En effet, si la communauté génovéfaine avait alors un Saint parmi ses membres, elle était d'ailleurs tombée dans un extrême relâchement, qui, si l'on en croit certains indices, avait probablement commencé peu après la substitution des chanoines séculiers aux religieux, à la suite de l'incendie de la basilique par les Normands. Ce relâchement éclata par un scandale public et criant, qui nécessita une réforme immédiate.

En 1145, le moine cistercien Bernard de Pise, abbé de Saint-Anastase de Rome, disciple et fils spirituel de saint Bernard, avait été élevé à la chaire de Saint-Pierre sous le nom d'Eugène III. Ce pontife vint en France en 1147, pour y revoir ses anciens frères de Clairvaux, et pour conférer sur les affaires de l'Église avec le grand saint Bernard, en qui, quoique Pape, il vénérait toujours son père, son maître et son oracle. Eugène III, pendant le séjour qu'il fit à Paris, se rendit solennellement le jour de Saint-Marc, 25 avril 1147, en visite à la basilique de Sainte-Geneviève, accompagné par le roi Louis VII. Comme on avait étendu un tapis dans l'église devant le Souverain Pontife, les serviteurs du Pape ayant voulu retirer ensuite ce tapis, les gens des chanoines de l'abbaye se ruèrent pour le leur arracher des mains, et mirent le tapis en pièces en voulant l'emporter de force; puis ils injurièrent et frappèrent les gens du Pape, qui furent gravement blessés. Il y a plus: les chanoines de Sainte-Geneviève eux-mêmes, s'armant de bâtons, se précipitèrent sur les serviteurs du Pape, et les accablèrent de coups: c'est ce qu'atteste positivement

l'abbé Albéric, qui attribue cette rixe aux « clercs »,
c'est-à-dire aux chanoines : « Le jour des grandes lita-
« nies », dit-il, « Eugène III étant allé processionnelle-
« ment à Sainte-Geneviève, les clercs de cette église,
« armés de bâtons, se jetèrent sur les gens du Pape, qui
« furent bien battus, et le sang coula dans la mêlée. »
Ce n'est pas tout : le roi Louis VII, ayant voulu inter-
poser sa dignité pour mettre fin à ce scandale, reçut lui-
même des coups : « il reçut sa part de la folle enchère »,
dit le Père Lejuge dans son vieux langage; il reçut « un
« grand coup de poing », selon un autre auteur.

Eugène III, élevé à la sublime école de Clairvaux et
dans les austères traditions de Cîteaux, ne pouvait tolérer
une communauté dans le honteux état que dénotait une
telle scène. L'expulsion de ces scandaleux chanoines fut
résolue. Le bréviaire des Génovéfains attribue à saint
Bernard une part principale avec Eugène III dans cette
réforme; en effet, il n'est pas douteux que ce Pape, qui
ne faisait rien que sur l'avis de son illustre maître, n'ait
consulté ce grand Saint sur ce qu'il devait faire pour cette
réforme, ni que saint Bernard, qui, par un singulier privilége, voyait dans le Pape régnant à la fois son père
comme celui de tous les fidèles, et aussi plus encore son
propre fils spirituel, n'ait été le conseiller principal du pontife pour extirper de l'Église ce scandale. Car Eugène III
choisit, pour exécuter la réforme de Sainte-Geneviève,
le grand moine et ministre Suger, qui, sur le conseil de
saint Bernard, dont il était estimé et aimé, rétablit vers
le même temps l'observance régulière dans son abbaye
de Saint-Denys, et qui était ainsi destiné à remettre l'ordre
dans les deux grandes abbayes royales fondées par sainte
Geneviève; c'était donc visiblement la sainte patronne
qui, de sa chère fondation de Saint-Denys, envoyait

à son tombeau la réforme qui devait y rétablir l'ordre et la piété. Et nous verrons dans la suite saint Bernard en relation d'amitié avec la nouvelle famille génovéfaine réformée.

Les préoccupations de la croisade retardèrent d'un an l'exécution de la réforme résolue. Le Pape écrivit de Langres à Suger, à la date du 29 avril, de remplacer les chanoines séculiers de Sainte-Geneviève par le prieur d'Abbeville, de l'ordre de Cluny, avec huit moines de Saint-Martin des Champs, c'est-à-dire par des Bénédictins, et d'assigner à leur entretien les bénéfices des chanoines qui mourraient. Il écrivit aussi aux coupables pour leur signifier que, s'ils ne recevaient pas docilement les moines, il sanctionnerait les peines que Suger leur infligerait. Les Génovéfains firent supplier le Pape de les remplacer par des chanoines réguliers de l'ordre de Saint-Augustin plutôt que par des moines. Eugène III, par lettre datée de Verceil le 16 juin 1148, accorda leur demande, en ajoutant que, s'ils ne recevaient pas les chanoines réguliers, il maintiendrait leur remplacement par des moines. Suger, accompagné des abbés de Saint-Germain des Prés, de Saint-Magloire, de Saint-Pierre des Fossés et de Saint-Pierre de Ferrare, se rendit au chapitre de Sainte-Geneviève pour notifier cette nouvelle sentence. Les avis y furent partagés entre la résistance et l'obéissance; enfin, l'obéissance ayant prévalu, plutôt par nécessité que de bonne grâce, comme la suite le prouvera, les turbulents chanoines demandèrent à être remplacés par des chanoines réguliers de Saint-Victor. Suger fut joyeux de ce choix, parce que, comme il l'écrivit au Pape, il ne connaissait pas d'abbaye de chanoines réguliers plus édifiante que celle de Saint-Victor, et parce que leur voisinage de Sainte-Geneviève leur faciliterait les secours spirituels et temporels à donner à la nouvelle communauté. Il alla porter la demande à Gilduin, abbé de Saint-Victor, qui, s'excusant sur sa vieillesse et sur le chagrin de se séparer de ses religieux, résista avec larmes jusqu'à la neuvième heure du jour : enfin, vaincu par l'autorité du Pape et par sa compassion pour la décadence de la maison de Sainte-Geneviève, il céda son prieur avec douze bons religieux.

Suger les introduisit solennellement à Sainte-Geneviève, en présence du clergé et du peuple, le 24 août 1148, et fit bénir le prieur Odon comme abbé de Sainte-Geneviève, par Manassès, évêque du Mans. En mémoire du bienfait de cette réforme, qui donna au monastère génovéfain ses plus beaux jours, le nécrologe de Sainte-Geneviève célébrait les anniversaires d'Eugène III, de Suger et de Louis VII [1].

---

[1] Les douze religieux qui, avec le nouvel abbé Odon I er, renouvelèrent la ferveur auprès du tombeau de sainte Geneviève, furent : Guibert, qui, d'abord prieur de Sainte-Geneviève, était en 1187 abbé d'Eaucourt; Théobald, prêtre, et en 1174 abbé d'Hérivaux; Odon, diacre, ensuite abbé de Chage; Guillaume, sous-prieur; Henri, prêtre, qui devint plus tard archevêque de Drontheim en Norwége, de 1186 à 1203, par l'influence du Génovéfain saint Guillaume de Danemark; André, prêtre, qui composa des commentaires sur Isaïe; Étienne d'Orléans, prêtre; Godefroy, prêtre, qui fut sous-prieur de Sainte-Geneviève et prieur de Sainte-Barbe; Odon et Guillaume, diacres; Fulcard et Louis, sous-diacres. L'auteur de *Gallia christiana* énumère ici par erreur treize religieux au lieu de douze, et ajoute un Guillaume de plus aux prêtres dont nous citons les noms : une inadvertance du copiste ou de l'imprimeur a probablement altéré ici le texte donné par le Père Claude Prévôt, bibliothécaire de Sainte-Geneviève, de qui *Gallia christiana* tenait le résumé historique que nous suivons ici; comme le nom de Guillaume s'y trouve trois fois répété, nous avons pensé que c'était ce nom plutôt qu'un autre qui avait dû être ajouté par mégarde.

CHAPITRE XXV

LE CULTE ET L'ABBAYE DE SAINTE-GENEVIÈVE DEPUIS LA RÉFORME D'EUGÈNE III ET DE SUGER JUSQU'A LA RESTAURATION DE LA BASILIQUE. — RELATIONS DE SAINT BERNARD AVEC L'ABBAYE. — PERSÉCUTIONS CONTRE LA RÉFORME RELIGIEUSE. — RECONNAISSANCE DES RELIQUES DE SAINTE GENEVIÈVE. — SAINT GUILLAUME DE DANEMARK ET SA GUÉRISON MIRACULEUSE.

Odon Ier, ancien prieur de Saint-Victor, premier abbé génovéfain depuis la réforme qui confia le tombeau de sainte Geneviève aux chanoines réguliers de l'ordre de Saint-Augustin le 24 août 1148, était digne de cette mission par ses vertus. Le lendemain de sa bénédiction comme abbé, Suger lui concéda, au nom du Roi, les droits régaliens. Odon s'empressa d'adjoindre à la nouvelle communauté saint Guillaume, dit de Danemark, qui, déjà Génovéfain, avait été presque le seul sujet édifiant de l'ancienne et scandaleuse communauté qu'on remplaçait.

Les débuts de la nouvelle observance furent pénibles : car les religieux n'avaient pour toute subsistance que les trois prébendes vacantes assignées par le Pape, et celles de Grégoire, cardinal de Saint-Ange, de Pierre, évêque de Senlis, et du trésorier d'Auxerre, qui s'en étaient volontairement dépossédés. Saint Guillaume y ajouta le don de la sienne, et, d'autres l'ayant imité, la pauvreté première reçut quelque soulagement. Suger fut

honoré, pour cette réforme, des félicitations de saint Bernard et du bienheureux Jean de la Grille, évêque de Saint-Malo : « Béni soit Dieu, qui a par votre main
« opéré le salut de l'église de Sainte-Geneviève, afin que
« cette maison fût rendue à l'ordre et à la discipline », lui écrivait saint Bernard ; « l'autorité apostolique elle-même
« vous rend grâces d'avoir entrepris fidèlement et effi-
« cacement cette œuvre magnifique ; nous vous rendons
« grâces aussi selon nos forces, et avec nous, tous ceux
« qui aiment Dieu dans la vérité. Nous vous prions donc
« et supplions instamment, selon la teneur des lettres
« apostoliques, de *tendre la main droite à l'œuvre de vos*
« *mains* [1], afin que ce qui a été magnifiquement com-
« mencé puisse, par les soins de votre grandeur, profiter
« de jour en jour et s'achever heureusement [2]. »

Mais les anciens chanoines expulsés cherchèrent à molester leurs successeurs par toutes les persécutions que leur suggérait leur perversité. Suger dut demander au Pape d'excommunier un nommé Raoul, ennemi déclaré de la réforme religieuses, et dénonça aussi à Eugène III que les anciens chanoines avaient spolié la châsse de sainte Geneviève pour en enlever quatorze marcs d'or, et avaient dérobé la chasuble de saint Pierre, l'une des plus précieuses reliques de l'abbaye, et qui, comme nous l'avons dit, y avait opéré des miracles. Enfin, une nuit que les religieux chantaient matines, des hommes envoyés par les anciens chanoines, et probablement conduits par eux-mêmes, forcèrent les portes de l'église de Sainte-Geneviève, qu'ils envahirent en faisant un si grand bruit qu'on ne s'entendait plus pour chanter l'office. Ces

---

[1] Job. xiv 15.
[2] *Ep.* 369, al. 356.

émeutes se renouvelant, Suger dut menacer ces misérables de faire aveugler et mutiler ceux qui commettraient de tels désordres; il fut obligé de faire garder l'église pendant plusieurs nuits par des soldats, pour protéger la communauté contre ces agressions brutales. Mais nous verrons que les ennemis de la réforme, n'osant plus l'attaquer ouvertement, lui suscitèrent ensuite une autre persécution par ruse et perfidie.

Vers l'an 1150, saint Bernard, étant venu à Paris, et logeant à l'abbaye de Saint-Victor, demanda aux Génovéfains de permettre à cette abbaye, moyennant juste prix, d'établir une conduite d'eau sous le moulin de Cupels (des Gobelins), pour amener l'eau de la Bièvre dans le monastère de Saint-Victor, et de là dans la Seine, et de faire un moulin sur ce cours d'eau; Godefroy, évêque de Langres, et Jean, évêque de Saint-Malo, qui ne cessait de louer la discipline des nouveaux Génovéfains, appuyaient cette demande. En leur présence, saint Bernard dit au chapitre : « L'abbé Odon, du con-
« sentement de ses frères et sur notre intervention, a
« bien voulu tout accorder, à condition que ledit moulin
« de Sainte-Geneviève ne soit gêné par aucun travail ou
« élévation d'eau de Saint-Victor. » On y ajouta que Saint-Victor payerait chaque année, à la fête de sainte Geneviève, un cens de deux sous, « afin qu'aucun litige
« ni même occasion de litige ne s'élève à l'avenir sur ce
« point entre les deux églises sœurs[1] ».

---

[1] Néanmoins, un litige qui survint sur ce point fut déféré par Louis VII à l'arbitrage des abbés du Val Sainte-Marie et de Charlis. Un litige entre Sainte-Geneviève et Drogon, abbé de Pierrefonts, sur les exactions de gens que celui-ci avait donnés à un chevalier, fut déféré à Névelon, archidiacre de Soissons, qui donna gain de cause à Sainte-Geneviève. En 1152, il fut convenu entre l'abbé Odon et Hugues, abbé de Saint-Germain des Prés, qu'une serve de Saint-Germain, épousant

L'abbé Odon regrettait son ancien monastère de Saint-Victor, et aspirait à se décharger de l'autorité abbatiale. Il est probable que l'hostilité des anciens chanoines expulsés et de leurs fauteurs lui suscitait des difficultés. En effet, saint Bernard écrivait encore à Suger : « Il faut « que vous accomplissiez les œuvres du Roi qui vous a « laissé à sa place; que dis-je? les œuvres mêmes du « Seigneur votre Dieu, qui vous a élu pour un tel minis- « tère. C'est par ses œuvres que l'église du Mont (Sainte- « Geneviève) *s'est revêtue de religion et de beauté* [1]. Une « plantation nouvelle y a trouvé en vous un grand con- « seiller et protecteur. Nous vous supplions d'achever « mieux encore ce que vous avez bien commencé, et de « *vous opposer comme un mur pour la maison d'Israël* [2], « afin que *l'homme ne l'emporte point contre Dieu* [3]. Daignez « aussi consoler l'abbé de ce lieu, parce qu'il est décou- « ragé : car cela convient à l'honneur de votre personne « et au salut de votre âme, et spécialement en ce temps- « ci [4]. » Ce fut probablement la mort de ses protecteurs saint Bernard, Eugène III et Suger qui décida Odon à abdiquer vers l'an 1153, pour retourner à Saint-Victor, où il mourut vingt ans après. Toutefois, le 22 août 1165, Louis VII voulut honorer en lui l'ancien gardien du tombeau de sainte Geneviève en le choisissant pour parrain de son fils qui fut le roi Philippe-Auguste [5]. Son

---

un serf de Sainte-Geneviève de Fontenay, appartiendrait à Sainte-Geneviève, et que, réciproquement, une serve de Sainte-Geneviève de Fontenay, épousant un serf de Saint-Germain, appartiendrait à Saint-Germain.

[1] *Ps.* CIII, 1.
[2] Ezech. XIII, 5.
[3] *II Par.* XIV, 11.
[4] *Ep.* 370, al. 357.
[5] Odon mourut à Saint-Victor le 15 mai 1173, et fut enseveli dans

épitaphe, en vers latins, faisait une gracieuse allusion à ses deux monastères de Saint-Victor et de Sainte-Geneviève, et à la date de sa mort : « Odon », disait-elle, « d'abord prieur d'un martyr, et puis abbé d'une vierge, « a appris à suivre le martyre par la virginité : recevant de « Victor les roses du combat, et de Geneviève les lis de « la pureté, il a emporté ces fleurs au paradis dans la « saison des fleurs [1]. »

Albert, d'abord prieur, succéda à Odon comme second abbé génovéfain. C'est de son temps que se fit une reconnaissance solennelle des reliques de sainte Geneviève; elle fut provoquée par une odieuse calomnie que suscitèrent aux Génovéfains les adversaires de la réforme de l'abbaye et les fauteurs des anciens chanoines expulsés pour leur indiscipline.

En effet, le roi Louis VII ayant tenu des États généraux en 1161, on accusa les religieux génovéfains d'avoir enlevé la tête de sainte Geneviève de sa châsse. Ce bruit, répandu dans Paris, y ayant soulevé une immense émotion, le Roi, très-irrité, envoya, sur l'avis de tous, apposer immédiatement le sceau royal sur la châsse, déclara qu'il punirait les auteurs de ce crime, et délégua, pour faire la visite de la châsse, Hugues, archevêque de Sens, l'évêque d'Auxerre, et Manassès, évêque d'Orléans. Ce dernier s'était joint aux dénonciateurs calomnieux, et semble avoir été l'un des ennemis les plus acharnés de

---

la chapelle de Notre-Dame de Bonne-Nouvelle; il avait fait donner à Sainte-Geneviève des ornements sacrés, un calice d'argent et deux missels.

[1] Martyris Odo prior prius, et post virginis abbas,
Martyrium didicit virginitate sequi :
A Victore rosas certaminis, a Genovefa
Lilia purpurei plena pudoris habet :
Intulit hos flores paradiso tempore florum.

l'abbaye de Sainte-Geneviève et de la réforme qui y avait rétabli l'observance régulière.

Le lendemain, qui se trouvait le 10 janvier, jour même de l'octave de la fête de sainte Geneviève, ces trois évêques se rendirent de grand matin à l'abbaye génovéfaine, où ils furent suivis par le clergé et par une grande multitude de peuple armée de bâtons et de pierres : car telle était la dévotion publique pour sainte Geneviève, que le peuple entrait en fureur à l'idée qu'on avait pu lui dérober une partie des reliques de sa patronne, et se serait porté à des violences contre les religieux si le fait s'était trouvé vrai. Quand on dut procéder à la descente de la châsse, l'évêque Manassès entonna hypocritement l'antienne de sainte Geneviève. Saint Guillaume, qui, comme chèvecier, avait la garde des reliques et en était plus responsable que tout autre, ayant voulu assister à la vérification, fut brutalement repoussé par ce perfide évêque d'Orléans ; saisissant alors un chandelier, le Saint déclara que, si on le refusait comme témoin, on ne pourrait l'empêcher d'assister comme ministre.

On descendit la châsse de sa place ordinaire, on en ôta le sceau royal, et on l'ouvrit. Après avoir écarté les linges qui enveloppaient les précieux ossements, on trouva la tête de sainte Geneviève, avec le reste du corps tout entier, sans que rien y manquât. A la vue des reliques de la Sainte tant aimée, les Génovéfains et le peuple ne purent contenir leurs larmes, et saint Guillaume entonna le *Te Deum laudamus,* que tous les religieux continuèrent, et après lequel l'archevêque de Sens dit l'oraison. L'évêque Manassès, furieux, chercha querelle à saint Guillaume, lui reprochant d'avoir osé entonner le *Te Deum* devant un archevêque, et voulut prétendre qu'on avait substitué à la tête de sainte Geneviève une tête

étrangère. Saint Guillaume lui offrit alors, en signe d'authenticité de la relique, de passer dans une fournaise ardente avec la tête de sainte Geneviève dans ses mains ; Manassès n'y répondit que par des railleries. L'archevêque de Sens prit alors la parole, et s'adressa au peuple en ces termes : « Nous nous félicitons d'avoir trouvé,
« avec tout le reste de son corps, la tête de cette vierge
« très-sainte qui est la gloire de toute la France, et nous
« avons cru nécessaire de vous le déclarer, afin que
« vous n'en conceviez jamais aucun doute, ni vous, ni
« la postérité. »

L'évêque Manassès, confondu, mais voulant se venger, se rendit auprès du Roi, et osa lui assurer qu'on n'avait pas trouvé la tête de sainte Geneviève, et que les deux autres évêques s'étaient retirés fort irrités ; ce qui accrut la colère du prince. Les Génovéfains, ayant appris cette nouvelle perfidie, envoyèrent en hâte quelques-uns des leurs à Melun, où se trouvaient déjà l'archevêque de Sens et l'évêque d'Auxerre, pour leur signaler l'imposture de l'évêque d'Orléans et leur demander d'attester la vérité. Ces dignes prélats écrivirent au Roi en ces termes : « Par
« l'ordre de votre sérénité royale, nous nous sommes
« réunis à l'église de la bienheureuse vierge Geneviève,
« et nous avons fait ouvrir en notre présence la châsse où
« repose cette très-précieuse vierge ; et, en ayant examiné
« l'intérieur avec nos yeux et avec nos mains, nous avons
« trouvé le très-saint corps tout entier avec sa tête, et
« un bref qui en attestait la vérité indubitable. Ayant
« donc fait cette reconnaissance, nous avons éclaté en
« allégresse et en louanges divines, et nous avons pris
« soin de le déclarer sans retard au peuple présent. Voilà
« ce que nous vous mandons, monseigneur, et nulle autre
« chose. Et nous vous le déclarons de nouveau par cette

« lettre, de crainte que la vérité ne soit obscurcie par les
« calomnies d'hommes pervers qui s'efforcent de décrier
« ce qui est bon. Nous vous saluons dans le Seigneur. »
Le Roi, éclairé par ce message des deux pieux évêques,
rendit sa faveur à la communauté de Sainte-Geneviève.
Quant à Manassès, il fut dans la suite mêlé à des affaires
compromettantes, et, ayant été déposé de son siége épiscopal d'Orléans, il mourut dans le mépris.

Les religieux, après avoir baisé avec attendrissement
la tête vénérable de sainte Geneviève, laissèrent la châsse
exposée pendant trois jours, avant de la replacer en son
lieu ordinaire. En mémoire de ce fait, dont le récit fut
rédigé par saint Guillaume, ils en insérèrent la légende
dans leur bréviaire aux matines du jour de l'octave de
sainte Geneviève, qu'ils célébrèrent désormais le 10 janvier sous le nouveau titre de « Révélation de la tête de
« sainte Geneviève ».

Un miracle illustra le jour de cet anniversaire quatre
siècles plus tard. Le 10 janvier 1586, octave de sainte
Geneviève, un serviteur de l'abbaye, nommé Bertrand,
tomba dans le grand puits, profond de trente-six mètres,
sans se faire aucun mal ni éprouver lui-même aucune
frayeur, et l'on attribua ce prodige à la faveur de sainte
Geneviève pour ce jour où elle avait été glorifiée dans la
personne de sa famille religieuse.

Le pape Alexandre III, par une bulle datée de Paris,
le 24 avril 1163, et contre-signée de onze cardinaux, confirma les priviléges de Sainte-Geneviève, l'exemption de
toute juridiction épiscopale ou métropolitaine, avec subordination directe et immédiate au Pape seul, les religieux n'ayant recours à l'évêque que pour la réception
des saintes huiles, la consécration des autels et la collation des ordres majeurs; par la même Bulle, il renouve-

lait défense à tout roi ou prince quelconque de donner l'abbaye en bénéfice ou commande; il confirmait en même temps les possessions territoriales de Sainte-Geneviève en les énumérant telles qu'elles étaient alors. Cette liste, que nous reproduisons en note, en même temps qu'elle donne une idée de la puissance de l'abbaye et de l'étendue de ses domaines, montre quelle était la dévotion des peuples et des princes envers sainte Geneviève, que tous, rois et sujets, honoraient en dotant son tombeau de si vastes dépendances [1].

[1] D'après cette Bulle, les domaines de l'abbaye de Sainte-Geneviève étaient alors les suivants : le bourg de Sainte-Geneviève, comprenant Grenelle, jusqu'au pont Saint-Médard et jusqu'à la place Saint-Jacques; l'église Saint-Étienne des Grés, avec toutes justices et libertés; le domaine et l'église de Saint-Médard, avec toutes justices; Rungis et toutes ses justices; Épinay et l'église avec leurs dépendances et justices, comprenant Quincy; à Draveil, domaine donné par Dagobert, avec Champrosay; domaine de Saint-Germain-sur-École, vendu plus tard au président Christophe de Thou; Jossigny et l'église, avec toutes ses justices; à Magny-le-Hongre, terres et bois avec toutes justices; domaine à Ébly; à Try, population; domaine à Charmentré; à Meaux, à Lisy, à Mareuil-la-Ferté, population et terres; à la Ferté-Milon, cinq sous et une obole, dîmes, population nombreuse et église de Saint-Waast; à Marisy, église de Sainte-Geneviève, prés, bois et domaine; à Palaiseau et Chilly, terres, population et dîmes; à Athis, dîmes et une obole de chaque maison; à Bagneux et Fontenay-aux-Roses, terres, bois, prés et moulin sur la Bièvre; à Vanves, église, terres et population avec toutes justices; Choisy-aux-Bœufs et l'église; Trianon avec bois et terres; Galy avec chapelle, étang et moulin, échangé plus tard avec Louis XIV contre le domaine de Ver, au diocèse de Senlis; à Maulny, dîmes; à Marly, cinq arpents de vignes et l'étang donné par Jean Poilu; à Nanterre, église, domaine et population nombreuse, comprenant Rueil, Colombes et Gennevilliers; à Auteuil, terres, vignes, population et toute la justice; Rosny avec église, population et justice; à Chennevières, terres, vignes et population; Borret avec ses eaux et dépendances; à Tertia ou Sainte-Geneviève des Bois, terres, cens, dîmes et chapelle; à Baerne, terres, dîmes et justice; à Borranc, domaine, cens et population; une prébende à Notre-Dame de Paris; dans Paris, beaucoup de maisons, cens et population; à Ivry et Vitry, terres, vignes, cens et population; près de Melun, sur le mont Saint-Pierre, dîmes de blé et de vin, et cinq sous de cens des moines de Saint-Faron pour l'église de

A l'abbé Albert succéda Garin, troisième abbé de Sainte-Geneviève, qui fit péricliter par une grave imprudence la nouvelle observance réformée. Il prétendit que, l'abbaye étant royale, les officiers devaient y tenir du Roi leurs offices, et fit nommer son prieur par le Roi. C'était une énorme atteinte aux priviléges de Sainte-Geneviève et aux droits du Saint-Siége, et les religieux le sentirent. Le prieur indûment nommé ayant sonné la cloche pour le dîner, saint Guillaume, sachant que l'élection de ce prieur n'était pas canonique, l'écarta de la cloche, et lui substitua le sous-prieur. L'abbé, après avoir flagellé saint Guillaume, le condamna au pain et à l'eau trois jours par semaine et à manger à genoux au réfectoire. Un religieux déféra le fait au pape Alexandre III, qui était alors à Sens, et qui, ayant mandé Garin et saint Guillaume, réprimanda le premier et releva le second de pénitence. Par lettre du 18 août 1164, il commit les abbés de Saint-Victor et de Saint-Germain des Prés, avec Odon, l'ancien abbé génovéfain qui vivait encore, pour faire enquête sur la conduite de Garin. Le Roi écrivit aux Génovéfains :
« Votre église royale, qui a été célèbre dès les temps
« anciens et dotée extérieurement de biens magnifiques,
« doit aussi briller par l'observance de l'ordre intérieur.
« C'est pourquoi nous vous prions que, tant que vous

Try, à Corbeil, quatre sous de l'église Saint-Exupérius ou Saint-Spire; le moulin de Boussinville; à Courpierre et Guigny, terres, prés, cens et bois; à Paris, un moulin sous le Petit-Pont; cens et dîmes d'une terre sous Pontperrin; à Tilloy, près de Château-Landon, terres, population et cens; à Saint-Nom, terres et dîmes; à Bois-le-Roi, terres et revenus. — L'abbé Albert, mort le 29 novembre, fut enseveli dans la petite nef de la basilique génovéfaine. Sous son gouvernement, un procès de l'abbaye contre Hugues de Montguillon, qui revendiquait une sujette de Sainte-Geneviève, avait été arbitré devant Étienne, évêque de Meaux, par la reconnaissance des droits de Sainte-Geneviève sur cette femme et sur deux de ses filles, les deux autres restant sujettes de ce seigneur.

« étes dans cette tribulation et sans pasteur, vous ne
« vous conduisiez pas en brebis errantes. » Il est probable que Garin fut forcé de se démettre de la charge abbatiale[1].

Il eut pour successeur Hugues, quatrième abbé de Sainte-Geneviève[2], sous lequel une bulle d'Alexandre III,

---

[1] C'est peut-être le même Garin qui se retira à l'abbaye de Chage et en sortit pour être abbé de Saint-Victor.

[2] Probablement le chanoine de Saint-Victor auquel Eugène III voulut que Suger donnât vingt-cinq livres provins pour un voyage qu'il devait faire auprès du Pape. Sous l'abbé Hugues, le pape Alexandre III écrit de Sens au Roi le 19 décembre pour demander que Guy de Senlis n'exige pas de l'abbé de Sainte-Geneviève les droits qu'il exigeait des abbayes royales. L'abbé Hugues est témoin, en 1170, d'un contrat entre l'abbaye de Saint-Denys et les chanoines de Saint-Paul. La même année, la comtesse Agnès de Melle donne à Sainte-Geneviève deux de ses serfs, tant « pour le salut de son âme » que pour acquitter un vœu fait par son mari à saint Céraunus, dont le tombeau était dans l'église de Sainte-Geneviève. En 1171, Hugues est témoin d'une donation du comte de Dammartin à l'abbaye de Charlis. Entre les années 1169 et 1171, Guillaume, archevêque de Sens, restitue à Sainte-Geneviève, surtout d'après le témoignage de son ancien abbé Odon, l'église de Choisy, au diocèse de Chartres, où il avait juridiction. Le 29 janvier 1172, Hugues fait un échange avec Lambert, abbé de Saint-Faron; et, en 1173, il transige avec Hugues de Montguillon pour un pressoir près d'Ébly. En 1172, Maurice, évêque de Paris, attribue à Sainte-Geneviève les dîmes que Guy d'Annet avait injustement perçues, au mépris de l'excommunication, sur les paroisses d'Eudesville et de Vaugrand; ce seigneur s'étant enfin soumis, son fils, nommé Hugues, avait reçu de l'évêque ces dîmes, et le même Hugues étant devenu ensuite religieux de Sainte-Geneviève, c'est sur la demande de ce jeune Génovéfain, qui professait une grande dévotion à sainte Geneviève, que l'évêque, devenu libre d'en disposer par sa profession religieuse, les attribue à l'abbaye; ce qu'Alexandre III confirma par une bulle datée d'Anagni le 15 juillet. Les moines de Saint-Martin des Champs négligeant les charges d'une prébende de Sainte-Geneviève dont ils percevaient les fruits, le même Pape leur ordonne d'Anagni, le 17 juillet, de reprendre leur service. En 1175, l'abbé Hugues est cité comme témoin dans une lettre du vicomte de Dammartin. Sous son gouvernement, une association de prières fut établie entre Sainte-Geneviève et l'ordre du Temple, comme l'atteste une lettre du supérieur des maisons d'outre-mer des Templiers. Un religieux de Sainte-Geneviève, nommé Guy, devint en ce temps abbé de Sparnay. Une charte de Guy, comte de l'Auxerrois et

datée de Bénévent, le 9 novembre 1167 ou 1168, confirma à Sainte-Geneviève la propriété de certaines églises paroissiales des diocèses de Paris, Meaux, et Soissons, notamment celles du Mont (Sainte-Geneviève), de Sainte-Geneviève de la Cité (des Ardents), de Saint-Médard, de Vanves, de Nanterre, de Rosny, de Marisy, de la Ferté-Milon, de Jossigny, d'Épinay, etc., et ordonna que l'abbaye mît dans chacune d'elles trois ou quatre religieux au moins, dont l'un serait désigné pour curé par l'évêque sur la présentation de l'abbé.

C'est sous l'abbé Hugues que le Génovéfain saint Guillaume, dont nous avons déjà souvent parlé, et que nous avons vu jouer un rôle actif dans la reconnaissance des reliques de sainte Geneviève en manifestant vivement sa dévotion pour la Sainte et son indignation contre les perfidies de l'évêque Manassès, passa en Danemark, sur la demande de l'évêque Absalon, pour y restaurer l'ordre des chanoines réguliers. Il y devint abbé de Roschilden, et eut pour disciples le martyr saint Kétilus, chanoine régulier de Wiborg, et saint Thorlac, évêque de Scalholt en Islande. Saint Guillaume mourut en Danemark, et l'Église fait sa fête le 6 avril. Cette mission de saint Guillaume en Danemark eut pour résultat la fondation du Collége de Danemark à Paris, qui, établi sur le territoire de Sainte-Geneviève, dura jusqu'à la fin du quatorzième siècle.

Il est raconté dans la vie de saint Guillaume que ce

---

du Nivernais, et de sa mère Ida, donne à Sainte-Geneviève un fief situé à Marisy, dans le domaine de l'abbaye; un frère de ce comte était marié à Aliénor de Vermandois, bienfaitrice de Sainte-Geneviève. En 1177, Alexandre III confirme les concessions faites à Sainte-Geneviève par Guy de la Ferté pour le domaine de Marisy. L'abbé Hugues dut mourir en 1177; son anniversaire était marqué au 22 ou au 24 novembre dans les nécrologes de Sainte-Geneviève et de Saint-Denys.

Saint, au temps où il était à l'abbaye de Sainte-Geneviève, se trouvant gravement malade un dimanche, invoqua sainte Geneviève, pour laquelle nous savons qu'il avait une grande dévotion. Dans la nuit, la Sainte lui apparut en songe, avec un visage souriant, et lui dit : « Aie con-« fiance, mon bon ami, et ne crains point : car tu as un « bon Maître. » Comme il demandait qui était ce maître, sainte Geneviève lui répondit : « C'est Jésus, le Fils du « Dieu vivant. » Et en s'éveillant après ce songe, saint Guillaume se trouva miraculeusement guéri.

A Hugues, mort en 1177, succéda comme cinquième abbé Étienne Ier, dit de Tournay, du nom du diocèse dont il fut évêque[1]. Ce fut certainement le plus illustre de

---

[1] Originaire d'Orléans, il y avait été chanoine régulier et abbé de Saint-Evurtius. En 1177, l'abbé Étienne paraît comme témoin d'un jugement de Maurice, évêque de Paris, pour l'église de Saint-Evurtius d'Orléans. Le 10 juillet 1178, il reçoit d'Alexandre III un privilége pour Sainte-Geneviève. Le 24 août 1179, il est témoin au jugement de Henri, évêque de Senlis, pour l'abbé de Saint-Denys contre Mathieu de Beaumont. En 1179, les habitants de Rosny ayant prétendu être, non sujets, mais seulement vassaux de Sainte-Geneviève, le roi Louis VII, après avoir examiné cette cause féodale dans sa cour, les déclare sujets et serfs de Sainte-Geneviève, sur le serment de plusieurs témoins, entre autres l'abbé de Saint-Germain des Prés et le doyen et l'archidiacre de Notre-Dame; sentence que confirmèrent le roi Philippe-Auguste en 1182 et le pape Lucius III en 1184. En 1180, Étienne vend, pour cinq sous parisis, à l'abbaye de Charlis, un bois du domaine de Sainte-Geneviève. En 1181, il est délégué par Alexandre III pour juger, avec l'archevêque de Sens et l'évêque et le doyen de Bayeux, un litige entre l'archevêque de Tours et l'évêque de Dols sur les droits de métropolitain. En 1182, les chevaliers de Saint-Jean de Jérusalem ayant acheté une grange dans le domaine de Sainte-Geneviève, Étienne leur permet de la posséder à perpétuité, « selon la charité fraternelle « que les ordres religieux doivent avoir l'un pour l'autre ». La même année, selon une charte de Philippe-Auguste, le Génovéfain Simon ayant donné à Sainte-Geneviève le domaine de sa prébende d'Auteuil, et son neveu Théobald s'en étant emparé par autorité royale en prétextant une donation antérieure, celui-ci, revenu à résipiscence, les cède à Sainte-Geneviève pour le prix de cent livres parisis. En 1184, Étienne fait un échange avec Isambert, prieur de Saint-Éloy. La même année,

tous les abbés de Sainte-Geneviève. Sa sagesse et sa renommée sont prouvées par le choix qui fut constamment fait de lui pour régler les contestations ecclésias-

le comte Robert de Dreux, frère du Roi, ratifie l'arrangement fait par Luc du Port et Gautier de Marnes avec Sainte-Geneviève pour la terre de Jossigny, pour laquelle chacun d'eux ne pourra demander à l'abbaye plus de dix setiers d'avoine par an. Le pape Lucius III concéda à Étienne une bulle pour Sainte-Geneviève, et le délégua comme juge d'un litige entre Godefroy, abbé de Saint-Martin de Pontoise, et Hilduin, prêtre d'Arnouville, sur un cens de cent sous; il le délégua, avec Maurice, évêque de Paris, pour juge d'un litige entre les chanoines de Meaux et un nommé Baudoin, et, avec Pierre, chantre de Paris, et Robert, prieur de Foucarmont, pour juge d'un différend que le monastère de Saint-Lucien de Beauvais avait au sujet d'une paroisse. En 1185, Eustachia, abbesse de Jouarre, échange une sujette de Jouarre contre une sujette de Sainte-Geneviève. En 1187, un différend entre Sainte-Geneviève et Saint-Germain des Prés au sujet de deux moulins de ces abbayes sur le Petit-Pont fut concilié par Foulques, abbé de Saint-Germain. En 1190, Étienne reçoit deux bulles du pape Clément III. La même année, il accorde aux habitants de Choisy l'usage d'une partie de la forêt du domaine de Sainte-Geneviève. Le 7 novembre 1191, le pape Célestin III le délègue, avec l'évêque et le doyen de Paris, pour régler un litige du chapitre de Sainte-Marie d'Étampes. La même année, il fait un accord avec Guillaume, abbé de Charlis, sur le droit de pâture des habitants de Borranc et sur un bois vendu par Sainte-Geneviève à cette abbaye. Vers le même temps, il réprima la révolte des Frères laïques de Grandmont contre les clercs de ce monastère. Il recommanda l'abbé de Saint-Vincent de Senlis à l'archevêque de Reims, et l'abbé de Val-Cernai à l'abbé de Cîteaux. Plusieurs de ses disciples furent distingués; on cite parmi eux : Godefroy, abbé de Saint-Ambroise de Bourges; Bernard, abbé du Val Sainte-Marie; Raymond, abbé de Saint-Jean des Vignes; Marcel, abbé de Saint-Calixte de Cison; Guillaume, abbé de Beaulieu; Jean, abbé de Saint-Séverin; Nicolas, abbé de Bourgmoyen; Jean, abbé de Planpied. Un des religieux de Sainte-Geneviève dédia à Étienne un traité en vers latins, intitulé *Fons philosophiæ*; et, sur son conseil, le célèbre poëte Egidius composa, sous le titre de *Carolinum*, un poëme latin pour exhorter le fils de Philippe-Auguste à imiter Charlemagne. Il faut noter aussi que le mariage de Philippe-Auguste avec Ingelburge de Danemark fut conclu par l'intermédiaire des Génovéfains Étienne, déjà évêque de Tournay, et saint Guillaume de Danemark; ce fut aussi un Génovéfain, Marcel, qui donna asile à cette reine répudiée dans les domaines de son abbaye de Saint-Calixte, et ce fut un abbé génovéfain que le roi de Danemark députa à Rome pour dénoncer au Pape la tentative de divorce de Philippe-Auguste.

tiques et pour remplir les missions les plus difficiles. Il fut notamment envoyé dans le comté de Toulouse pour y combattre, au péril de sa vie, l'hérésie albigeoise qui commençait à paraître [1]. Sa volumineuse correspondance atteste que les princes mêmes lui demandaient des reocmmandations auprès des pontifes. Le roi Philippe-Auguste le choisit en 1187 pour parrain de son fils Louis, l'envoya en mission auprès du Pape, et songea même à l'y envoyer une seconde fois. Il fut lié d'amitié avec le martyr saint Thomas Becket, archevêque de Canterbury. Il se montra donc digne représentant de la gloire attachée au nom de sainte Geneviève, et ce n'était pas seulement la dignité inhérente à la communauté gardienne du tombeau de la Sainte qu'on vénérait en lui comme dans beaucoup de ses prédécesseurs et successeurs, mais encore sa piété et son mérite personnels. Il eut sous ses ordres, comme religieux de Sainte-Geneviève, Waldemar, frère de Canut, roi de Danemark, et Pierre, neveu de l'évêque Absalon, qui succéda à celui-ci comme évêque de Roschilden et fut aussi chancelier de Danemark. Il eut à écrire au roi de Danemark pour lui annoncer la mort de son frère, le Génovéfain dont nous venons de parler, enseveli à Sainte-Geneviève, au roi de Hongrie au sujet de la mort d'un noble étudiant hongrois, enseveli aussi à Sainte-Geneviève et dont les parents donnèrent des ornements sacrés à l'abbaye, et au roi d'Angleterre au sujet de la mort de son aumônier Gentilis, neveu du pape Alexandre III, enseveli également dans l'église génovéfaine. Un autre neveu du même Pape, le cardinal Alexis, fut aussi de son temps religieux de Sainte-Geneviève ou de

---

[1] A cette occasion, les chanoines de Saint-Saturnin de Toulouse établirent une association de prières avec Sainte-Geneviève.

Saint-Victor, ainsi que l'évêque de Mopsueste, suffragant du patriarche d'Antioche, qu'Étienne nomme « son ami « et confrère ».

La sollicitude de l'abbé Étienne ne pouvait négliger la basilique de Sainte-Geneviève, qui n'avait été réparée que provisoirement et incomplétement depuis son incendie par les Normands en 856 ou 857. Les murs, calcinés par le feu et délabrés par vétusté, menaçaient ruine ; le vent et la pluie y pénétraient par les fissures du toit et des murailles ; et les restes de peintures qui subsistaient encore pour en attester l'antique splendeur rendaient plus douloureux pour le cœur pieux et zélé de cet abbé l'abandon où ce magnifique temple avait été laissé depuis trois siècles. Il résolut donc d'en faire une restauration complète, acheta des charpentes, et commença à réparer les toits avec de nouvelles poutres, et à consolider les murs en les soutenant extérieurement par une maçonnerie nouvelle de pierres de taille. Il exhaussa les deux nefs latérales jusqu'à la hauteur de la nef principale, agrandit les fenêtres, établit la chapelle des reliques, dite plus tard de Sainte-Clotilde, et où furent transportées dans la suite les châsses de sainte Alda et de saint Céraunus ; il construisit aussi dans le cloître la chapelle de la Miséricorde. Enfin il fit transporter la châsse de sainte Geneviève à une élévation qui la mit plus en vue du peuple.

Étienne, appelé en 1191 à l'évêché de Tournay, ne put achever entièrement la restauration de la basilique de Sainte-Geneviève. Mais il garda dans l'éloignement une vive affection pour les deux églises dont il avait eu le gouvernement, et notamment pour la grande Sainte dont il avait été le représentant. Il fit construire dans son palais épiscopal de Tournay une chapelle à la dédicace

de laquelle il invita son successeur en lui écrivant : « Vous
« y verrez, gracieusement représentés et rivalisant d'éclat
« dans les vitraux de chaque fenêtre, saint Evurtius et
« sainte Geneviève », et il fonda dans le diocèse de Tournay la fête de ces deux Saints sous le rit double. Il mourut le 11 septembre 1203, et, tant qu'il vécut, il fut consulté par son successeur, l'abbé Jean, dans les affaires graves concernant l'abbaye génovéfaine.

CHAPITRE XXVI

LE CULTE ET L'ABBAYE DE SAINTE-GENEVIÈVE DEPUIS LA RESTAURATION DE LA BASILIQUE JUSQU'A LA TRANSLATION DES RELIQUES. — CONFLIT AVEC L'ÉVÊCHÉ DE PARIS SUR LA PAROISSE DU MONT. — PROCESSIONS DE LA CHASSE ET MIRACLES. — INSIGNE MIRACLE DANS UNE INONDATION. — LA CHASSE ACCOMPAGNÉE PAR UNE COLOMBE. — TRANSLATION DES RELIQUES DE SAINTE GENEVIÈVE.

Le successeur d'Étienne de Tournay fut Jean Ier de Toucy, sixième abbé de Sainte-Geneviève [1], honoré

---

[1] Originaire de l'Auxerrois, élu abbé le jour de l'Annonciation, 25 mars 1192, béni le dimanche des Rameaux par l'évêque de Meaux. En 1195, il échange avec les moines de Saint-Martin des Champs la prébende qu'ils avaient à Sainte-Geneviève contre des dîmes sur le domaine d'Anet, « tout en gardant l'association spirituelle entre ces « deux églises », laquelle consistait en ce qu'à la mort d'un frère de l'un des deux monastères, l'autre monastère chantait pour lui une messe des morts conventuelle, et chaque prêtre y disait pour lui une messe basse ; Innocent III ratifia cet échange le 6 février 1201. En 1194, une charte de Mathieu de Marly et de son épouse Mathilde ratifie le contrat par lequel Garnier de Roquencourt renonce, moyennant huit livres parisis, à ses droits sur la dîme de Maulny donnée par Barthélemy Poilu à Sainte-Geneviève, qui l'avait possédée depuis trente ans, et le seigneur de Marly renonce aussi à ses droits en faveur de Sainte-Geneviève et lui promet garantie. En 1195, le comte Robert de Dreux et son épouse Yolande échangent avec Sainte-Geneviève la terre de Contain et ses dîmes contre celle de Chailly, et ratifient la vente de la terre de Magny faite à Sainte-Geneviève par Odon de Magny. La même année, une bulle de Célestin III confirme les priviléges de Sainte-Geneviève. En 1196, Gaucher de Châtillon et son épouse Élisabeth font avec Sainte-Geneviève un échange entre les bois de la Commune et des droits sur les territoires de Rosny, Magny et Jossigny, échange ratifié

personnellement de l'usage de la mitre en 1199 par le pape Innocent III. Le même Pape lui donna le pouvoir de corriger l'ordre intérieur de l'abbaye et de ses religieux sur l'avis des abbés de Saint-Germain des Prés et

par Innocent III en 1199. En 1200, Ansellus, évêque de Meaux, confirme la donation faite aux Génovéfains de l'église de Sainte-Geneviève des Bois, près de Montlhéry. En 1201, Aliénor, comtesse de Saint-Quentin, atteste une donation faite par l'abbé Jean, au nom de Sainte-Geneviève, à un hôpital de pauvres. En 1202, Mathieu de Montmorency et son épouse Mathilde affectent à un hospice, avec la permission de l'abbé Jean, la vigne dite Clos de Mauvoisin, qu'ils tenaient de Sainte-Geneviève sous cens annuel de trois sous huit deniers, à condition que les hôtes qui y seront reçus seront paroissiens de Sainte-Geneviève et payeront dîmes et droits paroissiaux au chapelain de Sainte-Geneviève du Mont; que les causes de duel seront portées au tribunal de Sainte-Geneviève, sauf la moitié des amendes de duel due au seigneur; que tout litige entre les deux parties sera porté au tribunal de Sainte-Geneviève; que le seigneur et ses successeurs ne pourront aliéner ce fonds à une autre église sans la permission de l'abbé; que le seigneur payera à Sainte-Geneviève ledit cens annuel à la Saint-Remy, et reconnait n'avoir aucun droit sur la route de Sainte-Geneviève à la Seine, ni sur celle qui va par Garlande jusqu'à la limite du bourg de Sainte-Geneviève à Saint-Julien, lesquelles appartiennent à l'abbaye. Le 20 mars 1202, l'abbé Jean est délégué par le Pape comme juge d'un litige entre les chevaliers de Saint-Jean de Jérusalem et le chevalier Godefroy Gode, et délégué aussi, avec l'évêque de Meaux et Philippe de Beauvais, pour régler l'état d'une église. Vers le même temps, Gaucher de Châtillon, entre autres donations à Sainte-Geneviève, promet, « pour le remède de son âme et en révérence des saints apôtres et de « sainte Geneviève », que lui et ses héritiers ne recevront jamais dans leurs domaines aucun des sujets ou vassaux de Sainte-Geneviève. En mai 1203, l'abbé Jean est délégué par Innocent III, avec Odon, évêque de Paris, pour visiter le monastère de Saint-Médard de Soissons. Il est délégué aussi pour juge d'un litige entre l'abbaye de Saint-Denys et les héritiers de Pierre de Lévis. En 1206, il est délégué, avec son prieur, pour juge d'un litige entre l'abbaye de Saint-Denys et les Templiers. Une de ses lettres mentionne le domaine génovéfain de Saint-Germain-sur-École. En février 1207, son parent Itérus, seigneur de Toucy, reconnaît, pour lui et ses héritiers, devoir à Sainte-Geneviève un cens annuel de vingt sous auxerrois à la fête et foire de Saint-Lazare pour le bailliage de Nevey, qu'il tenait de l'abbaye. En 1207, l'abbé Jean fut demandé pour évêque de Meaux en succession d'Ansellus. Vers le même temps, il concilie un différend entre les moines de Ramey et Nicolas, recteur de l'église de Chappes. En juin 1210, il est délégué

de Saint-Denys, et envoya en 1211 à Sainte-Geneviève un chanoine régulier de Saint-Étienne de Dijon, « afin « qu'il y apprît la discipline religieuse qu'il ne connaissait « pas encore entièrement ». Le gouvernement de cet

par Innocent III pour juge d'un litige entre Roland, abbé de Ramey, et Jean, prêtre de Chaource. Le même Pape et Honorius III le déléguent pour un grand nombre d'affaires : avec son prieur et l'abbé de Saint-Germain des Prés, pour faire justice de malfaiteurs qui avaient nui à l'église de Saint-Anianus d'Orléans; deux fois, avec un évêque et deux archidiacres de Paris, pour veiller à l'élection des évêques de Thérouanne et de Verdun; avec les évêques de Paris et de Troyes, pour juger la cause de l'abbé de Vézelay contre le comte d'Auxerre; avec l'archidiacre de Paris et le doyen de Meaux, comme juge d'un litige entre les moines de Saint-Martin des Champs et l'archiprêtre de Saint-Jacques de la Boucherie; avec le prieur de Saint-Martin des Champs, entre l'abbé de Saint-Germain des Prés et Guillaume de Nogent; et celui-ci ayant récusé la sentence, les nouveaux juges délégués la confirmèrent; en 1214, il est délégué pour juge entre l'église de Paris et les moines de Port-Sacré ou de Barbel, au sujet d'une dîme; en 1218, avec son prieur et celui de Saint-Victor, entre le chapitre de Saint-Cloud et un autre chapitre; avec l'évêque de Senlis et le prieur de Saint-Martin des Champs, en 1217, pour procéder contre Érard de Brienne et Philippa, fille du comte Henri, qui avaient contracté un mariage illicite; comme juge entre le doyen et les chanoines d'Auxerre, pour une contestation sur le droit de justice. En 1212, un litige étant survenu entre Sainte-Geneviève et Godefroy, abbé de Tiron, sur le cens de vignes situées autour de Paris, Foulques, prieur de Sainte-Geneviève, et Drogon, prieur de Tiron, furent élus pour arbitres, et les deux abbayes conclurent, en mai 1214, une association de prières ainsi réglée : la veille de Saint-Luc, dans chacune des deux abbayes, on faisait office et messe solennelle des morts pour les défunts de l'autre, et chaque prêtre disait pour eux une messe basse, et, de plus, une messe du Saint-Esprit était dite au chapitre pour les vivants de l'autre communauté. En 1213, une contestation entre deux chanoines de Saint-Quentin ayant amené des troubles graves et des voies de fait sacrilèges contre des personnes sacrées, Aliénor, comtesse de Saint-Quentin, voulant punir les coupables, se rendit à Sainte-Geneviève, où Gaucher, abbé de Longpont, l'archidiacre de Beauvais et un chanoine de Paris se réunirent à l'abbé Jean et rendirent avec lui la sentence; cette comtesse donnait depuis 1195 à Sainte-Geneviève un présent annuel de deux muids de blé au moulin de Chouy; et des pains, ainsi que l'usage d'un vivier au prieuré génovéfain de Saint-Waast de la Ferté-Milon. Une bulle d'Honorius III, du 24 octobre 1220, est adressée à l'abbé Jean, qui, la même année, fait avec le chapitre de Notre-Dame de Paris

abbé fut signalé par un grave conflit avec l'évêché de Paris au sujet de la paroisse du mont Sainte-Geneviève.

En effet, nous avons vu jusqu'ici la concorde la plus complète régner entre l'abbaye génovéfaine et l'autorité diocésaine, pleine de respect pour les priviléges des réguliers; mais il n'en sera plus de même désormais. Cette première fois, le conflit surgit sous l'influence de la malveillance d'un évêque et de circonstances particulières. Et, dans les siècles qui suivront, nous verrons, sous l'action du gallicanisme qui naîtra cent ans plus tard et qui cherchera à effacer les priviléges apostoliques des réguliers sous le niveau de l'omnipotence royale, les évêques de Paris souvent disposés à mépriser ou à contester les prérogatives génovéfaines.

Jusqu'à l'époque où nous sommes arrivés, la cure de Sainte-Geneviève était restée aussi indépendante de la juridiction épiscopale que l'abbaye elle-même. Les sujets de l'abbaye et tous les habitants du mont Sainte-Geneviève n'avaient pas d'autre église paroissiale que l'église de l'abbaye, et l'autel paroissial se trouvait dans la crypte ou chapelle souterraine qui renfermait l'antique tombeau vide de sainte Geneviève. Cette chapelle paroissiale se nommait la paroisse de Saint-Jean du Mont, et le religieux qui faisait fonctions curiales ne portait que le titre de chapelain.

Philippe-Auguste ayant fait commencer, vers l'an 1190, une nouvelle enceinte de murs autour de Paris, l'abbaye

---

échange de quelques vignes, et avec l'église de Senlis échange d'une de ses sujettes contre une sujette de Sainte-Geneviève qui avait épousé un sujet de l'église de Senlis. Divers actes attestent la sollicitude de l'abbé Jean pour l'avantage de l'abbaye de Saint-Victor, comme mère de la réforme génovéfaine. En 1221, le mercredi avant Noël, il atteste le don fait à l'église d'Auxerre par sa sœur, Agnès d'Onayne, et Itérus, son fils, du bourg de Pourrain. Il mourut le 16 avril 1222.

de Sainte-Geneviève se trouva comprise dans ces nouveaux murs et renfermée dans la ville pour une partie de ses dépendances. L'évêque de Paris, nommé Odon ou Eudes de Soliac, et que Dubreul représente comme fort inférieur en vertu à ses prédécesseurs, voulut obliger l'abbé de Sainte-Geneviève à lui présenter le curé pour la paroisse du Mont, comme c'est la règle qu'une paroisse desservie par des réguliers dans un lieu soumis à la juridiction de l'ordinaire reçoit ses curés de l'évêque, qui nomme le curé sur la présentation du prélat régulier. L'abbé Jean refusa, se fondant sur ce que le territoire de Sainte-Geneviève était exempt de la juridiction de l'ordinaire, aussi bien après qu'avant la construction de l'enceinte murale. De temps immémorial, l'abbé de Sainte-Geneviève jouissait des droits épiscopaux et seigneuriaux sur la paroisse du Mont, qui formait un district *nullius diœceseos* sur lequel il avait lui-même les pouvoirs d'ordinaire perpétuel ; il était en outre conservateur des priviléges apostoliques en France, et ce titre le faisait regarder comme le vicaire du Pape dans le royaume, dans toute l'étendue duquel il avait le droit de décerner des monitoires. Sur le refus de l'abbé, l'évêque lança l'interdit sur la paroisse du Mont, et défendit aux paroissiens d'y aller sous peine d'excommunication. L'ancien abbé Étienne, évêque de Tournay, qui se trouvait présent à Paris, déclara aux religieux et aux paroissiens que cet interdit, lancé sans pouvoir par l'évêque sur une église exempte et sur un territoire étranger, était nul et de nul effet.

L'affaire, discutée à Auxerre par les abbés de Vézelay et de Saint-Pierre d'Auxerre et le doyen d'Orléans, fut portée à Rome par l'abbé Jean, qui obtint gain de cause sur le fond de la contestation. Mais un incident scandaleux vint compliquer la situation. L'archidiacre de Paris, agissant avec plus d'animosité encore que son évêque, se porta à des actes de violence contre le curé génovéfain de l'église paroissiale de Sainte-Geneviève des Ardents, et se permit de chasser brutalement ce curé de cet antique sanctuaire, érigé sur la demeure même de la Sainte, et qui avait toujours été aux mains de ses fils spirituels et gardiens de son tombeau.

L'abbé Jean, quoiqu'il eût le droit pour lui, voulut, par amour de la paix, mettre fin à ces scènes scandaleuses, et, montrant plus de modération que l'évêque, consentit à résoudre le différend par arbitres [1]. Ces arbitres convinrent, le 28 mai 1202, d'une composition qui statuait : que l'abbé nommerait le curé de la paroisse du Mont, mais qu'il le présenterait à l'évêque pour qu'il reçût de lui la juridiction curiale; que l'évêque ne pourrait lancer l'interdit sur la paroisse, mais seulement sur les paroissiens, le curé gardant malgré cela le droit de célébrer toujours à l'autel paroissial; que, de plus, cet interdit ne pourrait atteindre vingt-six serviteurs désignés de l'abbaye, dont vingt dans ses murs et six hors de ses murs, sur lesquels l'évêque n'aurait aucun pouvoir, si ce n'est pour des causes de nullité matrimoniale; que les femmes des six serviteurs demeurant hors des murs seraient soumises à la juridiction épiscopale, sauf qu'elles ne pourraient être frappées de censures pour les actes de leurs maris, et qu'en cas d'interdit elles pourraient entendre la messe à l'autel paroissial. L'abbé cédait à l'évêque la paroisse de Sainte-Geneviève des

---

[1] Ces arbitres furent, pour l'abbé, Foulques, camérier de Sainte-Geneviève, et le Génovéfain Hugues Forre, et pour l'évêque, Godefroy de Lenda, chanoine de Paris, et Nicolas de Chartres, ou à sa volonté Bernard, chanoine de Paris.

Ardents, et la prébende que l'abbaye possédait à Notre-Dame. En retour, l'évêque cédait à Sainte-Geneviève la paroisse de Roissy et quelques autres avantages [1].

En 1206, le cardinal légat Octavien, évêque d'Ostie, qui logeait à Sainte-Geneviève, ayant invité à dîner le même Odon, évêque de Paris, l'abbé Jean, craignant de laisser introduire un précédent d'où l'évêché pourrait ensuite prétendre à quelque droit ou coutume, exigea un acte constatant que ce fait ne constituait aucun droit et ne tirerait pas à conséquence; les procédés de l'évêque Odon avaient été en effet de nature à mettre l'abbé en garde contre les dispositions de l'évêché à empiéter sur les droits de Sainte-Geneviève.

Mais ce qui nous doit intéresser le plus dans le gouvernement de cet abbé, c'est qu'il fut témoin, avec la troisième procession connue de la châsse, d'un insigne miracle de sainte Geneviève. Au mois de décembre 1206, à la suite de pluies continuelles, les fleuves débordèrent, emportant les arbres et détruisant les cultures. La Seine, sortie de son lit, envahit Paris par une inondation telle que ni les hommes de ce temps ni leurs prédécesseurs n'en avaient vu ni entendu raconter de semblable. On ne circulait plus dans la ville qu'en bateau. Une partie des maisons avaient été déjà ruinées et emportées par

---

[1] L'évêque cédait encore à Sainte-Geneviève le domaine de Vauderland avec la faculté d'y fonder une église, et la vigne de Brunel pour agrandir le domaine de la paroisse du Mont ; il renonçait aux redevances annuelles que lui avaient payées jusque-là les paroisses génovéfaines de Jossigny, de Nanterre, de Rosny et de Saint-Médard, et ne retenait qu'une rente annuelle de quatre livres parisis sur l'église de Roissy. Cette composition fut ratifiée par Élie, abbé de Sainte-Colombe de Sens, et maître Jovinus d'Orléans, délégués du Pape, puis par Innocent III lui-même. L'abbé Jean nomma le Génovéfain Théobald à la cure de la paroisse du Mont, et le fit présenter à l'évêque par le Génovéfain Amaury.

les eaux, et celles qui subsistaient encore, minées et sapées par les infiltrations et par le choc impétueux des flots, menaçaient de s'écrouler bientôt. Le Petit-Pont avait déjà subi de tels dommages, qu'il était en partie démoli et ne présentait plus que des pierres disjointes et branlantes, annonçant une chute prochaine, et sur lesquelles on n'osait plus s'aventurer. Le peuple était dans la désolation, et n'avait plus, après Dieu et la Sainte Vierge, dit le chroniqueur, d'autre espérance qu'en sainte Geneviève. Un seul cri s'éleva de tous côtés pour demander que la Sainte qui avait toujours protégé son peuple, et qui, après l'avoir délivré de tant de fléaux, avait déjà, dans une circonstance célèbre, réprimé une inondation de la Seine par la vertu miraculeuse du lit vénérable où elle avait rendu son âme à Dieu, sortît de son lieu saint, et vînt apaiser le ciel et rassurer la terre. Partout on demandait qu'elle sortît processionnellement, comme cela s'était fait au siècle précédent lors de l'épidémie des Ardents. L'évêque Odon, par un juste retour du ciel, se vit obligé d'aller solliciter les religieux mêmes dont il avait violé tout récemment les droits et qu'il avait maltraités avec tant de rudesse, et d'invoquer la Sainte qu'il avait méprisée dans la personne de ses enfants.

Sur la requête de l'évêque, la procession fut accordée : elle se fit un samedi. La châsse fut portée avec la solennité ordinaire de Sainte-Geneviève à Notre-Dame. Il fallait pour cela passer sur le Petit-Pont, déjà brisé, branlant et près de s'écrouler; mais on n'avait pas le choix. La procession s'engagea sur ce passage redoutable, avec une foule immense de peuple qui accompagnait la châsse de sainte Geneviève, et qui passa sans crainte et avec confiance à la suite de la Sainte sur ce frêle soutien qui pouvait à peine porter le poids d'un homme, et autour duquel mugissait le gouffre des grandes eaux. Mais, dit le chroniqueur contemporain, « sainte « Geneviève soutenait le pont plutôt que le pont ne la « soutenait », et le peuple, le comprenant, l'y suivait avec sécurité, comme les Hébreux avaient suivi Moïse à travers les flots.

Aussitôt que la châsse de sainte Geneviève entra dans la cathédrale, toute la tempête s'apaisa subitement : la pluie cessa, la crue des eaux s'arrêta, les édifices branlants se raffermirent, et, depuis ce moment, le temps étant devenu beau, l'inondation décrut rapidement jusqu'à ce que tout fût remis à sec.

Mais c'était pour la fin de la journée que se réservait la partie la plus saisissante du miracle, celle où l'action de sainte Geneviève se montra le plus visible. Au sortir de Notre-Dame, la procession se remit en marche pour Sainte-Geneviève, et la châsse traversa encore une fois, avec une multitude de peuple à sa suite, le Petit-Pont brisé et vacillant, dont la ruine était divinement différée jusqu'après son passage. Après que la châsse de sainte Geneviève fut rentrée dans sa basilique et replacée en son lieu ordinaire, ce qui ne fut que vers la fin du jour, et après que le clergé et le peuple qui l'avaient accompagnée furent tous rentrés dans leurs demeures, après un délai d'environ une demi-heure et au crépuscule du soir, dès que personne n'eut plus à y passer, le Petit-Pont s'écroula, sans que personne fût noyé ni blessé, et montra ainsi, en s'écroulant quand il ne portait plus aucune charge, que Dieu l'avait jusque-là retenu, en faveur des mérites de sainte Geneviève, pour la sécurité de tous ceux qui lui avaient rendu honneur [1].

[1] A partir de cette procession de la châsse, qui eut une immense célébrité, et sur laquelle tous les auteurs s'accordent, il y a divergence

En 1220, Guillaume de Seignelay, évêque de Paris, prenant possession de son siége, vint solennellement à Sainte-Geneviève, et fut conduit de là processionnellement à Sainte-Geneviève des Ardents, et présenté à son chapitre de Notre-Dame par l'abbé et les Génovéfains, selon l'usage et avec le cérémonial que nous avons décrit.

A Jean Ier succéda, en 1222, Galon, septième abbé de Sainte-Geneviève. C'est à cette époque que, le nombre des paroissiens du mont Sainte-Geneviève s'étant grandement augmenté, il ne fut plus possible de se contenter de la chapelle paroissiale de la crypte dite Saint-Jean du Mont. On obtint donc du pape Honorius III, vers l'an 1222, la permission de bâtir une église paroissiale spéciale. Cette église fut construite au côté septentrional de la basilique, et si étroitement contiguë avec elle, que les deux églises n'avaient qu'une seule et même porte, celle de la basilique, par laquelle il fallait d'abord passer pour entrer de là dans l'église paroissiale. Les Génovéfains voulurent ainsi faire acte de propriété plus manifeste sur cette église en ne lui donnant aucun accès direct sur la voie publique, afin de prévenir des usurpations comme celle dont ils avaient été récemment victimes de la part de l'évêque Odon. Le Pape accorda une indulgence de vingt jours à ceux qui visiteraient l'église génovéfaine dans la fête et l'octave de sa dédicace. La nouvelle église paroissiale prit dès lors le nom de Saint-

---

entre eux sur le nombre et la date des processions ultérieures. Le Père Lejuge, dans son Histoire de 1588, et le Père Lallemant, dans son Histoire de 1683, en indiquent certaines que ne mentionne pas le Père Charpentier dans son Histoire de 1697, et réciproquement. Nous avons suivi plutôt les indications de ce dernier auteur, dont les sources semblent plus authentiques.

Étienne du Mont, qui paraît pour la première fois dans l'histoire de Guillaume le Breton en 1221, et qui lui fut donné probablement pour conserver à Paris le vocable du protomartyr, au moment même où la construction de la nouvelle cathédrale de Notre-Dame faisait disparaître une petite église de Saint-Étienne qui était de temps ancien à la pointe orientale de la Cité [1].

Herbert, huitième abbé de Sainte-Geneviève [2], qui

---

[1] En 1222, l'abbé Galon concède la terre génovéfaine de Borranc à André et Bertrand, sujets de Sainte-Geneviève, pour leur vie durant seulement et moyennant les redevances. En novembre 1222, Simon de Neauphle donne à Sainte-Geneviève un cens annuel d'un muid de blé de la terre de Chavenel. La même année, Galon donne à bail les domaines génovéfains de Draveil et de Choisy.

[2] Confirmé par le Pape avec faculté de se faire bénir par l'évêque de Senlis, l'abbé Herbert céda pour cause de piété à l'Hôtel-Dieu deux maisons du domaine de Sainte-Geneviève. En décembre 1223, Adam de Baerne donne à Sainte-Geneviève une forêt, que l'abbé vendit en 1232 au monastère de Saint-Nicolas de Senlis. En 1223, Louis VIII approuve un contrat passé entre Sainte-Geneviève et une noble dame de Carcassonne. Une bulle d'Honorius III, adressée à Herbert, augmente les dîmes que Sainte-Geneviève percevait dans ses paroisses. En 1223, une charte royale constate que Baudoin de Corbeil et Milon, chanoine de Paris, font remise à Sainte-Geneviève de tous droits de pressoir et autres dans les vignes de Draveil et Vineuil, à l'exception du droit de garenne, et reconnaissent n'avoir aucun droit sur les sujets de Sainte-Geneviève ni sur les habitants de ses domaines en ces lieux. En 1224, Herbert fait un arrangement avec le Roi pour la justice des sujets de Sainte-Geneviève à Rosny. En mai 1225, Hugues de Châtillon et son frère Guy font remise à Sainte-Geneviève de tous droits sur le territoire de Jossigny, avec faculté de changer les cultures. En 1225, Bochard de Marly fait remise à Sainte-Geneviève, « par sentiment de « charité et pour le remède de son âme », de vingt deniers de cens sur quatre maisons sises dans le domaine génovéfain devant l'église Saint-Médard. Le 28 août 1225, Vulgrinus, abbé de Saint-Evurtius d'Orléans, et son prieur, vident un différend survenu entre Sainte-Geneviève et Philippe de Ris, bourgeois de Paris, pour le rétrécissement de la voie publique dans le clos Mauvoisin et la rue de Bièvre. Les habitants de Rosny ayant porté à Rome la cause déjà jugée contre eux en 1179, elle fut encore jugée en 1226 par la confirmation de la pleine souveraineté de Sainte-Geneviève. En 1228, Herbert donne acte pour un cens concédé sur le domaine de Sainte-Geneviève aux chanoines de Saint-

reçut pour l'abbaye un grand nombre de pieuses donations, obtint du pape Honorius III une bulle qui, en raison de ce que les principaux serviteurs du Roi choisissaient leur sépulture à Sainte-Geneviève, défendit à toutes autres églises de les admettre à sépulture contre l'usage et au préjudice des Génovéfains. Le pape Grégoire IX lui concéda, en 1227, l'usage de la mitre, de l'anneau et des gants. Sur sa demande, le droit, pour l'abbé et le chancelier de Sainte-Geneviève, de donner aux étudiants de l'Université la licence d'enseigner la théologie et les arts dans les paroisses et domaines génovéfains fut reconnu par diverses bulles pontificales en 1255, en 1259, en 1289 et en 1301.

Avant le jour de Noël de l'an 1232, la Seine ayant commencé à monter par l'effet de pluies continuelles, il s'ensuivit, vers l'Épiphanie de 1233, une terrible et

---

Merry. En avril 1228, sur l'arbitrage des prieurs de Saint-Martin des Champs et de Saint-Éloy, il transige avec l'abbé des Fossés pour un four situé dans la poterie voisine de Saint-Merry. En mai 1228, il permet à Hugues de Châtillon d'établir un vivier dans les pâturages du domaine génovéfain à Ébly, à condition d'indemniser le dommage qui pourrait en résulter pour les biens et les sujets de Sainte-Geneviève. Un titre atteste qu'en 1229, le prieur génovéfain de Vanves avait vingt sous parisis de rente, avec des honoraires de messes évalués à six livres, sur quoi il payait à l'abbaye vingt sous par an pour les vêtements de son compagnon. Le 25 juin 1230, Herbert et son prieur Alard notifient aux moines de Dunelme avoir reçu du pape Grégoire IX, en dépôt en leur nom, une somme de trois cents marcs. Le même pape écrivit à Herbert pour une cause pécuniaire contre l'évêque de Londres. En 1233, un litige entre Sainte-Geneviève et l'abbaye de Saint-Victor sur un legs fait à Saint-Victor par maître Barthélemy de Melun fut concilié à l'amiable. En 1233, Ermosinde de Marisy, du consentement de son mari Gauthier, déclare devant l'archidiacre de Soissons faire hommage de tous ses biens à Sainte-Geneviève, en sorte qu'elle les tiendra de l'abbaye sa vie durant, et qu'à sa mort ils reviendront à Sainte-Geneviève, à l'exception de deux setiers de terre, dont elle pourra disposer par testament sur le consentement de l'abbé. Le 4 juillet 1234, Herbert, juge délégué avec l'abbé de Saint-Germain des Prés, porte sentence pour l'abbaye de Saint-Denys contre Gilles de Papeleu sur le patronage

désastreuse inondation. On fit la quatrième procession de la châsse de sainte Geneviève, pendant laquelle un signe admirable fut remarqué. Durant toute la procession, une colombe blanche vola au-dessus de la châsse de sainte Geneviève, l'accompagnant depuis la basilique génovéfaine jusqu'à Notre-Dame, s'arrêtant quand la châsse s'arrêtait, et avançant quand elle avançait. Pendant que la châsse fut dans la cathédrale, la colombe resta perchée sur la tête de la statue d'un ange au portail de Notre-Dame, attendant que la procession en sortît. Quand la procession sortit de la cathédrale et se remit en marche, la colombe se remit à voler au-dessus de la châsse, depuis Notre-Dame jusqu'à Sainte-Geneviève ; puis elle s'envola et disparut subitement. A la suite de cette procession, l'inondation cessa. Le Père Lejuge ajoute les détails sui-

de Vignehies et autres lieux au diocèse de Cambray. En 1234, Mathieu de Marly approuve l'échange entre Sainte-Geneviève et Port-Royal d'une aumône faite à Port-Royal par sa sœur Marguerite, vicomtesse de Narbonne, et en mai 1235, la vente faite à Sainte-Geneviève de quatre arpents et demi de sa terre de Bofier. Herbert eut une contestation avec le préposé du Roi sur l'extension du droit de justice de Sainte-Geneviève hors du mont Sainte-Geneviève; on s'accordait sur ce que le cas de meurtre n'y était pas de la justice abbatiale, mais royale : la question était de savoir si le suicide d'une femme, qui s'était pendue dans le palais de Senlis en présence de la reine Blanche était ou non un meurtre; la cour jugea unanimement la négative, en faveur du droit de justice de Sainte-Geneviève. Un litige entre Sainte-Geneviève et l'archevêque de Sens, qui exigeait une procuration pour un bénéfice génovéfain dans son diocèse, fut arbitré par le prieur de Senlis. En 1237, Guillaume, évêque de Paris, atteste qu'Herbert a permis aux religieux Trinitaires, dits Mathurins, d'acquérir en mainmorte deux maisons sises dans le bourg des Thermes et dans le domaine de Sainte-Geneviève, contiguës à leur maison près du palais des Thermes. Le 22 juillet 1239, Pierre de Marly, « pour la révérence et l'amour qu'il porte à l'abbé de « Sainte-Geneviève et à son église, par sentiment de piété et pour le « remède de son âme », concède à Sainte-Geneviève la faculté de faire ou de changer un vivier et la chaussée attenante dans la grange de l'abbaye à Galy. En juillet 1240, Herbert écrit au sujet des terres et sujets de Sainte-Geneviève à Lisy.

vants. Des astrologues ayant prédit, le jour de la procession, que le temps changerait à cause d'un changement de lune, la pluie dura encore trois semaines de plus, le ciel ne voulant pas que la cessation de l'inondation fût attribuée à un effet naturel. Pendant ce temps, le peuple demandait qu'on recommençât la procession, prétendant qu'elle n'avait pas été bien faite. Les Génovéfains envoyèrent alors trois des leurs à l'évêché, pour demander qu'on n'écoutât pas ces propos insensés; or, tandis qu'ils parlaient au chapitre de Notre-Dame, on vit, des fenêtres même de l'évêché, la Seine décroître miraculeusement à vue d'œil, quoique la pluie n'eût pas cessé un seul jour, comme si la pluie qui tombait eût vidé le fleuve au lieu de le remplir. Ce prodige est assurément un des plus étonnants parmi les miracles de sainte Geneviève [1].

Le Père Lejuge rapporte au même temps le miracle suivant. Une petite fille de huit mois, Marie Duclos, fille d'Odeline de Sarcelles, fut atteinte, pendant deux ans et sept mois, d'une horrible maladie qui, consistant en une obstrusion du gros intestin, dérangeait l'ordre des fonctions vitales de la manière la plus monstrueuse et répugnante, et exigeait de douloureuses opérations. La mère, ayant épuisé sans succès toute sa fortune en soins médicaux, invoqua sainte Geneviève dans la nuit de ses miracles, c'est-à-dire de la fête de sainte Geneviève des Ardents, le 26 novembre, lui demandant pour l'enfant la guérison ou la mort, et lui promettant l'offrande d'un cierge, la seule que sa récente pauvreté lui permit. Vers minuit, elle entendit sa fille pousser quelques cris; au jour, elle la trouva guérie, et la porta à l'entrée de l'église

---

[1] C'est par erreur que le Père Lallemant place en 1243 cette procession et le prodige de la colombe; il est contredit par les autres auteurs.

de Sainte-Geneviève, non plus pour demander l'aumône comme d'habitude, mais pour montrer le miracle aux fidèles qui venaient pour la fête. Sa fille fut désormais surnommée par tout le monde « la fille de sainte Gene-
« viève [1] ».

En 1239, quand saint Louis apporta la sainte Couronne d'épines, il ordonna que toutes les églises de Paris vinssent en procession, avec leurs reliques, au-devant de cette précieuse relique de la Passion, et, parmi elles, les Génovéfains, avec la châsse de sainte Geneviève. L'abbé Herbert, après avoir consulté son chapitre, qui refusa au nom des traditions de la maison, députa vers le Roi, à Vincennes, le sous-prieur Lambert de Verreries et les religieux Thomas de Roset et Guillaume d'Amponville, pour lui représenter « que la bienheureuse vierge Gene-
« viève ne sortait jamais de son église à moins que la
« procession de Notre-Dame ne vînt la chercher avec le
« corps de saint Marcel, et qu'il était passé en proverbe
« que sainte Geneviève ne sortirait pas de son église si la
« Sainte Vierge et saint Marcel ne venaient l'y chercher ».
Nous avons déjà dit que nous rapportons cet usage à une tradition d'après laquelle sainte Geneviève aurait reçu de saint Marcel la consécration solennelle de vierge sacrée. Gautier de Cornut, archevêque de Sens, et Adam de Chambly, évêque de Senlis, ayant attesté au Roi l'authenticité de cette antique coutume, saint Louis approuva le refus des Génovéfains, et se contenta de ce qu'ils apportassent avec eux la châsse de sainte Alda.

---

[1] Le Père Lejuge parle d'une autre procession de la châsse qui aurait eu lieu dans le même temps à cause de grandes pluies, et à la suite de laquelle la pluie aurait diminué graduellement depuis le jour de la procession, et cessé entièrement au bout de trois jours. C'est probablement la procession de 1240 dont nous parlerons bientôt.

Saint Louis avait une grande dévotion à sainte Geneviève, qu'il invoquait souvent dans les circonstances difficiles. Il tenait cette dévotion de sa mère Blanche de Castille, qui fit plusieurs dons à l'abbaye de Sainte-Geneviève, et dont l'anniversaire y était célébré avec celui de Clovis.

En 1239, Robert, comte d'Artois, frère du Roi, étant atteint, à Gonesse, d'une très-dangereuse fièvre, saint Louis demanda une procession de la châsse de sainte Geneviève, qui fut la cinquième connue, et qui se fit avec la solennité ordinaire. Le même jour, le prince recouvra la santé, et déclara toute sa vie qu'il devait sa guérison à sainte Geneviève.

En 1240, des pluies continuelles, qui empêchaient la moisson, firent demander une nouvelle procession de la châsse de sainte Geneviève, qui fut la sixième. La pluie cessa, et la récolte, qu'on croyait perdue, fut très-abondante. C'est probablement de cette procession que le Père Lejuge rapporte qu'elle fit aussitôt diminuer la pluie, qui, s'amoindrissant graduellement, cessa totalement au bout de trois jours.

Après avoir préparé et réuni les ornements et les dons qui servirent à son successeur pour faire une nouvelle et plus somptueuse châsse pour les reliques de sainte Geneviève, et après avoir même commencé cette nouvelle châsse, l'abbé Herbert mourut le 8 septembre 1240, et fut remplacé par Robert Ier de la Ferté-Milon, neuvième abbé [1].

---

[1] Sous cet abbé, Simon de Bacchival, prieur, Lambert de Verreries, sous-prieur, Laurent, camérier, et Thomas, cellerier, recensèrent les possessions et revenus de Sainte-Geneviève. Il y est fait mention d'une dîme de blé et de vin que Sainte-Geneviève possédait à Bois-le-Roi, dans le diocèse de Sens et la terre de Briseuil, et qu'elle partageait avec le prieur de Grés, les chanoines de Saint-Jean de Sens et le prieur de

CHAPITRE VINGT-SIXIÈME.

En 1242, l'abondance des pluies donna occasion à la septième procession de la châsse de sainte Geneviève, et, encore cette fois, la procession fit cesser les pluies.

La même année, l'abbé Robert ayant achevé la nouvelle châsse en argent et en or, commencée par son prédécesseur Herbert, et destinée à remplacer l'ancienne châsse de bois, ornée extérieurement, mais jusque-là assez simple, qui renfermait les reliques de sainte Geneviève, on procéda, le 28 octobre 1242, à la translation solennelle de ces précieuses reliques dans la nouvelle châsse. Pour qu'il n'y eût aucun tumulte, on n'avait convoqué personne du dehors, et la translation se fit à huis clos. Comme c'était l'usage toutes les fois qu'on déplaçait la châsse, l'abbé et les religieux, nu-pieds, se prosternèrent sur le pavé de l'église, en récitant les Psaumes de la pénitence et les litanies des Saints, selon

---

Loya, de l'ordre de Flotein : il existait une association de prières entre Sainte-Geneviève et Saint-Jean de Sens. En juillet 1241, un litige de Sainte-Geneviève avec l'abbaye de Saint-Denys, sur les biens meubles d'une nommée Agnès, fut arbitré par Simon de Manvery. En juillet 1241, Robert écrit pour les revenus du domaine génovéfain de Saint-Germain-sur-École. En 1241, Théobald, abbé de Val-Cernai, promet à Sainte-Geneviève une rente de vingt sous parisis pour une terre concédée dans son domaine de Saint-Nom. Une lettre de Robert mentionne en novembre 1241 un domaine génovéfain à Run. Vers le même temps, il transmet au Pape quelques plaintes de l'Université; et Pierre de Saint-Hippolyte, clerc de l'abbaye de Cluny, en payant à Sainte-Geneviève une redevance pour une maison sise dans son domaine, reconnaît ne pouvoir y ériger un autel sans la permission de l'abbé de Sainte-Geneviève. En 1243, Robert vendit trois maisons du domaine de Sainte-Geneviève, près de Saint-Hilaire, à Barthélemy, évêque des Cinq-Églises, « comme à personne privée, en sorte que ledit évêque ne pourra « y établir oratoire ni chapelle sans permission de Sainte-Geneviève ». En février 1244, il affranchit des serfs de Sainte-Geneviève de Borret, moyennant un cens annuel de quarante livres parisis, payable à la Saint-Michel d'hiver et assigné sur leurs biens meubles et immeubles, arrangement ratifié par saint Louis. L'abbé Robert mourut à la date du 14 septembre.

le cérémonial que nous avons décrit. On alluma les cierges. Quatre religieux, en surplis, descendirent la châsse, et la déposèrent sur l'autel des Apôtres. Sur l'ordre de l'abbé, on en ôta la serrure ; mais, la châsse s'ouvrant très-difficilement, on hésita quelques instants sur ce qu'on devait faire ; enfin on l'ouvrit avec effort. On vit alors les ossements de sainte Geneviève, c'est-à-dire la tête et les autres parties du corps, soigneusement enveloppés de linges blancs. Tous les religieux fondaient en larmes et rendaient grâces à Dieu à la vue des restes précieux de la Sainte. Après qu'on eut considéré les reliques pendant quelques instants, tous les assistants les baisèrent respectueusement, et l'on ferma le reliquaire intérieur. On n'avait pas songé à faire la nouvelle châsse d'après la mesure de ce reliquaire qu'elle devait renfermer ; néanmoins elle se trouva juste de la dimension voulue, en sorte que le reliquaire remplissait la nouvelle châsse parfaitement et également, tant en long qu'en large. Quand on l'eut renfermé dans cette châsse, que sa richesse rendait digne de sa destination, on entonna le *Te Deum laudamus*, et la châsse fut posée sur le second autel, où elle resta douze jours, jusqu'à ce qu'on lui eût préparé une place convenable ; elle fut replacée le treizième jour en son lieu définitif. Cette translation fut faite en présence de quarante-sept religieux, non compris les bénéficiaires. C'est à Jacques de Dinant, qui habitait alors comme familier parmi les Génovéfains, dont il avait reçu en 1231 un terrain pour construire, que nous en devons le récit, qui était lu chaque année au réfectoire de Sainte-Geneviève, le 28 octobre, jour où se célébrait la fête anniversaire de cette translation. La nouvelle châsse contenait cent quatre-vingt-treize marcs et demi d'argent, ayant coûté quatre cent trente-cinq livres, à raison de quarante-cinq sous parisis par marc, et huit marcs et demi d'or, coûtant cent vingt-six livres parisis, à raison de seize livres par marc. L'orfévre Bonard, qui fit cette châsse, reçut du cellerier Thomas, pour son travail et pour le prix des pierres précieuses, deux cents livres parisis, sans compter le tabernacle et les accessoires de cuivre qui soutenaient la châsse, et qui coûtèrent plus de quarante livres. L'anniversaire de Bonard et celui de sa femme furent aussi, en récompense, portés au nécrologe de Sainte-Geneviève, ainsi que ceux de Nicolas de Roye, évêque de Noyon, qui avait donné quatre-vingts livres pour la châsse, de Guillaume de Sainte Marie, évêque d'Avranches, qui avait donné vingt livres, et de Robert de Courtenay, qui avait donné dix marcs d'argent [1]; Hugues d'Athis, grand panetier de France, avait aussi donné vingt livres. On calcula que la châsse revenait en tout à huit cent onze livres parisis, prix considérable pour l'époque. Ce fut cette châsse qui, sous le nom de châsse de sainte Geneviève, acquit une immense célébrité, et qui, réparée et ornée plus richement encore au dix-septième siècle, subsista jusqu'à la Révolution, et fut portée dans tant de processions illustrées par des miracles.

[1] C'est par erreur que le Père Saintyves confond ce Robert de Courtenay avec l'abbé Robert lui même : car ce donateur est qualifié de chevalier, *miles,* dans le nécrologe.

CHAPITRE XXVII

LE CULTE ET L'ABBAYE DE SAINTE-GENEVIÈVE DEPUIS LA TRANSLATION DES RELIQUES JUSQU'A LA FIN DE LA GUERRE DE CENT ANS. — PROCESSIONS DE LA CHASSE ET MIRACLES. — JEANNE DARC. — COMMENCEMENT DU RELACHEMENT DE LA DISCIPLINE RELIGIEUSE.

Le dixième abbé de Sainte-Geneviève fut Théobald de Borret [1], qui obtint du pape Alexandre IV, le 27 mars 1256,

[1] En juin 1246, cet abbé reçut d'Eustache, chanoine de Saint-Merry, cent vingt livres parisis, qu'il employa pour la maison de Pierre de Méreuil, sise dans le domaine de Sainte-Geneviève, près de l'enclos de l'aumônier de l'abbaye, et achetée à charge de payer à Eustache dix livres de cens annuel aux quatre termes d'usage. Le lundi de la Pentecôte de 1247, Thécelin, maire de Borret, reconnaît, devant Simon, prieur, Pierre, préposé à la police de Sainte-Geneviève, et Jacques de Dinant, être sujet, comme les autres habitants du lieu, à la part de taille imposée par l'abbé de Sainte-Geneviève. En 1249, le pape Innocent IV recommande à Théobald l'étudiant Martin, neveu du cardinal de Sainte-Sabine. Le même Pape et la Reine lui recommandent deux juives converties. Par édit rendu à Pontoise en novembre 1250, le Roi ordonne aux débiteurs de Sainte-Geneviève de lui payer leurs redevances. Vers le même temps, Pétronille, abbesse de Port-Royal, cède à Sainte-Geneviève des terres données par Isabelle de Pirodre et situées dans le domaine génovéfain à Courpierre. En juin 1257, saint Louis, « pour l'amour de Dieu, le salut de son âme et le remède de celles de « ses parents », fait remise à Sainte-Geneviève d'un cens de sept setiers d'orge et de neuf deniers qu'il percevait dans les domaines génovéfains à Roissy et Quincy. En janvier 1259, saint Louis donne aux Carmes un terrain pour construire dans le domaine de Sainte-Geneviève, à l'endroit où furent plus tard les Célestins. En décembre 1260, Théobald est délégué par Urbain IV, avec Réginald, évêque de Paris, et Robert, abbé de Saint-Victor, pour reconnaître les constitutions de l'ordre de la Trinité. Le 25 novembre 1265, il est chargé par Clément IV de faire rendre au monastère de Cluny des biens dont il avait été spolié.

pour lui et tous ses successeurs, l'usage de la mitre et des offices pontificaux. Il fut lié d'amitié avec de célèbres Dominicains de son temps, notamment avec saint Thomas d'Aquin et le bienheureux Albert le Grand, et, à cette occasion, le Pape lui donna, le 10 avril 1256, le pouvoir de permettre aux Dominicains qui mangeaient à sa table de parler, nonobstant les statuts de leur ordre. En août 1246, il affranchit les serfs de Sainte-Geneviève de Rosny; et il affranchit de même presque tous les serfs de Sainte-Geneviève, moyennant un prix d'argent, et leur loua aussitôt comme fermiers les terres qu'ils occupaient comme serfs ; l'abbaye en retira seize cent soixante livres. A cette époque, les revenus de l'abbaye de Sainte-Geneviève étaient évalués à quinze cents livres, somme très-forte pour la valeur de l'argent en ce temps, sans compter les bénéfices, qui montaient à deux cent soixante livres. Le 25 novembre 1255, le pape Alexandre IV confirma au chancelier de Sainte-Geneviève le droit de donner les licences dans les quatre facultés de l'Université. Sous l'abbé Théobald, plusieurs édits de saint Louis attestent la sollicitude de ce roi pour les intérêts de Sainte-Geneviève; et de son temps, le 6 décembre 1261, un frère du roi Henri III d'Angleterre, Ethelmar ou Haimar, évêque de Winton, étant mort à Paris, fut enseveli à Sainte-Geneviève.

Théobald, mort à Rome à la date du 9 mai, eut pour successeur Odon II, onzième abbé[1], à qui le pape Clé-

---

[1] Il était docteur en théologie et en médecine. En 1267, il assiste à Saint-Germain des Prés à la reconnaissance des reliques de saint Amand. Vers ce temps, mourut Mathieu de Montmirail, bienfaiteur de Sainte-Geneviève comme son père Jean. En avril 1270, Mathieu de Montmorency, « pour le remède de son âme et pour l'amour qu'il porte à « ces religieux », approuve une donation et vente partielle faite à Sainte-Geneviève par Pierre de Vemarcy, de sa maison de Vemarcy et

ment IV donna, en 1266, le pouvoir de conférer les ordres mineurs. Sous son gouvernement, Jean de Poincy, évêque de Meaux, donnant en 1268 la paroisse de Lisy à Sainte-Geneviève, s'exprime en ces termes : « Les religieux de « Sainte-Geneviève sont célèbres pour la régularité de « leur observance, en sorte que ce n'est pas seulement « dans leur monastère à Paris, mais encore dans les autres « lieux et églises paroissiales qu'ils occupent et desservent « dans divers diocèses, qu'ils brillent comme des étoiles « au firmament, et présentent un consolant spectacle. »

A Odon succéda, en 1275, Arnulf de Romainville, douzième abbé[1], qui avait assisté à la translation des reliques

de cinq sous de cens annuel et autres droits. Le 15 août 1270, Odon assiste à l'audience du Parlement qui décrète qu'il ne sera pas imposé de taille sur le domaine génovéfain ; mais, en 1272, à l'occasion de sa guerre avec le comte de Foix, le Roi leva une taille sur les sujets de Sainte-Geneviève. Le 24 juin 1273, sur une contestation entre l'abbé et la commune de Meaux qui voulait juger des sujets de Sainte-Geneviève, le Roi décida que la commune achèterait ces gens au prix de cent livres de Tours ; qu'à l'avenir les sujets de Sainte-Geneviève ne pourraient être jugés par la commune de Meaux, pourvu qu'ils se déclarassent sujets génovéfains ; que, s'ils niaient l'être, la question serait arbitrée entre le prieur de Jossigny et le maire. Vers ce temps, mourut le génovéfain Étienne Berout, auteur d'une glose sur les Psaumes et les Évangiles ; deux autres, Nicolas Berout et Robert, composèrent des ouvrages analogues, et ce dernier y joignit les livres sapientiaux. Dans le même temps, Jean et Nicolas de Danemark donnèrent des livres à Sainte-Geneviève : le premier, qui était génovéfain, en donna pour le prix de quarante livres, et attribua aux étudiants danois une maison dans le domaine de Sainte-Geneviève. En août 1275, Mathieu de Mailly approuve la vente faite à Sainte-Geneviève, par Jean et Gilles de Versailles, des droits de justice et forage de Choisy, Trianon, Mucelot et autres fiefs de Roger, Jean et Guillaume de Bineville. Odon mourut le 13 novembre 1275, et fut enseveli dans le cloître, près de la porte du chapitre.

[1] En 1275, il concède au prêtre Noël un revenu équivalent à celui d'un génovéfain, avec faculté de demeurer dans la maison génovéfaine d'Épinay, et afferme la terre de Courpierre. Le 6 avril 1276, il fait une concession analogue à Guillaume de Mâcon, archidiacre d'Amiens. En novembre 1276, il dispense de toute redevance deux maisons de Jean de

de sainte Geneviève en 1242. Nous ne trouvons sous son gouvernement et sous celui de Guillaume Ier d'Auxerre, treizième abbé [1], qui lui succéda en 1280, que des actes relatifs aux domaines ou priviléges de Sainte-Geneviève.

Le quatorzième abbé fut Guérin des Andelys[2], qui avait assisté à la translation des reliques de la Sainte en 1242, et sous lequel, en 1290, les deux légats du Pape Gérard et Benoît tinrent à Sainte-Geneviève un synode et

---

Brosse, préposé de Châlâtre dans l'église de Saint-Martin de Tours, en récompense des services rendus par son père à Sainte-Geneviève. Ce même Jean de Brosse, chambellan de France, ayant été mis à mort et ses biens confisqués, Arnulf donna en 1279 une de ces maisons à Guy, évêque de Langres, en récompense de son dévouement à Sainte-Geneviève. En avril 1279, il fait une concession analogue à Galien de Pise, chanoine de Saint-Omer, qui gérait depuis longtemps les biens de Sainte-Geneviève comme familier, et qui y fut enseveli en 1280. Arnulf, mort le 10 octobre, fut enseveli dans le cloître, près du chapitre, vers la porte de l'église.

[1] D'abord profès à Saint-Victor, il fut camérier de Sainte-Geneviève en 1254, puis curé d'Athis, d'où il était revenu à Saint-Victor. Le jeudi saint, 26 mars 1281, il fut reçu à Montargis par le roi Philippe le Hardi, qui exigea de lui serment d'hommage et fidélité pour le temporel, c'est-à-dire pour les fiefs, ainsi que les droits régaliens. Il consentit au serment de fidélité, et différa celui d'hommage jusqu'à ce qu'il eût pris l'avis de son chapitre, après quoi il prêta serment d'hommage dans le Parlement suivant pour les fiefs génovéfains relevant de la couronne; quant aux droits régaliens, il déclara que le Pape y avait suppléé, et il paya vingt-cinq livres pour droits de cour. Le pape Martin IV lui permit de recevoir les biens des religieux qui feraient profession à Sainte-Geneviève. Il mourut le 18 avril.

[2] Camérier de Sainte-Geneviève en 1268, ensuite sous-prieur, confirmé comme abbé en 1283 par le légat Jean, cardinal-évêque de Beauvais, il aida le Roi pour sa guerre contre le comte de Foix. En 1296, il traite avec l'abbaye de Charlis, et atteste que les habitants de Borret, dépendants de Sainte-Geneviève, ont échangé avec Charlis des droits d'usage et de pâture dans les bois de cette abbaye contre un droit semblable dans ses prés entre le pont de Rameil et la fontaine de Chambord. En ce temps, mourut Jeanne de Châtillon, comtesse de Blois et d'Alençon, bienfaitrice de Sainte-Geneviève. Guérin, mort le 9 février, fut enseveli dans le portique de l'Aumône; sa nièce Isabelle de Robiol avait fait des dons à Sainte-Geneviève.

CHAPITRE VINGT-SEPTIÈME.

décidèrent de traiter de la paix entre les princes chrétiens avant d'entreprendre la guerre contre les infidèles. En 1285, le pape Martin IV avait légué deux cents livres à Sainte-Geneviève, où il avait habité comme cardinal légat, sous le nom de Simon de Brie, et en cette qualité il y avait établi une association de prières avec l'abbaye de Saint-Victor.

Guérin fut remplacé, en 1296, par Jean II de Vi, quinzième abbé[1]. Vers ce temps, maître Renaut, prieur de Sainte-Geneviève de Marisy en 1296, et camérier de Sainte-Geneviève en 1306, écrivit, sur la demande de la princesse de Valois, belle-sœur du roi Philippe le Bel, une *Vie de sainte Geneviève* en vers français, qui fut la première Vie de la Sainte composée en cette langue.

A Jean II succéda Jean III de Roissy, seizième abbé[2].

---

[1] Auparavant abbé de Saint-Barthélemy de Noyon. En 1296, il concède au cardinal Jean le collége de Cholet et lieux adjacents, et transige avec l'abbé d'Arrosy. En décembre 1296, un arrêt du Parlement rendu contre l'abbaye de Saint-Victor reconnaît à Sainte-Geneviève le droit de haute et basse justice depuis la première porte de Saint-Victor jusqu'au moulin de Coypeau, et par derrière jusqu'à la Saussaye (ou chaussée) et jusqu'au ponceau sur la Seine, et dans la ruelle à côté de Saint-Victor. Jean, mort le 25 août 1298, fut enseveli dans le cloître, vers la chapelle.

[2] Originaire du bourg de ce nom qui dépendait de Sainte-Geneviève, il était sous-prieur en 1287. A la Toussaint de 1301, un arrêt du Parlement reconnut que le droit de justice du clos Saint-Victor jusqu'au clos de Tiron appartenait à Sainte-Geneviève, et non à l'abbaye de Saint-Victor. En juillet 1303, Jean transige avec cette abbaye. A la Toussaint de 1307, un arrêt du Parlement reconnaît le droit de Sainte-Geneviève sur les biens caducs et enfants naturels de son domaine; le même jour, un autre arrêt est rendu, contre les officiers du Roi et en faveur de Sainte-Geneviève, sur les droits d'aubaine et autres dans son domaine. Jean fut délégué par le pape Clément V, avec Godefroy du Plessis, chancelier de Tours, pour nommer le chancelier de Bayeux, et servit de caution à l'abbé de Fiscagne pour trois cents florins d'or dus à la cour de Rome. Jean mourut en 1307, et fut enseveli dans le cloître, près du chapitre. En 1307 mourut aussi Pierre d'Ailly, ancien trésorier de Saint-

Les religieux ne s'étant pas accordés pour l'élection abbatiale, et les compétiteurs s'étant désistés, il fut nommé abbé par le pape Boniface VIII. Le 13 juin 1303, il assista au conseil tenu au Louvre, à l'occasion de la lutte impie que le roi Philippe le Bel avait entreprise contre ce Pape, et, à la même époque, le Roi et la Reine lui écrivirent au sujet de la convocation d'un concile. Il ressort de là que, comme toute l'Église de France en donna dans ce moment le triste spectacle, Jean eut la faiblesse de céder au courant d'idées d'alors, et de se prosterner devant la tyrannie séculière portant une main sacrilége sur les choses divines. Car les doctrines gallicanes, perfidement répandues par les légistes, enseignaient dans toute la France l'omnipotence royale sur les consciences et la subordination du spirituel au temporel. On trouve aussi trace d'une liaison de l'abbé Jean avec Gérard, archevêque de Nicosie, qui fut déposé par le Pape comme fauteur de l'impie Philippe le Bel, et qui fut enseveli en 1304 à Sainte-Geneviève, près du tombeau de Clovis, après avoir donné à l'abbaye trois cents livres parisis ; ce qui ne confirme que trop la triste attitude de Jean dans le conflit sacrilége du Roi avec le Pape, et l'invasion de l'esprit gallican dans la communauté génovéfaine déjà relâchée, comme quatre siècles plus tard l'invasion du jansénisme la conduisit à sa ruine dernière.

Le dix-septième abbé, Jean IV de Saint-Leu-Taverny [1],

Hilaire de Poitiers et préchantre de Sainte-Radegonde, qui, devenu génovéfain, fit des dons à Sainte-Geneviève et y fonda l'office de sainte Radegonde.

[1] Ancien prieur. Sous son gouvernement, Jean Chaumette, chanoine de Meaux, donna à Sainte-Geneviève une forte somme d'argent et des terres pour fonder une chapelle et un prieuré génovéfains à Saint-Leu-Taverny, lieu de naissance de l'abbé ; Jean de Borret en fut nommé supérieur. En 1312, le Châtelet rend un jugement contre le procureur

CHAPITRE VINGT-SEPTIÈME.

fut élu après des dissensions et un long interrègne qui confirment les progrès du relâchement dans l'abbaye.

En 1319, le comte de Boulogne était tombé malade dans l'abbaye de Sainte-Geneviève, et les médecins désespéraient de sa vie. L'un de ses gens lui ayant conseillé de se recommander à sainte Geneviève et de lui offrir une image de cire de son pesant, le comte leva les mains et les yeux vers le ciel dans cette intention. Bientôt après, il fut entièrement guéri, et demanda à manger : il offrit à

---

du Roi qui avait contesté à Sainte-Geneviève son droit à une redevance des navires abordant à la rive de la Bièvre dans son domaine. En 1315, sur un litige avec le comte Amédée de Savoie pour quatre arpents de vignes situés rue Saint-Marcel, et que le comte avait reçus de l'évêque de Winton, quoiqu'ils dussent revenir à Sainte-Geneviève, Jean transige « en faveur des services rendus à l'abbaye par le comte », à condition qu'à sa mort le jardin reviendra à l'abbaye, et qu'en attendant, il le cultivera et payera à Sainte-Geneviève les droits de dîmes et de pressoir. En 1315, il transige sur un four avec les habitants de Nanterre. En 1315, Geneviève la Paonnière affecte dix-huit livres de cens annuel qu'elle possédait dans le domaine génovéfain à fonder, « pour le bien de « son âme et de celles de ses parents, amis et bienfaiteurs », une chapelle dans la basilique de Sainte-Geneviève, à l'autel Saint-Nicolas, dit de l'Aumônier : une messe y sera dite chaque jour pour la fondatrice, et son fils, le génovéfain Jean Bonnart, en sera le desservant. Le 1er décembre 1317, l'abbé Jean assiste à la séance du Parlement qui reconnaît le droit de justice de l'abbé de Saint-Vincent de Senlis, et réforme un jugement du commissaire de Saint-Merry de Paris. En novembre 1318, par lettres publiées dans les monastères et écoles, il menace d'excommunication et autres peines, comme délégué du Pape, ceux qui assistent aux comices de l'Université sans être jurés. En 1320, il concède à l'abbaye de Saint-Vincent de Senlis une maison, près du Petit-Pont, en échange des biens que Sainte-Geneviève pourrait acquérir dans le domaine de Saint-Vincent. Le 26 février 1320, un arrêt du Parlement condamne le grand chambellan de France, qui avait contesté à Sainte-Geneviève le droit de haute, moyenne et basse justice sur ses terres. Les Carmes s'étant établis, sous Philippe le Bel, au pied du mont Sainte-Geneviève, afin d'y être plus proches de l'Université, et ayant bâti contre les droits de Sainte-Geneviève, une bulle du pape Jean XXII, datée d'Avignon, le 25 mai 1322, les condamne à indemniser l'abbaye. Godefroy du Plessis, secrétaire du même Pape, ayant fondé le collège du Plessis dans des maisons de la rue Saint-Jacques, concédées par

l'église de Sainte-Geneviève, en mémoire de sa guérison miraculeuse, l'image de cire et de bois qu'il avait promise.

Le 6 juillet 1325, eut lieu la huitième procession de la châsse de sainte Geneviève, pour obtenir la sérénité du temps. Mais, dans la période qui suivit, ce n'était plus seulement contre les intempéries de la nature que le peuple allait avoir à implorer sa patronne. La France était au moment d'entrer dans une guerre à laquelle sa durée a donné le nom de guerre de Cent ans, et, l'invasion prolongée du territoire se compliquant de factions intérieures et de guerres civiles, la dévotion des Parisiens allait recourir par des appels réitérés et incessants à la Sainte qu'ils regardaient comme le meilleur rempart de leur ville.

Le dix-huitième abbé fut Jean V de Borret[1], sous le

Sainte-Geneviève, l'abbé Jean lui permit, en 1328, d'y fonder un autre collége pour les moines de Marmoutiers, chez lesquels le fondateur était alors entré. En février 1324, mourut le cardinal Nicolas de Freauville, qui avait fait à Sainte-Geneviève, entre autres dons, celui de deux cents livres parisis. En 1328, Jean est délégué du Pape pour exécuter le testament de ce cardinal, avec pouvoir d'employer pour cela les censures ecclésiastiques. Le 6 mai, il affranchit deux femmes de Jossigny. En 1330, il assiste à la translation des reliques des saints Cosme et Damien dans la collégiale de Luzarches. En 1330, il est délégué du Pape, avec son chancelier, pour faire payer une somme imposée aux maisons et étudiants de l'Université, excepté aux bénéficiaires de la cathédrale. Il mourut le 17 juillet 1334.

[1] Ancien prieur de Saint-Leu-Taverny. Le pape Jean XXII le délégua avec deux chanoines de Reims et de Noyon pour forcer les religieuses de Longpont à admettre dans leur monastère les deux filles du seigneur de Sully. En 1335, Pierre, abbé de Cluny, achète deux maisons du domaine de Sainte-Geneviève, près du palais des Thermes, où est à présent le Musée de Cluny, et contiguës aux religieux de la Trinité et de Val-Cernai. Délégué le 17 juillet 1337 par le Pape, pour faire enquête sur les Frères de la Charité de Sainte-Marie de l'ordre hospitalier, dits des Billettes, Jean prononce, le 3 septembre, qu'ils n'ont encouru aucune censure; sentence confirmée plus tard par Clément VI. En janvier 1339, il assiste à la bénédiction de Réginald du Quesnay, abbé de Saint-Ouen de Paris, par l'archevêque de Rouen. Le samedi

gouvernement duquel, le 5 janvier 1340, Jean de Hubant, conseiller du Roi, fonda le célèbre collége de l'*Ave Maria,* sur le domaine de Sainte-Geneviève, et donna à l'abbaye le revenu nécessaire pour y entretenir cinq étudiants.

Robert II de la Garenne, qui lui succéda comme dix-neuvième abbé[1], confirma, le 4 avril 1345, la fondation du collége de l'*Ave Maria,* et lui concéda des terres dépendantes. Les élèves et maîtres de cette maison étaient tenus, dans les grandes fêtes, d'assister dans le chœur de Sainte-Geneviève à la messe et aux vêpres, et, dans les processions de la châsse, de marcher nu-pieds à la file devant la châsse, en portant chacun un cierge d'un quarteron ; la collation des bourses de ce collége appartenait à l'abbé de

---

saint de 1339, Galbert, archevêque d'Arles, camérier du pape Jean XXII, reconnaît avoir reçu de Jean, par la main de son mandataire Drouin de Senlis, les sommes de deux cents et de trente-quatre florins d'or dues à la cour de Rome. En ce temps, Jean Béat, secrétaire du Roi, fait une fondation à Sainte-Geneviève. En 1340, Jean concède le collége de Navarre ou de Champagne, à condition d'avoir le droit d'y choisir deux boursiers, et de les y entretenir jusqu'à l'âge de seize ans. En 1341, délégué du Pape comme juge d'un litige entre le recteur de l'Université et le doyen de la Faculté de théologie, il fait brûler le dossier du procès le 20 avril. En 1342, il assiste, à l'abbaye de Sainte-Marie de Chage à Meaux, au chapitre provincial des chanoines réguliers, tenu pour recevoir de nouvelles constitutions données à l'ordre par Benoît XII. En 1342, il transige avec les habitants de Vanves pour la « solennité de « l'Épée », qu'on faisait annuellement le jour de la Trinité, sous la présidence d'un représentant de l'abbaye de Sainte-Geneviève comme souveraine du lieu, et consistant en ce que les serviteurs des bourgeois donnaient une épée de prix à celui qui courait le plus vite depuis la rue d'Enfer jusqu'à la porte de Vanves.

[1] Probablement parent de Jean de la Garenne, sénéchal de Toulouse, enseveli à Sainte-Geneviève en 1304. Étant camérier de Sainte-Geneviève en 1322, il avait, en cette qualité, fait restituer par Adam Lebouteiller une capture que son forestier avait faite illégalement chez Pierre Bonnier, maire de Draveil et de Champrosay, domaines génovéfains. Le pape Clément VI le fit conservateur des priviléges de l'ordre de Cluny, sur la demande du roi Philippe de Valois. Le 17 avril 1345, il assista au chapitre général de Saint-Barthélemy de Noyon.

Sainte-Geneviève et au directeur du collége de Navarre.

Le dimanche après la Sainte-Madeleine de l'an 1347, on fit la neuvième procession de la châsse de sainte Geneviève, pour demander au ciel la délivrance de Calais, assiégé par les Anglais. La reine Jeanne de Bourgogne assista à cette procession, où, en révérence des reliques de sainte Geneviève, l'abbé Robert obtint d'entrer revêtu des ornements pontificaux dans la cathédrale de Paris, comme acte en fut dressé.

Il eut pour successeur Jean VI de Viry, vingtième abbé[1], qui, en 1349, à Sainte-Geneviève de Nanterre, maria Jean le Bon, duc de Normandie, avec Jeanne, comtesse d'Auvergne et de Boulogne ; tous deux montèrent sur le trône de France l'année suivante, et honorèrent particulièrement Sainte-Geneviève et son abbé, comme le fit aussi leur oncle le cardinal de Boulogne. En 1352, au chapitre général de Saint-Vincent de Senlis pour la réforme des chanoines réguliers, que l'abbé Jean présidait avec les abbés de Saint-Jean des Vignes et de Saint-Albert de Calais, il fut décidé « à l'unanimité que « tout monastère qui aurait des jeunes gens à élever selon « la dignité de la règle dans l'érudition et la piété, devrait, « pour obtenir une plus ample moisson de science et de

---

[1] Docteur en théologie. En 1351, sur la demande du roi Jean, il fut constitué par le pape Clément VI comme juge et conservateur de l'ordre de Citeaux. Le 20 avril 1351, il est chargé par le Pape, avec l'abbé de Saint-Denys, de conférer des priviléges aux chapelains du Roi et de la Reine. Le 6 mai 1354, un rescrit d'Avignon atteste qu'il a visité le Saint-Siége par son procureur Pierre de l'Aigle, chanoine de Laon. Le 18 mai 1354, mourut le Génovéfain Guillaume de Foulqueuse, ancien chanoine et archidiacre de Beaugency, conseiller du Roi. En 1355, le chapitre des chanoines réguliers tenu à Sainte-Marie de Chage charge Jean de visiter les monastères des diocèses de Paris, Meaux et Chartres, et l'abbé de Château-Landon de visiter Sainte-Geneviève. L'abbé Jean mourut le 26 janvier.

« discipline régulière, les envoyer, dès que leur âge le
« permettrait, aux écoles de Sainte-Geneviève de Paris
« ou de Saint-Evurtius d'Orléans ».

Le vingt et unième abbé fut Jean VII d'Ardenne [1], sous lequel on signale un miracle de sainte Geneviève.

En 1361, un homme impotent, venu de Brie pour demander à sainte Geneviève sa guérison, se mit en prière du plus loin qu'il aperçut le clocher de la basilique génovéfaine, et se releva guéri ; il apporta ses béquilles en offrande à l'église de Sainte-Geneviève.

Le roi Charles V avait une telle dévotion pour les processions de la châsse de sainte Geneviève, qu'il voulut que non-seulement les Génovéfains, mais aussi le chapitre de Notre-Dame et le reste du clergé, assistassent nu-pieds à celles qui furent faites sous son règne.

Bernard de la Rochelle, élu abbé après Jean VII, étant mort le 20 juillet 1364, avant d'avoir reçu la bénédiction abbatiale, le vingt-deuxième abbé fut Jean VIII de Bassemain [2], sous lequel on rapporte le miracle suivant de sainte Geneviève.

---

[1] Docteur en droit canon. En 1358, il transige avec l'abbé de Saint-Maur des Fossés sur un domaine dépendant de Sainte-Geneviève depuis l'hospice des Barreaux jusqu'à la Seine et aux fossés royaux, où furent plus tard les Célestins. En 1362, un édit royal condamne les échevins et marchands de Paris, et rend à Sainte-Geneviève l'étalonnage des poids et mesures de la place Maubert qu'ils avaient usurpé. Le 9 mai 1363, Audoin Aubert, cardinal-évêque d'Ostie et ancien évêque de Paris, charge par testament « son vénérable Père et confrère l'abbé de Sainte-
« Geneviève » de la translation des restes mortels de son frère. L'abbé Jean mourut le 23 mai 1363, et fut enseveli dans le cloître devant le chapitre.

[2] Il fut nommé en 1366 par le pape Urbain V comme conservateur des priviléges de la collégiale de Saint-Anianus d'Orléans. Le 3 mars 1369, il affranchit un serf de Sainte-Geneviève, à la condition qu'il redeviendrait serf s'il se remariait. Le pape Grégoire XI nomma Jean exécuteur de la sentence rendue pour Nicolas de Viry, archevêque de Sens, contre Nicolas d'Arcy, évêque d'Auxerre, et le fit, avec l'abbé de Saint-Ger-

Le samedi saint de l'an 1365, au moment où l'on allait faire l'eau bénite dans les solennités du jour à la basilique de Sainte-Geneviève, on vit arriver d'Angleterre un écuyer qui venait pour accomplir un vœu et un pèlerinage d'action de grâces. Il avait été atteint en Angleterre de paralysie et d'autres maladies ; et, comme il était au lit, on lui avait apporté des lectures pour le distraire, parmi lesquelles la Vie de sainte Geneviève. Après l'avoir lue, il avait dit : « Cette glorieuse vierge fut de grand « mérite ; s'il lui plaisait de m'obtenir guérison, j'irais là « où elle repose, lui rendre grâces. » Et aussitôt il avait été guéri.

En 1366, les cardinaux Jean de Saint-Marc et Gilles de Saint-Martin des Monts furent envoyés à Sainte-Geneviève par le Pape, pour réformer l'Université de Paris ; dans les statuts qu'ils édictèrent, il fut prescrit que le chancelier de Sainte-Geneviève et de l'Université devrait être maître ès arts, et élire un docteur pour sous-chancelier.

En la même année 1366, fut faite la dixième procession

---

main d'Auxerre, conservateur des priviléges de la collégiale de Saint-Urbain de Troyes. Le 13 février 1377, Jean entra en ornements pontificaux dans la cathédrale de Paris, et, en 1380, il assista en habits pontificaux, avec vingt-sept autres abbés, à la sépulture de Charles V à Saint-Denys. Le schisme d'Occident lui causa des difficultés parce qu'il reconnaissait pour pape Clément VII, tandis que son chancelier de l'Université Judocus tenait pour Urbain VI ; de là un antagonisme entre l'abbé et le chancelier, qui fut enfin contraint de se retirer en Flandre. En novembre 1386, Jean confère à Jean Gaudry, clerc d'Orléans, une chapellenie perpétuelle à l'autel de la Sainte Vierge dans l'église de Sainte-Geneviève. En décembre 1386, il édicta, avec Pierre d'Ailly, grand maître du collége de Navarre, des statuts pour le collége de l'*Ave Maria*. Il mourut le 27 octobre, après avoir donné à Sainte-Geneviève plusieurs reliquaires, et ses parents avaient donné à la communauté une maison et dépendances donnant accès aux vignes de l'abbaye près des murs de Paris.

de la châsse de sainte Geneviève, sur la demande du roi Charles V, pour obtenir la cessation des pluies continuelles qui détruisaient les récoltes. A peine la châsse fut-elle descendue, que le temps devint très-favorable. Comme nous l'avons dit, le Roi voulut que les chanoines de Notre-Dame et le clergé séculier y assistassent nu-pieds comme les Génovéfains.

En 1369, un bras de saint Thomas d'Aquin, obtenu par les Dominicains de Paris, fut d'abord déposé à Sainte-Geneviève, d'où sa translation solennelle fut faite par le cardinal de Dormans, évêque de Beauvais et chancelier de France, accompagné des archevêques de Reims et de Sens, des évêques de Paris, de Lisieux, d'Auxerre, de Noyon et de Laon, et des abbés de Sainte-Geneviève et de Fiscagne, tous en ornements pontificaux, et en présence du Roi et d'Élie, ministre général des Frères prêcheurs. Le duc de Bourgogne, frère du Roi, portait le dais au-dessus de la relique, qui fut ainsi portée de Sainte-Geneviève au couvent dominicain de Saint-Jacques, en passant par un lieu dépendant de Sainte-Geneviève, et où les Dominicaines étaient alors établies, à cause de la guerre qui infestait les environs de Paris.

En 1374, à Paris, rue du Pain-Mollet, dans la paroisse de Saint-Merry, une petite fille nommée Guillaumette, fille d'Yvonet Thomas, tomba subitement si malade que tous ceux qui la voyaient la croyaient morte. Sa mère la voua à sainte Geneviève ; bientôt après, l'enfant respira et reprit connaissance, et, un mois plus tard, sa mère la conduisit totalement guérie en pèlerinage à Sainte-Geneviève.

En 1377, fut faite la onzième procession de la châsse de sainte Geneviève, pour un motif qui n'est pas indiqué. Le roi Charles V y assista avec les ducs d'Orléans et de

Bourgogne, et voulut encore que tout le clergé y marchât nu-pieds comme les Génovéfains.

En 1380, eut lieu la douzième procession de la châsse de sainte Geneviève, dont le motif est également inconnu.

Le Père Lejuge rapporte que, sous le même abbé Jean VIII, le chapitre de Notre-Dame, se prévalant de la volonté du roi Charles VI et de ses oncles les ducs d'Anjou et de Bourgogne, exprima le désir que ce fût désormais la châsse de sainte Geneviève qui vînt chercher à Notre-Dame celle de saint Marcel. Les Génovévains refusèrent, se fondant sur la coutume immémoriale selon laquelle, au contraire, la châsse de sainte Geneviève ne sortait jamais sans que celle de saint Marcel vînt la chercher; et cette tentative d'usurpation sur les priviléges génovéfains n'alla pas plus loin.

Le roi Charles VI avait d'ailleurs une si grande dévotion à sainte Geneviève, que, durant sa démence, il ne buvait, assure le Père Lallemant, que de l'eau du puits de sainte Geneviève à Nanterre.

Le vingt-troisième abbé fut Étienne II de la Pierre [1],

---

[1] Originaire du Bourbonnais, il prit possession de l'abbaye le 12 mars 1390 par Guillaume Danguel, doyen d'Amiens. En 1389, un arrêt est rendu en faveur de Sainte-Geneviève sur des biens situés dans son domaine et sur lesquels un Dominicain avait prétendu des droits. Le 5 décembre, le pape Clément VII délègue Étienne pour protéger les biens du prieuré de Saint-Martin des Champs contre des envahisseurs. Un rescrit d'Avignon, du 18 décembre 1392, lui permet de différer jusqu'à la Saint-Jean-Baptiste le payement des droits dus à la cour de Rome. Le 16 juillet 1399, un arrêt du Parlement prescrit de rendre à Sainte-Geneviève, pour être jugé à son tribunal, nonobstant la réclamation de l'évêque de Paris, un serviteur de l'abbaye arrêté près de Paris et détenu au Châtelet. Étienne est délégué du pape Innocent VII, avec le chantre de Paris, pour juge d'un litige entre l'archevêque de Sens et le comte de Champagne pour le péage de Bray-sur-Seine. Il mourut en 1405, et fut enseveli dans le chœur. Peu avant lui, était mort Thomas Benoist, prieur de Sainte-Geneviève, qui rédigea les règles et usages de l'abbaye.

sous lequel, en 1402, Nicolas Flamel fit reconstruire à ses frais le portail de l'église de Sainte-Geneviève des Ardents, ancienne habitation de sainte Geneviève. Le 21 octobre 1404, Étienne assista à l'assemblée du clergé de France qui le délégua, ainsi que ses successeurs les abbés futurs de Sainte-Geneviève, pour juger des contestations des religieux exempts, dans tous les cas où le trouble de l'Église, comme celui qui résultait alors du schisme d'Occident, rendrait impossible le recours au Saint-Siége. Il employa à refaire le clocher de Sainte-Geneviève une somme de trois cents livres, donnée par le Roi, et concéda, en 1400, au curé de Saint-Étienne du Mont, les revenus de la cure, moyennant vingt-huit livres de rente pour l'abbaye.

Le vingt-quatrième abbé, François Ier de Nyons [1], assista en 1409 au concile de Pise, qui mit fin au schisme d'Occident. Sous son gouvernement, le 6 février 1408, le conseil du Roi tint séance à Sainte-Geneviève, sous la présidence de Jacques de Reuilly.

En 1409, une procession générale de l'Université se rendit de Sainte-Geneviève à Saint-Denys, et fut si considérable que la tête du cortége atteignait Saint-Denys quand le recteur était encore auprès des Mathurins. Le Père Charpentier mentionne la même année, d'après les registres du Parlement, une procession générale qui fut faite à Sainte-Geneviève en action de grâces de la terminaison du schisme d'Occident, et où le Parlement assista en grand costume ; nous ne savons si c'est la même qui se rendit à Saint-Denys.

---

[1] Il était docteur, prêta serment pour le temporel à Charles VI le 16 juin 1406, et mourut à Avignon le 6 juillet 1414 ; son corps fut rapporté à Sainte-Geneviève, où son neveu Hector de Nyons avait fondé un anniversaire pour lui et sa femme Marie de Malingre à la date du 11 décembre.

Le 13 juillet 1410, vinrent à Sainte-Geneviève Jean Fécon, secrétaire du duc de Berry, et son épouse Clairette, apportant leur enfant âgé d'un an et demi et nommé Molinot. Ils racontèrent que l'enfant avait été si malade, qu'il en était devenu noir, et que l'abbé de Saint-Guillaume du Désert, qui l'avait vu, l'avait marqué du signe de la croix, persuadé, comme tout le monde, qu'il était mort. Ses parents l'ayant alors voué à sainte Geneviève, l'enfant avait repris connaissance, et ils l'amenaient guéri, en offrant une image de cire et en faisant célébrer une messe d'action de grâces.

Le 14 décembre 1410, fut célébrée la treizième procession de la châsse de sainte Geneviève, pour demander la cessation des guerres civiles qui avaient suivi le meurtre du duc d'Orléans.

En 1412, fut instituée canoniquement une confrérie en l'honneur de sainte Geneviève.

Le 9 juillet 1412, eut lieu la quatorzième procession de la châsse de sainte Geneviève, à cause des guerres civiles entre les Armagnacs et les Bourguignons qui désolaient la France; cette procession fut suivie d'une trêve conclue entre les deux partis.

Le vingt-cinquième abbé, Raoul Maréchal [1], avait assisté, en 1409, au concile de Pise, comme abbé de Tous les Saints d'Angers. Une fois abbé de Sainte-Geneviève, le malheur des temps le décida à mettre en gage plusieurs reliquaires; car, partisan des Armagnacs, il eut beaucoup à souffrir des Bourguignons.

Le 22 août 1417, la quinzième procession de la châsse de

---

[1] Issu de la famille de Franchose en Bourbonnais, profès à Sainte-Geneviève et licencié en 1406, puis célèbre docteur et professeur de théologie. Il reçut à profession en 1414 Guillaume Cosset, plus tard abbé de Saint-Crépin de Soissons.

sainte Geneviève fut célébrée à cause de la recrudescence des guerres civiles, qui, dans ce siècle et dans le suivant, multiplièrent cette solennité, auparavant réservée pour des circonstances exceptionnelles.

L'abbé Raoul se joignit à Tanneguy du Châtel, qui était son ami, pour conseiller au Dauphin de fuir. Le 4 juin 1418, il reçut à dîner le cardinal de Saint-Marc, l'évêque de Paris et plusieurs seigneurs et bourgeois qui allèrent, le même jour, rejoindre le Dauphin à Melun, pour l'engager à se réconcilier avec le duc de Bourgogne.

Le 12 août 1421, eut lieu la seizième procession de la châsse de sainte Geneviève, pour demander au ciel la cessation des guerres civiles, qui compliquaient les difficultés de l'invasion anglaise.

Au mois de janvier 1422, l'abbé Raoul fut emprisonné par les Anglais, ainsi que Martin, prieur génovéfain de Vanves; les biens de l'abbaye furent dilapidés. Le prieur paya sa rançon au prix de vingt pièces d'or; on ignore combien de temps l'abbé resta prisonnier.

Le 3 août 1422, fut faite la dix-septième procession de la châsse de sainte Geneviève, à cause des malheurs publics; le Parlement de Paris y assista solennellement.

Raoul étant mort le 5 août 1426, après une administration absorbée par les troubles politiques, son successeur fut Robert III Michon, élu vingt-sixième abbé le 25 novembre 1426, qui prêta serment pour le temporel au duc de Bedford, régent de France pour le roi d'Angleterre [1].

---

[1] Originaire de Marisy, domaine de Sainte-Geneviève, il avait célébré sa première messe le 13 avril 1410, et était pitancier à Sainte-Geneviève quand moururent ses parents, pour l'âme desquels il donna, en 1415, soixante-dix livres parisis. Sous son gouvernement, en 1432, un arrêt satisfait aux réclamations des églises de Sainte-Geneviève et autres contre la vente de cierges à leurs portes. Guillaume Michon, frère de l'abbé Robert, fit des dons à Sainte-Geneviève.

Le 1ᵉʳ mai 1427, on fit à Sainte-Geneviève le sacre de Jacques du Châtelier, évêque de Paris, qui y avait invité le Parlement, et qui remit à l'abbé une charte promettant de respecter les priviléges génovéfains. Dans des statuts donnés le 20 juin 1430 pour le collége de l'*Ave Maria*, Robert constatait que, par le malheur des temps, aucun des boursiers n'y recevait sa bourse, et décidait que tous les revenus seraient provisoirement affectés à la réparation et à l'entretien des bâtiments de ce collége.

C'est qu'en effet, la situation du royaume était alors désastreuse et semblait désespérée. Déchirée depuis longtemps par la guerre civile, ruinée par la rivalité des Bourguignons et des Armagnacs, la France était depuis près de cent ans sous le coup d'une invasion; à ce moment, tout le nord de la France était au pouvoir des Anglais, et la légèreté du faible roi Charles VII, relégué au delà de la Loire, semblait prête à laisser perdre ce qui lui restait de son royaume. C'est alors qu'un secours extraordinaire fut suscité du ciel, non assurément sans l'intervention de sainte Geneviève, pour sauver la France d'un péril bien plus grand que la perte de sa nationalité, pour la préserver de la perte de sa foi, qui eût été gravement menacée dans le siècle suivant par l'apostasie de Henri VIII, si la France eût alors été dépendante d'un monarque anglais. En 1425, Jeanne Darc, âgée de treize ans, reçoit de saint Michel, de sainte Catherine et de sainte Marguerite l'ordre d'aller délivrer la France; et nul doute que sainte Geneviève, dont le peuple de Paris implorait le secours à cette époque par des supplications et processions sans cesse réitérées, n'ait eu alors, avec l'archange et les deux vierges martyres, une part principale dans la mission de la vierge de Domremy pour délivrer le peuple qui l'invoquait depuis près de dix siècles comme sa patronne. En 1429, dans l'espace de quelques semaines, Jeanne Darc fait lever le siége d'Orléans, reconquiert sur les Anglais l'Orléanais et la Champagne, et fait sacrer Charles VII à Reims, puis, sa mission remplie, va mourir sur un bûcher, laissant, pour souvenir de sa prodigieuse carrière, un signe plus étonnant encore que les victoires d'une pauvre fille du peuple sur de puissantes armées, celui de l'influence surnaturelle et sanctifiante qui émanait de la personne de cette humble vierge, et qui non-seulement commandait le respect des grossiers hommes d'armes dont elle partageait la vie, mais encore, leur communiquant quelque chose de sa pureté, les rendait chastes en sa présence et les préservait de toute pensée mauvaise.

L'abbé Robert étant mort le 24 octobre 1432, on remarqua que des écussons armoriés furent suspendus dans l'église à ses funérailles, selon qu'on le faisait aux obsèques des seigneurs séculiers, usage plus aristocratique que religieux, et qui semble attester que les troubles potiques tendaient à infiltrer de plus en plus l'esprit du monde dans la communauté jadis si fervente de Sainte-Geneviève. Son successeur, Pierre Caillou, vingt-septième abbé[1], entra en charge au moment où le concile de Bâle, en

---

[1] Entré en religion en 1389, curé de Jossigny en 1414, puis cellerier de Sainte-Geneviève, puis chèvecier en 1430, il accepta en cette qualité des legs faits à l'abbaye par Robert d'Anjou, évêque de Nevers, et son frère Milon, doyen de Chartres. Il avait été ensuite camérier de Sainte-Geneviève. Devenu abbé, il assiste, le 12 avril 1448, avec les abbés de Saint-Denys, de Saint-Germain des Prés et de Saint-Victor, à la bénédiction de l'abbé de Saint-Magloire par l'évêque de Meaux. En 1449, empêché par l'âge et par sa santé, il délègue la visite des prieurés, chapelles et domaines de Sainte-Geneviève, à Jean Bouvier, qui fut son successeur, et ordonne aux religieux, sous peine de suspense, de lui obéir comme à lui-même. En 1458, il reçoit du pape Pie II, pour lui et ses successeurs, la qualité de conservateur des priviléges de l'ordre de

s'insurgeant contre l'autorité du pape Eugène IV, ajoutait une complication de plus aux troubles de l'invasion anglaise, encore présente autour de Paris. Aussi ne reçut-il ses bulles qu'en juin 1435. Il officia pontificalement à la cathédrale le 13 octobre suivant, pour les funérailles de la reine Isabelle, veuve de Charles VI.

En 1437, le comte de Richemont, connétable de France, demanda qu'on fît tous les vendredis des processions des paroisses de Paris à Sainte-Geneviève, pour implorer le succès de ses armes contre les Anglais, qu'il assiégeait dans Meaux. Le 31 juillet, fête de saint Germain d'Auxerre, étant tombé un vendredi, Jean Chuffart, doyen de Saint-Germain l'Auxerrois, accompagné des deux chanoines de Paris Roger Gaillon et Nicolas Confranc, vint demander qu'on portât ce jour-là en procession à son église les châsses de sainte Geneviève et de saint Marcel. Les Génovéfains refusèrent, en se fondant sur l'usage immémorial selon lequel on ne faisait aucune procession de la châsse de sainte Geneviève qui ne fût pour la porter à la cathédrale. Ils consentirent seulement à porter à Saint-Germain l'Auxerrois la châsse de sainte Clotilde, tandis que le chapitre de Notre-Dame y porterait la tête de saint Philippe. Ces processions hebdomadaires à Sainte-Geneviève eurent l'effet que le connétable en espérait; car Meaux fut pris d'assaut. Charles VII était déjà entré dans Paris, et Meaux était, avec Calais, la seule place où les Anglais se fussent jus-

---

la Trinité, et en 1463 de l'ordre du Val des Écoliers. En 1464, il reçoit une bulle fixant le rang que les maîtres et docteurs de l'Université devaient tenir entre eux. Le 26 avril 1465, il résigna la charge abbatiale par le ministère de Guillaume Bouyle, doyen de Noyon, et reçut du pape Paul II une pension de cent écus d'or sur les revenus de l'abbaye. Il mourut le 27 août 1465, et fut enseveli à gauche dans le bas du chapitre.

que-là maintenus. Ce fut donc là un coup décisif qui termina la guerre de Cent ans. Tandis que Jeanne Darc avait combattu sur la terre, sainte Geneviève avait, du haut du ciel, visiblement favorisé la délivrance de son peuple. La France avait donc été sauvée de malheurs bien plus graves que celui qui serait résulté de sa simple réunion à un royaume étranger : car cette fusion de la France avec l'Angleterre, qui, par elle-même, n'eût été qu'une éventualité de l'ordre temporel, aurait eu pour conséquence de soumettre, un siècle plus tard, la foi de la France aux persécutions sanguinaires de Henri VIII, qui, si elles s'étaient jointes aux fureurs que déchaînèrent alors les huguenots français, auraient peut-être réussi à séparer de l'unité catholique la majorité de la population française.

Le 4 août 1448, Guillaume Chartier, évêque de Paris, prenant possession de son siége, vint solennellement à Sainte-Geneviève, d'où l'abbé et les Génovéfains allèrent le présenter à son clergé selon le cérémonial d'usage.

Le 31 août 1456, eut lieu la dix-huitième procession de la châsse de sainte Geneviève, dont le motif nous est inconnu.

En 1462, la princesse Catherine d'Alençon, duchesse de Bavière, fut ensevelie à Sainte-Geneviève.

CHAPITRE XXVIII

LE CULTE ET L'ABBAYE DE SAINTE-GENEVIÈVE DEPUIS LA FIN DE LA GUERRE DE CENT ANS JUSQU'AU CONCORDAT DE LÉON X. — PROCESSIONS DE LA CHASSE ET MIRACLES. — GUÉRISON MIRACULEUSE D'ÉRASME.

L'invasion et les troubles politiques avaient cessé; mais ce siècle de crise avait laissé partout sa funeste influence. Le relâchement et les mitigations de tous les ordres religieux datent de cette époque, qui avait ouvert la voie à mille abus. La discipline régulière avait reçu un coup terrible, dont les ordres religieux ne se relevèrent plus tard que par des réformes successives. L'abbaye de Sainte-Geneviève avait reçu son atteinte comme les autres; et si, deux siècles plus tard, une réforme lui rendit momentanément quelque éclat, elle ne revit cependant plus jamais la belle et austère observance des temps de saint Bernard, d'Eugène III et de Suger.

Le pape Paul II désigna Jean IX Bouvier pour être élu vingt-huitième abbé[1], sur la résignation de Pierre Caillou.

---

[1] Il avait reçu l'habit religieux en 1425, et avait été camérier et aumônier de Sainte-Geneviève, puis curé de Nanterre après Guillaume Fourquois. Il prêta serment au Roi pour le temporel le 3 octobre 1467. Le pape Sixte IV confirme en 1471 les priviléges de Sainte-Geneviève, et en 1475 charge Jean, avec le doyen de Langres, d'ériger en collégiale la paroisse de Saint-Jean de Chaumont. Le 7 septembre 1476, un arrêt du Parlement reconnaît à l'abbé de Sainte-Geneviève le droit de constituer des bouchers jurés pour visiter la viande des boucheries du mont

Au mois de septembre 1466, on célébra la dix-neuvième procession de la châsse de sainte Geneviève, à cause des chaleurs excessives qui amenèrent plusieurs épidémies, dont quarante mille personnes périrent à Paris dans cet été. Ces fléaux furent arrêtés par l'intercession de sainte Geneviève.

Le dimanche 27 décembre 1467, une messe solennelle fut célébrée à Sainte-Geneviève, après que le receveur de Paris y eut fait placer un buste en cire du roi Louis XI devant l'image de sainte Geneviève, en signe de la dévotion de ce prince, qui donna treize écus d'or pour y dire des messes. Comme Louis XI, le duc de Bourgogne son rival avait une grande dévotion pour la Sainte, et venait souvent en visite à Sainte-Geneviève quand il était à Paris.

Le 3 janvier 1477, fête de sainte Geneviève, le Parlement rendit un arrêt décidant que cette fête de sainte Geneviève, qui avait été de tout temps observée par toutes les églises et par le peuple comme une fête de précepte, aussi obligatoire que le dimanche, serait gardée désormais aussi par le Parlement, et inscrite à son calendrier comme fête d'obligation où toutes les cours devaient vaquer : c'était un juste hommage rendu à la patronne de Paris pour la protection dont elle avait couvert la France au temps de l'invasion étrangère.

Sainte-Geneviève. La Faculté de médecine ayant acheté en 1472 une maison sise rue de la Boucherie du Petit-Pont pour y fonder une école, Jean lui en donna le fonds en mort-gage. Le 23 janvier 1478, Pierre Caros, doyen de Nevers et sous-chancelier de Sainte-Geneviève, y fut enseveli dans la chapelle de Saint-Christophe, et eut pour successeur comme sous-chancelier Jean Standon. L'abbé Jean, ayant résigné la charge abbatiale aux mains de Sixte IV sans accepter de pension, mourut le 17 novembre 1479, et fut enseveli dans le cloître devant le lavabo près de la sacristie.

CHAPITRE VINGT-HUITIÈME. 383

Vers le même temps, on refit les orgues de la basilique de Sainte-Geneviève.

Le 18 juin 1478, la vingtième procession de la châsse de sainte Geneviève fut faite pour un motif inconnu ; l'abbé Jean étant malade, ce fut l'évêque de Nevers qui, sur sa demande, tint sa place et présida en habits pontificaux à cette procession.

Le vingt-neuvième abbé fut Philippe Ier Langlois [1], qui fonda le collége de Montaigu, où demeura le trop célèbre Érasme. Le 3 février 1480, un édit du Parlement statua que les quatre examinateurs maîtres ès arts de l'Université étaient tenus de prêter serment à l'abbé de Sainte-Geneviève, et qu'il lui appartenait d'ouvrir leurs examens.

Le 12 juin 1481, on fit la vingt et unième procession de la châsse de sainte Geneviève, sur la demande du roi Louis XI, qui, épouvanté de la mort et se voyant malade, essayait de prolonger sa vie. Et peu de temps après, on fit encore la vingt-deuxième procession de la châsse pour le même motif.

[1] Admis à Sainte-Geneviève le 3 janvier 1438, il avait été chancelier de l'abbaye et de l'Université. Subrogé à Jean Bouvier le 4 août 1479, il reçut de Sixte IV la faculté de se faire bénir par un évêque quelconque. Le 25 septembre, le prieur et le sous-prieur l'installèrent par l'assignation du siége prétorial, qui était le signe de la juridiction des abbés de Sainte-Geneviève, par l'introduction dans la maison abbatiale et par la tradition des clefs et des sceaux. Le 15 janvier, il prêta serment pour le temporel au garde des sceaux pour le Roi dans la Sainte-Chapelle. Le 23 juin 1482, il confère à Jean Vauliart, clerc de Meaux, la chapellenie perpétuelle de Saint-Blaise dans la basilique de Sainte-Geneviève. En 1483, le cardinal Jean Rolin lègue à Sainte-Geneviève, entre autres dons, une somme de deux cents livres pour son anniversaire perpétuel. Le 16 juillet 1487, Philippe permet aux professeurs et étudiants de Picardie de construire une chapelle dédiée à la Sainte Vierge, à saint Nicolas et à sainte Catherine. Le 4 septembre 1487, Innocent VIII lui écrit en faveur du chapitre de Saint-Anianus d'Orléans. Il résigna la charge abbatiale le 23 juillet 1488, et mourut le 29 octobre.

Le 6 juin 1483, la foudre tomba sur le clocher de Sainte-Geneviève, fondit le plomb qui le revêtait et les cloches, et endommagea la tour du clocher, le dortoir et les édifices adjacents. Sur la demande du Roi, le pape Sixte IV accorda des indulgences à ceux qui donneraient des aumônes pour réparer ces dommages, et le pape Innocent VIII prorogea, en 1487, ces indulgences pour quatre ans. L'abbé Philippe fit aussi quêter dans Paris par le Génovéfain Jean de la Chapelle, et le Parlement y appliqua des amendes; ainsi, le 7 janvier 1485, un arrêt condamna un prétendant à l'archidiaconé de Chartres à une amende pour le clocher de Sainte-Geneviève. Un religieux mendiant, ayant voulu s'opposer aux indulgences accordées pour cette réparation, fut interdit par l'official. Quatre cloches furent ainsi refaites, auxquelles une cinquième fut ajoutée en 1611, et six nouvelles encore en 1732.

Le 17 avril 1488, une femme de Paris, en reconnaissance de ce qu'elle était issue de la famille de sainte Geneviève, fit don à la cure génovéfaine de Nanterre de la maison, cour, jardin et cave attenants à la chapelle de Nanterre, lieux où la Sainte avait passé son enfance, et qui avaient appartenu à ses parents. Ce sont les mêmes lieux qu'on y vénère encore aujourd'hui malgré la destruction de la chapelle.

Le trentième abbé fut Philippe II Cousin [1], sous le-

---

[1] Entré en religion le 27 avril 1466, il avait été curé de Saint-Médard, et fut élu abbé sur la présentation d'Innocent VIII, qui décida que, si un bénéficiaire de Sainte-Geneviève venait à mourir dans les vingt jours de la date où il aurait résigné son bénéfice pour cause de maladie, la collation serait nulle et le bénéfice censé vacant par décès; excepté que, par une dérogation spéciale et personnelle à Philippe Cousin, s'il mourait dans les vingt jours après la cession, sa provision resterait valide : cette décision semble indiquer que des abus s'étaient

quel, en 1490, le Concile national de la province de Sens fut convoqué à Sainte-Geneviève, pour la publication de la croisade.

En 1491, l'abbé Philippe convint, avec son clergé de Saint-Étienne du Mont, de la nécessité d'agrandir cette église paroissiale, devenue trop petite pour les besoins de la paroisse; mais ce travail ne fut achevé que longtemps plus tard. L'abbé permit d'y élever un clocher avec quatre cloches, à condition que ce clocher n'aurait pas de flèche, mais serait surmonté d'un petit pavillon, et que la paroisse payerait à l'abbaye dix livres de rente et une livre de bougie rouge à la fête de saint Étienne.

Le 15 février 1494, Jean Simon, évêque de Paris, fit son entrée solennelle à Sainte-Geneviève, d'où il fut, selon l'usage traditionnel, conduit à Sainte-Geneviève des Ardents, et présenté au clergé de Notre-Dame par l'abbé

---

introduits dans la transmission des bénéfices génovéfains sur résignation des titulaires. Élu plus tard abbé de Sainte-Marie de la Victoire, près de Senlis, il prêta serment comme tel au roi Louis XII pour le temporel le 12 juin 1499. En 1500, on fit la réconciliation de l'église de Sainte-Geneviève, polluée par effusion de sang, nous ne savons en quelle circonstance. En 1504, Philippe établit une chapelle dans le collége de Cholet. De son temps, les étudiants jouissaient de la permission d'entrer dans le jardin abbatial de Sainte-Geneviève, qui était beau et vaste. Le 30 avril 1508, un arrêt du Parlement réaffirma contre le prévôt des marchands et les échevins le droit de l'abbé de Sainte-Geneviève pour l'étalonnage des poids et mesures de la place Maubert. Le 8 mars 1511, Philippe assista, au Châtelet, à la publication des coutumes de la prévôté et vicomté de Paris. En 1514, le Génovéfain Alexis de Reuilly fut reçu docteur. En 1514, fut tenu un chapitre général où Philippe publia des statuts sur la discipline régulière. Ayant résigné la charge abbatiale, Philippe reçut le prieuré de Saint-Éloi de Roissy, et, le 10 août 1517, il reçut du pape Léon X les prépositures d'Épinay et de Borret, les domaines de Rungis et d'Auteuil, la maison abbatiale et jardins adjacents, n'excédant pas le tiers des revenus de l'abbaye. Le Pape délégua le doyen de Saint-Marcel et deux chanoines pour l'installer comme prieur de Roissy. Il mourut le 17 avril 1521, et fut enseveli au dernier degré du sanctuaire, du côté de l'Évangile.

et la communauté des Génovéfains, avec le cérémonial accoutumé.

Le 12 janvier 1496, la Seine ayant inondé Paris à la suite de fortes pluies qui avaient duré près de trois mois sans interruption, on fit la vingt-troisième procession de la châsse de sainte Geneviève, qui fut illustrée par un double prodige. Car non-seulement elle eut pour effet, comme de coutume, d'arrêter les pluies et de mettre fin à l'inondation, mais encore sainte Geneviève y guérit miraculeusement de la fièvre quarte un personnage trop célèbre, qui dut rendre un hommage public au bienfait surnaturel qu'il devait à la Sainte, et qui fut empêché par là de renier plus tard ce témoignage public lorsqu'il fut devenu impie, ennemi de la foi catholique et contempteur des Saints. Ce personnage fut Désiré Érasme, qui plus tard, devenu l'ami intime de Luther et l'un des plus dangereux fauteurs de l'hérésie protestante, quoiqu'il prétendît rester catholique, remplit ses nombreux et volumineux écrits, condamnés pour la plupart par le Saint-Siége, d'horribles impiétés, et surtout de blasphèmes et de diatribes contre les dogmes catholiques, contre les lois et la discipline de l'Église, contre la virginité, contre les miracles et contre les Saints. Mais Dieu a voulu, pour mieux attester sa gloire et celle de ses Saints, forcer jusqu'à ses ennemis et leurs ennemis de rendre témoignage à leurs œuvres. Voici donc ce témoignage, d'autant plus précieux et d'autant moins suspect qu'il vient d'un incrédule, d'un rebelle, d'un calomniateur et d'un ennemi, et que ce sont les protestants eux-mêmes qui l'ont publié parmi les autres écrits de l'auteur qui leur est si cher : « J'avais été derniè-
« rement atteint de fièvre quarte », écrit Érasme à Nicolas Werner, « mais j'en suis guéri; et j'ai été guéri, non
« par les soins du médecin, quoique j'y aie eu recours,

« mais par les œuvres seules de la très-célèbre vierge
« sainte Geneviève, dont les ossements, gardés chez les
« chanoines réguliers, sont illustrés et glorifiés tous les
« jours par des miracles; rien de plus digne, rien de plus
« salutaire pour moi que cette Sainte. Je crains que la
« pluie n'ait inondé ailleurs les champs et les récoltes;
« ici il a plu perpétuellement pendant près de trois
« mois; la Seine, sortie de son lit, s'est répandue au mi-
« lieu de la ville. La châsse de sainte Geneviève a été
« conduite de sa place à l'église de Notre-Dame, l'évêque
« venant au-devant d'elle avec toute l'Université; les
« chanoines réguliers la conduisaient en grande pompe,
« marchant pieds nus, et l'abbé avec eux. Maintenant le
« temps est beau; rien n'est plus serein que le ciel. » Il y
a plus : Érasme s'engagea par vœu à célébrer en vers
latins le miracle que sainte Geneviève avait fait pour lui,
et il a tenu sa promesse en écrivant une longue ode latine à sainte Geneviève, qui contient le récit du miracle,
et dont nous reproduisons le texte en appendice. Nous
constatons seulement ici que, selon son témoignage, il
fut guéri de la fièvre aussitôt qu'il eut invoqué la Sainte,
et que son médecin fut stupéfait de cette guérison contraire aux lois de la science. Mais nous voulons traduire
ici deux extraits intéressants de cette ode. Après avoir
félicité Nanterre d'avoir donné naissance à la patronne de
Paris, Érasme dit à sainte Geneviève : « Mais le popu-
« leux Paris est trois et quatre fois plus heureux encore,
« puisque vous partagez sa garde avec la Vierge Mère, qui
« le protége avec vous. Elle ne s'offense point de vous
« avoir pour collègue de sa charge. Vous, sur votre haute
« montagne, vous étendez vos regards au loin dans les
« plaines, et vous repoussez les fléaux qui menacent vos
« chers Français. Pour elle, elle ouvre son giron aux

« pauvres, et, placée au milieu même de la Cité, elle
« écoute les plaintes des malheureux. Et ainsi elle repré-
« sente la clémence de son Fils, comme vous représentez,
« douce Geneviève, la douceur de votre Époux divin. »
Après avoir ensuite rendu hommage à la Sainte pour sa
guérison miraculeuse, Érasme ajoute vers la fin : « C'est
« par un don du ciel que, vivante, vous avez plu à Dieu ;
« c'est par un don du ciel que, morte, vous secourez
« tant de malades. Il a plu à votre Époux tout-puissant
« de distribuer ses dons par vous, et il aime à être ho-
« noré par vous, comme la lumière du soleil brille plus
« agréablement en passant par le cristal, et comme une
« source limpide aime à passer par des canaux très-
« purs. » Érasme a été ingrat envers sainte Geneviève,
envers les Saints et envers Dieu, en vomissant plus tard ses
horribles blasphèmes et en prostituant à l'erreur un talent si digne d'honorer la vérité ; mais son témoignage
nous reste, et nous le gardons ; il reste à la gloire de
sainte Geneviève, et il reste d'autant plus éclatant que le
témoin a scellé l'impartialité de son hommage et de son
témoignage par le sceau d'une apostasie véritable,
quoique déguisée.

En 1503, Étienne Poncher, évêque de Paris, fit, comme
son prédécesseur, son entrée solennelle à Sainte-Geneviève, et fut présenté, comme de coutume, au chapitre
de Notre-Dame, par l'abbé Philippe et ses religieux.

Le 28 juillet 1505, eut lieu la vingt-quatrième procession de la châsse de sainte Geneviève, pour obtenir la
cessation des pluies.

En 1507, Jean Schimel, prêtre du diocèse de Wurtz-
bourg et prédicateur de Fulda, fut atteint à la cuisse
gauche d'un mal que l'auteur contemporain nomme « feu
« sacré », et qui le fit cruellement souffrir pendant six

jours. Le sixième jour, après avoir invoqué saint Martin et d'autres Saints, il entendit en dormant une voix qui criait : « Geneviève ! Geneviève ! » Cette voix l'ayant éveillé, il comprit qu'il fallait invoquer sainte Geneviève, et lui promit un *ex-voto* d'argent s'il guérissait. S'étant rendormi, il vit en songe une vierge tenant un rameau vert dans sa main, et qui lui annonçait sa guérison. Le lendemain, 15 novembre, il était guéri, et, l'année suivante, il apporta un cœur d'argent à Sainte-Geneviève, avec une attestation du miracle par l'officialité de son diocèse.

En 1508, on ensevelit à Sainte-Geneviève, dans le côté gauche de la basilique près des degrés du sanctuaire, les entrailles de la princesse Agnès de Savoie.

Le 25 mai 1509, eut lieu la vingt-cinquième procession de la châsse de sainte Geneviève, pour demander au ciel le succès des armes de Louis XII, qui allait combattre les Vénitiens, et qui fut victorieux.

Vers l'an 1510, Pierre Dupont, surnommé « l'aveugle « de Bruges », ayant quitté Paris à cause d'une épidémie qui y sévissait et s'en étant allé à la campagne, y fut atteint de l'épidémie même qu'il avait fuie, ainsi que d'une fièvre ardente et d'une toux violente, qui mirent sa vie en grand danger. Comme il avait songé récemment, avec étonnement, qu'il ne s'était trouvé personne dans Paris pour écrire un livre à la gloire de sainte Geneviève, il fit vœu de composer un ouvrage en son honneur s'il guérissait. Au même instant, se sentant presque entièrement guéri, il se leva de son lit et se mit à manger. En reconnaissance de ce miracle, il écrivit, sous le titre de *Genovefanum*, un poëme latin à la louange de sainte Geneviève, qu'il dédia, en décembre 1512, à l'abbé Philippe Cousin ; il y parle de la Sainte comme ayant exercé l'état pastoral.

Le 1er juillet 1512, fut célébrée la vingt-sixième procession de la châsse de sainte Geneviève, pour la prospérité du Roi et du royaume, à cause des complications qu'avait amenées l'expédition en Vénétie. Un arrêt du Parlement avait réglé, la veille, le rang que les moines de Saint-Germain des Prés et de Saint-Martin des Champs devaient tenir dans cette procession.

En 1516, on construisit à Sainte-Geneviève des Ardents les trois chapelles dites de la Conception, du Saint-Esprit et de Saint-Michel de Notre-Dame, qui furent bénies par l'évêque de Paris.

Le 6 juin 1517, eut lieu la vingt-septième procession de la châsse de sainte Geneviève, pour une cause qui n'est pas connue. On avait pris l'habitude de multiplier ces processions dans les temps calamiteux qui avaient précédé, et cette coutume, conservée même en temps ordinaire, allait être encouragée encore par les troubles que suscita l'hérésie protestante dans la période qui suivit.

CHAPITRE XXIX

LE CULTE ET L'ABBAYE DE SAINTE-GENEVIÈVE DEPUIS LE CONCORDAT DE LÉON X JUSQU'A LA RÉFORME DU CARDINAL DE LA ROCHEFOUCAULT. — PROCESSIONS DE LA CHASSE ET MIRACLES. — APPARITION D'UNE ÉTOILE SUR LA CHASSE. — DÉLIVRANCE D'UN PRISONNIER. — CONFLITS AVEC L'ÉVÊCHÉ DE PARIS. —INFLUENCE DU GALLICANISME ET DES COMMANDES SUR LE RELACHEMENT RELIGIEUX.

Le successeur de Philippe Cousin est le premier abbé génovéfain que nous trouvons, non plus élu par son chapitre, selon l'antique et constant usage de l'Église, mais nommé par le Roi. Car le concordat de 1517, que le pape Léon X crut devoir accorder à François Ier, dans des circonstances difficiles et pour éviter de plus grands malheurs qu'aurait pu susciter à l'Église l'attitude anticatholique de ce Roi orgueilleux et dissolu, avait donné aux rois de France le droit de nommer les évêques, sauf leur institution canonique par le Pape, et de nommer aussi les abbés, sauf leur confirmation par le Pape. L'usage désastreux que les rois firent de ce droit fut pour le clergé français la cause d'une active décadence, et pour les ordres religieux l'origine d'un immense relâchement qui ne fit que s'accroître jusqu'à la Révolution. Car les rois, égarés par les doctrines adulatrices et fausses de leurs légistes, et regardant les évêchés et les abbayes comme des charges ordinaires appartenant à leur couronne, les distribuaient à leurs favoris selon leur bon plaisir, et comme ils auraient donné des décorations ou des brevets dans l'armée. Les évêchés furent donnés à des jeunes gens, souvent presque enfants, pourvu qu'ils fussent nobles et bien en cour. Quant aux abbayes, cela semblait plus difficile, puisque le premier courtisan venu ne pouvait pas être religieux; mais on tourna la difficulté au moyen des commandes, quoiqu'elles fussent prohibées du Saint-Siége. Au mépris de sa prohibition, on donna les abbayes et leurs revenus avec le titre d'abbé à des séculiers, même à des laïques, parfois à des courtisans de mœurs infâmes [1], parfois même à des protestants [2], ou à des femmes perdues dont un roi libertin achetait l'honneur au prix d'un monastère à dévorer [3]. Ces abbés commendataires possédaient leurs abbayes comme on possède une maison de banque, afin d'en tirer de l'argent pour leurs rapines ou pour leurs honteux plaisirs, au lieu d'employer les revenus à l'entretien de la maison de Dieu, qu'ils laissaient s'écrouler et dont ils portaient les dépouilles dans leurs palais; ils méprisaient ces pauvres moines aux dépens desquels ils vivaient, et, s'ils visitaient parfois leurs abbayes, c'était pour y faire des parties de chasse ou pire encore, ou

---

[1] Bussy d'Amboise, l'un des hommes de mœurs les plus infâmes qu'ait produits le monde des courtisans, fut abbé de Bourgueil sous Henri III.

[2] Henri IV donna au protestant Rosny une abbaye, moyennant qu'il lui payât cinquante mille écus pour mademoiselle d'Entraigues, une des femmes dont il achetait l'honneur. Le frère du protestant Coligny, le cardinal de Châtillon, qui se maria et se fit huguenot, avait treize abbayes en commande. De plus, il est avéré que des seigneurs huguenots percevaient les revenus d'abbayes moyennant un marché avec les abbés commendataires.

[3] Henri IV donna à la comtesse Corisande de Guiche l'abbaye de Châtillon, où saint Bernard avait été élevé.

bien pour les piller. Il est superflu d'ajouter que les religieux laissés dans cet abandon, traités avec ce mépris, réduits par la volonté royale à cette ignominieuse condition, tombaient dans un relâchement sans bornes, et donnaient au monde les plus déplorables exemples.

Le trente et unième abbé de Sainte-Geneviève, Guillaume II Leduc, fut donc nommé par François Ier, et confirmé par Léon X. Le pape Clément VIII le créa, le 26 février 1528, évêque de Belle *in partibus infidelium*[1]. Sous son gouvernement, un nouveau conflit surgit,

---

[1] Né à Roissy, domaine de Sainte-Geneviève, entré en religion le 28 décembre 1488, il avait été sous-prieur de Sainte-Geneviève, puis prieur de Roissy. Le Pape, qui lui avait donné pouvoir de se faire bénir par un évêque quelconque, renvoya, en 1518, au tribunal de Sainte-Geneviève les appels faits par les élèves de Sainte-Croix de Paris, et le Parlement délégua Jean Leclerc, chancelier et chanoine d'Amiens, faisant fonctions de conservateur de Sainte-Geneviève, pour visiter, avec les curés de Saint-Jean en Grève et de Saint-Nicolas des Champs, le monastère de Sainte-Croix et le réformer. En 1524, un ancien Dominicain qui avait apostasié pour passer à l'hérésie luthérienne étant venu d'Angleterre à Paris, et ayant été arrêté, fut d'abord conduit à Sainte-Geneviève, où il fut interrogé par l'abbé Guillaume et le chancelier de l'église de Paris. Dans la chambre du conseil où Guillaume assista le 7 mars 1524, on lut les noms des étudiants étrangers attachés aux ordres mendiants, et l'on décida qu'on ne les chasserait pas de la ville, mais qu'en raison de la situation politique, on avertirait les prieurs de ces quatre ordres et le directeur du Collège de France de ne pas les laisser errer hors de la ville ni écrire hors de France sans avertir le Parlement ou le prévôt des marchands, faute de quoi on n'en admettrait plus dans Paris. Le 26 février 1528, le pape Clément VIII créa l'abbé Guillaume évêque de Belle *in partibus*, lui donna pouvoir de se faire sacrer par un évêque quelconque, et lui assigna pour résidence Rimini, afin d'y pouvoir faire fonctions épiscopales pour le cardinal-diacre Ranciotti, administrateur de ce diocèse. Le 12 novembre 1530, Guillaume assiste à la rentrée du Parlement avec les archevêques de Lyon et d'Aix. En 1534, il résigna la charge abbatiale aux mains du pape Paul III, qui, le 10 mars, lui assigna une pension de cent écus d'or sur les revenus du prieuré de Saint-Étienne, la maison abbatiale et ses jardins, les prépositures de Borret et d'Épinay, les domaines génovéfains d'Auteuil et de Grenelle, le prieuré de Beaubois et la collation des bénéfices, et délégua l'abbé de

en 1519, entre l'abbaye et l'évêché de Paris. L'évêque ayant voulu forcer le curé génovéfain de Saint-Étienne du Mont à payer une dîme imposée par le Roi, en le menaçant de censures, l'abbé Guillaume et ce curé, nommé Jean Chopin, assignèrent l'évêque devant le Parlement le 30 mars. On voit qu'avec le progrès du gallicanisme, les causes concernant les communautés religieuses, même exemptes, se portaient abusivement devant les tribunaux laïques, l'autorité temporelle ayant confisqué les priviléges de l'autorité spirituelle. Le Parlement, connaissant le bon droit de l'abbaye, conseilla à l'évêque de céder. L'évêque ayant déclaré qu'il ne se rendrait pas en procession à Sainte-Geneviève le dimanche des Rameaux, comme nous avons vu que c'était l'usage annuel, le Parlement le pressa vivement de ne pas persister dans ce dessein, parce que, s'il n'allait pas à Sainte-Geneviève le jour des Rameaux, « il pourrait en venir grand scandale, murmure et danger « de commotion au peuple ». On voit que ni le trouble des temps, ni l'hérésie luthérienne qui venait de surgir, n'avaient refroidi la dévotion populaire à sainte Geneviève. L'évêque dut céder.

Le 12 juin 1522, on fit la vingt-huitième procession de la châsse de sainte Geneviève, pour obtenir la paix ; car la guerre était engagée entre François Ier et Charles-Quint, et l'on redoutait une invasion, dont le danger fut écarté.

Le 7 août 1523, eut lieu la vingt-neuvième procession de la châsse de sainte Geneviève, pour demander la cessation des pluies continuelles qui compromettaient les

---

Saint-Magloire et l'official de Paris pour l'exécution de cette bulle. Guillaume mourut le 3 juillet 1537, et fut enseveli dans la nef de droite, devant la porte du cloître.

récoltes, et pour le succès de l'expédition du Roi dans le Milanais. La pluie cessa aussitôt, et le Milanais fut conquis. Un arrêt du Parlement, rendu la veille de cette procession, avait reconnu l'obligation, pour les moines de Saint-Germain des Prés et de Saint-Martin des Champs, d'assister aux processions de la châsse.

La captivité de François Ier, prisonnier à la bataille de Pavie, ayant causé en France un grand émoi, l'abbé de Sainte-Geneviève, comme représentant de la patronne de Paris et du principal monastère de la capitale, fut appelé à prendre part aux actes du gouvernement; ainsi l'abbé Guillaume assista, les 7 et 10 mars et le 3 avril 1524, au Parlement réuni pour délibérer sur les mesures à prendre pour les affaires de l'État, et fut choisi pour être un des vingt membres du conseil de régence provisoire, où il siégea le quatrième, et avant les maîtres des requêtes.

En la même année 1524, fut instituée la Confrérie des seize bourgeois notables, porteurs de la châsse de sainte Geneviève, auxquels on ajouta ensuite vingt-quatre attendants.

Le 24 mai 1524, eut lieu la trentième procession de la châsse de sainte Geneviève, à cause de la sécheresse.

Le 31 mai 1527, on célébra la trente et unième procession de la châsse de sainte Geneviève, à cause des pluies abondantes qui endommageaient les récoltes; ces pluies cessèrent dès la veille du jour fixé pour la procession.

En 1527, l'évêché de Paris suscita un nouveau conflit avec Sainte-Geneviève. Les curés génovéfains étant exempts pour tout ce qui ne concernait pas la cure des âmes, l'abbé Guillaume avait, selon les lois de l'Église, nommé Philippe Lebel à la place du prieur-curé de

Roissy, décédé. L'évêque et l'archidiacre de Paris intentèrent un procès pour ce fait contre l'abbé et le nouveau curé, qui obtinrent gain de cause au Châtelet et au Parlement, le 30 avril, puisqu'il n'y avait plus de fait en France, en vertu du gallicanisme, que les tribunaux royaux pour juger abusivement les causes ecclésiastiques.

Le 7 juillet 1529, on fit la trente-deuxième procession de la châsse de sainte Geneviève, pour obtenir la paix, qui fut en effet signée au traité de Cambrai.

Le 10 janvier 1530, on célébra la trente-troisième procession de la châsse de sainte Geneviève, pour faire cesser une inondation, qui en effet diminua dès ce même jour; l'abbé de Saint-Magloire remplaça l'évêque de Paris dans cette procession.

En novembre 1532, Jacques du Bellay, évêque de Paris, fit son entrée de prise de possession à Sainte-Geneviève, et fut présenté à son clergé par l'abbé et le clergé génovéfains, selon le cérémonial d'usage.

Sous le gouvernement de l'abbé Guillaume, évêque de Belle, Jacques Aimery, chancelier génovéfain de l'Université, qui fut évêque de Chalcédoine en 1536, reçut maîtres ès arts à Sainte-Geneviève, le 15 mars 1529, saint François-Xavier, et, le 13 mars 1532, saint Ignace de Loyola, fondateur de la Compagnie de Jésus; il reçut aussi les autres compagnons de saint Ignace, Martin Olaüs, Pierre Lefèvre et Pascal Broë; et ce fut l'abbé suivant, Philippe Lebel, qui reçut en 1550, à Sainte-Geneviève, les vœux du Jésuite Baptiste Viole, envoyé à Paris par saint Ignace.

Avec les progrès de l'hérésie protestante, qui allait bientôt susciter en France la guerre civile, ce sera désormais pour longtemps contre les impiétés et les fureurs des huguenots que nous verrons Paris implorer le secours de sa patronne.

En effet, le 21 janvier 1534, le Roi fit faire la trente-quatrième procession de la châsse de sainte Geneviève, pour réprimer l'audace des huguenots, qui se livraient à mille excès; ils brisaient les images, profanaient les autels, et affichaient des placards blasphématoires sur les murs et jusqu'à la porte du Louvre. Le Roi régla lui-même le cérémonial, et ordonna que les rues fussent tendues des plus riches tapisseries de la couronne, que devant chaque maison il y eût une torche allumée, et que des archers fussent en faction. Les processions se réunirent à Saint-Germain l'Auxerrois, où le Roi se rendit vers dix heures. En tête, marchaient les croix et bannières des paroisses, deux à deux, et les paroissiens aussi deux à deux, tenant chacun une torche allumée; puis les ordres mendiants; le clergé des paroisses; les Trinitaires; les religieux de Saint-Magloire, de Saint-Éloy, de Saint-Martin des Champs et de Saint-Germain des Prés, tous vétus de chapes, cierges en main, et portant les châsses de leurs reliques; la bannière de Notre-Dame, suivie de la croix et de la bannière de Sainte-Geneviève, qu'accompagnaient des archers, cierges en main; la tête de saint Philippe, portée par seize bourgeois; les châsses de sainte Geneviève et de saint Marcel, portées selon la manière que nous avons décrite, et entourées des officiers de justice; les religieux de Sainte-Geneviève et de Saint-Victor, nu-pieds, et le chapitre de Notre-Dame, avec les églises de la filiation de Notre-Dame et de Sainte-Geneviève; le recteur de l'Université et son personnel, en grand costume, avec des cierges; la garde suisse du Roi, avec sa musique et celle de la chapelle du Roi; les rois et hérauts d'armes; la tête de saint Louis et les reliques insignes de la Passion, portées par dix archevêques et évêques en habits pontificaux ; les ambassadeurs ; les princes ; les cardinaux de Tournon, Leveneur et de Châtillon ; le saint Sacrement, porté par l'évêque de Paris sous un dais que portaient le Dauphin et les ducs d'Orléans, d'Angoulême et de Vendôme, entourés de deux cents gentilshommes de la maison du Roi, torches en main ; le roi François Ier, nu-tête, avec un cierge en main ; le cardinal de Lorraine ; vingt-quatre archers de la garde en hoquetons d'argent et cierges en main ; le Parlement et la Chambre des comptes ; le prévôt des marchands et les échevins ; les archers de la ville, armés de bâtons blancs, et suivis d'une foule immense de peuple. La procession se rendit à Notre-Dame, d'où la châsse de sainte Geneviève fut reconduite après la grand'messe avec le cérémonial ordinaire. On remarquera la présence du saint Sacrement à cette procession comme à quelques autres qui furent célébrées pour le même motif, contrairement à l'usage de ne porter processionnellement aucunes reliques avec le saint Sacrement ; cette dérogation fut faite sans doute pour rehausser la solennité de ces processions, et pour affirmer la foi catholique contre les hérétiques qui niaient la présence réelle de Notre-Seigneur dans l'Eucharistie.

Le 15 juillet 1535, eut lieu la trente-cinquième procession de la châsse de sainte Geneviève, pour demander la cessation des pluies.

Le trente-deuxième abbé fut Philippe III Lebel[1], qui

---

[1] Originaire de Luzarches, entré en religion en 1508, nous l'avons vu, comme prieur-curé de Roissy, être l'objet d'une querelle de l'évêché de Paris. Il était curé de Saint-Étienne du Mont, quand le Roi le nomma abbé, sur résignation de Guillaume Leduc ; Paul III, en le confirmant, lui donna pouvoir de se faire bénir par un évêque quelconque. En 1536,

fit faire cinq châsses pour la basilique de Sainte-Geneviève, parmi lesquelles celles de sainte Alda, de sainte Clotilde et de saint Céraunus. Il acheva le chœur et les nefs de l'église Saint-Étienne du Mont de 1535 à 1538. En 1544, il orna le chœur de la basilique de décorations représentant la vie de sainte Geneviève; il acheva aussi les orgues et l'ambon.

Le 14 août 1536, on fit la trente-sixième procession de la châsse de sainte Geneviève, pour obtenir la délivrance de Péronne, assiégée par le comte de Nassau, qui fut en effet contraint d'en lever le siége, tandis que l'Empereur levait de son côté le siége de Marseille après une attaque

---

il est chargé par le Pape de convertir les moines des Fossés en chanoines et de réunir à l'évêché de Paris cette église et le prieuré de Saint-Éloy. En 1536, il est exécuteur de la permission donnée aux Dominicains de vendre un enclos dans le faubourg Saint-Jacques. Le 3 août 1536, un jugement reconnaît à l'abbé de Sainte-Geneviève le droit de choisir un pharmacien de sa juridiction pour visiter les médicaments des pharmacies du domaine de Sainte-Geneviève et du faubourg Saint-Marcel. Le 6 avril 1541, le bourgeois Jean Belu donne à la confrérie des porteurs de la châsse de sainte Geneviève un calice, une chasuble et des ornements sacrés, à condition qu'on récitera chaque dimanche un *De profundis* pour son âme. Le 25 juin 1541, Philippe édicte des statuts pour le collége de l'*Ave Maria*, et y donne trois bourses à des Nivernais. En 1544, il relève un fief dit d'Orléans, et l'inféode le 9 mai à Jean-Jacques de Mesmes, conseiller au Châtelet. Le 11 août 1549, il assiste François de Dinteville, évêque d'Auxerre, pour bénir Catherine de Clermont, abbesse de Montmartre. En 1550, il reçoit les vœux de Baptiste Viole, Jésuite envoyé par saint Ignace à Paris, où il fixa sa demeure sur le mont Sainte-Geneviève, du consentement de l'abbé. Le 19 mars 1550, un arrêt du Parlement défend, sous peine de prison, de se promener et de parler pendant l'office divin dans l'église de Sainte-Geneviève et autres. Le 8 avril 1552, Philippe assiste à la translation solennelle à Saint-Denys des reliques des saints martyrs; l'évêque de Paris y officiait, avec les abbés de Saint-Magloire et de Sainte-Geneviève pour diacre et sous-diacre; le registre du Parlement donne à ces deux abbés le titre d'*episcopi portativi*. Le 20 juillet 1554, dans une autre translation des mêmes reliques, Philippe assiste comme diacre l'évêque de Laon. Ayant cédé la charge abbatiale, il mourut le 3 juillet 1558, et fut enseveli près de son prédécesseur.

infructueuse. En reconnaissance de ce bienfait de sainte Geneviève, le Roi fit faire ensuite une procession générale à laquelle il assista.

Le relâchement faisant des progrès dans la communauté de Sainte-Geneviève, et la discipline y tombant en ruine, le Parlement délégua, en 1539, le conseiller Pierre Brulart, pour faire enquête sur les désordres et excès qui s'y étaient commis.

Le 24 juillet 1541, eut lieu la trente-septième procession de la châsse de sainte Geneviève, pour faire cesser les pluies.

La même année, les autels de la nouvelle église paroissiale génovéfaine de Saint-Étienne du Mont furent bénits par l'évêque de Mégare.

Le 17 juillet 1542, on fit la trente-huitième procession de la châsse de sainte Geneviève, contre l'hérésie et pour obtenir la paix; cette procession fut suivie de succès de l'armée française en Flandre.

Le 16 juillet 1543, on célébra la trente-neuvième procession de la châsse de sainte Geneviève, pour obtenir le beau temps et le succès des armes du Roi dans les Pays-Bas; les pluies cessèrent en effet, et l'armée royale remporta des avantages considérables dans le Luxembourg, tandis que les succès de l'armée française en Italie préparaient la paix de Crespy.

En 1547 et 1548, on construisit à Sainte-Geneviève des Ardents les deux chapelles de Saint-Pierre et Saint-Paul, et de Sainte-Geneviève et Sainte-Barbe.

Le 27 octobre 1548, eut lieu la quarantième procession de la châsse de sainte Geneviève, à cause d'une extrême sécheresse qui empêchait les semailles.

Le 4 juillet 1549, on fit la quarante et unième procession de la châsse de sainte Geneviève, pour la répression de l'hérésie calviniste. La procession se réunit à l'église Saint-Paul pour aller de là à Notre-Dame. Après les ordres mendiants et les paroisses en chapes, portant leurs reliques, marchaient les châsses de sainte Geneviève et de saint Marcel, avec les Génovéfains, les chanoines de Notre-Dame et le clergé de la Sainte-Chapelle ; l'Université ; les gardes suisses et la maison du Roi, tous armés et portant des cierges ; les évêques et abbés portant les reliques de la Sainte-Chapelle ; les cardinaux ; le cardinal de Guise portant le saint Sacrement sous un dais porté par quatre princes ; le roi Henri II, le cardinal de Lorraine, la reine Catherine de Médicis, et toute la cour, tous portant des cierges ; le chancelier de France ; le Parlement, la Chambre des comptes et la Cour des aides ; les prévôt des marchands et échevins ; enfin les archers portant des torches aux armes de France.

Le 13 juin 1551, eut lieu la quarante-deuxième procession de la châsse de sainte Geneviève, contre les pluies et orages qui menaçaient la récolte.

Le 18 novembre 1551, Eustache du Bellay, évêque de Paris, prit possession de son siége, et crut pouvoir, en alléguant une défense du Roi, se dispenser de l'antique cérémonial selon lequel il devait se rendre à Sainte-Geneviève, et, après y avoir satisfait à toutes les pratiques d'usage, être conduit et présenté à son clergé par l'abbé de Sainte-Geneviève. L'abbé Philippe, s'étant rendu avec deux notaires devant le portail de l'église de Sainte-Geneviève des Ardents, fit à l'évêque un exposé verbal de toutes les parties du cérémonial observé « de toute anti-« quité et de temps immémorial » par ses prédécesseurs, et selon lequel il aurait dû, après être venu à Sainte-Geneviève, y offrir un drap d'or, y prêter serment de respecter les priviléges de l'abbaye, être porté jusqu'au

seuil de la basilique par quatre Génovéfains, à chacun desquels il devait donner une pièce d'or, puis, laissant aux Génovéfains le siége tapissé dans lequel il avait été porté, être transporté de là par ses barons à Sainte-Geneviève des Ardents, pour y être présenté à son chapitre par l'abbé de Sainte-Geneviève; priviléges que l'abbaye avait toujours possédés « sans contestation ». L'évêque reconnut « qu'il était tenu à toutes ces cérémonies, comme ses « prédécesseurs les avaient observées », et s'excusa sur la défense du Roi. Sur la demande de l'abbé, l'évêque se déclara prêt à prêter entre ses mains le serment de respecter les priviléges de Sainte-Geneviève. Alors, l'abbé lui ayant présenté le livre, l'évêque lut la formule du serment que nous avons relatée ci-dessus, et prêta ce serment sur les Évangiles. Puis, montrant à l'abbé un bourgeois, il lui dit : « Monsieur l'abbé, voici Jean Mes-
« sier, que vous connaissez, qui vous livrera le drap d'or
« et ce à quoi je suis tenu envers vous. » Le bourgeois ayant répondu : « Monseigneur, j'en fournirai pour
« vous, et en réponds à M. l'abbé », l'évêque ajouta : « Nous
« ferons tous devoirs. » L'abbé de Sainte-Geneviève prit alors l'évêque par la main droite, tandis que le prieur de Sainte-Geneviève le prenait par la main gauche, et, lui ayant dit : « Bienvenue soit votre paternité », l'abbé présenta l'évêque au chapitre de Notre-Dame, selon la forme que nous avons décrite. Acte fut dressé de cet incident par les deux notaires que l'abbé avait amenés.

Ce même jour, fut faite, sur le désir du Roi, la quarante-troisième procession de la châsse de sainte Geneviève, pour l'extirpation de l'hérésie. La châsse de Sainte-Geneviève fut portée à Notre-Dame, et de là à la Sainte-Chapelle, d'où la procession revint avec le saint Sacrement, que portait le cardinal de Bourbon assisté de l'évêque Eustache du Bellay, et avec les reliques de la Sainte-Chapelle et toutes les châsses des églises de Paris. Le roi Henri II, la Reine, les princes et princesses suivaient la procession; l'abbé Philippe y donnait la bénédiction au peuple sur le passage du cortége, comme acte en fut aussi dressé par ses deux notaires.

Le 25 juillet 1555, eut lieu la quarante-quatrième procession de la châsse de sainte Geneviève, à cause des orages et intempéries de la saison; et, le 13 juillet 1556, la quarante-cinquième procession, à cause de la sécheresse. Dans cette dernière, l'abbé de Saint-Magloire célébra la messe à Notre-Dame au lieu de l'évêque de Paris.

Le 19 septembre 1557, on célébra la quarante-sixième procession de la châsse de sainte Geneviève, à cause des calamités publiques: la France venait de perdre la désastreuse bataille de Saint-Quentin; des épidémies s'étaient jointes aussi aux malheurs de la guerre, et causaient en France des maladies presque universelles: « de mémoire d'homme « n'a été vue année aussi piteuse », dit le registre du Parlement. Le Roi, qui avait promis d'assister à cette procession, en fut empêché par sa santé. Le Parlement s'y rendit à cheval, en robes rouges, par le pont Saint-Michel et la rue de la Harpe jusqu'à Sainte-Geneviève. Le chancelier de France y réprima la tentative de l'Université, qui avait essayé abusivement de marcher de front avec les Génovéfains et les chanoines de Notre-Dame, et décida qu'elle devait marcher devant ces deux corporations. Les victoires du duc de Guise et la paix qui s'ensuivit furent les fruits de cette procession.

Le roi Henri II ayant été mortellement blessé dans un tournoi le 29 juin 1559, on indiqua pour le dimanche 9 juillet une procession de la châsse de sainte Geneviève, qui fut la quarante-septième, pour demander la guérison de ce prince. Joseph Foulon, trente-troisième abbé de Sainte-Geneviève[1], n'ayant pas encore reçu la bénédiction abbatiale, on la lui donna, dans la chapelle du cloître, dite de la Miséricorde, dans la nuit même qui précéda la procession, afin qu'il pût y présider. On ne sonna pas les cloches dans cette procession, à cause du deuil public.

Le relâchement de l'abbaye génovéfaine, sous l'influence des causes que nous avons signalées, faisait de tels progrès, que le premier président de Thou et le conseiller Charles de Dormans y vinrent pour exhorter les religieux à la paix et à meilleure vie.

Le 30 juin 1560, on fit la quarante-huitième procession de la châsse de sainte Geneviève, pour demander la cessation des pluies et l'extirpation de l'hérésie.

Le 6 décembre 1560, la cathédrale de Paris fit une procession solennelle à Sainte-Geneviève, à cause de la maladie du roi François II, qui était mort la veille à Orléans sans qu'on le sût à Paris.

Le 14 juin 1562, on fit la quarante-neuvième procession de la châsse de sainte Geneviève, en réparation d'un

---

[1] Entré en religion le 8 septembre 1545, curé de Rosny en 1550, il fut subrogé à Philippe Lebel en août 1558. Le 11 août 1559, il fit l'office de diacre à la cathédrale pour les funérailles de Henri II, et deux jours après encore à Saint-Denys pour sa sépulture. Il reçut à profession le célèbre docteur et prédicateur Jean Berson, qui mourut le 18 mars 1580. Le 12 novembre 1578, il célèbre la messe pontificale pour la rentrée du Parlement, sur la demande de cette cour. Le 22 février 1580, il assiste, avec François Chauvelin, maire de la haute justice de Sainte-Geneviève, à la séance du Parlement où la coutume fut rédigée. Le 3 décembre 1594, il est choisi comme procureur par Louis de Lorraine, frère du duc de Guise, pour prendre en son nom possession de l'abbaye de Saint-Denys. Il mourut le 7 août 1607 et fut enseveli dans la chapelle de la Miséricorde.

affreux sacrilége des protestants, qui, le 27 décembre précédent, envahissant à main armée l'église Saint-Médard, avaient mis le feu au clocher, tué et blessé clergé et fidèles, brisé les images, renversé le saint ciboire et foulé aux pieds le corps de Notre-Seigneur. La procession se rendit à Saint-Médard au lieu d'aller à Notre-Dame, en signe de réparation pour l'église profanée. Le saint Sacrement y était porté derrière la châsse de sainte Geneviève par l'évêque d'Avranches, assisté des abbés de Sainte-Geneviève et du Val des Écoliers en habits pontificaux, et précédé de huit évêques en rochets. Le dais était entouré des cardinaux de Bourbon, d'Armagnac, de Guise et de Lorraine. Après eux, venaient le maréchal de Brissac, gouverneur de Paris, et le Parlement. La grand'messe fut célébrée à Saint-Médard par l'évêque d'Avranches, après quoi la procession revint à Sainte-Geneviève.

Les huguenots ayant suscité la guerre civile peu de jours après, le roi fit faire, le 21 juin 1562, une procession générale des paroisses à Sainte-Geneviève, pour demander le triomphe des armées catholiques, qui en effet s'emparèrent de Rouen et gagnèrent la bataille de Dreux, où le prince de Condé, chef des protestants, fut fait prisonnier.

En 1563, on fit la cinquantième procession de la châsse de sainte Geneviève, pour le succès du duc de Guise qui assiégeait les protestants dans Orléans.

Le 22 décembre 1563, un apostat arracha la sainte hostie des mains d'un prêtre qui célébrait la messe dans la basilique de Sainte-Geneviève, et foula aux pieds le corps de Notre-Seigneur. En réparation de ce sacrilége, on fit, le 27 décembre, une procession générale de toutes les paroisses de Paris à Sainte-Geneviève. Le roi Charles IX, la Reine, les princes et princesses y assistèrent. La messe fut chantée solennellement à Sainte-Geneviève par l'archevêque de Sens, avec accompagnement de la chapelle du Roi.

En mars 1564, Guillaume Viole, évêque de Paris, fit son entrée solennelle en observant à l'égard de Sainte-Geneviève le cérémonial d'usage.

Le 23 juillet 1564, eut lieu la cinquante et unième procession de la châsse de sainte Geneviève, à cause des pluies qui empêchaient la récolte : le temps devint si beau après la procession, que la Faculté de théologie vint en pèlerinage d'action de grâces à Sainte-Geneviève le 24 août suivant. A l'occasion de cette procession, le chevalier du guet fut confirmé, par arrêt contre le lieutenant du Roi, dans le droit qu'il avait de garder l'église et l'abbaye de Sainte-Geneviève dans les jours de procession de la châsse et dans les nuits précédant ces jours.

Le 7 juillet 1566, les pluies ayant ruiné les récoltes, et le prix du pain ayant monté démesurément, on fit la cinquante-deuxième procession de la châsse de sainte Geneviève en présence du Roi, qui confirma que les Génovéfains avaient le privilége d'y chanter seuls, à la place de la chapelle royale qui avait prétendu avoir le droit d'y tenir le chœur à cause de la présence du Roi. L'évêque de Paris et le chapitre de Notre-Dame voulurent aussi contester les droits de Sainte-Geneviève, et prétendirent tenir la droite dans la procession, contrairement à l'usage; mais le Roi donna gain de cause aux Génovéfains, et déclara que c'étaient eux et leur abbé qui devaient y tenir la droite. Derrière les ordres mendiants et les paroisses, marchaient les croix et bannières de Notre-Dame et de Sainte-Geneviève, celles de Sainte-Geneviève à droite, et les églises de la filiation de toutes deux ; la garde suisse du Roi avec des cierges ; la chapelle du Roi ; puis, avec les châsses de sainte Geneviève et de saint Marcel, les deux chapitres de Notre-Dame et de Sainte-Geneviève, les Génovéfains à droite, nu-pieds et chantant seuls ; les gentilshommes de la chambre et aumôniers du Roi ; deux hérauts d'armes ; les chevaliers de l'ordre ; quatre évêques ; puis l'évêque de Paris à gauche et l'abbé de Sainte-Geneviève à droite, tous deux en ornements pontificaux ; les ambassadeurs ; les cardinaux ; le roi Charles IX, la Reine, les ducs d'Anjou et d'Alençon, et les princes et princesses ; enfin les cours souveraines. Les mémoires du temps racontent qu'on vit au ciel, pendant un quart d'heure au moins, une étoile très-brillante au-dessus de la châsse de sainte Geneviève ; le Roi, qui en fut informé pendant la messe, s'enquit du fait, qui lui fut confirmé. A la suite de cette procession, le temps devint beau, et, au lieu de la disette qu'on attendait, le pain fut en abondance.

En 1567, la sécheresse étant extraordinaire, les Génovéfains, accompagnés de leurs paroisses de Saint-Étienne et de Saint-Médard, portèrent d'abord, le 4 juin, la châsse de sainte Clotilde en procession chez les Augustins. Le 8 juin, il y eut procession générale des paroisses à Sainte-Geneviève. La sécheresse ayant persisté, on célébra, le 22 juin, la cinquante-troisième procession de la châsse de sainte Geneviève, qui fit, dès le jour même, survenir la pluie en si grande abondance, qu'on eut peine à faire la cérémonie ; et la récolte dont on avait désespéré fut excellente.

L'audace et les excès des protestants en vinrent à un tel point que, sur la demande du premier président et du prévôt des marchands, les Génovéfains cachèrent cette année-là pendant quelque temps la châsse de sainte Geneviève dans un lieu dont deux d'entre eux avaient seuls connaissance, de crainte qu'elle ne fût profanée.

Le 27 novembre de la même année, on fit la cinquante-quatrième procession de la châsse de sainte Geneviève, pour demander le succès des armes du Roi dans les guerres de religion, qui mettaient Paris même en danger par le voisinage de bandes huguenotes; le Roi, la Reine, les princes et princesses assistèrent à cette procession avec toute la cour, ainsi que trois cardinaux et plusieurs évêques.

Le 29 septembre 1568, eut lieu la cinquante-cinquième procession de la châsse de sainte Geneviève, en action de grâces de la guérison du Roi et pour demander le succès de ses armes contre les huguenots. Le roi avait fait faire auparavant une procession générale des paroisses à Sainte-Geneviève. Le jour de la procession de la châsse, le cortége vint prendre le Roi à la Sainte-Chapelle. On y déploya une pompe exceptionnelle : outre le cérémonial habituel, les moines de Saint-Denys y assistaient nu-pieds, vêtus de chapes, avec leur bannière dont le porteur était vêtu d'une robe de drap d'or ceinte d'un cordon de soie rouge, et l'on avait joint aux châsses de sainte Geneviève et de saint Marcel et à celles des paroisses beaucoup d'autres reliques : la châsse de saint Louis, portée par les chevaliers de l'ordre; la tête de saint Louis, portée par les moines de Saint-Denys; la châsse de saint Éleuthérius, portée par les évêques du Puy et de Clermont; celle de saint Rusticus, par les évêques de Châlons et d'Avranches; celle de saint Denys l'Aréopagite, par les Franciscains; la tête de saint Jean-Baptiste, par les Augustins; la couronne d'épines, le fer de la lance et la relique de la sainte croix, par les ordres mendiants; la robe de Notre-Seigneur, par l'évêque de Digne; l'éponge, par l'évêque de Saint-Flour; a croix de victoire, par l'évêque de Langres; le linge dont Notre-Seigneur usa pour le lavement des pieds, par l'évêque de Nevers; le roseau, par l'évêque d'Agde; le saint suaire, par l'évêque de Saint-Malô; la relique du précieux sang, par l'archevêque de Sens; celle du lait de la Sainte Vierge, par l'évêque d'Évreux. Derrière ces reliques, marchaient les ambassadeurs; puis le saint Sacrement porté par le cardinal de Lorraine, assisté des cardinaux de Bourbon et de Guise; puis le duc de Longueville portant la main de justice, le duc d'Alençon le sceptre, et le duc d'Anjou la couronne, précédés de hérauts d'armes et de massiers; ensuite le roi Charles IX, monté sur un cheval blanc à cause de la faiblesse qui lui était restée et qui l'empêchait de marcher à pied; puis la Reine et la reine mère à pied; enfin les cours souveraines. Le cardinal de Lorraine célébra la grand'messe à Notre-Dame. Cette procession fut bientôt suivie de la défaite des protestants à Jarnac et à Moncontour. Le Roi fit faire une nouvelle procession générale des paroisses à Sainte-Geneviève en action de grâces de cette dernière victoire.

Le 10 septembre 1570, eut lieu la cinquante-sixième procession de la châsse de sainte Geneviève, pour demander la cessation des pluies et des épidémies; le duc de Montpensier y tint la place du Roi, empêché par une maladie de la Reine.

Le 4 septembre 1572, on fit la cinquante-septième procession de la châsse de sainte Geneviève, que le Roi demanda en action de grâces des succès de ses armes contre les huguenots. On y joignit aux châsses de sainte Geneviève et de saint Marcel les reliques de la Sainte-

Chapelle et celles de toutes les églises de Paris. Le cardinal de Bourbon y porta le saint Sacrement, assisté de deux autres cardinaux. Le roi Charles IX y assista avec toute la cour. Dans cette procession, le chapitre de la cathédrale ayant renouvelé la contestation déjà jugée contre lui sur le rang qu'il devait tenir, le Roi, après avoir consulté la reine mère, décida que, selon l'ancienne coutume, les Génovéfains tiendraient la droite, et les chanoines de Notre-Dame la gauche.

La même année, la duchesse de Lorraine, fille de Henri II, faisant une neuvaine devant la châsse de sainte Geneviève, offrit un cierge de cinquante livres ; et peu de temps après, le roi Henri III fit de même.

Le 7 juin 1573, eut lieu la cinquante-huitième procession de la châsse de sainte Geneviève, pour le succès du siége de la Rochelle, où le duc d'Anjou assiégeait les huguenots, et pour faire cesser les pluies qui détruisaient les récoltes ; la reine mère y assista avec plusieurs cardinaux, princes et princesses. La récolte fut abondante contre tout espoir, et les protestants conclurent la paix avec le Roi.

Le 14 juillet 1577, eut lieu la cinquante-neuvième procession de la châsse de sainte Geneviève, pour le succès des catholiques dans les guerres de religion et pour la cessation des pluies, qui cessèrent en effet presque aussitôt. Le cardinal de Bourbon voulut, dans la nuit qui précéda cette procession, assister à la descente de la châsse de sainte Geneviève dans la basilique génovéfaine et au cérémonial imposant qu'on y observait et que nous avons décrit ; ce fut ce cardinal qui célébra la grand'messe à Notre-Dame.

Le 10 décembre 1582, eut lieu la soixantième procession de la châsse de sainte Geneviève, pour demander des héritiers à la couronne. La procession, en venant de Sainte-Geneviève, passa par la Sainte-Chapelle, où elle prit les reliques de la Passion et celles de saint Louis. Le roi Henri III y assista avec les cardinaux et les princes, et l'évêque de Digne y remplaça l'évêque de Paris.

Le 6 mai 1584, le Roi fit faire une procession du clergé de Notre-Dame à Sainte-Geneviève, en action de grâces de la convalescence du duc d'Anjou.

Le 3 juin 1584, on fit la soixante et unième procession de la châsse de sainte Geneviève, à cause de la sécheresse qui mettait la récolte en danger; la pluie survint aussitôt, et rendit la vie aux moissons desséchées.

Le 10 janvier 1586, comme nous l'avons déjà mentionné, un serviteur de l'abbaye de Sainte-Geneviève, nommé Bertrand, tomba dans le grand puits, profond de trente-six mètres, sans se faire aucun mal; préservation miraculeuse due à l'assistance de la Sainte dans ce jour de l'octave de sa fête et de l'anniversaire de la reconnaissance de ses reliques.

Le 9 juillet 1587, eut lieu la soixante-deuxième procession de la châsse de sainte Geneviève, à cause de grandes pluies qui avaient endommagé les blés au point d'en faire monter le prix à quarante livres le setier. Le beau temps revint aussitôt, et la récolte fut la plus belle qu'on eût vue depuis longtemps. La Faculté de théologie vint en pèlerinage d'action de grâces à Sainte-Geneviève le 18 juillet suivant. Cette procession fut suivie aussi de la défaite des protestants à Auneau, qui survint la veille de la fête de sainte Geneviève des Ardents; c'est pourquoi cette victoire fut attribuée à l'assistance de sainte Geneviève, et, le 8 décembre suivant, il se fit une procession générale d'action de grâces à la basilique génovéfaine : les deux reines y assistèrent.

C'est en 1588 que le Génovéfain Pierre Lejuge publia son *Histoire de sainte Geneviève et de l'abbaye.* Cet auteur atteste avoir été lui-même guéri deux fois de maladies en invoquant sainte Geneviève. Il rapporte aussi les effets merveilleux que le peuple retirait des pains bénits de sainte Geneviève, marqués au signe de la croix en mémoire de la médaille que la Sainte avait reçue de saint Germain d'Auxerre. Il dit que des fiévreux et des malades de toutes sortes étaient journellement guéris de son temps en se couchant au-dessous de la châsse de sainte Geneviève, ou en portant des chemises qu'on avait fait toucher à cette châsse.

Le 12 mai 1589, on fit la soixante-troisième procession de la châsse de sainte Geneviève, à cause des troubles qui avaient suivi le meurtre du duc de Guise et du cardinal de Lorraine et la formation de la Ligue, et « pour « maintenir le peuple dans la dévotion »; c'est en ces termes que cette procession fut demandée par les prévôt des marchands et échevins de Paris.

Le 11 mars 1590, l'abbé Joseph chanta la messe à l'église des Grands-Augustins, et reçut ensuite du prévôt des marchands et des échevins le serment de persévérer dans la sainte Ligue et de s'opposer au roi de Navarre protestant, que la mort de Henri III avait fait roi de France.

Le 1er avril 1590, Paris étant près d'être assiégé par Henri IV après la bataille d'Ivry, la soixante-quatrième procession de la châsse de sainte Geneviève fut faite pour la conservation de la religion catholique menacée, et aussi pour la récolte qui était en danger.

En 1593, l'abbé Joseph fut appelé à la cour pour réconcilier Henri IV avec l'Église; mais il fut arrêté et emprisonné par les huguenots. Il usa de son influence

CHAPITRE VINGT-NEUVIÈME.

à Paris pour y disposer les esprits à se rallier à Henri IV après son abjuration ; il fit l'office de diacre au sacre de ce Roi, et de sous-diacre au couronnement de la Reine.

Le 17 mars 1594, on fit la soixante-cinquième procession de la châsse de sainte Geneviève, pour remercier le ciel de la conversion de Henri IV et pour obtenir la paix ; le cardinal de Plaisance, légat du Pape, y assista avec plusieurs évêques, et célébra la grand'messe à Notre-Dame.

Le 15 juin 1594, on fit une procession solennelle de Notre-Dame à Sainte-Geneviève, pour demander le succès des armes du Roi, et, le 20 décembre, une nouvelle procession de Notre-Dame à Sainte-Geneviève en action de grâces de la cessation des troubles de la Ligue.

Dans le mois de juillet de la même année, eut lieu la soixante-sixième procession de la châsse de sainte Geneviève, à cause des pluies excessives ; le comte de Soissons y assista.

Les 5 janvier, 9 juin, 17 octobre et 6 décembre 1595 et 18 avril 1596, cinq processions solennelles furent faites de Notre-Dame à Sainte-Geneviève, d'abord en action de grâces de la préservation du Roi lors de l'attentat de Pierre Châtel, puis pour la prospérité de son règne et en réjouissance de son absolution par le Pape [1].

Le 13 juillet 1597, on fit encore une procession de Notre-Dame à Sainte-Geneviève, pour le succès du siége d'Amiens, dont la prise, qui survint bientôt après, fit signer la paix de Vervins.

Le 1er avril 1598, Henri de Gondi, évêque de Paris,

---

[1] Le Père Lallemant a pris plusieurs fois, en parlant de cette époque, des processions de pèlerinage à Sainte-Geneviève pour des processions de la châsse, et cette erreur l'a induit à multiplier inexactement les processions de la châsse, dont à l'inverse il a omis quelques-unes.

fit son entrée à Sainte-Geneviève et fut conduit et présenté à son clergé par l'abbé Joseph, selon l'antique usage.

Le 5 août 1599, eut lieu la soixante-septième procession de la châsse de sainte Geneviève, à cause de la sécheresse.

La même année, l'évêché fit refaire les voûtes de l'église de Sainte-Geneviève des Ardents. En 1600, les Génovéfains commencèrent le beau jubé qu'on admire encore dans l'église Saint-Étienne du Mont.

Le 1ᵉʳ juin 1603, eut lieu la soixante-huitième procession de la châsse de sainte Geneviève, pour remédier à la sécheresse et pour le rétablissement de la santé du Roi et la conservation de la famille royale. Elle fut signalée par un éclatant miracle. Au moment où la procession revenait de Notre-Dame et remontait la montagne Sainte-Geneviève, elle rencontra une chaîne de galériens, dont l'un pria la Sainte de le délivrer ou de lui obtenir la résignation pour subir sa peine. Ce malheureux demanda qu'on lui permît de baiser la châsse ; on lui accorda cette faveur : à l'instant ses chaînes se brisèrent, comme s'étaient brisées autrefois celles de deux captives lorsque la châsse était arrivée à Mareuil au temps des invasions normandes. Le peuple, émerveillé de ce touchant et insigne miracle, demanda la grâce et la liberté de ce pieux malfaiteur.

L'abbé Joseph termina le portail de l'église Saint-Étienne du Mont, et y fit établir les vitraux ; il y fonda aussi des prédications de carême, dont l'abbé désignait le prédicateur. C'est pourquoi, chaque année, la veille de l'Ascension, le clergé de cette église venait chanter sur sa tombe un *De profundis* et un *Libera*.

Cet abbé, pieux et zélé malgré le relâchement de sa

communauté, redoutait de voir l'abbaye de Sainte-Geneviève tomber en commande : il aurait suffi, pour consommer ainsi sa ruine, d'un caprice du prince. Il s'efforça donc d'attirer à l'état religieux un jeune homme de grande famille que le Roi ne refuserait pas de lui donner pour coadjuteur avec succession future, afin que l'abbaye restât au moins pour une génération de plus sous un abbé régulier et à l'abri de la commande. Car telle était alors la situation des ordres religieux en France : il fallait qu'un grand seigneur se trouvât à point nommé religieux d'une abbaye pour qu'il restât quelque chance à cette abbaye de n'être pas donnée en proie à un favori, dévastateur impitoyable du spirituel comme du temporel. Joseph avait d'abord choisi dans ce dessein le fils du marquis de Vitry, qui ne persévéra pas. Il prit alors Benjamin de Brichanteau, fils du marquis Antoine de Beauvais-Nangis et d'Antonia de la Rochefoucault, et reçut ses vœux en 1602, quand le Roi songeait à donner l'abbaye de Sainte-Geneviève en commande à saint François de Sales ; mais, le Saint ayant refusé et conseillé au Roi de prendre un abbé régulier, Henri IV accepta Benjamin comme coadjuteur.

Benjamin de Brichanteau devint, en 1607, trente-quatrième abbé par la mort de Joseph Foulon, et alla en 1608 à Rome pour y prêter serment au Pape, et y recevoir les ordinations à Saint-Louis des Français [1]. On vit alors quelle plaie pouvait être pour un monastère un abbé grand seigneur dans cette période où les rois, imbus de l'esprit gallican, regardaient les dignités et offices ecclésiastiques comme des récompenses temporelles décernées

---

[1] Il avait reçu l'habit le dimanche des Rameaux de 1601, et avait été nommé coadjuteur le 31 mars 1607. Il mourut le 13 juillet 1619, et fut enseveli dans la chapelle de la Miséricorde.

à leurs serviteurs; et pourtant celui-ci était encore un religieux, un abbé régulier, ne manquant pas de piété, et qui n'avait rien de commun avec les loups dévorants et scandaleux qu'on nommait abbés commendataires. Mais la multiplicité des dignités dont il fut comblé l'empêcha de s'occuper de Sainte-Geneviève. Créé évêque de Laon et abbé de Sainte-Marie de Barbel à cause de sa naissance, Benjamin désigna un de ses aumôniers pour administrer le temporel de Sainte-Geneviève; cet aumônier, se considérant comme un fermier chargé de faire valoir les biens d'un maître, vendit à vil prix les manuscrits précieux de la bibliothèque pour acheter des livres de chœur et pour réparer l'édifice; c'était en réalité une commande déguisée.

Toutefois Benjamin, plus soigneux que son aumônier dans le peu d'instants qu'il avait à donner à l'abbaye, entreprit en 1614 de restaurer la châsse de sainte Geneviève, usée par tant de processions, et y consacra deux mille deux cents livres. La reine mère Marie de Médicis donna un magnifique bouquet de diamants d'un demi-pied de diamètre destiné à orner le sommet de la châsse; sa fille la duchesse de Savoie donna une croix de turquoises; plusieurs autres personnes firent de riches offrandes en agathes, émeraudes et autres objets précieux. La châsse sortit de cette réparation bien plus richement ornée qu'elle n'avait jamais été, et l'auteur de *Gallia christiana* assure que c'était une des plus belles châsses qui eussent existé dans le monde. L'orfévre Nicole fut chargé de ce travail de restauration et d'ornementation. Telle était la vénération inspirée par les reliques de la Sainte, que, malgré le relâchement extrême où l'abbaye était alors tombée, la châsse de sainte Geneviève fut portée, pour l'exécution de ce travail, dans une chambre tapissée et éclairée de cierges; les ouvriers y travaillaient toujours nu-tête, et il y eut en permanence pendant tout ce temps, jour et nuit, des religieux qui psalmodièrent sans cesse devant la châsse jusqu'à ce que, le travail étant achevé, on l'eût remontée en son lieu habituel.

Le 2 août 1610, la reine Marguerite de Valois posa la première pierre du portail de l'église Saint-Étienne du Mont. Ce n'est qu'à partir de cette époque que l'abbaye consentit à donner à cette église paroissiale une porte extérieure sur la voie publique qui permît d'y entrer sans passer par la basilique et le monastère; et les querelles et persécutions que l'abbaye eut à subir ensuite, de la part de l'archevêché et du Parlement, au sujet de cette paroisse, montrent que ce n'avait pas été une précaution superflue de garder jusque-là l'église enclavée dans le monastère en signe de propriété. L'abbé exigea seulement qu'on élevât à l'encoignure du portail une tourelle avec une inscription commémorative sur une plaque de marbre, en signe de la souveraineté de l'abbaye sur cette église.

Sous le gouvernement de l'abbé Benjamin, il y eut deux processions de la châsse de sainte Geneviève, la soixante-neuvième le 3 juin 1611, à cause de la sécheresse, et la soixante-dixième le 21 juin 1615, sur la demande de Louis XIII, à l'occasion du mariage de ce roi avec l'infante d'Espagne.

CHAPITRE XXX

LE CULTE ET L'ABBAYE DE SAINTE-GENEVIÈVE DEPUIS LA RÉFORME DU CARDINAL DE LA ROCHEFOUCAULD JUSQU'A LA FAMINE DE 1694. — FONDATION DE LA CONGRÉGATION DES CHANOINES RÉGULIERS DE FRANCE. — FRAGILITÉ DE CETTE SECONDE RÉFORME. — CONFLITS AVEC L'ARCHEVÊCHÉ DE PARIS. — PROCESSIONS DE LA CHASSE ET MIRACLES.

Par un rare privilége de sa destinée, le seul abbé commendataire qu'ait jamais eu l'abbaye de Sainte-Geneviève devait être pour elle l'auteur, non de sa décadence, mais au contraire de son amélioration et de sa réforme. Cet abbé commendataire que Louis XIII lui donna, le cardinal de la Rochefoucauld, qui, quoique séculier, fut bien plus religieux que plusieurs de ses derniers abbés réguliers, allait tirer l'abbaye de Sainte-Geneviève de sa décadence, et la rajeunir par une réforme qui, sans être complète ni bien durable, et sans ramener cette célèbre maison à l'antique splendeur de l'austère réforme de Saint-Victor dont saint Bernard, Eugène III et Suger avaient été les inspirateurs, devait du moins y remettre pour un siècle l'ordre et la vie, et, en l'établissant comme métropole à la tête d'une congrégation immense, ajouter un nouvel éclat à l'illustration du nom de sainte Geneviève.

François de la Rochefoucauld, né à Paris le 8 décembre 1558, et destiné par le seul fait de sa naissance, selon l'usage abusif de cette époque gallicane, à entrer de plain-pied dans les hautes dignités de l'Église, sut en être digne par ses vertus. Il fut, à l'âge de vingt-six ans, sacré évêque de Clermont[1]. En décembre 1607, le pape Paul V le fit cardinal. En 1611, il permuta avec Antoine Rose, évêque de Senlis, parce que le Roi le voulait dans un diocèse où il fût plus près de la cour : telles étaient les convenances qui décidaient alors souvent le choix des évêques depuis que les rois de France étaient investis de ce choix.

Peu de temps avant la mort de Benjamin de Brichanteau, Louis XIII, qui était alors à Tours, s'étant rendu à Marmoutiers pour y entendre la messe, vit avec douleur des signes tristement clairs de la décadence morale de cet antique et célèbre monastère, sanctifié par les grands souvenirs de saint Martin. Le Roi ayant exprimé son impression, le cardinal de Retz lui dit qu'il en était de même de presque tous les monastères de France. Le cardinal de la Rochefoucauld, ayant entendu le Roi en parler, lui remit un mémoire sur ce sujet.

Sur ces entrefaites, arriva la nouvelle de la mort de l'abbé Benjamin, qui avait demandé au Roi de lui subroger son frère Philibert. Le cardinal de la Rochefoucauld, prié d'appuyer la demande, obtint pour Philibert l'évêché de Laon et l'abbaye de Barbel. Mais le Roi, qui avait une grande dévotion pour sainte Geneviève, et qui avait fait composer un office de la Sainte qu'il récitait souvent, refusa de lui donner l'abbaye génovéfaine, et

---

[1] Le 6 octobre 1585, par le nonce Jérôme Ragazoni, évêque de Pergame, assisté de Nicolas Fumée, évêque de Beauvais, et d'Antoine de Coupes, évêque de Sisteron, dans le prieuré de Sainte-Catherine du Val des Ecoliers.

dit au cardinal : « Je vous la donne : elle m'est plus
« chère que Marmoutiers, et n'a pas moins besoin de
« réforme; je désire que vous en entrepreniez la ré-
« forme. » Voyant le cardinal stupéfait, le Roi reprit :
« Je donne à Philibert, sur votre demande, l'évêché de
« Laon et l'abbaye de Barbel; mais je veux que vous
« preniez l'abbaye de Sainte-Geneviève pour la réformer.
« Elle est dans la capitale de la France : ce qui s'y fera
« de bon sera en exemple. Vous vous montrerez zélé
« pour sa discipline, d'après le mémoire que vous m'avez
« remis : à qui que ce soit d'autre que je donne cette abbaye,
« nul ne déchargera si bien ma conscience. C'est à moi
« que vous rendez service en prenant soin de cette église :
« délivrez-moi de l'anxiété qui me tourmente quand je
« vois une licence si effrénée dans des lieux qui devraient
« être, comme autrefois, des demeures de science et de
« sainteté. » Le cardinal ayant exprimé au Roi sa répu-
gnance pour les commandes, Louis XIII répondit : « Je
« ne veux pas changer la nature de l'abbaye : car ce n'est
« pas pour qu'elle dévie de la règle que je vous la donne,
« mais pour qu'elle y revienne. » Le cardinal ayant remis
sa réponse à huitaine, le Roi lui envoya le diplôme qui le
faisait abbé de Sainte-Geneviève; le cardinal en fit rayer
les expressions : « en considération de ses services », et
en profita pour avertir le Roi que les bénéfices ecclésiastiques ne pouvaient être la récompense de services rendus
au prince et à l'État. Le diplôme fut envoyé à Rome
avec la clause que, si le cardinal mourait ou quittait
Sainte-Geneviève, l'abbaye ne serait plus jamais donnée
en commande. Une bulle de Grégoire XV, du 15 juillet
1622, lui donna pleins pouvoirs pour la réforme.

Le cardinal avait déjà trouvé les éléments de cette
réforme; car, en 1613, il avait favorisé, dans son diocèse

de Senlis, la réforme des chanoines réguliers de Saint-Vincent, et cette abbaye avait alors reçu parmi ses nouveaux sujets Charles Faure, qui fut, avec le cardinal, le principal moteur de la réforme de Sainte-Geneviève. Le cardinal s'adjoignit, pour en rédiger les statuts, MM. de Marillac, garde des sceaux; Molé, premier président du Parlement; de Lézeau et de Verthamont, assesseurs; dom [Grégoire Tarisse, préposé général des Bénédictins de Saint-Maur, et saint Vincent de Paul, qui élaborèrent avec lui les constitutions de 1623 à 1625. Le cardinal, devenu premier ministre, fit venir Charles Faure et douze chanoines réguliers de Saint-Vincent de Senlis, et les établit à Sainte-Geneviève le 27 avril 1624. Il décida, le 23 décembre, que Sainte-Geneviève serait le chef-lieu d'une congrégation qu'il fixa d'abord à quarante monastères de chanoines réguliers voisins de la capitale, sous le nom de « Congrégation des chanoines réguliers de « Paris », et dont il nomma Faure supérieur. L'abbé de Sainte-Geneviève, supérieur général de la congrégation, devait être élu tous les trois ans, et pour trois ans seulement. Cette organisation, approuvée par le Roi en novembre 1626, fut confirmée en 1634 par bulle d'Urbain VIII, qui évaluait à huit cents florins d'or les revenus de la charge abbatiale de Sainte-Geneviève [1]. Le premier chapitre général, tenu à Sainte-Geneviève le 17 octobre 1634, élut Faure pour abbé général coadjuteur; et, le 30 mai 1636, la Congrégation, dont la réforme se

---

[1] A ce moment, la Congrégation soumise à Sainte-Geneviève comprenait déjà les monastères suivants: Saint-Vincent de Senlis, Saint-Céraunus de Chartres, Saint-Pierre de Reilly, Sainte-Catherine du Val des Écoliers de Paris, Saint-Martin de Nevers, Saint-Jean près Melun, Sainte-Marie d'Eu, Saint-Denys de Reims, Saint-Martin d'Amiens, Saint-Lupus de Troyes, Saint-Acheul d'Amiens, Saint-Pierre d'Évahon.

propageait, prit, en raison de son extension nouvelle, le nom de « Congrégation des chanoines réguliers de « France ».

Nous avons sous les yeux les constitutions de cette congrégation, qui, après une courte période d'éclat, se relâcha dès le dix-huitième siècle, et végéta tant bien que mal jusqu'à la Révolution; et nous devons dire pourquoi cette réforme, opérée dans un si pieux esprit et par de si pieux personnages, eut si peu de durée et disparut sans laisser d'autres traces que le souvenir d'une rapide décadence. Les motifs nous en seront suggérés par la comparaison avec une autre réforme parallèle qui s'opérait presque à la même époque, et qui a été si vivace que, défiant les tempêtes de la Révolution, elle a survécu à tous les cataclysmes, et est actuellement plus florissante que jamais. Car, tandis que la réforme de l'ordre canonique faite par le cardinal de la Rochefoucauld était déjà tombée par sa décadence intérieure avant que la Révolution l'emportât pour toujours, la réforme de l'ordre monastique faite presque au même moment par l'abbé de Rancé a jeté de si fortes racines que, s'étant propagée et implantée hors de France, elle n'a eu qu'à attendre la fin de l'orage pour y rentrer dans ses conquêtes, et pour fleurir après plus de deux siècles dans une ferveur et une jeunesse croissantes qui se propagent sans cesse par de nouveaux rejetons.

La cause de cette différence est bien simple. C'est que l'abbé de Rancé a osé faire une réforme complète, et que le cardinal de la Rochefoucauld n'a cru pouvoir faire qu'une demi-réforme. Or, pour toute observance religieuse, la condition indispensable de vitalité, c'est la conformité fidèle aux traditions de l'ordre auquel elle appartient. Rancé, bravant le relâchement de l'esprit de son siècle, a pris hardiment pour base de sa réforme l'application entière et littérale de la règle de Saint-Benoît, telle que l'avait restaurée et pratiquée l'ancien Cîteaux de saint Robert, de saint Étienne et de saint Bernard : c'est pourquoi elle vit encore et se propage. Le cardinal de la Rochefoucauld, lui, a fondé une observance qui eût été parfaite s'il eût fondé un ordre nouveau, mais qui, se greffant sur la tige des anciens chanoines réguliers, n'était plus leur légitime héritière par le double motif qu'elle n'en était qu'une mitigation et une modification : c'est pourquoi elle a promptement déchu et péri.

C'était une mitigation. Car, bien que les constitutions en soient pleines de règlements sages et édifiants, bien que le réformateur, en établissant cette observance à la place du relâchement qui avait précédé, ait déjà fait une réforme très-forte pour les idées de ce temps-là, néanmoins rien ne peut plus s'y comparer avec la célèbre observance de Saint-Victor, telle qu'Eugène III et Suger, tout pleins de l'esprit de saint Bernard, l'avaient établie à Sainte-Geneviève, et qui était le type de l'observance des chanoines réguliers. Il suffira d'en citer deux exemples, l'un pour l'office divin, l'autre pour la nourriture : dans la Congrégation de France, il n'y avait plus de lever de nuit pour l'office, les matines étaient anticipées et se disaient au chœur à huit heures du soir; l'abstinence n'y était plus pratiquée que pendant l'Avent, et le jeûne d'ordre de la demi-année y était réduit à l'Avent, aux vendredis et à quelques vigiles. Donc cette observance, édifiante, austère même si l'on veut pour un ordre nouveau, n'était plus celle de l'ordre des chanoines réguliers.

C'était une modification. Car il y a dans l'Église deux sortes d'ordres religieux : les ordres anciens, qui ont des supérieurs élus à vie sous le nom d'abbés, et qui sont l'ordre monastique et l'ordre canonique ; et les ordres plus récents, dont les supérieurs sont élus temporairement et renouvelables à bref délai, et qui sont les ordres mendiants et les clercs réguliers. Chacun de ces deux systèmes a ses partisans et ses avantages, et il entrait dans les desseins de Dieu que l'Église, qui, comme universelle, doit se composer de variétés, eût des ordres suivant l'un et l'autre de ces systèmes. Seulement, à chacun le sien, et non celui des autres. Car l'esprit d'un institut, basé sur une organisation qui lui est propre, répugne à l'organisation des autres auxquels a présidé un autre esprit. C'est donc par une anomalie contraire à l'idée même de l'institution abbatiale qu'on a créé dans les temps récents des abbés et abbesses qui ne fussent pas élus à vie, mais renouvelables à époques fixes : *semel abbas, semper abbas :* ce sont là des composés hybrides, qui, comme les métis dans les générations animales, ne produisent que la stérilité. Donc la Congrégation de France, avec ses abbés triennaux, avec ses élections continuelles et ses chapitres généraux d'élection renouvelés sans cesse, puisque la mort des abbés dans l'intervalle les multipliait même au delà de la triennalité et jusqu'à produire quarante-trois élections d'abbés en un siècle, avait une organisation à elle, fondée sur le louable désir d'éviter le fléau des commandes, mais qui, peut-être convenable dans un autre ordre, n'était plus celle des chanoines réguliers, chez qui la perpétuité des supérieurs avait toujours été constante comme chez les moines.

Qu'on ne croie pas que ce soient là des détails insignifiants. Car une observance religieuse ne vit et ne dure que par des grâces d'état ; mais elle ne reçoit ces grâces d'état qu'en restant fidèle à l'esprit et aux traditions de son ordre. Donc la réforme de la Congrégation de France, n'ayant ni l'observance ni l'organisation de l'ordre des chanoines réguliers auquel elle appartenait, n'était pas née viable.

En 1624, après un siècle de travaux, la nouvelle église paroissiale génovéfaine de Saint-Étienne du Mont fut terminée.

Avant de rapporter ce que le cardinal de la Rochefoucauld fit pour la basilique génovéfaine, parlons d'une procession solennelle de la châsse de sainte Geneviève à laquelle il présida comme abbé, et qui fut la soixante et onzième. Le samedi 28 juin 1625, des bourgeois étant venus à l'Hôtel de ville déclarer que les pluies qui duraient depuis trois mois compromettaient les récoltes, et demander une procession de la châsse de sainte Geneviève, le prévôt des marchands et les échevins, avec le greffier de la Ville, se rendirent au parquet des gens du Roi, qui tombèrent d'accord avec eux et conduisirent messieurs de la Ville dans la grand'chambre du Parlement pour y faire leur requête. Nous appelons l'attention sur ce fait, que, par l'envahissement progressif du gallicanisme qui avait absorbé tout pouvoir spirituel dans l'omnipotence temporelle, c'était du Parlement qu'on sollicitait des faveurs spirituelles, et que c'était le Parlement qui accordait ou refusait, qui même ordonnait l'exposition de reliques qui ne lui appartenaient point. Le Parlement, après délibération, décida la procession, et ordonna que, le lendemain dimanche 29 juin, les paroisses feraient leurs processions à Sainte-Geneviève, et que, le dimanche suivant 6 juillet, aurait lieu la procession de la châsse. Le procureur général en avertit l'archevêque et l'abbé, sans demander leur permission ni même leur avis; ce qui montre bien que les prétendues « libertés « gallicanes » n'étaient que servitude et tyrannie. Messieurs de la Ville envoyèrent par déférence deux échevins à l'archevêque, qui promit son assistance. Puis ils firent quérir l'épicier de la Ville, et lui commandèrent de porter des cierges à Notre-Dame et à Sainte-Geneviève, d'où on leur renvoya pareillement leurs offrandes comme insuffisantes, en leur indiquant ce qu'il fallait. Messieurs de la Ville, « voyant que c'était un faire le faut et que « c'était pour Dieu », dit le registre de l'Hôtel de ville, envoyèrent alors à Notre-Dame six torches de deux livres et seize cierges d'une livre, et à Sainte-Geneviève six torches de deux livres et vingt-huit cierges d'une livre, le tout aux armes de la Ville. Ils mandèrent aux quarteniers et capitaines des quatre compagnies d'archers de la Ville leurs instructions, et avertirent le bureau des trésoriers de vérifier si les rues étaient bien pavées, sinon d'y mettre sans retard des ouvriers, ce qui fut fait; et le lieutenant civil ordonna aux commissaires de faire nettoyer les rues.

Le dimanche 6 juillet, à huit heures du matin, trente archers de la Ville furent envoyés aux cours souveraines pour les escorter du Palais à Sainte-Geneviève, et messieurs de la Ville se rendirent de l'Hôtel de ville à Notre-Dame dans l'ordre suivant : les trois compagnies d'archers avec hallebardes; les dix sergents de la Ville, aux robes marquées d'un navire d'argent sur l'épaule; le greffier de la Ville à cheval, en robe mi-partie rouge et noire; le prévôt des marchands et les échevins à cheval, en robes mi-parties rouges et violettes; le procureur de la Ville, en manteau à manches noires; les seize quarteniers et les bourgeois mandés, à cheval et en housses. A Notre-Dame, l'archevêque leur dit qu'il les attendait depuis une heure, et la procession se mit en marche vers Sainte-Geneviève avec la châsse de saint Marcel portée par les orfévres couronnés de fleurs et tenant en main des bouquets, messieurs de la Ville suivant derrière l'archevêque et remplaçant leurs chapeaux par des toques de velours et bonnets carrés.

Le récit tiré des registres de la Ville raconte ici la réunion à Sainte-Geneviève et les formalités que nous avons décrites en rapportant le cérémonial des processions. Il s'y place seulement un incident notable. Quand le cardinal de la Rochefoucauld, abbé de Sainte-Geneviève, fut entré dans son église en chape et en mitre, le bas des jambes à nu et les pieds déchaussés dans des sandales qu'il avait consenti avec peine à mettre sur les instances de ses religieux qui craignaient pour son grand âge, il se passa un long temps avant que la procession sortît, quoique tout le monde fût arrivé, à cause d'une contestation qui s'éleva entre le cardinal et l'archevêque : nous avons déjà vu que les incidents de cette sorte étaient devenus fréquents à cause des entreprises réitérées de l'autorité diocésaine contre les priviléges génovéfains, et que le ministère des notaires devenait parfois nécessaire. En effet, le cardinal ne voulant pas que sainte Geneviève sortît de son église sans un acte notarié constatant que l'archevêque et le clergé de Notre-Dame n'avaient aucun droit ni prétention sur la châsse, le Parlement envoya chercher un de ses quatre notaires, et, cette précaution prise, la procession se mit en marche. Le procès-verbal rapporte ici l'ordre de la procession tel que nous l'avons décrit au long, au milieu d'une foule qui rendait la marche difficile : les ordres mendiants et les paroisses; la châsse de saint Marcel portée par les porteurs de Sainte-Geneviève, nu-pieds et vêtus de leurs chemises de pénitents, et la châsse de sainte Geneviève portée ensuite à la place d'honneur par les orfévres, et entourée des officiers du Châtelet en robes rouges et des sergents aux bâtons bleus fleurdelisés; on portait aussi deux autres reliquaires; les Génovéfains nu-pieds et leur cardinal-abbé tenant la droite, le chapitre de Notre-Dame et l'archevêque tenant la gauche; puis les cours souveraines et messieurs de la Ville. Après la cérémonie à Notre-Dame, où l'archevêque officia et où le cardinal-abbé tint la première place au chœur, le procès-verbal décrit le retour selon la forme que nous connaissons, le salut qu'échangent entre eux, devant Sainte-Geneviève des Ardents, les deux prélats, les deux chapitres et les deux châsses, puis celle de sainte Geneviève remontant vers sa demeure sous l'escorte des officiers du Châtelet. Il était environ trois heures et demie quand les deux châsses se séparèrent au retour.

Le cardinal, qui, en 1621, avait restauré le tombeau de Clovis dans la basilique de Sainte-Geneviève, y fit, de 1625 à 1628, d'autres améliorations. Il revêtit de marbre et de jaspe l'antique crypte de Sainte-Geneviève, première sépulture de la Sainte, et renferma son vénérable sépulcre de pierre dans un cénotaphe de marbre. Dans l'église supérieure, il établit derrière le maître-autel, pour la place ordinaire de la châsse de sainte Geneviève, quatre colonnes de marbre précieux au sommet desquelles quatre anges de bronze soutenaient la châsse dans leurs mains. Il refit le maître-autel en marbre précieux avec un tabernacle de jaspe et de porphyre; cet autel fut consacré en 1637 par Alain de Solminiac, évêque de Cahors. Il permit en 1624 d'exhausser le clocher de Saint-Étienne du Mont, pourvu que les cloches ne fussent pas plus élevées que le toit de l'église.

La reine Anne d'Autriche donna vers ce temps à Sainte-Geneviève de Nanterre une chasuble et un parement faits avec les langes bénits envoyés par le pape Urbain VIII pour le dauphin qui fut Louis XIV.

Le 25 février 1626, François de Gondi, archevêque de Paris, consacra la nouvelle église de Saint-Étienne du Mont. Pendant la cérémonie, deux jeunes filles tombèrent du haut des galeries du chœur avec les balustrades sur lesquelles elles s'appuyaient, et furent miraculeusement préservées de toute blessure dans cette énorme chute ; et, par un non moindre prodige, au milieu d'une telle multitude, personne de ceux qui étaient en bas ne fut non plus blessé, nul ne s'étant trouvé à l'endroit où ces jeunes filles tombèrent avec les balustrades brisées. Ce double miracle fut justement attribué à la protection de sainte Geneviève s'exerçant dans cette église de sa dépendance, contiguë et toujours étroitement unie à son tombeau.

Le 3 février 1644, le cardinal de la Rochefoucauld se démit de ses pouvoirs entre les mains de Charles Faure, et demanda de nouvelles bulles. Il vécut assez pour voir le couronnement de son œuvre par l'élection d'un abbé titulaire et non plus seulement coadjuteur, et mourut le 14 février 1645, le lendemain même du chapitre qui fit cette élection. Il fut assisté à ses derniers moments par ses religieux de Sainte-Geneviève, par les représentants des Bénédictins de Saint-Maur, par le nonce du Pape et par saint Vincent de Paul. Il avait demandé des funérailles sans autre pompe que celle d'usage pour les abbés réguliers ; mais sa réputation de sainteté et la dévotion que le peuple témoigna à ses restes donnèrent une solennité extraordinaire à ses obsèques, pour lesquelles l'abbé François Blanchart officia pontificalement à Sainte-Geneviève le 20 février, en présence du cardinal de Bagny et du nonce ; il fut enseveli dans la chapelle près de la sacristie, et un mausolée de marbre noir fut élevé à sa mémoire.

Charles Faure, premier abbé coadjuteur et préposé général de Sainte-Geneviève et de la Congrégation de France [1], né à Paris de parents de moyenne noblesse, et d'abord religieux de Saint-Vincent de Senlis, s'y était lié d'amitié avec le bienheureux Pierre Fourier, réformateur des chanoines réguliers de Lorraine et fondateur des religieuses de la congrégation de Notre-Dame, et entretint avec ce Saint une affectueuse correspondance. L'attitude de ses religieux de Sainte-Geneviève fut si édifiante dans la procession du 6 juillet 1625 dont nous venons de parler, que saint Vincent de Paul en écrivit au Roi et en félicita le cardinal. Il établit à Sainte-Geneviève le quatrième vœu de ne pas ambitionner les bénéfices et de ne pas les recevoir ni garder sans l'ordre des supérieurs. Il jouit toujours, ainsi que la réforme de Sainte-Geneviève, de la protection de saint Vincent de Paul, qui défendit aux Lazaristes, qu'il venait de fonder, de faire concurrence en aucun lieu aux Génovéfains. Choisi en mai 1632 pour vicaire général du cardinal, Faure fut élu abbé coadjuteur triennal par le chapitre du 17 octobre 1634, et prorogé jusqu'en 1640 par le chapitre du 25 octobre 1637 [2].

---

[1] Il reçut l'habit à Saint-Vincent de Senlis le 7 février 1614, fit profession le 1er mars 1615, fut reçu maître ès arts par le chancelier de Sainte-Geneviève, ordonné prêtre le 22 décembre 1618, reçu bachelier en théologie le 3 décembre 1620, mais ne voulut jamais être docteur, malgré la fréquence de ce grade chez les chanoines réguliers. Sous-prieur de Saint-Vincent en 1621, il écrivit un directoire des novices publié en 1660, à Munich, sous le titre de *Palæstra religiosa*. Appelé à Sainte-Geneviève le 27 avril 1624, il y fut à la fois supérieur, maître des novices et professeur.

[2] Sous son gouvernement, la Congrégation soumise à Sainte-Gene-

Vers l'an 1630, Françoise de Bloget, pieuse demoiselle du Nivernais, fonda à Paris, dans la paroisse Saint-Nicolas du Chardonnet, sous le nom de « Filles de Sainte-« Geneviève », une communauté de religieuses destinées à imiter la charité de la sainte patronne en se vouant à l'instruction et au service des pauvres. En 1661, Marie Bonneau, veuve de M. de Beauharnais-Miramion, conseiller au Parlement, fonda de son côté dans la même paroisse, sous le nom de « Sainte-Famille », une communauté destinée au même ministère, et dont saint Vincent de Paul approuva les règlements. Ces deux communautés se fondirent en une seule, sous le nom de « Filles de « Sainte-Geneviève », auquel le langage populaire ajouta le surnom de « Miramionnes », du nom de la seconde fondatrice qui remplaça mademoiselle de Bloget comme supérieure. Cette congrégation prit dans la suite quelques développements, et fonda des maisons succursales à Amiens et à la Ferté-sous-Jouarre.

En 1638, le célèbre et savant jésuite Denys Pétau, ayant été guéri miraculeusement par l'intercession de sainte Geneviève, publia en l'honneur de la Sainte un recueil d'hymnes sacrées, dédié au pape Urbain VIII, sous ce titre : *Genovefa, Parisiorum patrona, latino græcoque sermone celebrata.*

En 1640, Louis XIII ayant demandé des reliques de sainte Geneviève, on lui répondit que la châsse ne s'ou-

---

viève s'accrut des monastères suivants : Sainte-Madeleine de Chateaudun ; Tous-les-Saints d'Angers; Saint-Pierre d'Auxerre; Saint-Quentin de Beauvais ; Sainte-Marie de Châtillon ; Saint-Memmius de Châlons; Sainte-Marie de Chancelée; Sainte-Marie de Sabloncelle; Sainte-Marie de la Couronne; Saint-Géraud de Limoges; Livry; Saint-Jean de Montfort; Saint-Jean de Mellin ; Saint-Lô; Sainte-Marie d'Hérivaux à Paris ; Saint-Denys de Rennes ; Saint-Martin ; Saint-Mauran ; Saint-Michel ; Saint-Jacques de Provins.

vrait jamais, et qu'on n'en avait jamais rien retiré ; le Roi se contenta de reliques de sainte Clotilde, que l'abbé Boulart vint lui porter à Amiens. Cet incident témoigne de la vénération exceptionnelle qui entourait les reliques de sainte Geneviève. Ce ne fut que plus tard qu'on consentit à en distribuer des fragments, ce qui permit dans la suite de reconstituer deux châsses de la Sainte avec les ossements que leur éloignement avait soustraits à la profanation révolutionnaire.

Le 6 octobre 1637, un séminaire génovéfain fut fondé au prieuré de Sainte-Geneviève de Nanterre, auprès du lieu de naissance de la Sainte, par le Génovéfain Paul Beurrier, prieur-curé de Nanterre. Le 16 mars 1642, second dimanche de carême, la reine Anne d'Autriche vint à Nanterre comme fondatrice de ce séminaire, et l'abbé Faure, en ornements pontificaux, l'y reçut et la harangua devant la porte de la chapelle Sainte-Geneviève. La puissante Reine venait vénérer l'humble asile qui avait caché l'enfance ignorée et obscure de la glorieuse patronne de sa capitale. La Reine posa la première pierre du séminaire, et l'on frappa des médailles d'or et d'argent portant en latin l'inscription suivante : « Anne d'Autriche, « reine de France et de Navarre, a posé cette première « pierre angulaire comme fondatrice, en témoignage de « sa dévotion envers sainte Geneviève, patronne de Paris « et de la France, l'an du Seigneur 1642, la dix-neuvième « année du pontificat d'Urbain VIII, et la trente-deuxième « du règne de Louis XIII. » Le prieuré de Nanterre possédait à cette époque le voile et une partie du vêtement de sainte Geneviève, et avait un droit de dîme sur Rueil.

Peu après la fondation du séminaire de Nanterre, le berceau de sainte Geneviève devint le siége d'une nouvelle fondation. Le prieur-curé Paul Beurrier y avait reçu en 1638 la visite de sa sœur, Claudia Beurrier : cette pieuse vierge résolut de consacrer par un monastère de chanoinesses augustines ces lieux, témoins de l'enfance de sainte Geneviève : réunissant ses ressources à celles de son autre frère Léobin, elle acheta une maison à Nanterre, et, avec la permission de l'archevêque de Paris et de l'abbé de Sainte-Geneviève, elle fit venir deux religieuses de Saint-Étienne de Reims, dont l'une avec le titre de prieure. Tandis qu'elles venaient, Claudia mourut le 22 octobre 1646 avant d'avoir pu se joindre à elles, et fut ensevelie dans la chapelle de Sainte-Geneviève de Nanterre. En 1647, les religieuses mirent la main à l'œuvre pour s'y établir, et Paul Beurrier, nommé leur supérieur, rédigea les règles de leur monastère sous le vocable de Sainte-Geneviève. Mais, Paul ayant été transféré à la cure de Saint-Étienne du Mont, les religieuses quittèrent ensuite Nanterre et se transportèrent en 1669 à Chaillot, où elles furent érigées en abbaye de Génovéfaines en 1682, sous le titre de Sainte-Geneviève de Chaillot ; les religieuses de l'abbaye de Sainte-Pétronille de la Villette vinrent plus tard se réunir à elles et se fondre dans leur communauté sous le titre unique de Sainte-Geneviève [1].

---

[1] Soumises d'abord à la juridiction de l'archevêque de Paris, les religieuses de Sainte-Geneviève de Chaillot, tantôt élisaient leur prieure, tantôt la recevaient de l'archevêque. En 1677, elles obtinrent une abbesse, donnée d'abord pour un temps, puis définitivement, et furent constituées en abbaye en 1682. Le 11 avril 1698, elles renouvelèrent association de prières avec les Génovéfains, dont elles prirent l'habit, les couleurs et la liturgie. Leur première abbesse fut Claire-Cécile Colbert, sœur du célèbre ministre, qui, professe Clarisse, fut nommée abbesse de Sainte-Geneviève de Chaillot en 1677 ; mais le Roi lui donna aussitôt l'abbaye du Lys, près Melun, où elle se transféra. La seconde abbesse fut Marie-Madeleine Perrot, fille du seigneur de Saint-Dié

CHAPITRE TRENTIÈME. 435

François Boulart ayant été abbé général de Sainte-Geneviève de 1640 à 1643, Faure redevint abbé après lui [1].

et autres lieux, président aux enquêtes. Professe de l'Assomption à Paris, elle obtint le diplôme royal d'abbesse en 1678; mais, le Pape hésitant à perpétuer la dignité abbatiale à Sainte-Geneviève de Chaillot, l'archevêque lui confia le gouvernement du monastère, qui fut érigé en abbaye en 1682; et, en 1683, elle obtint ses bulles, et fut bénie abbesse dans son église, le 26 novembre 1684, par l'évêque de Meaux, assisté d'Isabelle d'Angennes-Rambouillet, abbesse de Saint-Étienne de Reims, et de Caroline de Harlay, abbesse de Sainte-Pétronille.de la Villette. Elle mourut en 1686. Marie-Anne Lelière, de prieure, fut nommée abbesse le 15 août 1686, et mourut le 27 avril 1713. Jeanne-Madeleine de Prunelé de Saint-Germain, professe de Sainte-Véronique de Blois, fut nommée abbesse le 15 août 1713, et prit possession le 6 décembre; elle résigna sa charge en 1732 contre une pension de cent livres, et se retira au couvent des Franciscaines du faubourg Saint-Germain. Louise-Françoise Duvivier de Tournefort, fille d'un mestre de camp, lieutenant des gardes et chevalier de Saint-Louis, professe du couvent de Bellechasse à Paris, fut nommée abbesse le 14 juin 1732, et prit possession le 24 septembre. Peu après, le Roi la nomma abbesse de Sainte-Pétronille de la Villette, afin de fondre cette abbaye dans celle de Chaillot; après diverses difficultés, cette réunion s'accomplit, et les religieuses de la Villette se transportèrent à Chaillot en 1742, sous le titre unique d'abbaye de Sainte-Geneviève de Chaillot. — L'abbé Charles Faure, consulté par Marie de Saint-Charles, supérieure des religieuses de Sainte-Élisabeth à Paris, sur la direction des religieux du tiers ordre franciscain, directeurs de son couvent, lui donna, d'accord avec saint Vincent de Paul et avec Charles de Condom, supérieur général de l'Oratoire, des instructions qui soulevèrent des contradictions, mais que Rome approuva. Il écrivit pour le séminaire de Saint-Vincent de Senlis le livre intitulé *Samuel Christianus*, imprimé en 1638; en 1639, ses élèves, dont le principal était le Père Fronteau, lui dédièrent une *Philosophie tirée de saint Thomas*, à l'usage de la Congrégation de France.

[1] Le chapitre du 31 octobre 1640, ne pouvant, selon les constitutions de la Congrégation, renouveler à Faure la charge abbatiale, le nomma commissaire général, et élut pour abbé François Boulart. Ce religieux, né à Senlis en 1605, entré à Saint-Vincent de Senlis en 1620, profès le 3 octobre 1621, prêtre en 1629, avait été fait prieur de Sainte-Geneviève en 1632, et en 1635 nommé assistant avec le Père Baudoin, puis conservateur des priviléges et juge de la Chambre ecclésiastique. Sous son gouvernement, les monastères suivants s'adjoignirent à la Congrégation soumise à Sainte-Geneviève : Ham; Sainte-Marie de Quarante; Sainte-Marie de Castres; Sainte-Marie de Beaulieu, où fut fondé un séminaire; Sainte-Marie de Beaugency; Sainte-Marie de Chage à Meaux;

Après la mort de Louis XIII, l'esprit de relâchement et de sécularisation souleva une tempête contre les ordres réformés, et surtout contre les Génovéfains ; le cardinal de la Rochefoucauld, encore vivant, mit son œuvre sous la protection de la Reine, et Faure rédigea pour celle-ci un mémoire justificatif qui fut envoyé à Rome. Mais ce ne fut là qu'un épisode de tout un système de persécutions suscitées contre Sainte-Geneviève et contre les priviléges des réguliers par l'archevêché, imbu de l'esprit gallican de cette époque.

En effet, déjà en 1639, les paroissiens de Saint-Étienne du Mont, se sentant soutenus par le gallicanisme de l'archevêché et du Parlement pour toutes les difficultés qu'ils pourraient susciter à l'abbaye, avaient prétendu, contrairement à l'usage, faire porter à la procession du saint Sacrement la croix et le ciboire de la paroisse, au lieu de la croix et du ciboire de l'abbaye, et les religieux avaient dû, en présence de cette usurpation, s'abstenir de suivre la procession. De là était né un procès, qui, selon la coutume abusive et anticanonique de ce temps, où les tribunaux royaux et laïques s'emparaient illégalement des causes ecclésiastiques, fut porté au conseil du Roi et dura treize ans. L'archevêché de Paris publia, en 1641, pour ce procès, un mémoire contre les droits canoniques et apostoliques de l'abbé de Sainte-Geneviève sur la paroisse Saint-Étienne du Mont. L'arrêt fut rendu en faveur de Sainte-Geneviève ; mais les religieux, sentant tous les pouvoirs civils et ecclésiastiques ligués contre

---

le chapitre cathédral d'Uzès ; Sainte-Barbe au diocèse de Lisieux. Comme l'évêque de Lisieux hésitait à approuver la réforme de ce dernier monastère, l'évêque de Beauvais lui attesta l'édifiante régularité des nouveaux Génovéfains. Le chapitre du 30 avril 1643 réélut Faure abbé et préposé général.

leurs droits et prêts à favoriser l'esprit hostile de leurs paroissiens, firent une concession pour mettre fin à cette querelle scandaleuse, et consentirent à faire porter le ciboire et la croix de la paroisse avant la croix de l'abbaye [1].

Charles Faure mourut le 4 novembre 1644, âgé de quarante-neuf ans, et fut enseveli dans le chapitre de Sainte-Geneviève ; son cœur fut envoyé à Saint-Vincent de Senlis. François Blanchart fut abbé, d'abord coadjuteur, puis titulaire, de 1644 à 1650 [2]. La maison mère du

[1] François Kirovan, missionnaire irlandais, ayant été sacré évêque à Paris, Faure, pour contribuer par ses religieux à l'évangélisation de l'Irlande, lui demanda d'envoyer des sujets irlandais à Sainte-Geneviève, ce qui fut fait : car, le 12 mai 1644, Faure reçut la profession de sept Irlandais génovéfains, qui retournèrent en Irlande, et dont deux y furent abbés : l'un d'eux, Jacques Lynch, vécut jusqu'en 1705, après avoir été vicaire général de Kirovan. Les monastères de Saint-Maurice en Valais et de Sainte-Marie de Ruricourt furent réunis à la Congrégation de Sainte-Geneviève avant la mort de Charles Faure. Sa vie fut publiée en 1698 par le Père Chartonet, prieur de Sainte-Geneviève.

[2] Né à Amiens en 1606, profès à Saint-Acheul en 1624, entré à Saint-Vincent de Senlis en 1625, il avait fait profession de nouveau à Sainte-Geneviève, le 9 août 1626, et avait été délégué avec sept autres Génovéfains pour réformer le prieuré de Sainte-Catherine de Paris. Prêtre en 1631, il fut supérieur et maître des novices à Sainte-Catherine, puis supérieur des réformés de Reims, enfin élu abbé de Sainte-Geneviève le 10 décembre 1644. Le cardinal de la Rochefoucauld ayant obtenu que les abbés de Sainte-Geneviève, jusque-là simples coadjuteurs, fussent désormais titulaires, un nouveau chapitre général, tenu le 13 février 1645, élut Blanchart premier abbé titulaire, et le chapitre du 16 septembre 1647 le prorogea. Le 25 mai 1645, il nomma François Boulart conservateur des priviléges, et Jean Fronteau chancelier de Sainte-Geneviève et de l'Université à la place du Père Guilloud. Sous son gouvernement, furent adjoints à la Congrégation de Sainte-Geneviève les monastères suivants : Tous-les-Saints de Châlons; Sainte-Marie de Vigny; Sainte-Marie de Bourgmoyen; les Deux-Amants de Rouen; Saint-Louis de Royaulieu; Ripérac; Sainte-Marie de Painpont; Saint-Ferréol d'Essonne. Une difficulté fut suscitée à la Congrégation par Alain de Solminiac, évêque de Cahors, au sujet de quatre monastères qu'il voulait en retirer pour former une congrégation spéciale; l'abbé de Saint-Augustin de Limoges et le visiteur des Bénédictins de Saint-Maur furent chargés de l'enquête sur cette affaire.

Val des Écoliers s'étant jointe à la Congrégation de France, les abbés de Sainte-Geneviève furent désormais supérieurs généraux de l'ordre du Val des Écoliers. En 1649, dans les troubles de la Fronde, Paul Beurrier, curé génovéfain de Nanterre, obtint d'Anne d'Autriche la grâce de ses paroissiens, condamnés à démolir les murs de Nanterre, et vingt d'entre eux à être pendus, pour avoir fermé la porte de leur ville à l'armée royale.

Antoine Sconin, oncle du célèbre poëte Jean Racine, fut abbé de 1650 à 1653 [1].

Le 11 juin 1652, eut lieu la soixante-douzième procession de la châsse de sainte Geneviève, pour demander l'apaisement des troubles de la Fronde et le retour du jeune roi Louis XIV dans Paris, d'où il était sorti avec la reine mère ; retour qui ne tarda point en effet. Dans cette procession, au sortir de Sainte-Geneviève, le doyen du chapitre de Notre-Dame, voulant innover et renverser le peu qui restait des priviléges génovéfains, prétendit qu'il devait marcher de front avec l'abbé de Sainte-Ge-

---

[1] Né à la Ferté-Milon le 27 septembre 1608, profès le 9 octobre 1628, prieur de Saint-Quentin de Beauvais, et visiteur après la mort de Faure, il était second assistant, avec Boulart pour premier assistant, quand il fut élu abbé par le chapitre du 14 septembre 1650, les Constitutions ne permettant pas de réélire Blanchart. En 1652, la paroisse Saint-Étienne du Mont étant vacante par cession de Martin Cipolle, Sconin crut pouvoir en conserver provisoirement la cure ; mais, trouvant des difficultés, il y nomma pour curé le Père Guillery, curé de la Ferté-Milon ; celui-ci ayant refusé par modestie, Blanchart y fut nommé le 19 septembre. Sous le gouvernement de Sconin, la Congrégation de Sainte-Geneviève s'accrut des monastères suivants : Sainte-Madeleine de Chartrage ; Sainte-Marie de Celle ; Saint-Hilaire de Celle ; Sainte-Marie de la Réau. Après ses trois ans de charge, il devint prieur des chanoines réguliers d'Uzès et visiteur provincial ; mais, sur la demande de l'évêque d'Uzès, qui voulut l'employer comme vicaire général et official, il se démit de l'office de visiteur ; il eut aussi le prieuré de Saint-Maximin, refusa la paroisse de Montargis, et mourut à Uzès 10 janvier 1685.

CHAPITRE TRENTIÈME.

neviève, tandis que l'archevêque marcherait seul le dernier et présiderait la procession. Cette contestation fut portée immédiatement devant le Parlement, qui était présent, et qui, après avoir entendu la cause, jugeant l'usurpation par trop criante, statua en faveur de Sainte-Geneviève et décida que, comme cela s'était toujours pratiqué, le doyen de Notre-Dame devait marcher de front avec le prieur ou le plus ancien religieux de Sainte-Geneviève, et l'abbé de Sainte-Geneviève côte à côte avec l'archevêque, en tenant la droite et en donnant la bénédiction au peuple simultanément avec lui.

François Blanchart fut de nouveau abbé de 1653 à 1663 [1]. En 1655, le cardinal Mazarin établit un conseil intime qui se réunissait tantôt chez lui, tantôt à Sainte-Geneviève, et dont les deux premiers membres furent l'évêque de Chartres et l'abbé Blanchart [2].

---

[1] Le chapitre du 12 septembre 1653 l'élut de nouveau, et il fut réélu par les chapitres généraux des 12 septembre 1656, 10 septembre 1659 et 11 septembre 1662, selon le mécanisme très-compliqué de la Congrégation; les religieux ayant demandé, pour en simplifier un peu les rouages, de pouvoir réélire indéfiniment, de trois en trois ans, le même abbé général, le pape Alexandre VII, par bulle du 27 novembre 1657, leur permit seulement d'élire quatre fois, et pas plus, François Blanchart, et cela seulement pour ce cas et pour cet unique abbé, par une exception qui lui resterait personnelle, les autres ne pouvant plus être réélus après trois périodes triennales. Sous son gouvernement, s'unirent à la Congrégation de Sainte-Geneviève les monastères suivants : Château-l'Ermitage; Saint-Eusèbe d'Auxerre; Lanville; Saint-Nicolas de Campagnac; Fontaine-le-Comte; Saint-Barthélemy de Noyon; Saint-Laune de Thouars; Vieux-Brivat; Stirpe; Sainte-Madeleine de Genest; la Trinité d'Aubigny; Saint-Volusien de Foix; Corneville; Sainte-Marie de Beaulieu; Saint-Lô; Montmorel, réformé par le vicaire général Bétille, qui avait professé à Sainte-Geneviève; Cassien; Saint-Georges-sur-Loire; la Trinité de Mauléon; Saint-Lazare de Blois; Saint-Antonin; Saint-Jean des Prés; Saint-Jacques de Béziers; le Plessis; Sparnay, où le second assistant, Paul Beurrier, vint en 1665 faire une mission avec huit autres Génovéfains; Sainte-Marie de la Roue.

[2] Il y fut traité de la réforme de l'ordre de Cluny; c'est pourquoi Blanchart présida le chapitre général de Cluny à Saint-Martin des

En 1658, on fit à Sainte-Geneviève une neuvaine solennelle, pendant laquelle la châsse de la Sainte resta découverte, pour demander la guérison du jeune roi Louis XIV, tombé gravement malade à Dunkerque ; le Roi commença à se mieux porter dès le premier jour de la neuvaine, et fut ensuite complétement guéri. C'est pourquoi l'on chanta un *Te Deum* d'action de grâces dans la basilique de Sainte-Geneviève, et quelques paroisses y vinrent en procession.

En 1661, l'abbé de Rancé, qui venait d'entreprendre sa réforme de la Trappe, voulut céder à la réforme de Sainte-Geneviève son autre abbaye du Val, dont il était commendataire, et qu'il désirait soustraire à la funeste influence des commandes ; mais, le Roi s'y étant refusé, l'arrangement qu'il avait conclu avec Sainte-Geneviève

---

Champs et tenta vainement de réunir cet ordre à la Congrégation de Saint-Maur. Par ordre de Mazarin, il visita en 1655 le prieuré de Saint-Nicolas de Senlis. Il concéda des reliques de sainte Clotilde à la collégiale des Andelys, dont les chanoines s'engagèrent à faire la fête de cette translation, et, par reconnaissance, à célébrer la fête de sainte Geneviève sous rit solennel. En 1661, le Père Louis Lebrèthe de Clermont publia un livre latin intitulé : *Beautés illustrées de la basilique de Sainte-Geneviève.* Le 9 mai 1662, le Père Séguier, prieur de Sainte-Geneviève, prit possession d'un édifice construit près de Riom par le clerc Claude de Montagnac, et y fonda un monastère génovéfain. En ce temps mourut à Montargis, dont il était curé, Jean Fronteau, chancelier de Sainte-Geneviève et de l'Université, qui avait prononcé les oraisons funèbres de Charles Faure et du président Molé ; le Père Pierre Lallemant, auteur d'une petite *Vie de sainte Geneviève,* fut nommé chancelier à sa place. Vers le même temps, la réunion de l'ordre du Val des Écoliers à la Congrégation de Sainte-Geneviève fut consommée, avant le voyage de Blanchart en Belgique, par la célébration solennelle de la fête de saint Augustin, où les abbés de Géronsart et de Mons, assistés des délégués de cet ordre en Belgique, firent office de diacre et sous-diacre à la messe pontificale de Blanchart. En 1663, un prêtre grec, nommé Athanase, étant mort dans le territoire de Sainte-Geneviève, l'abbaye hérita de sa bibliothèque par droit d'aubaine et de bénéfice.

fut nul, et il fallut se contenter de la réforme que le nouvel abbé commendataire du Val y introduisit.

Étant allé en Belgique pour y visiter les maisons de l'ordre du Val des Écoliers, dont les abbés de Sainte-Geneviève étaient devenus supérieurs généraux par l'union de cet ordre à la Congrégation de France, l'abbé Blanchart y fut reçu avec les plus grands honneurs : les villes lui envoyèrent des délégués ; le chapitre des chanoinesses de Mons lui députa trois chanoinesses ; dans cette ville, le duc d'Aremberg, grand bailli, et d'autres personnages aussi, lui envoyèrent leurs carrosses, et les chanoines réguliers, même d'autres congrégations, l'entourèrent d'hommages. A Louvain, le supérieur général de la Congrégation de Windesheim lui exprima le désir de réunir son ordre à celui de Sainte-Geneviève.

En 1664, la Reine étant tombée malade, le roi Louis XIV fit demander aux Génovéfains que la châsse de sainte Geneviève fût descendue pour des prières publiques. C'était une dérogation à l'usage selon lequel on ne descendait jamais la châsse que pour la faire sortir en procession. Mais on y consentit, et l'arrêt du Parlement qui intervint mentionna que c'était pour cette fois seulement, à cause du danger pressant, et sans tirer à conséquence, de même qu'on omettait pour cette fois les jeûnes et processions des paroisses qui précédaient ordinairement la descente de la châsse. La châsse de sainte Geneviève fut donc descendue le 19 novembre, après la messe solennelle et avec les cérémonies accoutumées, en présence des magistrats du Châtelet, s'obligeant sous serment à la garder. Elle fut déposée sur l'autel de Sainte-Clotilde, et plusieurs processions s'y firent dès ce jour. Le lendemain 20 novembre, l'archevêque de Paris vint y dire la messe. Le recteur en grand costume et l'Université, puis le roi

Louis XIV avec son frère et plusieurs princes, y vinrent en pèlerinage ; le Roi alla baiser la châsse de sainte Geneviève après la messe solennelle. La reine mère y vint le soir pour complies et le salut du saint Sacrement. Le jour suivant, 21, plusieurs ambassadeurs vinrent à Sainte-Geneviève, et le Roi y vint une seconde fois. Le 22, la Reine se trouva tout à coup guérie, et un arrêt du Parlement ordonna que la châsse fût remise en place dès le jour même, ce qui fut fait avec le cérémonial habituel : mais on la laissa découverte jusqu'au 22 décembre, pendant la convalescence de la Reine.

En 1666, la reine mère étant atteinte d'un cancer, le Roi fut supplié par sa cour de demander encore une fois la descente de la châsse de sainte Geneviève ; Louis XIV n'y consentit pas d'abord, sachant que cela ne s'était fait que par exception, et contrairement à l'usage de ne la descendre que pour des processions. Mais, la reine mère l'ayant demandé elle-même, plutôt pour obtenir une bonne mort par l'intercession de sainte Geneviève que dans l'espoir d'une guérison, un nouvel arrêt du Parlement, qui, comme nous l'avons dit, s'était abusivement arrogé d'exercer en France l'autorité papale et la suprématie générale sur les choses spirituelles, ordonna la descente de la châsse, cette fois encore par exception et sans tirer à conséquence. La châsse de sainte Geneviève fut donc descendue le 19 janvier, avec le cérémonial d'usage ; mais, la reine mère étant morte, la châsse fut remontée en sa place dès ce même jour.

François Boulart fut de nouveau abbé de 1665 à 1667 ; après sa mort, Blanchart redevint abbé de 1667 à 1675 [1].

---

[1] Le 22 septembre 1665, les pouvoirs de Blanchart ne pouvant plus être prorogés, le chapitre général élut de nouveau pour abbé Boulart, qui mourut le 9 janvier 1667. Il avait été délégué, avec le docteur Gas-

CHAPITRE TRENTIÈME.

Le 14 juillet 1668, le Parlement rendit, sur la demande de l'archevêque de Paris, un arrêt qui refusait à l'abbé de Sainte-Geneviève le droit d'officier dans son église paroissiale de Saint-Étienne du Mont, et aussi le droit de conférer à ses religieux les ordres mineurs, contrairement à la concession formelle du Saint-Siége : monstrueux état de choses, où le Parlement d'une royauté qui osait s'intituler « très-chrétienne », s'établissant juge de questions

ton Chamillart, pour réformer le grand couvent des Franciscains; après sa mort, il fut remplacé dans cette mission par Pierre Lallemant, chancelier de Sainte-Geneviève et de l'Université; sous son court gouvernement, le prieuré de Sainte-Catherine de Laval fut uni à la congrégation de Sainte-Geneviève. Blanchart, qui était premier assistant, put officier pontificalement aux funérailles de Boulart : car la bulle d'Alexandre VII investissait immédiatement le premier assistant de la dignité abbatiale provisoire au décès de l'abbé jusqu'à la convocation immédiate du chapitre général qui devait le confirmer ou en nommer un autre; ce qui pouvait multiplier indéfiniment le nombre des abbés ou anciens abbés de la même maison dans le mécanisme si compliqué de cette Congrégation de France. Le chapitre du 15 septembre suivant confirma Blanchart, et les chapitres des 15 septembre 1670 et 14 septembre 1673 le réélurent. Le 25 janvier 1669, les Oratoriens firent association de prières avec Sainte-Geneviève. En 1673, quatre Génovéfains devinrent abbés : le Père de l'Étoile, de Saint-Acheul d'Amiens, béni à Paris par l'évêque de Marseille; le Père Séguier, de Saint-Séverin de Château-Landon, béni par l'archevêque de Sens; le Père de Luynes, de Saint-Vincent-au-Bois, béni à Paris par l'évêque du Mans; le Père Bourlon, de Châteauvor et ensuite de Saint-Léger de Soissons, qui fut béni par son frère l'évêque de Soissons, et qui refusa l'évêché de Digne. Le 18 février 1673, mourut Pierre Lallemant, prieur de Sainte-Geneviève et chancelier de l'Université, à qui succéda comme chancelier, le 7 mars, Philippe Têtelète. Les monastères suivants furent réunis sous l'abbé Blanchart à la Congrégation de Sainte-Geneviève : Saint-Vincent-au-Bois; Sainte-Marie de Liége; Gastine; Saint-Jean de la Colline; Saint-Thomas du Mont aux Malades de Rouen, réuni par l'influence de l'évêque Jean d'Estrades, qui, ayant déposé l'épiscopat pour se retirer à Sainte-Geneviève, y prit l'idée de réformer ce prieuré dont il avait la commande; Saint-Léger de Soissons, où l'on mit pour abbé le Père Henri Wyart; le Parc; Saint-Gilles de Pont-Audemer; Saint-Jean de Semur, dont le prieur avait résigné au Père de Courtenin; Eauvive.

théologiques, prétendait annuler des canons universels de l'Église et des décrets du Pape en matière spirituelle !

En 1667, une quatrième province avait été ajoutée à la Congrégation de France, à raison de son accroissement. En 1668, Pierre de Saint-Trudon, supérieur général de Windesheim, écrivait à l'abbé Blanchart : « La bonne « odeur de vos et nos confrères qui habitent le monastère « de Liége, se répandant non-seulement dans leur ville « de Liége, mais encore dans notre Brabant, semble nous « inviter à les imiter » ; et en 1672, ce même supérieur se trouvant à Rome, on écrivait de lui : « Il est si avide de « réforme, qu'il voudrait abdiquer le généralat et précé- « der les siens en embrassant la règle de Sainte-Geneviève : « il aimerait mieux vivre simple religieux dans un ordre « très-réformé, que général dans un ordre tant soit peu « ébranlé. » En 1669, les chanoines réguliers de Sainte- Croix et de Saint-Georges d'Augsbourg écrivaient de leur côté que le directoire de Charles Faure était entre leurs mains, et que les constitutions de la Congrégation de France leur seraient d'un grand secours : « Que Dieu la « garde en vigueur », disaient-ils, « comme l'unique orne- « ment de l'ordre canonique. Oh ! si nous avions le « bonheur de recevoir au moins du Père général, en « forme solennelle, communication de bonnes œuvres et « de jeûnes, nous nous estimerions si heureux » ! [1] Un supérieur de la Congrégation de Sainte-Croix de Coïmbre en Portugal écrivait aussi : « La Congrégation de Sainte- « Geneviève tient le premier rang dans notre ordre, et

---

[1] Cette association de prières avec Sainte-Geneviève leur fut accordée, à condition de célébrer solennellement chaque année la fête de sainte Geneviève, et, le premier jour libre après cette fête, une messe solennelle pour les morts de la Congrégation de France.

« répand toujours son suave parfum par sa parfaite ob-
« servance de la vie régulière. Dieu veuille que cette
« sainte église demeure toujours dans cette si religieuse
« et austère observance, afin que nous aussi, émus d'un
« si saint exemple, nous ayons un modèle à imiter ! »

Sous le gouvernement de Blanchart, les restes mortels du célèbre philosophe René Descartes, mort en Suède, furent transférés et ensevelis à Sainte-Geneviève.

Paul Beurrier fut abbé de 1675 à 1681[1]. Il envoya au

---

[1] Blanchart étant mort le 7 février 1675, Beurrier, devenu abbé provisoire en sa qualité de premier assistant, fut confirmé par le chapitre du 11 septembre 1675, et prorogé au chapitre du 14 septembre 1678. Né à Chartres le 20 septembre 1608 et tonsuré à dix ans, il avait suivi en 1625 Charles Faure visitant Saint-Jean de Chartres, et fait profession à Sainte-Geneviève le 19 mai 1626. En 1633, il était supérieur et maître des novices à Sainte-Catherine de Paris. En novembre 1634, il était devenu curé de Nanterre, où nous avons déjà raconté ses œuvres. En 1649, il avait été pris pour compagnon, avec Antoine Watrée, par l'abbé Blanchart, chargé par le Parlement de mettre l'ordre parmi les religieux de la Merci de Paris, et avait été laissé comme surveillant dans le couvent de la Merci jusqu'au 19 janvier 1650, où il avait rendu compte de son inspection. Blanchart avait alors tenu conseil à Sainte-Geneviève avec le préposé général des Bénédictins de Saint-Maur et son assistant, ainsi qu'avec deux docteurs, pour décider que les trois couvents de la Merci, celui du Marais, celui de Chenoise, et le collége de la place des Sept-Voies, formeraient une congrégation sous l'autorité d'un vicaire général. En 1653, Beurrier avait été nommé curé de Saint-Étienne du Mont, où il avait fondé un monastère et séminaire pour l'habitation du clergé paroissial, avec des statuts par lui rédigés. Le chapitre de 1675 nomma curé de Saint-Étienne du Mont Julien Gardeau. En 1676, l'abbé Beurrier visita les monastères du diocèse de Poitiers, et bénit l'église de Sainte-Marie de Celle. Le 4 mai 1681, il tint à Liége le chapitre général de l'ordre du Val des Écoliers de l'Allemagne inférieure, qu'il ouvrit par un discours latin, et où les constitutions de Sainte-Geneviève furent imposées à toutes les maisons de cet ordre. Le chapitre général de Sainte-Geneviève de 1681 fit Beurrier premier assistant; le chapitre de 1684 le fit prieur de Nanterre, charge qu'il préféra à toute autre à cause de l'affection que son premier séjour comme curé lui avait inspirée pour ce berceau de sainte Geneviève; le même chapitre le fit aussi visiteur. En 1688, il se démit de ses charges, pour ne plus s'occuper que de Dieu et de son âme, et revint à Sainte-

pape Innocent XI l'anneau pontifical d'Innocent VIII, conservé à Sainte-Geneviève, et, en réponse, le cardinal Cibo envoya à Sainte-Geneviève le portrait du Pape et le sien. En 1665, pour un motif inconnu, la fête de l'anniversaire de la dédicace de la basilique génovéfaine par saint Remy, qui s'était toujours célébrée le 28 novembre, fut transférée au 31 décembre.

Le 19 juillet 1675, eut lieu la soixante-treizième procession de la châsse de sainte Geneviève, à cause des pluies excessives : l'effet en fut si heureux que, la pluie ayant cessé aussitôt, la récolte surpassa toute espérance.

Érard Floriot fut abbé de 1681 à 1685 [1]. En 1682, des prières publiques furent faites à Sainte-Geneviève, par ordre du Parlement, devant la châsse découverte, pour obtenir la cessation des pluies ; toutes les paroisses y vinrent en procession, et les pluies cessèrent.

En 1683, la Dauphine vint en pèlerinage à Sainte-Geneviève de Nanterre, pour demander un heureux accouchement. Vers le même temps, assure le Père Lallemant,

---

Geneviève, où il mourut le 25 janvier 1696, fête de la conversion de saint Paul son patron. Il avait écrit une *Vie de sainte Geneviève* dédiée à la Reine en 1642, un *Speculum christianæ religionis*, un livre sur la *Perpétuité de la foi et de la religion chrétiennes* publié en 1680, et des *Homélies sur les Épîtres, les Évangiles et les fêtes*. Sous son gouvernement, l'abbaye de Sainte-Marie de Fontenelle s'était unie à la Congrégation de Sainte-Geneviève.

[1] Né le 13 février 1622 à Hullicourt, profès à Tous-les-Saints d'Angers le 28 octobre 1641, professeur de théologie et maître des novices, prieur de Sainte-Catherine de Paris en 1662, et de Sainte-Geneviève en 1665, abbé du Val des Écoliers et visiteur en 1667, troisième assistant en 1673, élu abbé le 15 septembre 1681, et réélu le 14 septembre 1684. En 1684, il céda au Roi les domaines génovéfains de Choisy, Galy et Trianon contre le domaine de Vernins ou Ver-Galy au diocèse de Senlis. Il mourut le 14 janvier 1685. Il avait publié des *Méditations sur les principaux devoirs des religieux et des chanoines réguliers*.

la reine d'Espagne professait une si grande dévotion à sainte Geneviève, qu'elle avait voulu recevoir le nom de Geneviève dans la Confirmation.

Antoine Watrée fut abbé pendant quelques mois en 1685 [1]. Dans cette année, le renouvellement de pluies torrentielles fit renouveler, sur arrêt du Parlement, les processions générales des paroisses et prières publiques à Sainte-Geneviève devant la châsse découverte, et avec le même succès que précédemment.

François Morin, qui avait eu pour maître saint François Régis, fut abbé de 1685 à 1691 [2]. Vers ce temps, le roi d'Angleterre Jacques II, ayant voulu introduire la réforme de Sainte-Geneviève dans l'abbaye de Sainte-Croix d'Édimbourg, et en ayant été empêché par les guerres civiles, visitait souvent Sainte-Geneviève, et mit trois jeunes nobles anglais au séminaire génovéfain de Nanterre.

Jean de Montenay fut abbé de 1691 à 1697 [3]. En 1692,

---

[1] Né le 17 décembre 1611, novice à Sainte-Catherine de Paris le 20 février 1633, abbé du Val des Écoliers en 1673, visiteur depuis 1656, premier assistant de 1675 à 1681 et de 1684 à 1685, il se trouva abbé provisoire par la mort de Floriot, se démit au chapitre du 13 septembre 1685, et redevint premier assistant. Il mourut le 21 juillet 1688.

[2] Né à Langiac, profès à Sainte-Geneviève le 14 octobre 1640, en 1650 régent des revenus de l'abbaye, puis de toute la Congrégation, en 1656 prieur de Bourgmoyen de Blois, en 1662 de Saint-Volusien de Foix, en 1687 de Châteaudun, puis visiteur, élu abbé au chapitre de 1685, réélu le 14 septembre 1688. Il restaura l'abbaye de Pibrac, et fit sanctionner par édit de 1688 une bulle d'Innocent XI défendant aux religieux de l'ordre d'accepter ou garder des bénéfices sans permission des supérieurs. Le chapitre de 1691 le nomma prieur de Sainte-Catherine de Paris. Il mourut à Sainte-Geneviève le 16 novembre 1691.

[3] Né à Caen le 26 mai 1634, profès à Sainte-Geneviève le 7 septembre 1659, puis maître des novices, en 1673 élu prieur de Saint-Vincent de Senlis et ayant préféré le prieuré du Plessis par amour de la solitude, abbé de Tous-les-Saints d'Angers en 1688, élu abbé de Sainte-Geneviève le 20 septembre 1691. Dans ce chapitre de 1691, il jugea en

l'abondance des pluies menaçant les récoltes, le Parlement fit encore faire des prières publiques et processions générales à Sainte-Geneviève devant la châsse découverte, et, comme les autres fois, la récolte fut sauvée.

faveur du prieur de la Couronne dans un litige qu'il avait avec ses chanoines pour la direction des religieuses d'Hispagnac. Réélu le 13 septembre 1694, le chapitre de 1697 le nomma premier assistant.

CHAPITRE XXXI

INSIGNE PROTECTION DE SAINTE GENEVIÈVE DANS LA FAMINE DE 1694. — SUPPLICATIONS SOLENNELLES. — PROCESSION DE LA CHASSE ET MIRACLES.

En 1694, Paris eut recours à la protection de sainte Geneviève dans une circonstance mémorable, et avec des détails touchants qui seraient dignes de la foi et de la piété des premiers âges. Il semble que Dieu ait voulu faire luire un moment encore, dans une société déjà corrompue jusqu'aux moelles et sourdement minée par une multitude d'erreurs et de principes faux qui ne laissaient à l'ordre social qu'une écorce extérieure et fragile prête à se briser avec éclat, un pur et dernier rayon des siècles passés, où la foi vive et simple des princes et des peuples laissait régner les Saints sur la terre, non-seulement par le pouvoir qu'ils ont toujours auprès du ciel et que le monde subit bon gré, mal gré, mais encore par la docilité avec laquelle l'humanité des anciens âges aimait à se laisser guider et gouverner en toutes choses par une sainte Geneviève, par un saint Germain d'Auxerre ou par un saint Bernard. C'est pourquoi nous avons voulu consacrer un chapitre spécial au récit de cette dernière splendeur de l'abbaye génovéfaine, afin d'y reposer encore une fois nos regards, et de ne pas en assombrir l'éclat par le voisinage des tristesses qui l'ont précédée et qui la suivent.

En 1694, la France était en guerre avec presque toute l'Europe. Pour surcroît de malheur, une sécheresse prolongée au printemps présageait une disette d'une rigueur exceptionnelle : la cherté du pain amena la famine, et le peuple mourait de faim. Le 10 mai 1694, sur les plaintes des paysans et des bourgeois, interprétées par messieurs de la Ville, le Parlement décida que la châsse de sainte Geneviève serait découverte et exposée à la vénération publique, et que, si la sécheresse persistait, on ferait une procession de la châsse.

Sur un mandement de l'archevêque, depuis le 10 jusqu'au 19 mai, toutes les paroisses de Paris, et même des environs, vinrent processionnellement en pèlerinage à Sainte-Geneviève, après avoir préalablement concerté les jours et heures avec l'abbé. Une neuvaine de prières publiques et de saluts du saint Sacrement fut célébrée dans la basilique de Sainte-Geneviève. Pendant ces neuf jours, la basilique génovéfaine fut pleine tous les jours depuis cinq heures du matin jusqu'à neuf ou dix heures du soir : le peuple avait la confiance que sainte Geneviève ne le protégerait pas moins efficacement du haut du ciel contre la famine qu'elle ne l'avait fait autrefois sur la terre. Le 10 mai, premier jour où la châsse fut découverte, le chapitre de Notre-Dame vint processionnellement à Sainte-Geneviève avec les paroisses du Saint-Sépulcre, de Saint-Merry, de Saint-Benoît et de Sainte-Opportune, dites « filles de Notre-Dame ».

Le 19 mai, vigile de l'Ascension, l'archevêque de Paris alla dire sa messe à Sainte-Geneviève, où la communauté chanta ensuite la messe solennelle en présence du prévôt des marchands et des échevins.

La sécheresse persistant, le Parlement décida, le 21, que la châsse de sainte Geneviève serait descendue et portée en procession, au jour que fixeraient l'archevêque et l'abbé.

Le 22, Monsieur, frère du Roi, vint en pèlerinage à Sainte-Geneviève avec sa maison ; il fut reçu et complimenté à la porte par l'abbé, et y entendit la messe dite par un de ses aumôniers. Le même jour, les pauvres de Paris vinrent en procession à Sainte-Geneviève, conduits par les dames de la Charité, c'est-à-dire probablement par les sœurs de Saint-Vincent de Paul.

Le dimanche 23 mai, on lut dans toutes les églises un mandement de l'archevêque, fixant la procession de la châsse au jeudi 27, ordonnant à toutes les paroisses de retourner en pèlerinage à Sainte-Geneviève dans les trois jours qui la précéderaient, et décrétant un jeûne d'obligation pour la veille de la procession.

Le 24, le chapitre de Notre-Dame vint processionnellement à Sainte-Geneviève, et y célébra une messe solennelle, après laquelle, les chanoines s'étant rendus au chapitre des religieux, le doyen fit un discours auquel l'abbé répondit, et l'on fixa ensemble les détails de la cérémonie.

Les 24, 25 et 26, toutes les paroisses de Paris vinrent processionnellement en pèlerinage à Sainte-Geneviève, selon l'ordre qui leur avait été assigné. Les pauvres des hôpitaux de Paris y vinrent aussi, divisés en différentes classes par de petits drapeaux qu'ils portaient : d'abord les petites filles, puis les plus grandes, puis les garçons, puis les hommes et les femmes ; ils marchaient quatre par quatre, en chantant des cantiques.

Le 26, veille de la procession, où tout Paris jeûnait, après les vêpres célébrées pontificalement à Sainte-Geneviève par l'abbé, comme c'était l'usage la veille de ces solennités, le roi et la reine d'Angleterre vinrent de Saint-

Germain en pèlerinage à Sainte-Geneviève, où l'abbé les reçut à la porte et les complimenta. Quand le Roi et la Reine y eurent achevé leurs prières, on chanta solennellement les matines, et l'abbé officia pontificalement à laudes.

A cinq heures du soir, le chevalier du guet, avec deux lieutenants et une brigade d'archers, vint prendre possession de toutes les portes de la basilique et de l'abbaye de Sainte-Geneviève, pour éviter les désordres que l'affluence du peuple qui s'y trouvait déjà aurait pu causer pendant la nuit. A onze heures et demie, arrivèrent les magistrats du Châtelet, pour prendre sous serment la garde de la châsse, selon l'usage. La petite cloche ayant sonné depuis onze heures jusqu'à minuit sans interruption, selon la coutume, quand les religieux vinrent au chœur à minuit pour réciter les petites heures, la basilique était remplie d'une immense multitude de peuple qui avait trouvé moyen d'y pénétrer, malgré les gardes postés à toutes les portes.

Une sonnerie de six trompettes, du haut de la galerie du clocher, annonça alors au peuple de Paris la descente de la châsse de sainte Geneviève. Cette descente s'accomplit avec l'imposant cérémonial d'usage, le chant du répons étant soutenu par l'orgue et par six trompettes. Après la grand'messe pontificale de communion générale, on permit au peuple de venir baiser la châsse de sainte Geneviève, déposée sur l'autel de Sainte-Clotilde, et devant laquelle six religieux psalmodiaient sans cesse, en présence des magistrats du Châtelet rangés en double haie. Le Parlement y vint, au nombre d'environ deux cents conseillers.

Quand la procession de Notre-Dame entra dans Sainte-Geneviève, la châsse de saint Marcel, éblouissante de pierreries, fut inclinée devant la châsse de sainte Geneviève pour la saluer. L'archevêque et l'abbé s'embrassèrent.

La procession générale se mit en marche dans l'ordre accoutumé. Les ordres mendiants portaient plusieurs châsses de leurs reliques, et étaient suivis des confrères de Notre-Dame de Bonne-Délivrance, nu-pieds, vêtus de chemises de pénitents et couronnés de fleurs, qui portaient aussi des reliquaires ; après eux, les Oratoriens et leur séminaire portaient la châsse de saint Magloire, et les Bénédictins de Saint-Martin des Champs la châsse de saint Paxentius ; les paroisses des églises collégiales de la filiation de Notre-Dame et de Sainte-Geneviève portaient leurs croix et bannières et les châsses de sainte Aure et de saint Médéric ou saint Merry, la première portée par les Barnabites ; l'église Saint-Germain l'Auxerrois portait la châsse de saint Landry, et l'église Saint-Marcel la châsse de saint Clément ; les croix de Notre-Dame et de Sainte-Geneviève précédaient la châsse de saint Lucain, qu'on portait devant les châsses de sainte Geneviève et de saint Marcel.

Quand, au son de l'orgue, des cloches et des trompettes, la châsse de sainte Geneviève parut sur le parvis de sa basilique, une immense acclamation s'éleva de tout le peuple assemblé qui saluait sa patronne, et toute cette multitude tomba à genoux devant elle, en signe de confiance et de respect. Les Génovéfains étaient au nombre de cent quarante, nu-pieds, tenant la droite, et chantant seuls, selon l'usage. L'archevêque, à cause de ses infirmités, était porté dans un fauteuil, à gauche de l'abbé de Sainte-Geneviève, qui donnait comme lui la bénédiction au peuple.

La multitude était si grande dans les rues, qu'un

nombre immense d'échafaudages, qui avaient été dressés pour porter la foule, ne suffisait pas à l'affluence des spectateurs, et qu'on voyait des hommes jusque sur les toits et les cheminées ; plusieurs populations de province étaient même venues à Paris de vingt ou trente lieues de distance. Dans les rues Saint-Étienne des Grès et Saint-Jacques, une pluie de fleurs fut jetée du haut de la plupart des maisons, notamment de celle des Jésuites, sur la châsse de sainte Geneviève. Sur le Petit-Pont, le roi et la reine d'Angleterre, Monsieur, Mademoiselle et plusieurs personnes de la cour attendaient la procession.

A la cathédrale, après la grand'messe et avant le *Salve Regina*, on chanta le *Domine non secundum*. Puis la châsse de sainte Geneviève, reconduite jusqu'au Petit-Pont et devant Sainte-Geneviève des Ardents par la châsse de saint Marcel et le chapitre de Notre-Dame, fut rapportée à sa basilique par la rue Gallande et la place Maubert. Pendant ce retour, les Génovéfains furent assistés, en outre de leurs deux paroisses parisiennes et des ordres mendiants, par les chanoines de Saint-Marcel, précédés de leurs paroisses de Saint-Martin et de Saint-Hippolyte. En raison de la solennité et de l'affluence exceptionnelle du peuple qui encombrait les rues, la cérémonie ne fut terminée qu'à sept heures du soir. Ce fut la soixante-quatorzième procession de la châsse de sainte Geneviève.

L'effet de cette magnifique supplication fut immédiat. Car, pendant la procession même, le ciel, qui, depuis six mois, avait été presque continuellement serein, se couvrit de nuages qui s'épaissirent de plus en plus, et un vent violent s'éleva, en sorte qu'on craignit même que la pluie tant désirée ne vînt fondre sur le cortège : car il pleuvait déjà dans d'autres quartiers de Paris. Mais, comme si le

CHAPITRE TRENTE ET UNIÈME.

ciel eût voulu suspendre les eaux dans les airs jusqu'à l'achèvement de cette belle cérémonie, la pluie ne commença dans cette région de Paris que juste au moment où, la châsse de la Sainte venant de rentrer dans sa demeure, l'abbé de Sainte-Geneviève, qui marchait le dernier, eut fait le premier pas dans sa basilique ; et tout le monde vit dans cette coïncidence précise une manifestation divine à la gloire de la patronne de Paris.

Dès le lendemain, on s'aperçut que, sous l'effet bienfaisant de la pluie, la terre avait déjà changé d'aspect ; les moissons, qu'on croyait perdues, reprirent aussitôt une vie nouvelle, et il fut constaté que, depuis un siècle, on n'avait pas vu de récolte si abondante ni de si belle qualité.

Ce n'est pas tout : le jour même de cette procession de la châsse de sainte Geneviève, l'armée française, commandée par le maréchal de Noailles, remporta en Espagne une victoire décisive.

Il y a plus encore : car il se fit dans le même temps plusieurs miracles particuliers qui augmentèrent la confiance publique dans la protection de sainte Geneviève. L'un de ces miracles s'accomplit à Senlis. Une religieuse de la Présentation de cette ville, Gabrielle Rougeault, sœur de deux conseillers au Parlement, était percluse de tous ses membres et ne pouvait plus remuer ; tous les médecins la jugeaient incurable. Le jour même où se faisait à Paris cette procession de la châsse de sainte Geneviève, la paroisse de Sainte-Geneviève de Senlis faisait une procession à l'église de ce monastère de la Présentation. La malade, ayant appris qu'on y portait une relique du tombeau de sainte Geneviève, pria ses sœurs de la transporter au chœur, afin qu'elle pût y baiser cette relique. Quand elle eut baisé la relique, qu'on avait déposée sur la grille du chœur, Gabrielle sentit comme une révolution dans tous ses membres. Ayant baisé la relique une seconde fois, elle sentit ses membres reprendre des forces. Enfin, ayant prié les sœurs, qui s'empressaient autour de la relique, de la lui laisser baiser encore une fois, se sentant alors entièrement guérie, Gabrielle se leva d'elle-même sans aucune aide, et courut à l'orgue, dont elle savait jouer, pour y entonner le premier verset du *Te Deum laudamus,* qui fut continué par la communauté. L'évêque et les magistrats de Senlis dressèrent procès-verbal de ce miracle.

Le Roi voulut qu'en action de grâces du merveilleux effet de la procession de la châsse de sainte Geneviève, le saint Sacrement fût exposé pendant trois jours dans toutes les églises de Paris. Le premier de ces jours, la messe fut célébrée pontificalement à Sainte-Geneviève par l'abbé, en présence du prévôt des marchands, des échevins et du corps de Ville. L'affluence étant immense à Sainte-Geneviève pendant les trois jours d'exposition du saint Sacrement, on dut, pour satisfaire la dévotion du peuple, laisser découverte pendant ce temps la châsse de la Sainte.

Le prévôt des marchands et les échevins voulurent laisser à Sainte-Geneviève un témoignage permanent de la reconnaissance de la ville. Largillière, peintre du Roi, fut chargé de faire un tableau de dix-sept pieds de haut sur quatorze pieds de large, représentant le corps de Ville et le peuple de Paris aux pieds de sainte Geneviève qui intercède pour eux. [On y voyait représentés à genoux ou debout devant la Sainte, le prévôt des marchands, en soutane rouge et en robe mi-partie rouge et violette, les quatre échevins, en robes mi-parties de mêmes couleurs, le procureur du Roi de la Ville, en robe rouge, le greffier, le receveur, le colonel des archers, et au fond le peuple, avec cette devise que l'Écriture sainte applique au prophète Élie, et qu'on appropriait à sainte Geneviève : « *Oravit, et cœlum dedit pluviam, et terra dedit fructum « suum.* Elle a prié, et le ciel a donné la pluie, et la terre « a donné son fruit [1]. » Deux tables de marbre, jointes à ce tableau, portaient les inscriptions suivantes : en français : « Du règne de Louis XIV, roi de France et de Na-« varre, messire Claude Bosc, chevalier, seigneur d'Ivry-« sur-Seine, conseiller du Roi en ses conseils, procureur « général de la Cour des aides et prévôt des marchands de la « ville de Paris ; nobles hommes Toussaint-Simon Bazin, « conseiller du Roi en l'Hôtel de ville, Claude Puylon, an-« cien docteur de la Faculté de médecine, Charles Sain-« froy, conseiller du Roi, notaire au Châtelet et quartenier, « et Louis Baudran, écuyer, substitut de mondit sieur le « procureur général de la Cour des aides, échevins ; « maître Maximilien Titon, procureur du Roi et de la Ville, « et Jean-Martin Mitantier, greffier, et Nicolas Boucot, « receveur, ont, au nom de la ville, donné ce tableau en « reconnaissance des secours obtenus du ciel par l'inter-« cession de sainte Geneviève, patronne de Paris, en « 1694 » ; en latin : « Pour la délivrance de la crainte « d'une terrible disette, et pour une magnifique récolte « obtenue par les prières de sainte Geneviève, Cl. Bosc, « prévôt de la ville, Touss. Bazin, Cl. Puylon, Ch. Sain-« froy, L. Baudran, échevins ; Maxim. Titon, proc. du « Roi et de la Ville ; Mart. Mitantier, greff., et Nicolas « Boucot, recev., s'étant réunis dans cette église avec les « conseillers et les quarteniers de la ville, ayant assisté à « l'office divin et rendu d'immortelles grâces à Dieu au

---

[1] Jac. v, 18.

« nom de toute la ville, ont fait poser cette table en éter-
« nelle mémoire du bienfait divin, sous le règne de Louis
« le Grand, le 4 avant les id. de sept., l'an du salut
« 1694. »

Le 10 août 1694, le prévôt des marchands, les échevins et le corps de Ville vinrent offrir ce tableau à Sainte-Geneviève en grande solennité. Ils se rendirent processionnellement de l'Hôtel de ville à Sainte-Geneviève à pied, en costume de cérémonie, escortés de la compagnie de leurs gardes. Ils furent reçus et complimentés à la porte de Sainte-Geneviève par le prieur et douze religieux. Le tableau fut alors découvert. L'abbé de Sainte-Geneviève célébra ensuite la messe pontificale, en présence de messieurs de la Ville et de la confrérie des porteurs de la châsse. Pendant ce temps, la châsse de sainte Geneviève était découverte et entourée de cierges allumés, pour offrir à la Sainte l'honneur de cette cérémonie d'action de grâces. Ce tableau a été donné, après la Révolution, à l'église Saint-Étienne du Mont par le cardinal Fesch, qui en avait fait l'acquisition.

Saluons cette belle et illustre procession, qui était comme le dernier et plus vif éclat qu'une lampe jette avant de s'éteindre. Nous ne reverrons plus d'aussi beaux jours désormais dans la suite de ce récit : car les trois processions de la châsse que nous trouverons encore avant la Révolution seront dans des temps où le relâchement de la foi, des mœurs et de l'observance religieuse présagera la ruine imminente d'un monde qui s'écroule.

CHAPITRE XXXII

DERNIÈRES PROCESSIONS DE LA CHASSE DE SAINTE GENEVIÈVE ET MIRACLES. — FONDATION DE LA NOUVELLE BASILIQUE DE SAINTE-GENEVIÈVE. — DERNIERS ABBÉS. — RELACHEMENT CROISSANT.

Jean-Baptiste Chaubert fut abbé de Sainte-Geneviève de 1697 à 1703[1]. Le 11 novembre 1699, il fit don à la paroisse de Sainte-Aude de Meaux de deux côtes de sainte Geneviève, à condition de solenniser chaque année la fête de sainte Geneviève et l'anniversaire de cette translation ; c'est la première fois que nous avons trouvé mention d'une concession de ces précieuses reliques, auxquelles on s'abstenait de toucher jusqu'en 1640 au moins, comme nous l'avons signalé. Le 8 mars 1703, un arrêt du Grand Conseil condamna le Génovéfain Jean-Baptiste pour avoir accepté un bénéfice sans permission du supérieur ; symptôme de relâchement et d'indiscipline. L'Église en France était tellement sécularisée, que c'était, au mépris des sacrés canons et du privilége du for ecclésiastique, un tribunal civil qui punissait les clercs et les

---

[1] Né à Beaugency le 13 janvier 1643, profès à Sainte-Geneviève le 9 septembre 1665, prieur de Saint-Georges-sur-Loire en 1678, troisième assistant en 1691, premier assistant en 1694, il fut élu abbé le 12 septembre 1697, et réélu le 11 septembre 1700. En 1702, il convint avec Charles-Maurice Letellier, archevêque de Reims, de donner aux Génovéfains le séminaire de Reims, à condition que la maison leur resterait si le diocèse fondait un autre séminaire. Il mourut le 3 mai 1703.

réguliers pour leurs fautes contre les règles de leur état.

Jean de Montenay redevint abbé de 1703 à 1706[1]. Par arrêt du conseil, le Roi paya une forte somme à Sainte-Geneviève, tant pour une partie des jardin et palais du Luxembourg, dépendants de l'abbaye, que pour la justice féodale de Sainte-Geneviève, qu'un édit royal avait réunie au Châtelet. On voit que, par le système persévérant que les rois de France avaient suivi depuis trois siècles en démolissant pièce par pièce tout ce qui, dans la féodalité et dans le clergé, pouvait conserver quelque indépendance de la couronne, soit au spirituel, soit au temporel, et en supprimant tout ce qui n'était pas la royauté, la monarchie allait, au moment des crises, se trouver seule sans appuis ni alliés contre la Révolution, et que, par la même raison, une fois la monarchie tombée qui avait tout absorbé en elle, il ne devait plus rien rester de la France.

Claude Pâris fut abbé de 1706 à 1709[2].

Le 16 mai 1709, eut lieu la soixante-quinzième procession de la châsse de sainte Geneviève, à cause de la famine et de la guerre ; l'abbé Pâris tint à y assister nu-pieds selon l'usage, quoiqu'il fût malade et âgé. L'effet de cette procession fut si heureux que, comme pour la

---

[1] Étant premier assistant, il se trouva abbé provisoire par la mort de Chaubert, et fut confirmé par le chapitre du 10 septembre 1703. En 1704, le prieuré de Saint-Irénée de Lyon fit accession à la Congrégation de Sainte-Geneviève. Jean de Montenay se démit au chapitre de 1706, et mourut le 10 juin 1707.

[2] Né à Châlons le 13 janvier 1636, fils d'un conseiller à la cour présidiale, profès à Sainte-Marie de Châteaudun le 25 novembre 1655, prieur d'un monastère en 1673, visiteur de la province de France en 1691, prieur de Sainte-Geneviève en 1694 et troisième assistant, puis abbé du Val des Écoliers, premier assistant en 1703, il fut élu abbé de Sainte-Geneviève le 9 septembre 1706, se démit en 1709 pour cause d'âge et de santé, et mourut le 15 juillet 1711.

précédente, le prévôt des marchands et les échevins donnèrent encore cette fois une table commémorative d'action de grâces à la basilique de Sainte-Geneviève.

Jean Paulinier fut abbé de 1709 à 1715[1]. Après la mort de Louis XIV, le régent voulut le nommer assesseur au conseil intime présidé par le cardinal de Noailles, sur la proposition de ce cardinal et du maréchal de Villeroy ; mais il refusa cet honneur, pour rester plus libre de vaquer au gouvernement de Sainte-Geneviève et à la direction des Bénédictines de la rue des Postes. En 1710, Charles-Maurice Letellier, archevêque de Reims, légua à Sainte-Geneviève sa bibliothèque, composée de seize mille volumes, qui ont formé un des éléments de la bibliothèque publique actuelle de Sainte-Geneviève ; en mémoire de cette libéralité, l'abbé fit faire le buste en marbre du donateur.

Gabriel de Riberolles, qui fut abbé de 1715 à 1721[2],

---

[1] Né à Pézénas le 8 novembre 1646, profès le 20 avril 1664 à Sainte-Marie de Cassien, prieur de Saint-Quentin de Beauvais en 1684 et de Sainte-Catherine de Paris en 1694, second assistant et prieur de Sainte-Geneviève en 1703, élu abbé le 12 septembre 1709. Il publia une *Paraphrase des Psaumes* en 1698 et une *Explication littérale et morale des Évangiles* de 1699 à 1702. Il fut confesseur de Gaspard de Fieulet, conseiller du Roi, mort en odeur de sainteté chez les Camaldules de Grosbois, et du maréchal de Marsin. Le président Claude Lepelletier s'était pourvu d'une maison proche de Sainte-Catherine quand Paulinier en était prieur, afin de pouvoir converser fréquemment avec lui. Il fut réélu abbé le 15 septembre 1712.

[2] Né à Paris le 13 juin 1647, fils d'un conseiller au Châtelet, profès à Sainte-Catherine le 17 octobre 1666, prieur de Saint-Crépin de Soissons en 1685, il avait été choisi alors par les évêques, avec onze autres Génovéfains, sous la conduite du Père Rodoyer, prieur de Sainte-Geneviève, pour remplir, par ordre du Roi, une mission dans les Cévennes infestées par l'hérésie. Au retour de cette mission, il fut prieur de Sainte-Marie de Chage et curé de la première paroisse de Meaux, où Bossuet lui donna la direction du séminaire et la charge d'instruire de la foi catholique les protestants convertis. Bossuet le prit pendant près de vingt ans pour auxiliaire dans la conduite du diocèse de Meaux, et lui

avait été ami intime de Bossuet et son auxiliaire dans le gouvernement du diocèse de Meaux ; et précédemment il avait été envoyé en mission avec d'autres Génovéfains dans le pays protestant des Cévennes.

En 1720, comme on avait restauré l'église et le noviciat de Sainte-Geneviève, et qu'il restait à agrandir la bibliothèque, le duc d'Orléans, régent de France, voulut y contribuer par des largesses, sur la proposition du marquis d'Argenson, garde des sceaux, et vint en poser lui-même la première pierre, le 5 avril. On inséra dans cette première pierre des monnaies et une table de bronze commémorant que le régent avait ainsi voulu manifester sa bienveillance pour « l'église canoniale protoroyale « de Sainte-Geneviève ».

Jean Paulinier redevint abbé de 1721 à 1727[1].

Le 5 juillet 1725, eut lieu la soixante-seizième procession de la châsse de sainte Geneviève, à cause des grandes pluies qui menaçaient la récolte. La veille de ce jour, l'assemblée du clergé de France, tenue aux Grands-Augustins, était venue processionnellement en pèlerinage à Sainte-Geneviève. En reconnaissance des heureux effets qu'on retira de cette procession de la châsse, qui fut l'avant-dernière, le prévôt des marchands et les échevins, comme à la suite des deux précédentes, offrirent encore à la basilique de Sainte-Geneviève une table commémorative d'action de grâces pour les bienfaits de la Sainte.

légua son anneau pastoral. Abbé du Val des Écoliers de Liége en 1705, second assistant en 1706, premier assistant et prieur de Sainte-Geneviève en 1709, il y fut élu abbé par le chapitre de 1715, et prorogé le 15 septembre 1718.

[1] Élu au chapitre de 1721, prorogé par celui de 1724, il mourut le 6 mars 1727.

CHAPITRE TRENTE-DEUXIÈME.

Gabriel de Riberolles redevint abbé de 1727 à 1733[1].

Le 4 octobre 1727, la Reine, qui avait souvent visité Sainte-Geneviève de Nanterre, vint en pèlerinage à la basilique de Sainte-Geneviève du Mont, où l'abbé, orné des insignes pontificaux, la reçut solennellement à l'entrée de l'église.

En 1732, on fondit, pour le clocher de Sainte-Geneviève, six nouvelles cloches, dont l'abbé fit la bénédiction solennelle le 27 novembre. Messieurs de la Ville reçurent de M. de Maurepas l'ordre d'y assister en habits de cérémonie.

Pierre Sutaine fut abbé de 1733 à 1739[2], et François Patot de 1739 à 1745[3].

En 1744, le roi Louis XV étant tombé malade à Metz, on fit pour lui des prières publiques à Sainte-Geneviève, et le Roi fut guéri. Louis XV, attribuant sa guérison à la protection de sainte Geneviève, résolut de faire bâtir en son honneur, et pour abriter son tombeau sacré, une nouvelle basilique, destinée à remplacer l'ancienne, qui menaçait ruine. Le mauvais goût de cette époque, qui considérait les beautés de l'art chrétien du moyen âge comme un reste de barbarie, et qui, n'estimant que l'architecture païenne, dédaignait, sous le nom de « mau- « vais style », ces merveilles et ces chefs-d'œuvre qu'il ne

---

[1] Étant premier assistant, la mort de Paulinier le fit abbé provisoire ; confirmé par le chapitre du 11 septembre 1727, réélu le 14 septembre 1730, il se démit en 1733, et mourut le 3 novembre 1733.

[2] Né à Reims, prieur de Mauléon pendant vingt ans, en 1727 visiteur de la province de Bretagne et premier assistant, élu abbé en 1733, réélu en 1736.

[3] Originaire d'Anjou, en 1715 prieur de Saint-Irénée de Lyon, en 1730 visiteur de Bretagne et prieur de Tous-les-Saints d'Angers, en 1733 prieur de Sainte-Geneviève et premier assistant, élu abbé en 1739, réélu en 1742.

comprenait pas, cherchait à substituer partout des temples païens de style grec abâtardi aux admirables basiliques de l'art roman et de l'art ogival, et a détruit par ignorance presque autant de nos anciens et précieux sanctuaires que le vandalisme révolutionnaire en a ensuite démolis par haine. C'est ce qui explique pourquoi Louis XV voulut faire une nouvelle basilique en forme de temple païen, au lieu de restaurer l'ancienne basilique, œuvre vénérable de sainte Geneviève, de saint Remy, de sainte Clotilde et de Clovis. Le plan de Soufflot, architecte du Roi, fut adopté, et c'est à lui qu'on doit l'église actuelle de Sainte-Geneviève, à laquelle le souvenir des troubles révolutionnaires a attaché aussi le nom de Panthéon.

En 1747, on détruisit, pour construire l'hospice des Enfants trouvés, l'antique et vénérable église de Sainte-Geneviève des Ardents. Le culte des souvenirs les plus augustes et les plus chers s'était alors éteint pour faire place au plus brutal vandalisme. On jeta bas, sans hésitation ni remords, ce sanctuaire précieux qui occupait la place de la maison sanctifiée par la demeure habituelle de sainte Geneviève, cet édifice tout imprégné des parfums de son souvenir, ce lieu témoin des merveilles et des grâces les plus intimes de sa vie, où elle avait autrefois tant prié pour le peuple qui venait y implorer ses conseils et ses secours, et où les pontifes parisiens étaient venus pendant tant de siècles lui faire hommage de leur diocèse. Et en 1748, on démolit aussi, pour agrandir le cloître Notre-Dame, l'antique église ou baptistère de Saint-Jean-Baptiste ou Saint-Jean le Rond, où sainte Geneviève, priant avec les femmes de Paris, avait préservé la capitale de l'invasion d'Attila, et près de laquelle elle avait fondé le monastère de vierges où son lit vénérable,

CHAPITRE TRENTE-DEUXIÈME.

précieusement conservé autrefois, avait, par un insigne miracle, triomphé d'une inondation.

Les documents relatifs à l'histoire de l'abbaye de Sainte-Geneviève s'arrêtant à la date où nous sommes arrivés, nous ne pouvons plus qu'énumérer les noms des derniers abbés. D'ailleurs, cette lacune historique sur les faits intérieurs de l'abbaye est peu regrettable, et la tristesse de ces temps s'accommode aisément du silence, puisque l'état intérieur de cette illustre communauté était alors devenu déplorable.

Le chapitre de 1745 élut Lazare Chambroy, qui fut abbé jusqu'en 1750; cette élection fut extrêmement tumultueuse, à cause des troubles soulevés contre l'élu par le parti janséniste, qui était puissant dans la communauté[1].

Le chapitre de 1751 élut abbé Blaise Duchesne.

Le chapitre du 12 septembre 1754 élut Louis Chaubert, qui fut abbé jusqu'en 1760[2].

En 1757, furent commencées les fouilles et les fondations de la nouvelle basilique de Sainte-Geneviève.

Le chapitre de 1760 élut Charles-François Delorme, qui fut abbé jusqu'en 1766[3].

Le 6 septembre 1764, le roi Louis XV posa lui-même solennellement la première pierre de la nouvelle basilique de Sainte-Geneviève.

Le 16 décembre 1765, fut faite la soixante-dix-septième et dernière procession de la châsse de sainte Geneviève, pour le rétablissement de la santé du Dauphin.

---

[1] Le chapitre du 12 septembre 1748 le réélut, malgré les cabales des jansénistes. Il mourut en 1750.

[2] Probablement réélu en 1757.

[3] Probablement réélu en 1763.

Le chapitre de 1766 élut Étienne Viallet, qui fut abbé jusqu'en 1772 [1].

Le chapitre de 1772 élut Revoir, qui fut abbé jusqu'en 1778 [2].

Le chapitre de 1778 élut André-Guillaume de Géry, qui fut abbé jusqu'en 1784 [3].

Le chapitre de 1784 élut Claude Rousselet, dernier abbé de Sainte-Geneviève, qui fut réélu par le chapitre de 1787. Il sut, pendant la persécution révolutionnaire, rester fidèle à l'Église et braver la colère des impies. Échappé à la tempête terroriste, dans laquelle tant de victimes avaient laissé leur vie ou leur foi, nous le verrons sauver le tombeau de sainte Geneviève. Après le rétablissement du culte, il devint chanoine de Notre-Dame et archidiacre de Sainte-Geneviève, et mourut le 17 janvier 1808, âgé de soixante-seize ans.

Nous avons dit qu'il ne faut pas regretter l'absence de documents sur ces dernières années de l'histoire de l'abbaye génovéfaine : car la lumière qu'on y porterait ne dévoilerait que de tristes spectacles. La Congrégation des chanoines réguliers de France, dont Sainte-Geneviève était la métropole, comptait en France soixante-sept abbayes, vingt-huit prieurés, deux prévôtés, deux hôpitaux, plusieurs séminaires ; elle comptait en tout, plus de neuf cents maisons, et l'abbé de Sainte-Geneviève nommait à plus de cinq cents cures. |Mais, si le corps était grand, il était malade et tombait en dissolution, l'esprit ayant cessé de l'animer ; à son court éclat avait succédé

---

[1] Probablement réélu en 1769.
[2] Probablement réélu en 1775.
[3] Il publia six volumes de sermons imprimés en 1788, fut probablement réélu en 1781, et mourut le 7 octobre 1786.

CHAPITRE TRENTE-DEUXIÈME.

une rapide décadence, avant-courrière de la ruine. La ruine était proche en effet ; car l'abbaye de Sainte-Geneviève, comme la monarchie temporelle, portait en elle-même les principes de sa destruction.

CHAPITRE XXXIII

DÉCADENCE DE L'ABBAYE DE SAINTE-GENEVIÈVE. — LA RÉVOLUTION SUPPRIME L'ABBAYE. — PROFANATION DE L'ÉGLISE ET DES RELIQUES.

Depuis le début du quatorzième siècle, la monarchie française était entrée dans des voies funestes, tant pour le spirituel que pour le temporel. Dans l'ordre temporel, au lieu de s'allier, comme le fit la monarchie anglaise, avec l'aristocratie territoriale et féodale, elle voulut la détruire pour régner seule sans contrôle, et détruisit avec elle le contre-poids nécessaire qui seul eût pu la soutenir plus tard contre l'esprit de révolution. Dans l'ordre spirituel, oubliant qu'ils régnaient sur « la fille aînée de « l'Église », les rois de France, malgré leur titre de « rois « très-chrétiens », eurent généralement pour système, depuis cette époque, de faire échec au Pape, et de s'en déclarer indépendants. Ces rois, pour la plupart pieux et croyants, suivaient, sans bien se rendre compte du mal qu'ils faisaient, le courant des faux et criminels principes inoculés à leur race par le cruel et impie Philippe le Bel et fomentés par l'ambition adulatrice des légistes gallicans. Mais, les principes poursuivant leurs conséquences logiques, le gallicanisme avait annihilé le spirituel sous l'envahissement du temporel, opprimé le clergé sous l'omnipotence royale, foulé aux pieds les lois de l'Église en déférant les causes ecclésiastiques et spirituelles aux tribunaux du Roi au mépris des priviléges du for ecclésiastique, asservi les consciences et l'indépendance cléricale sous le bon plaisir du prince, et désorganisé les ordres religieux par l'institution des commandes. Et, par un équitable retour de la justice divine, la royauté, qui s'était appuyée sur le tiers état pour faire échec au Pape par ses légistes et ses parlements, et qui, avec le concours de leur servile complaisance, avait voulu se faire la rivale plutôt que la fille soumise du vicaire de Jésus-Christ, devait succomber précisément sous les coups du tiers état, en attendant que le tiers état sombrât lui-méme dans la tempéte qu'il avait imprudemment et criminellement soulevée. La royauté portait donc en elle, dans le gallicanisme, le germe de sa ruine.

C'est la mode aujourd'hui, parmi les historiens à courte vue qui inondent de leurs erreurs l'enseignement contemporain, de représenter comme les fondateurs de la monarchie française des hommes tels que Louis XI, François Ier, le cruel Richelieu, ou l'orgueilleux Louis XIV. C'est là une erreur énorme : ces personnages furent, non les fondateurs, mais les destructeurs de la monarchie française. Car ils préparèrent directement la Révolution en anéantissant l'aristocratie féodale, en humiliant le clergé, en secouant le joug salutaire et pondérateur de la suprématie pontificale sur les couronnes, en usurpant sur l'autorité spirituelle, en asservissant la religion sous le joug séculier de l'État ; ce sont eux qui firent la Révolution, mieux que les folies des girondins et que les crimes des terroristes, et c'est à eux que nous devons l'anarchie et les bouleversements périodiques qui, depuis un siècle, font rouler de révolution en révolution la France, dépouillée graduellement par eux des institutions séculaires et tutélaires qu'elle devait aux vrais fondateurs de sa monarchie, à Clovis, à saint Remy et à sainte Geneviève, à Pépin et à Charlemagne, à Hugues-Capet et à Robert le Pieux, à Louis VI et à saint Bernard, c'est-à-dire à ces rois, vrais et dociles fils de l'Église, qui trouvaient toujours des légions de saints évêques, abbés, moines et vierges pour les assister dans leurs règnes.

Ajoutons que l'hérésie protestante avait porté dans le seizième siècle un coup funeste à tous les États, et même aux monarchies catholiques, en faisant souffler sur le monde un vent de scepticisme, d'orgueil et de révolte. Comme l'avait dit Baronius dans un passage que nous avons cité, le culte rendu aux Saints dans la personne de sainte Geneviève avait valu à un roi païen l'honneur de fonder une dynastie et un royaume ; le mépris des Saints, répandu dans le monde par Luther et Calvin, devait à l'inverse porter malheur à toutes les monarchies chrétiennes.

Quant aux ordres religieux, l'esprit du monde, secondé puissamment par le gallicanisme et par le jansénisme, s'y était introduit et y avait fait des ravages, activement propagés par le système des commandes et de la nomination des abbés par la couronne. Il y avait encore parmi eux quelques Saints, pénétrés de l'esprit religieux, et qui le conservèrent jusqu'après la tempête révolutionnaire, en se gardant purs de la contagion qui les entourait ; mais le plus grand nombre des religieux d'alors ne comprenaient pas la sainteté de leur état, ou s'en étaient dégoûtés ; et lorsque, dans une célèbre séance nocturne de l'Assemblée constituante, véritablement nocturne parce qu'elle sanctionna des « œuvres de ténèbres [1] », ces indignes religieux crurent pouvoir faire à la nation abandon de

[1] *Rom.* XIII, 12.

biens et de droits qu'ils n'avaient point qualité pour céder, ils ne firent que préluder à l'apostasie qu'ils nourrissaient depuis longtemps dans leurs cœurs. Ce n'était qu'au dix-neuvième siècle qu'étaient réservés, comme compensation à ses calamités, le réveil général de l'esprit religieux et la résurrection des ordres religieux.

Or l'abbaye de Sainte-Geneviève était alors tombée dans le lamentable état que nous venons de décrire. Nous avons dit pour quelles causes la réforme du pieux cardinal de la Rochefoucauld n'était pas née viable, et comment, portant en elle-même le germe de sa dissolution, elle ne pouvait garder longtemps sa ferveur première. En effet, la décadence y fut rapide. L'hérésie janséniste y avait pris possession, et l'esprit du monde y régnait. Dès l'année 1717, un Génovéfain, le Père Lecourayer, s'était enfui en Angleterre pour échapper aux poursuites méritées par ses écrits en faveur des protestants. Tandis que la réforme parallèle de Rancé résistait à l'orage révolutionnaire, et que ses disciples, dignes fils de Saint-Benoît et de Saint-Bernard, portaient à l'étranger l'observance qui devait ressusciter plus tard en France l'ordre monastique, la Congrégation des chanoines réguliers de France tomba et disparut pour toujours, et l'on vit ses disciples, indignes fils de Saint-Augustin et indignes gardiens du tombeau de sainte Geneviève, apostasier en grand nombre en prêtant un serment impie à la sacrilége Constitution civile du clergé. La suppression de l'abbaye de Sainte-Geneviève ne fit donc que constater extérieurement la ruine intérieure qui existait déjà de fait.

Le 21 avril 1790, la municipalité de Paris s'empara de la bibliothèque de l'abbaye de Sainte-Geneviève.

Ici nous passerons rapidement sur des scènes honteuses et douloureuses.

CHAPITRE TRENTE-TROISIÈME.

Le 4 avril 1791, l'Assemblée constituante décréta que la nouvelle basilique de Sainte-Geneviève deviendrait, sous le nom païen de « Panthéon », la sépulture des « grands hommes », c'est-à-dire des malfaiteurs qu'un paganisme renaissant essayait de diviniser. Cet auguste sanctuaire fut profané successivement par l'importation dans ses murs sacrés des restes de scélérats et d'impies, tels que Mirabeau, Marat, Voltaire, Rousseau, etc., quoique parfois l'inconstance d'un peuple ivre de sang et de folies fît retirer du temple, pour les jeter aux égouts, les ossements des misérables qu'il avait adorés comme des dieux.

Le 14 août 1792, les révolutionnaires retirèrent de l'église, et remirent au curé de Saint-Étienne du Mont, la châsse de sainte Geneviève, avec deux cœurs de vermeil et le bouquet de diamants qui y étaient annexés.

Mais les excès de la Révolution ne devaient pas s'arrêter là : la haine de Dieu et de ses Saints était l'esprit de cette révolution qu'on n'a pas craint de glorifier. Les ornements précieux de la châsse tentaient la cupidité des impies, et les reliques elles-mêmes de la Sainte, le culte dont elles étaient l'objet depuis treize siècles, et les merveilles que Dieu avait opérées par elles, excitaient la rage de l'enfer dont ces hommes abrutis étaient les esclaves. La spoliation de la châsse et la profanation, la destruction même des reliques de sainte Geneviève devaient être au nombre de leurs crimes.

Le 9 novembre 1793, la châsse de sainte Geneviève fut portée à la Monnaie, en vertu d'un décret qui ordonnait la fonte de tous les vases sacrés et objets sacrés en métal. Le procès-verbal que la commune reçut du dépouillement de la châsse constata, dans les diamants, perles et matières d'or et d'argent, une valeur de vingt-trois mille huit cent trente livres. Ce même procès-verbal constate, dans un langage hideusement blasphématoire et avec de grossières erreurs historiques, qu'on trouva dans le sépulcre intérieur que renfermait la châsse : plusieurs petits paquets contenant probablement des reliques ; une fiole lacrymatoire renfermant probablement du sang de quelque martyr ; un fragment de la chasuble de saint Pierre, attesté par une inscription sur parchemin ; un stylet de cuivre plat d'un côté et pointu de l'autre, qui était probablement la fibule avec laquelle sainte Geneviève attachait ses vêtements ou ses cheveux ; enfin les ossements de sainte Geneviève, enveloppés de linges blancs, à l'exception de quelques ossements qui en avaient été distraits pour être donnés à d'autres églises. Dieu permit, dans sa colère, et en punition d'un peuple infidèle et révolté, que ces restes précieux de son épouse et de son amie, objets d'une vénération séculaire, subissent le contact impur de ces mains sacriléges.

Mais un sacrilége plus horrible encore allait être commis. La commune décréta, le 21 novembre 1793, que les reliques de sainte Geneviève seraient brûlées sur-le-champ en place de Grève, c'est-à-dire au lieu d'exécution des criminels, et cela, disait le décret révolutionnaire, « pour expier le crime d'avoir servi à propager « l'erreur et à entretenir le luxe de tant de fainéants » ; c'est en ces termes que la commune de Paris résumait la glorieuse histoire du culte de sainte Geneviève. Le 3 décembre suivant, une horde de scélérats emporta le corps de la sainte patronne et bienfaitrice de Paris, et le conduisit au lieu des exécutions capitales, comme Notre-Seigneur avait été conduit et crucifié au lieu d'exécution des criminels ; et là, ces précieux ossements furent brûlés sur un bûcher couvert de chasubles, chapes et ornements

CHAPITRE TRENTE-TROISIÈME.

d'église. Il semble que l'ingratitude des contemporains de sainte Geneviève ait voulu présager cet odieux sacrilége, quand ils méditaient de la tuer dans le moment même où elle les préservait de l'invasion d'Attila. La Providence divine avait heureusement pris soin de faire distribuer des portions de ces augustes reliques à d'autres églises, hors de Paris, afin de mettre au moins une partie du corps de cette grande Sainte hors de la portée des orgies révolutionnaires.

Vers le même temps, on fit disparaître de la nouvelle basilique de Sainte-Geneviève tout ce qui rappelait le culte catholique. Sous l'action de ce travail, l'édifice menaça ruine, et le peuple disait, à la vue des crevasses alarmantes qui s'y produisaient : « L'église veut tomber « parce que sainte Geneviève n'y est plus. » Il fallut faire des travaux de consolidation pour en empêcher la ruine.

CHAPITRE XXXIV

RÉTABLISSEMENT DU CULTE DANS L'ÉGLISE DE SAINTE-GENEVIÈVE. — HISTOIRE DE LA BASILIQUE PENDANT LE DIX-NEUVIÈME SIÈCLE.

Le tombeau de pierre qui avait renfermé le corps de sainte Geneviève depuis sa mort jusqu'à l'époque où il avait été transféré dans une châsse, et que nous avons vu entouré de la vénération publique dans la crypte de l'ancienne basilique, puis renfermé dans un cénotaphe de marbre par le cardinal de la Rochefoucauld, avait été dépouillé par les révolutionnaires de sa grille et de son revêtement de marbre, et était resté enseveli sous des décombres qui le préservèrent de la destruction. Dès que le culte divin fut rétabli en France, en 1802, le Père Rousselet, dernier abbé de Sainte-Geneviève, s'entendit avec M. Amable des Voisins, curé de Saint-Étienne du Mont, pour assurer la conservation de ce précieux tombeau en le transférant dans cette église paroissiale. M. de Malaret, vicaire général, vint, le 8 novembre 1803, constater l'authenticité du tombeau avec le curé de Saint-Étienne du Mont et d'autres témoins. Le 15 décembre, le Père Rousselet et six autres anciens Génovéfains attestèrent par écrit son identité avec l'antique sépulcre de sainte Geneviève. Sur la permission du cardinal de Belloy, archevêque de Paris, datée du 20 décembre 1803, le tombeau de sainte Geneviève fut transporté à Saint-

Étienne du Mont, et, avec lui, la célébration des anciennes fêtes usitées autrefois dans l'abbaye génovéfaine.

Par décret du 20 février 1806, l'empereur Napoléon Ier décida « que l'église de Sainte-Geneviève serait terminée « et rendue au culte, conformément à l'intention de son « fondateur, sous l'invocation de sainte Geneviève, « patronne de Paris », et en confia la garde à un archiprêtre et au chapitre de Notre-Dame, augmenté de six chanoines. Ce décret, conservant en partie, tout en l'atténuant, l'affectation que l'Assemblée constituante avait donnée à cette église, décidait en outre qu'elle serait affectée à la sépulture des grands dignitaires, grands officiers et sénateurs de l'Empire; dans ces termes, cette affectation ne différait guère de ce qui s'était fait avant la Révolution. On y ensevelit à ce titre les cardinaux Caprara, de Bayanne et Erskine, et le maréchal Lannes.

En 1807, on démolit l'ancienne basilique de Sainte-Geneviève pour régulariser la place et les rues qui avoisinaient la nouvelle basilique fondée par Louis XV. Le même esprit régnait encore à cet égard qu'au dix-huitième siècle : on n'avait pas encore le respect des monuments anciens et vénérables ; le nom d'archéologie était même inconnu, et les édifices les plus précieux par leurs souvenirs ou par leur architecture étaient jetés bas, sans scrupule, comme dans les deux siècles précédents. Il ne resta de l'antique et vénérée basilique génovéfaine, fondée par Clovis et achevée par sainte Clotilde sur le conseil de sainte Geneviève et de saint Remy, et restaurée par Étienne de Tournay, que le clocher, tour carrée de style ogival qui est actuellement enclavée dans les bâtiments du lycée Henri IV, et connue sous le nom de « tour de Clovis ».

Par ordonnance du 12 décembre 1821, le roi Louis XVIII

remit la basilique de Sainte-Geneviève aux mains de l'archevêque de Paris, qui en attribua provisoirement le service à la Congrégation des prêtres de la Miséricorde. Mgr de Quélen, archevêque de Paris, réunit aussitôt de divers lieux huit reliques de sainte Geneviève pour constituer la nouvelle châsse destinée à être déposée dans l'église. Ces reliques qui y sont conservées sont : un fragment d'ossement, venant de l'église de Sainte-Geneviève des Bois, au diocèse d'Orléans ; un ossement, venant de l'église Saint-Roch à Paris ; une portion d'ossement, venant des Carmélites de la rue d'Enfer ; un ossement, venant de l'église de Sainte-Geneviève de Verneuil, au diocèse d'Amiens ; un ossement, soustrait lors de la spoliation de l'ancienne châsse ; un médaillon de reliques du sépulcre de sainte Geneviève, venant de l'abbaye de Saint-Paul de Beauvais ; des parcelles d'ossements dans un reliquaire ; des parcelles d'ossements venant du cardinal Caprara. Comme l'état de la nouvelle église n'avait pas permis d'y rétablir effectivement le culte sous l'Empire, l'ouverture en fut faite avec grande solennité par l'archevêque de Paris, dans la fête de sainte Geneviève, le 3 janvier 1822, et la châsse fut déposée dans la basilique, en présence du nonce, de neuf archevêques et évêques, du comte d'Artois, du duc et de la duchesse d'Angoulême, et des autorités civiles et militaires.

La révolution de 1830 profana de nouveau l'église de Sainte-Geneviève. Des menaces ayant été proférées contre le temple de la patronne de Paris, et une bande d'impies étant venus y saccager les objets du culte, le clergé fut forcé de fermer la basilique et de cacher la châsse de sainte Geneviève, que le gouvernement se fit d'abord livrer par les mains d'un commissaire de police, comme s'il se fût agi d'arrêter un malfaiteur. Puis, au bout de quelques jours, par décision du gouvernement, on fit disparaître la croix du dôme, et le culte divin fut de nouveau banni de la basilique de SainteG-eneviève, transformée encore une fois en Panthéon païen ; les ornements sacrés de l'église patronale en furent retirés et remis à l'archevêque, ainsi que la châsse des reliques de sainte Geneviève. La Sainte fut ainsi chassée une seconde fois de son église, en même temps que son divin Époux en était aussi chassé ; heureusement, la châsse fut déposée en lieu sûr, et préservée lors du pillage de l'archevêché qui signala l'une des nombreuses émeutes du nouveau règne. Le 27 juillet 1831, la basilique de Sainte-Geneviève subit une nouvelle profanation. Le roi Louis-Philippe y vint faire la dédicace du Panthéon aux dieux révolutionnaires, et y célébra une solennité toute païenne en l'honneur des mânes des insurgés de 1830 ; les chants ignobles de la *Marseillaise* et d'autres hymnes démagogiques retentirent encore sous ces voûtes que sainte Geneviève avait reconquises après un néfaste interrègne, mais d'où l'impiété la chassait une fois de plus, et cette fois pour vingt et un ans.

Par décret du 6 décembre 1851, le prince Louis-Napoléon Bonaparte, président de la République, et bientôt empereur sous le nom de Napoléon III, quatre jours seulement après le coup d'État par lequel il venait d'arracher la France à l'anarchie, rendit la basilique de Satnte-Geneviève au culte catholique, comme église patronale, cette fois sans condition ni affectation quelconque, et rétablit de nouveau dans ce sanctuaire le nom et la domination de la patronne de Paris ; ce décret remettait à des temps plus calmes l'organisation du culte dans la basilique patronale. En effet, par un nouveau décret du 22 mars 1852, le même prince institua, pour desservir l'église de Sainte-

CHAPITRE TRENTE-QUATRIÈME.

Geneviève, un chapitre de sept prêtres, présidé par un doyen, et dont les titulaires porteraient le nom de « cha-« pelains de Sainte-Geneviève », et seraient nommés au concours.

Un mois après le rétablissement de l'Empire, le 3 janvier 1853, jour de la fête de sainte Geneviève, Paris célébra solennellement, au milieu d'un immense concours de peuple et dans l'allégresse générale, le rétablissement victorieux du culte de sa patronne. A neuf heures du matin, la châsse des reliques de sainte Geneviève fut rapportée solennellement de Notre-Dame à la basilique génovéfaine d'où le règne précédent l'avait chassée ; le bourdon et toutes les cloches de l'antique cathédrale sonnaient en volée, pour saluer d'un joyeux adieu le départ de la Sainte à qui elle venait de donner asile pendant les jours mauvais, et dont ses voûtes avaient reçu si souvent la visite triomphale quand la dévotion des siècles passés l'y apportait en procession. Sur le trajet, le clergé des paroisses de Saint-Nicolas du Chardonnet et de Saint-Étienne du Mont était rangé devant le portail de ces deux églises pour encenser la châsse à son passage. Dès que les reliques de la Sainte eurent été replacées dans la basilique de Sainte-Geneviève, Mgr Sibour, archevêque de Paris, y célébra solennellement la grand'messe pontificale, en présence de deux ministres, des autorités publiques et d'une immense multitude de clergé et de fidèles émus et consolés. Au *Gloria in excelsis,* l'archidiacre de Sainte-Geneviève installa canoniquement le doyen et les nouveaux chapelains de Sainte-Geneviève, en possession de l'église qui leur était confiée. L'archevêque, montant en chaire, prononça un émouvant sermon, pour inviter le peuple à la reconnaissance pour les bienfaits du ciel, et la cérémonie se termina par le chant du *Te Deum lauda-*

mus. Ce même jour, s'ouvrit une neuvaine solennelle d'action de grâces et de prières pour l'Église, la France et l'Empereur, pendant laquelle toutes les paroisses de Paris vinrent en pèlerinage général à Sainte-Geneviève.

Il existe à présent deux châsses de sainte Geneviève. Car, la plus grande partie des ossements de la Sainte ayant été brûlée par les révolutionnaires, l'église de Saint-Étienne du Mont a réuni de son côté, comme la basilique patronale de Sainte-Geneviève, des reliques destinées à se reconstituer aussi une châsse. La châsse qui est à Saint-Étienne du Mont renferme trois reliques de sainte Geneviève : un fragment d'ossement et une mèche de cheveux de la Sainte, venant de l'abbaye de Chelles ; un ossement, donné par le cardinal Caprara ; une parcelle d'ossement, enchâssée dans le piédestal d'une statuette d'argent, et donnée par M. Mathieu, curé de la Madeleine à Paris, et plus tard cardinal. Cette châsse est placée dans la chapelle de Sainte-Geneviève de Saint-Étienne du Mont, sur le retable, au pied d'une statue de la Sainte, laquelle est la copie de celle qui était au portail de l'ancienne basilique et qui est actuellement dans la sacristie du lycée Henri IV.

En face de l'autel de cette chapelle, l'église Saint-Étienne du Mont garde l'antique et vénérable tombeau de pierre de sainte Geneviève, renfermé dans un grand coffre sculpté de bronze doré, magnifique ouvrage d'orfévrerie, en forme de mausolée. Le tombeau est surmonté d'un ciborium élégant de style ogival, qui est l'œuvre du Père Martin, Jésuite, et dont les ornements représentent les vierges sages et les vierges folles de l'Évangile, et saint Siméon le Stylite se recommandant du haut de sa colonne aux prières de sainte Geneviève.

L'église Saint-Étienne du Mont célèbre, le quatrième

dimanche après Pâques, la fête de la translation du tombeau de sainte Geneviève, et, le dernier dimanche après la Pentecôte, la solennité de la fête de Sainte-Geneviève des Ardents, qui, pour l'office, est maintenue dans le calendrier du diocèse à sa date du 26 novembre.

La paroisse de Diant, au diocèse de Meaux, possédait en 1821 une relique de sainte Geneviève, et les paroissiens y étaient tellement attachés qu'ils refusèrent de s'en dessaisir au profit de l'archevêché de Paris, et montèrent la garde pour empêcher cette cession. On possède aussi une relique de sainte Geneviève à la Ferté-sous-Jouarre. L'église de Bouvilux, au diocèse de Beauvais, a obtenu de Rome, en 1866, une autre relique de sainte Geneviève.

CHAPITRE XXXV

CONCLUSION.

Les tempêtes révolutionnaires et les fureurs de l'impiété n'ont rien pu contre le culte de sainte Geneviève ; et ce que nous disions, au début de ce livre, sur l'indéfectibilité de la virginité chrétienne bravant les orages et défiant le temps comme les haines, se vérifie éminemment dans la vierge de Nanterre, que Paris, malgré le malheur et les troubles de ces temps, vénère toujours comme sa patronne. Aujourd'hui comme autrefois, les fidèles vont pieusement chercher à Nanterre les traces de son enfance. Mais, comme autrefois, c'est surtout à son tombeau, dans ses deux églises de Sainte-Geneviève et de Saint-Étienne du Mont, que l'affluence est continuelle. Comme au siècle où le constatait l'auteur de *Gallia christiana,* ses deux châsses reçoivent chaque jour une multitude de pieuses visites, et des cierges allumés par la dévotion des fidèles y brûlent sans cesse, de même qu'autour de son antique sépulcre ; tous les jours on apporte en masse au tombeau de sainte Geneviève des médailles, des chapelets, des objets de piété, du linge pour les malades, afin de faire toucher ces objets à la pierre vénérée qui renferma longtemps le corps de la Sainte. Mais la neuvaine annuelle de sainte Geneviève, du 3 au 11 janvier, est surtout une éclatante revanche pour la gloire de la patronne de Paris et un écrasant défi jeté à l'audace de l'impiété contemporaine : pendant ces neuf jours, les deux églises de Sainte-Geneviève et de Saint-Étienne du Mont sont remplies du matin au soir d'une affluence compacte qui en rend parfois l'accès impossible, et le curé de Saint-Étienne évalue à cent mille le nombre des personnes qui y passent dans ces jours-là. De nombreux *ex-voto* y attestent les grâces miraculeuses que la Sainte répand comme autrefois sur son peuple.

On peut donc répéter encore avec vérité ce qu'écrivait autrefois l'ancien auteur dominicain Jacques de Voragine : « Paris a éprouvé et éprouve chaque jour davan-
« tage », disait-il, « combien il faut révérer cette vierge
« du Christ, auprès de laquelle l'humilité obtient la vue
« aux aveugles, la guérison aux infirmes, mais auprès de
« laquelle l'incrédulité trouve sa perte. Vénérons donc
« Geneviève de toutes nos louanges, mais vénérons-la
« avec crainte et avec foi pour implorer ses suffrages. Il
« est juste, en effet, d'honorer Geneviève, qui a délivré
« tant de fois et de si grands périls cette illustre ville de
« Paris, la principale et très-forte colonne du royaume très-
« chrétien, et très-docte maîtresse de toute la chrétienté
« dans la science et dans la foi, qui l'a préservée des ar-
« mées ennemies, qui a réprimé l'inondation des eaux,
« qui a éteint dans les membres des hommes l'incendie
« d'un feu horrible, qui a rendu aux aveugles la vue, aux
« boiteux la marche, aux sourds l'ouïe, et chassé le
« démon des possédés par ses prières ; et non-seulement
« par ses prières, car bien souvent le Seigneur a daigné
« guérir des malades par le contact des franges du véte-
« ment de sa bien-aimée vierge Geneviève. Aussi est-ce
« avec raison qu'elle réside à Paris au sommet d'une
« haute montagne, où, élevée en signe d'honneur et
« merveilleusement établie, elle ne cesse de répandre des
« flots de guérisons et de grâces sur ceux qui demandent

CHAPITRE TRENTE-CINQUIÈME.

« avec foi ses largesses. Aussi faut-il nous confier à elle
« avec toute dévotion ; car c'est elle qui prie assidûment
« pour le peuple qui lui est confié et pour toute la chré-
« tienté. Nous donc, en rapportant et vénérant cette fai-
« ble partie de ses miracles, glorifions, avec la célèbre
« communauté qui lui appartient, cette glorieuse épouse
« du Christ et illustre vierge, et rendons-lui notre dette
« de louanges, en lui demandant de mériter, par ses
« prières, de jouir éternellement des félicités du paradis.
« *Amen*[1]. »

Oui, la femme, dans la personne de Marie Immaculée, et après elle de toutes les vierges, « a écrasé pour tou-
« jours la tête du serpent[2] » ; et Dieu, qui a voulu se donner à nous comme Rédempteur par l'intermédiaire d'une Vierge, a voulu donner une vierge pour patronne et médiatrice à cette ville immense, étrange assemblage de tous les contrastes, asile de toutes les corruptions comme de toutes les perfections, théâtre de tous les crimes comme de toutes les vertus, patrie de toutes les impuretés comme de toutes les saintetés. Notre-Dame de Paris et Sainte-Geneviève de Paris ! église cathédrale et église patronale ! La Très-Sainte Vierge Marie et la vierge Geneviève à la tête de cette capitale et de son diocèse ! « O enfants des hommes, jusqu'à quand aurez-
« vous le cœur lourd ? Jusqu'à quand aimerez-vous la
« vanité et chercherez-vous le mensonge[3] ? » Comprendrez-vous enfin pourquoi Dieu a mis sous ces deux vocables cette ville, à qui sa turbulence, ses frivolités, ses abominations et ses scandales ont fait donner le nom de

---

[1] *Legenda aurea*, 1510.
[2] *Gen.* III, 15.
[3] *Ps.* IV, 3.

Babylone moderne ? Dieu vous enseigne ainsi que, s'il vous tolère et s'il vous sauve encore, c'est parce qu'il y a parmi vous, ignorées, méconnues, méprisées de vous, des vierges qui ont, comme Geneviève, suivi les traces de Marie, et qui, ravies à la vue des ineffables perfections de la Vierge Reine des cieux et de la terre, ont à son exemple dédaigné les vains attraits du monde et recherché uniquement la gloire et l'éternelle beauté du Dieu qu'elle a mérité d'avoir pour Fils. Le ciel vous a donné Marie pour Mère, et Geneviève pour patronne, non-seulement pour que vous les invoquiez, mais aussi pour que vous les suiviez et imitiez. Il vous y invite, il vous y appelle tous et toutes : il vous y exhorte par la parole divine ; il vous y exhorte aussi par la présence au milieu de vous de cette troupe d'anges terrestres, de cette légion lumineuse et pure de vierges apostoliques qui ne cherchent que la gloire de Dieu et le salut des âmes, tandis que vous ne cherchez que les biens périssables et trompeurs de la terre, et tandis que vous poursuivez de fausses joies qui ne vous laissent qu'amertume et dégoût, parce que vous ignorez les seules véritables joies, celles de l'esprit, ces ineffables et incomparables joies que porte avec soi le renoncement évangélique ; il vous y exhorte et vous y appelle tous et toutes, en vous présentant ces exemples et ces modèles de charité, de simplicité, de pureté, de virginité, dont nous nous sommes fait l'insuffisant interprète en vous parlant de sainte Geneviève.

Seigneur Jésus, qui, en témoignage de votre puissance, vous plaisez parfois à employer les instruments les plus infimes pour opérer par votre vertu des effets dont leur faiblesse les rendrait incapables, ne permettez point que ce livre soit inutile à votre gloire. Destiné à honorer en sainte Geneviève une de vos épouses de prédilection, et inspiré aussi par le conseil d'une épouse de prédilection que vous avez voulu vous fiancer également dès l'enfance, qu'il obtienne, en faveur des mérites de vos deux saintes amies, ce que l'indignité de l'écrivain ne mérite point. Faites qu'il arrache quelques âmes au monde et au « prince de ce monde [1] », et qu'il les attire à votre service en leur montrant, par les enseignements de la vie d'une Sainte et par le spectacle des œuvres de la virginité chrétienne, combien il est doux et heureux de n'appartenir qu'à vous seul. Comptable des lumières dont votre grâce a éclairé mon âme, j'ai essayé de mettre en jour la profondeur et la vérité de cette parole divine que vous avez chargé votre disciple bien-aimé d'annoncer à la terre : « Bienheureux ceux qui sont appelés au festin des « noces de l'Agneau [2]. » Cette parole a, depuis dix-neuf siècles, entraîné à votre suite et sur les traces de votre Mère auguste et immaculée de blanches et innombrables légions de vierges qui peuplent le ciel et la terre, et qui sont la joie et l'honneur de l'Église militante comme de l'Église triomphante. Mais, si elle n'a rien perdu de sa souveraine efficacité pour multiplier sans cesse le chœur glorieux des vierges sacrées, cette divine parole est devenue, par le malheur des temps, un « signe de contradic-« tion » dans le monde [3]; dans ce monde dont « le prince » est, selon votre oracle, l'antique ennemi du genre humain [4]; dans ce monde qui, selon votre apôtre, « est tout « entier dans le mal [5] »; dans ce monde pour lequel vous avez refusé de prier [6], et que j'ai juré de combattre jus-

---

[1] Joan. xii, 31; xiv, 30; xvi, 11.
[2] *Apoc.* xix, 9.
[3] Luc. ii, 34.
[4] Joan. xii, 31; xiv, 30; xvi, 11.
[5] *I Joan.* v, 19.
[6] Joan. xvii, 9.

qu'à mon dernier soupir par les armes sacrées de votre doctrine et de votre Évangile. Il est donc de votre gloire d'en publier de plus en plus la vérité. Daignez faire fructifier cette semence dans les âmes, et les soustraire aux misères et aux vanités des liens de ce siècle pour les appeler à l'honneur et à la félicité de vos noces éternelles. Et si ce modeste ouvrage est destiné à servir d'instrument à votre grâce en contribuant à quelqu'une de vos vocations, faites miséricorde à celui que ses péchés et ses infidélités ont jusqu'ici rendu indigne de vous servir, et accordez-lui de coopérer dans l'avenir à la gloire de votre maison dont vous lui avez donné le zèle [1].

O Marie Immaculée, ma Mère bien-aimée, ma patronne élue et spéciale, mon Étoile tutélaire et chérie, dont la radieuse clarté m'a appelé des ténèbres à la lumière, bénissez ce livre où je vous ai glorifiée en honorant une de vos filles les plus chères, à la demande et sur le conseil d'une autre de vos filles les plus chères, de celle qui a brûlé dès l'enfance du désir de vous imiter, et que vous êtes venue vous-même inviter à vous suivre. En faveur de vos deux saintes imitatrices, faites, comme canal et Médiatrice de toutes les grâces divines, qu'il « entraîne « des âmes après l'odeur de vos parfums [2] », qu'il profite aux vierges qui suivent déjà vos traces, et qu'il en dispose d'autres à imiter votre sublime et radieux exemple et à suivre aussi vos traces bénies, pour la gloire de votre Fils, pour la consolation de son Cœur divin, pour l'ornement très-pur de son Église et pour le salut des âmes. Enfin souvenez-vous de votre pauvre enfant, qui vous appartient totalement depuis qu'il s'est voué à vous, et qui,

---

[1] *Ps.* LXVIII, 10.
[2] *Cant.* I, 3.

comme il vous doit tout, ne fait rien qu'avec vous, par vous et pour vous ; obtenez-lui, par votre intercession toute-puissante, la rémission de ses péchés, la réparation de ses infidélités, et l'honneur de travailler dans l'avenir au règne de l'Évangile que vous lui avez fait connaître en l'appelant à la foi et en l'amenant à votre Fils.

Et vous, chère et glorieuse sainte Geneviève, qui avez secouru votre peuple dans les siècles de foi, venez à son aide en cet âge de troubles et d'impiété, où votre secours lui est encore plus nécessaire. Vous l'avez défendu autrefois contre Attila ; aujourd'hui les Attila se comptent par milliers, et prennent pour drapeau la haine de Dieu, de ses Saints et de son Église. Venez donc à notre aide avec les armées célestes, venez au secours du monde ébranlé, et ne laissez point l'impiété prévaloir dans le pays qui vous a choisie pour patronne. N'oubliez pas non plus votre très-indigne historien ; j'étais nécessairement destiné à l'être, puisque autrefois, dans des conditions bien différentes, on m'avait demandé d'écrire votre histoire. Mais Dieu a voulu attendre, pour la réalisation de ce dessein, que la même demande me fût spontanément adressée par l'une de vos sœurs chéries, par cette vierge sacrée qui vous aime et qui suit si fidèlement vos traces glorieuses dans la voie de la sainteté, afin que mon œuvre fût facilitée par la connaissance et l'amitié d'une Sainte ; obtenez-lui de resserrer et de multiplier de plus en plus les liens d'analogies nombreuses qui unissent sa vie à la vôtre, afin qu'après avoir été, comme vous, appelée dès la première enfance à « suivre l'Agneau partout où il va » parmi ses épouses de prédilection[1], et à être l'une des filles privilégiées de la Reine des Vierges, elle poursuive

---

[1] *Apoc.* xiv, 4.

son glorieux apostolat, sous la conduite constante de la main de Marie Immaculée, en augmentant sans cesse le nombre de ses conversions et de ses conquêtes pour le royaume des cieux, et en remportant des victoires de plus en plus éclatantes sur l'ennemi de Dieu et des âmes. Mais n'oubliez pas non plus ce « serviteur inutile [1] » qui a prêté sa plume à vos louanges. Déjà autrefois, dans une occasion dont ma reconnaissance garde la mémoire, je suis venu épancher mes peines et mes sollicitudes dans votre cœur virginal, et vous m'avez consolé et secouru. Vous donc, qui avez si souvent exaucé par d'éclatants miracles un simple souvenir, une simple intention, une simple élévation de cœur de ceux qui imploraient votre secours, ne laissez point sans récompense celui qui a voulu, au milieu de graves et douloureuses sollicitudes que vous connaissez, élever ce faible monument à votre gloire. Venez-moi donc en aide, et, renouvelant pour moi les bienfaits dont vous avez comblé depuis plus de quatorze siècles ceux qui vous ont invoquée, obtenez-moi, en échange de cet hommage, la faculté de rendre dans l'avenir au père de famille quelque usure du « talent » jusqu'ici stérile dont il m'a donné la garde [2]. *Amen.*

[1] Matth. xxv, 30.
[2] Matth. xxv, 20.

APPENDICE

EXTRAITS DU POËME SUR LA VIE DE SAINT GERMAIN D'AUXERRE
PAR LE MOINE HÉRIC (NEUVIÈME SIÈCLE)

In Parisiacas itiner convertitur oras ;
Metodorus fessis tribuit compendia noctis.
Turba loci complexa diem, testata probatos
Adventare viros, rapto fert agmine gressum,
Obviaque exceptis impertit debita Sanctis.
Funditur in cunctam præsens benedictio plebem :
Inde rudes animos monitis cœlestibus aptans,
Spargere nectareas arvis arentibus undas
Germanus sacer aggreditur, plenoque fluentem
Vultibus immotis attentant fonte sopniam.
Eminus in medio divam constare puellam
Porrecto præsul cernit super agmina vultu,
Ac velut æthereum quid commentatur in illa :
Comminus admotam præblando famine mulcet ;
Sic cui venales fundit licitatio gemmas,
Dum cunctis inhiat, pretiosam conspicit unam,
Hanc rapit, hanc multis optat sibi stare talentis,
Semotisque aliis, gremio dat ferre tenaci.
Immensum stupuere viri. Caput ille paventis
Ore fovens sacro, quibus orta parentibus esset
Quodve sibi nomen fatu perquirit amico.
Virginis in medium monstrantur adesse parentes,
Rite quod et patrio nomen Genovefa tulisset.
Mox sacer implevit divini pectora vatis
Spiritus, et rutilo sic intonat ore sacerdos :
O lepidum certe caput ! o præcordia digna !
O semper meritos tali de prole parentes !
Cujus in exortu superos ingentia cives
Gaudia perflarunt; vero si credere curæ est,
Intima secretis hæc quondam admota supernis

Constabit perchara Deo, persplendida mundo,
Atque ipsis imitanda viris. Sic fatus, et ultro
Complectans pueram : Fare, o sanctissima, dixit,
Neu percunctanti malis subducere patri
An delecteris magni cognomine Sponsi,
Cujus in amplexu, nisi non fiet integra, transit.
Illa rapit verbum, plenoque audentior ore :
Hujus amore feror dudum quam fervida, dixit ;
Amplector titulum cognatæ virginitatis,
Innuba sidereo possim quo nubere Sponso :
Id, si dignaris, per te roborier opto,
Et manibus submitto caput : fer vota precanti.
Præsul ovat spolio, castisque amplexibus urgens,
Magnanimem perstare jubet. Mox limina lætus
Ecclesiæ penetrat, fixaque in vertice dextra,
Solemnes ex more preces et vota peregit,
Confectis rebus relevant mortalia victu.
Tum fido pignus deponens jure parenti,
Ad lucem remeare jubet. Sic denique factum.
Num memor hesterni persistis, filia, voti?
Præsul ait. Certe memorem se virgo fatetur ;
Ejus at obtentu nimium foret indiga cujus
Conservaturam pactis sponsalia tædis.
Successit res mira loco : favisse videres
Amborum votis collato munere Christum :
Prona solo præsul mox pendula lumina fixit;
Æreus emicuit supremo in pulvere nummus,
Insculptus cruce. Sublatum tellure sacerdos
Munus adoptivæ collo devovit alumnæ ;
Hoc, dicens, dotis nostræ gestamen habeto,
Hoc discedentem ante oculos persæpe vocato ;
Cetera mundano pompam referentia cultu
A collo digitisque tuis arcere memento ;
Extera carnalem subigant insignia sponsam ;
Nupta Deo gemmis animum compone pudicis.
Nunc longum, pretiosa, vale. Genitoribus illam
Servandam post hæc fidis commisit. At ipse
Continuavit iter noto moderamine cœptum.
. . . .
Tuque iterum, celebris, priscum, Lutetia, nomen
Carmine conde meo; mihi certe mentio constat
Semper grata tui, quod te nunc ossibus ornat
Sponsa mei Domini, quondam celeberrima signis.
Huc tunc ingressus præsul Germanus, amore
Excipitur miro. Pronam benedictio plebem
Confovet : ingenti persultant omnia plausu.
Depositi memor ille sui, quinam Genovefam

Casus agat, studio mox percunctatur amico.
Cœlitus attigerant animum discrimina, credo,
Plurima, quæ tempus fuerat perpessa per illud,
Ut solet obloquiis pietas succumbere duris.
Parque fuit nigræ virus deprehendere mentis
Cum concepta semel furialis semina flammæ,
Nec, sancto præsente viro, plebs livida pressit;
Cui tamen illa suo melius quam nota parenti est?
Exin virgineæ secedit in abdita cellæ,
Conseptus populo; prodit mox obvia virgo,
Quam pater ingenti magnus pietate salutat,
Numinis ut templum veneratum jure putares.
Hinc spectans plebem, dextraque silentia mandans,
Virginis auspiciis repetit præconia primis,
Ut sacrum Christo felix infantia corpus
Aptarit, nullo temerandum in secula pacto;
Se quoque virginei semper mansisse pudoris
Abjuncto quanquam secretum corpore testem.
Utque, ait, indubias statuat sententia mentes,
Argumenta rei veris perdiscite signis.
Dixit, et infectam lacrymarum flumine terram,
Virgo orans recubos qua se flectebat in artus,
Ostentat digito. Rabies hinc pulsa furentes
Leniit; incepti cunctos piguisse videres.
Consensu socio cunctis decernitur insons;
Insontem cuncti conserta laude fatentur;
Componit rabidos assertio vera tumultus,
Deque animis atri pellit contagia fellis.
Exin Parisias celebris Genovefa per oras
Obtinuit meritæ passim præconia palmæ.
Singula gestorum, clarissima virgo, tuorum
Committi calamis fuerat devotio nostris;
Grandia multivolam revocant sed cœpta poetam.
Ne tamen hos justo fundam sine fœnore versus,
Supplicis esto memor, precibusque tuere fidelem,
Quasque tuo nosti dotes accedere Sponso
Accessisse tibi, collata sorte, putato;
Jamque vale, conjuncta Deo, sæclique memento.

POËME D'ÉRASME

EN ACTION DE GRACES DE SA GUÉRISON MIRACULEUSE PAR SAINTE GENEVIÈVE
EN 1496.

Diva, piis votis votivum solvere carmen
Qui cupit, aspirans votis, sterilem imbue venam
Mentis, et ut te digna canat, tu suggere vires,
Protectrix, Genovefa, tuæ fidissima gentis,
Gallia quam late triplici discrimine secta
Porrigitur. Sed præcipue tibi pars ea cordi est,
Sequana qua hospitibus factis jam animosior undis
Matrona quas differt fluvioque admiscet amico,
Pomiferos per agros, per prata virentia, per que
Vitiferos colles, adopertaque frugibus arva
Vitreus incedit, et ad amplam Parisiorum
Metropolim properans, ad lævam pronus adorat
Arcem, virgo, tuam, mox brachia dividit, atque
Virgineæ Matris spatiosam amplectitur ædem,
Ac flexu augustam veneratus supplice divam,
In sese redit, atque tui cunabula partus
Ac prædulce solum, qua sacra infantula, primos
Vagitus dederas, festinat alacrior amnis :
Viculus est humilis, sed tali prole beatus.
Huc igitur properans, obiter vicina salutat
Fana dicata tibi, Celtarum dux Dionysi.
Hac regione diu sinuosis flexibus errans,
In se volvitur atque revolvitur ; ora subinde
Ad cunas, Genovefa, tuas urbemque relictam
Reflectens, dicas invitum abscedere flumen.
Est merito cunctis venerabile Nemethodorum,
Cui licet hospitibus monumenta ostendere prisca
Ortus, diva, tui, fontemque liquore salubri
Undantem : at potius bis terque quaterque videtur
Præside te, felix populosa Lutetia, virgo,
Cujus tutelam pariter cum Virgine Matre
Jugibus excubiis peragis. Nec enim illa gravatur
Muneris ejusdem collegam. Tu quidem in alta
Sublimis specula, late circumspicis agros,
Ac mala propulsas charis minitantia Gallis.
Illa fovet gremio miseros, mediamque per urbem
Audit egenorum ploratus ; hic quoque Natum
Clementem Mater referens, nihilo secus ac tu

Sponsa tuum, Genovefa, refers mitissima Sponsum.
Interea paribus studiis defenditis ambæ
Germanos Druidas, ac majestate senatum
Regali, sed christophilum super omnia regem :
Illos qui populo reserent oracula mentis
Divinæ; hos, variis ut mixtam gentibus urbem
Æquo jure regant. Est vestri muneris ergo
Nulla quod hoc ævo respublica floreat usquam
Prosperius. Sed tempus adest ut carmine grates
Persolvam, Genovefa, tibi pro munere vitæ,
Ac pæana canam, multis e millibus unus
Quos ope præsenti servasti. Languida febris,
Triste tenaxque malum, quod quarto quoque recurri
Usque die, miseros penitus pervaserat artus.
Consultus medicus sic consolatur, abesse
Diceret ut vitæ discrimen, sed fore morbum
Lentum. Mox hæc vox me non secus enecat, ac si
Dixisset : Prius atque quater sol accidat, alta
In cruce pendebis. Si quidem est renovata cicatrix,
Dum mihi post multos animus reminiscitur annos,
Quod puerum toto febris me hæc torserat anno.
Proin erat in votis mihi mors, quia tristius omni
Morte malum medicus denuntiat. Hic mihi nomen,
Diva, tuum venit in mentem. Simul optima quædam
Spes animum reficit, tacitoque hæc pectore volvo :
Virgo, sponsa Deo gratissima, corpore terram
Cum premeres, semper miseris succurrere sueta,
(Et nunc plura potes, postquam te regia cœli
Cepit, et es Christo Sponso vicinior) huchuc
Flecte oculos, Genovefa, tuos, et corpore febrim
Pellito. Me studiis, sine queis nec vivere dulce est,
Obsecro restituas. Etenim levius puto vitam
Exhalare semel quam lento arescere morbo.
Quod tibi pollicear nihil est, nec tu indiga nostri es;
Quod superest, grato recinam tibi carmine laudes.
Vix ea fatus eram, nullo cum murmure linguæ,
Verum intra arcanæ mecum penetralia mentis,
(Prodigiosa loquor, sed compertissima) stratis
Exilio, reddor studiis, vestigia nulla
Sentio languoris, nec inertis tædia febris.
Septima lux aderat, qua se quartana recurrens
Prodere debuerat. Sed corpus alacrius omne
Quam fuit ante, viget. Medicus redit; atque quid actum
Miratur. Vultum speculatur, et ore latentem
Explorat linguam; tum quem vesica liquorem
Reddiderat, poscit; quin brachia denique summis
Pertentat digitis. Ubi nullas comperit usquam

Morbi relliquias. Et quis, dive, inquit, Erasme,
Te subito fecit sanum? quis corpore febrim
Depulit, ac vatem me, quo de gaudeo, vanum
Reddidit? Is, quisquis divum fuit, arte medendi
Plus nostra, fateor, multo valet; haud ope posthac
Nostra opus est. Nomen medici vis nosse? Guilelmus
Copus erat, jam tum florens juvenilibus annis,
Me quamvis ætate prior, perfectus ad unguem
Dotibus ingenii, sophiæ mathemata callens
Ut si quisquam alius; senio nunc fessus, in aula
Francisci regis, procerum inter limina, cunctis
Charus adoratur, fruiturque laboribus actis.
Hic igitur mihi testis erit gravis atque locuples
Munere, diva, tuo revocatæ, virgo, salutis.
Quanquam, quidquid id est, auctori gloria Christo
In solidum debetur honosque perennis in ævum.
Muneris hujus erat quod viva Deo placuisti;
Muneris ejusdem est quod mortua pluribus ægris
Præsidio es. Sponso sic visum est omnipotenti.
Per te largiri gaudet sua munera, per te
Gaudet honorari; veluti lux ignea Phœbi
Per vitrum splendet jucundius; ac veluti fons
Per puros transfusus amat manare canales.
Hoc unum superest ut te precer, optima virgo,
Ne mihi sit fraudi quod tanto tempore votum
Solvere distulerim. Patere hanc accedere laudem
Tot titulis, Genovefa, tuis. Ut castior unquam
Nulla fuit, toto non ulla modestior orbe,
Sic nec in æthereis clementior ulla feratur.

HYMNES ET PROSES TIRÉS DE MANUSCRITS DU NEUVIÈME SIÈCLE.

No 1.

En dies splendet veneranda nobis, qua poli celsam penetravit arcem munda delictis Genovefa virgo, corpore spreto.

Commorans in quo, decadas per octo, propter infirmos, fidei calore, multa congessit, populi sub ore, signa venusta.

Mortuos mortis revocans ab ore reddidit vitæ, tribuente Christo; mortis auctorem superavit ipsum qua ratione.

Cruribus claudos pedibusque suris sic reformavit, fugiente morbo, pristinum quirent iter ut subire more valentum.

Debilis visu pariterque dextra, hujus ut vidit faciem virentem, in suam sospes remeavit ædem cuncta patrando.

Spiritus nequam penetravit et quem, ejus oratu precibusque dignis liber effectus, referebat odas Altitonanti.

Febre correptos variaque peste, e quibus possunt numerare mille, in statum priscum revocavit ipsa corde sereno.

De quibus nullus typhus hanc adivit ut superbiret, patris instar Adæ, angeli nec non Satanæ docentes omnia prava.

Sed suos tantum maceravit artus vix ut hanc vitam gereret caducam, mens ut extaret humilis sub ipsis actibus almis.

Post suam mortem, meritum per ejus, turba languentes recreata fulsit, dum sui tumbam tetigit sepulcri mente fideli.

Calculo tritus moriensque quidam vectus est illuc aliorum ulnis : ad domum sanus propriam redivit tripudiando.

Quisquis advenit, patiens immundo spiritus illuc, fuit et moratus, vidimus sospes rediit quod inde dæmoniacus.

Virgo, quapropter petimus, pudica, ut tuis nobis precibus salutem a Deo poscas tribui perennem cui placuisti.

Insuper rectæ fidei vigorem, perpetis necnon charitatis imbrem, ac simul spei tribuat valorem, posce Tonantem.

Ulla ne nobis queat impedire cæca convolvens tenebras potestas ignis æterni sibi deputatas orbis ab ortu.

Angelus nobis potius sed adsit splendidus, monstrans habitacla sancti quæ suis factis meruere dignis in paradiso.

Patris æterni fabricantis æthram, ejus et Nati redimentis orbem, Spiritus Sancti celebretur una gloria perpes. Amen.

N° 2.

In præclara Genovefæ virginis celebritate apostolica resultet omni laude Ecclesia.

Sincera cordis in ara litet grata libamina, atque voce hymnidica concrepet carmina dictis.

Inter ignitos lapides æterni diadematis gemma Dei Genovefa in æthereis adnexa.

Perennis orans gloriæ fulget lampade coruscans, virgineis juncta choris, aurea possidet astra.

In terrisque innumeris prope nitet prodigiis, quam excoluit Gallia immensam sui gloriam.

Quam vero stella cœlestis, climatibus occiduis eoo veniens præsul reperit olim Germanus.

Cujus illustris prævius nutu divino effectus ac enormis paranymphus ornamentis sponsalibus.

Sacri nummi strati Christo hanc Regi nupsit sidereo, instruens Sponsi thalamo excubare præcipuo.

Quæ primo virtutum flore fructum protulit luminis, quod amissum in propriæ salute revixit matris.

Urbem protexit hostibus Parisiacam precibus; quondam transcendens terrea regna petivit beata.

Averni claustra deducta virgo permansit illæsa, ubi gaudia justorum, pœnam vidit et malorum.

Et regressa a superis, domus pudici pectoris valde tremenda nonnullis prodidit occulta cordis.

Post, quadriennem puerum, quem puteus absorbuit, a tetræ mortis ereptum vinculo, matri reddidit.

Cujus munimine fulti, mereamur ejus Sponsi, cum lampadibus virtutum, penetrare cubiculum.

Unde laus Patri æterno, una cum ejus Filio, sit Spiritui Paraclito in seculorum secula. Amen.

N° 3.

En nobis species splendida, vernans, festum quod colitur innuit almum melos in jubilo promere cantum almæ pro meritis nunc Genovefæ.

Hæc primæva manens alma puella monstrant pontifices quis Lupus alter Germanus Domini sponsat honore, quam præsul villicus postque sacravit.

Sistens per decadas corporis octo, defunctis valuit reddere vitam, infirmis pariter sancta salutem, cunctis et populis signa venusta.

Auctorem superans mortis, et ipsa auctorem sequitur omnibus horis Christum, quem venerans nocte dieque servit semper orans virgo sacrata.

Nos hymnis simul et laudibus almis, psalmis hymnidicis hanc honoremus, quo sancta prece nos abluat omnes, et mundos faciat sistere Christo.

Christo doxa, Patri, Pneumate cumque, unus qui Deus est, cuncta gubernans, regnans ac moderans secula cuncta. Amen.

PROSE TIRÉE D'UN MANUSCRIT DU QUATORZIÈME SIÈCLE

Genovefa flos virginum, post Matrem lucis luminum, excuset apud Dominum nostrorum lapsus criminum.

Genovefæ præconium pangat laudis confessio, et virginis præsidium nos absolvat a vitio.

Genovefæ subjaceat nostræ mentis intentio, ne vitiosa fœteat tumens cordis elatio.

Genovefam fidelium veneretur devotio, culpæ poscat remedium fervens cordis compunctio.

Genovefa, generalis salus in te sperantium, spes tuorum spiritalis, præbe tuis solatium.

Genovefa supplicante, nullis premar suppliciis, Christo mihi miserante, non puniar cum impiis.

Virgo clara virtutibus, virtutum fulgens titulo, conjunge cœli civibus exules in hoc seculo.

Virgo per manus præsulis Sponso dicata virginum, esto pro tuis famulis mediatrix ad Dominum.

Virgo quæ mentis oculos luci restauras pristinæ, participes fac servulos æternæ vitæ lumine.

Virgo quæ facis puteum profundum superfluere, fac cor meum lapideum lacrymas tibi fundere.

Virgo Parisiensium salus a persequentibus, esto nobis refugium ab inimicis omnibus.

Virgo cui panis hordei cum fabis est refectio, nobis sit cibus fidei lacrymarum profusio.

Virgo potans artifices dato desursum poculo, satia tuos supplices æternæ vitæ pabulo.

Virgo quæ per te cereum lumen facis recipere, me facias sidereum verum lumen attingere.

Virgo pro furti crimine cæcata reddens lumina culpam fatenti feminæ, mentes nostras illumina.

Virgo quæ membra plurium liberas a paralysi. . . . .

Virgo quæ viros liberas a marte morti deditos, a via mortis transferas ad vitam tibi subditos.

Virgo puellæ debili pedum reddens officium, via indeclinabili me duc ad summum gaudium.

Virgo suspendens aere correptos a dæmoniis, dignare nos eripere a dæmonum insidiis.

Virgo quam falsæ virginis non fallit simulatio, fac nos expertes criminis dignos justorum præmio.

Virgo quæ mersum precibus matri restauras filium, a nostris deme cordibus vitæ præsentis tædium.

Virgo quæ manum aridam sanasti tuis meritis, fac mentem nostram turbidam Christi parere monitis.

Virgo pulsis dæmonibus Secanam reddens pervium, fac ne cum peccatoribus iter carpamus devium.

Virgo per quam solidatur membrorum dissolutio, per te nostris concedatur peccatis absolutio.

Virgo quæ viros liberas vexatos a dæmonio, fac mentes nostras liberas a dæmonum dominio.

Virgo quæ cæcam virginem redditis sanas oculis, mentis nostræ caliginem precibus pelle sedulis.

Virgo per quam percuratur frigus et ardor febrium, per te nobis concedatur inter utrumque medium.

Virgo quæ naves fluvio periclitantes liberas, nos a mundi naufragi ad vitæ portum transferas.

Virgo nactas mirifice quæ das fruges famelicis, cœlesti pane refice quos temporali reficis.

Virgo quæ pro pauperibus furtum facis laudabile, dans panes indigentibus, crimen arce damnabile.

Virgo debilem pedibus surdumque sanans hominem, da nobis æquis passibus imitari te virginem.

Virgo per quam parentibus sana redditur filia de vita desperantibus, duc nos ad vitæ præmia.

Virgo quæ parcis homini nolenti servo parcere, cœlesti tuos agmini stude servos conjungere.

Virgo fœdis vestigiis fœdum fugans dæmonium, a fœtentibus vitiis purga secreta cordium.

Virgo cujus potentiam sentiunt energumeni, da nobis sapientiam Christi devotam nomini.

Virgo fractum vas olei pulso reformans dæmone, præceptis sanctæ fidei parere tuos ammone.

Virgo quæ demis pluviam messibus et messoribus, riga cordis duritiam salutiferis imbribus.

Virgo quæ corpus liberas oppressum morbo calculi, cordibus nostris auferas amorem hujus seculi.

Virgo quæ mirabiliter incurvos sanas digitos, sana misericorditer actus nostros illicitos.

Virgo cujus præsentia moventur immobilia, fac in Christo stabilia corda quæ sunt mobilia.

Virgo quæ tuis meritis Secanæ sedas impetum, ab actibus illicitis restringe mentis impetum.

Virgo quæ circumstantibus ab aquis servas lectulum intactum justis fluctibus, riga mentis cubiculum.

Virgo quæ sacri cœlitus sedas ignis incendium, in me criminum penitus extingue flammas omnium.

Virgo me tuum famulum cœli fac dignum solio, quæ vivum servas servulum templi lapsum fastigio.

Virgo quæ signis celebris rivos distillas olei, eripe nos a tenebris, fonte repleto fidei.

Virgo dulce refugium, spes certa laborantium, medicina languentium, languorum salus omnium;

Cujus vita gloriosa, mors longe gloriosior, cujus vita pretiosa, mors multo pretiosior,

Cui subjacent dæmonia. . . . ., cujus insensibilia corpus adesse sentiunt.

Quam reddit venerabilem signorum jugis gratia, quam suis admirabilem Christus æquat in gloria.

Qua supplicante, venia confertur peccatoribus, qua mediante, præmia vitæ dantur fidelibus,

Nostris inclina precibus aures misericordiæ, nostris infunde mentibus donum cœlestis gratiæ.

Tu profugis refugium, desolatis consilium : tu nobis sis auxilium mortis arcens exilium. Amen.

APPENDICE.

OFFICES DONT USAIENT LES GÉNOVÉFAINS DE LA CONGRÉGATION DE FRANCE

Die 3 jan., in f. S. Genovefæ. Omn. de comm. virg. præter seq.

In 1. vesp.

Ant. 1. Congratulamini omnes qui diligitis Dominum, quia, cum essem parvula, placui Altissimo.

2. Virgo Genovefa, cum adhuc junior esset, nihil tamen puerile gessit in opere, sed sola fugiebat consortia hominum.

3. Separavit eam sibi Dominus a pueritia et locutus est ad cor ejus.

4. Foris pascebat oves patris sui, intus autem pascebatur a Domino.

5. Invenit sibi multam requiem in custodia gregis, eratque solitudo cordis ejus quasi hortus voluptatis coram Deo.

Hymn. : Laude plena Genovefæ personent præconia, plaudit tellus, plaudit aer, et sacris concentibus Galliæ natam patronam angeli renuntiant.

Præsul ut videt puellam, mox beatam prædicat; audit ut sanctum puella, mox Deo se devovet; rure cedens mox in urbem, regis aulam consecrat.

Præter annos atque sexum præpotens miraculis, carne cincta, carnis expers, dives in penuria, par ubique prædicatur angelis, apostolis.

Genovefa splendor orbis, lux decusque virginum, dum manet te jam beatam certa cœlo laurea, fac, precamur mente terris ut moremur integri.

Una trino, summa summo numini sit gloria, cujus extat sempiterna in sua laus virgine, faxit et nos Genovefæ consequamur præmia. Amen.

V̂. : Ora pro nobis, beata virgo Genovefa. — ℟. Ut digni efficiamur promissionibus Christi.

Ad Magn. : Humilem puellam exaltavit Dominus ut per eam esurientes bonis implerentur.

Or. : Beatæ Genovefæ virginis tuæ natalitia celebrantes, quæsumus, Domine, Ecclesia tua devota suscipiat, ut fiat magnæ glorificationis amore devotior et tantæ fidei proficiat exemplo. Per.

Ad Mat.

Invit. : Laudemus Deum nostrum in confessione beatæ Genovefæ †. Quæ media nocte Sponso venienti accepta lampade obviam processit.

Hymn. : Nox festiva sacrum præveniens diem majori tenebras lumine discutit, et gaudente jubet pervigiles choro somnum fallere canticis.

Hujus quam colimus diva potens loci consuevit precibus continuis vigil ad sacros tumulos templaque martyrum noctem jungere cum die.

Quin per sacra Dei limina virgines ducebat comites, lumine praevio, quod noctem superans clarius emicat tetro daemonis halitu.

Sic devota fides, sic pia charitas sacris per tenebras prodigiis micat, dum flectit superos, imperat inferis, aegris subvenit omnibus.

O quae sidereo lumine pulchrior alto coelituum concilio sedes, esto diva tuis aequa clientibus, et mentis tenebras fuga.

Tu fac ne miseros tristibus implicent umbris falsus honos curaque seculi, et ne blanda suis illecebris caro tollat pectoribus fidem.

Hoc tu, summe Pater, Patris et Unice, amborumque simul Spiritus annue, unus qui pariter trinus es et Deus regnans secla per omnia. Amen.

1. *Noct.*

ANT. 1. Omnia subjecisti sub pedibus ejus, omnes oves pascuae obediunt ei.

2. Meditatio cordis mei fuit semper in conspectu tuo, Domine.

3. Accepit misericordiam a Domino et collocata est in monte sancto ejus.

LECT. *De virginibus.*

℟. 1. Angelus Domini descendit de coelo, et accedens ad sanctum praesulem dedit illi coelestem calculum, quem appendit collo meo dicens: Accipe hoc signum, filia charissima, et nullum unquam amatorem admitte nisi † Dominum Jesum Christum. — ℣. Vincenti dabo calculum candidum, et in calculo nomen novum quod nemo novit nisi qui diligit † Dominum.

℟. 2. Ante templum postulavi pro puella, et exaudita est oratio mea. † Ipsa enim subjecit mihi collum suum, ut acciperet anima ejus disciplinam sponsarum Christi. — ℣. Multam inveni in illa virtutem, et laetatum est cor meum in ea. † Ipsa.

℟. 3. Nova bella elegit Dominus : mulier timens Dominum custodit civitatem. † Dumque una virgo praeliabatur, stellae adversus Attilam pugnaverunt. — ℣. Per fidem unius, fortes facti sunt in bello et castra verterunt exterorum. † Dumque. Gloria. † Dumque.

2. *Noct.*

ANT. 1. Inclinans Domino aurem tuam, oblita es domum patris tui, ut concupisceret te Deus tuus in aeternum.

2. Non timebimus dum turbabitur terra, quoniam habemus nobiscum corpus sanctificatum dilectae Dei.

3. Laudabilis Dominus in paupercula sua quam ditavit virtute nimia in monte sancto suo.

L. 4.

Genovefa, Nemetodori prope Lutetiam nata, generis obscuritatem splendore vitae collustravit. Cujus sanctitatem notam omnibus ab ineunte aetate Deus esse voluit. Cum enim sanctus Germanus Autissiodorensis et sanctus Lupus Trecensis episcopi, qui tum in Britanniam ad evertendam Pelagianorum hæresim proficiscebantur, Nemetodori, qua illis iter erat, constitissent, Germanus in magna populi, qui ad benedictionem impetrandam convenerat, frequentia, puellam divinitus agnovit. Cumque vel in tenera illa ætate singularem virginis fidem et eximia Spiritus Sancti dona suspiceret, beatos tantæ prolis parentes esse dixit, cujus ortum angelorum in cœlo triumphalis plausus excepisset. Nummum æreum cruce signatum collo ejus appendit, et ut sponsa dicata Christo sic se gereret commendavit.

ɴ'. Pauper hæc virgo benedicetur a Domino, de panibus enim suis dedit pauperi †. Et meritis ejus abundaverunt valles nostræ frumento. — ɤ. Gratias tibi agimus, Domine, quoniam per ancillam tuam campi nostri repleti sunt ubertate †. Et.

L. 5.

Monitis et oratione sancti præsulis firmata virgo mirabiles in omni genere progressus fecit. Obcæcatæ matri, propter impactum innocenti filiæ colaphum, usum oculorum restituit. Lutetiam inde commigrans, paralysi tentata, multosque malevolorum obtrectationes et insidias perpessa, summo apud omnes in pretio fuit. Urbem a barbarorum Gallias populantium incursione liberavit, et civibus de urbe deserenda cogitantibus ad mortem generose restitit. Grassante fame, multo frumento aliisque cibariis non sine miraculo comparatis obsessos opportune recreavit. Dæmones ab obsessis corporibus ejecit; cæcos, paralyticos, surdos atque omni ægritudinum genere conflictantes variis in locis sanitati restituit. Puerum etiam in puteo præfocatum vivum matri suæ atque incolumem reddidit.

ɴ'. Amplificata est Genovefa in mirabilibus suis †. Et adepta est gloriam in conversatione populi. — ɤ. Curavit gentem suam et liberavit eam ab ignitis doloribus †. Et.

L. 6.

Tanta ciborum parcimonia fuit, ut nonnisi dominico die et feria quinta panis ac leguminum paululum degustaret, ad quæ piscium et lactis usum ægre tandem, ingravescente ætate, episcopis jubentibus, adjecit. In vigiliis et orationibus pernoctare solita, extinctum cereum precibus suis accendit. Childerico licet pagano imprimis chara, dum portas urbis jussu regis occlusas mirabiliter aperit, reis ad supplicium ductis salutem impetravit. Beato Dionysio in pago Catullacensi basilicam extruxit. Hanc magnus Simeon Stylites mirifice coluit, ejusque se precibus per negotiatores quosdam gallos enixe commendavit. Tandem, postquam octogenaria major feliciter migrasset ad Dominum, corpus in subterranea primum crypta depositum, inde in superiorem apostolorum basilicam translatum est. Cujus in desperatissimis morbis ac publicis calamitatibus, tum ceteri mortales, tum Galli omnes, ac præsertim Parisienses opem ac præsentiam sæpius experti, merito illam sibi patronam adoptarunt.

℟. Habuit hæc virgo lucernam in manu sua, ut assimilaretur expectantibus dominum suum †. Revertentem a nuptiis. — ℣. Introivit ergo in thalamum Sponsi sui quem expectaverat. † Revertentem. Gloria. † Revertentem.

3. Noct.

Ant. 1. Sanctimonia et magnificentia Sponsi in sanctificatione sponsæ suæ.

2. De manu peccatoris liberet animas servorum suorum Dominus qui custodit corpus ancillæ suæ.

3. In conspectu regum et universi populi revelavit Dominus sanctitatem Genovefæ.

L. 7. *Ev. Simile erit.* (Matth. xxv.) *Homilia S. Augustini episcopi (de Expos. ps.* 147).

Virgines illæ animas significant. Non enim vere quinque sunt, sed in quinque illis millia sunt. In numero illo quinario millia intelliguntur, non feminarum tantum, sed et virorum; quia [uterque sexus dicitur femina, quia ecclesia; et uterque sexus, hoc est ecclesia, dicitur virgo : Desponsavi vos uni viro virginem castam exhibere Christo. Paucorum est virginitas in carne, omnium debet esse in corde. Virginitas carnis corpus intactum, virginitas cordis fides incorrupta. Ergo dicitur virgo tota ecclesia, et masculino genere appellatur populus Dei; uterque sexus populus Dei, et unus populus, et unicus populus, et una columba, atque in virginitate millia sanctorum.

℟. Humilem et pauperem puellam exaltavit Dominus in monte sancto, in medio Universitatis, ut confundat sapientiam mundi †. Et doceat omnes quia sapientia seculi stultitia est apud Deum. — ℣. Infirma mundi Deus elegit ut confundat fortia. †. Et.

L. 8.

Ergo quinque virgines omnes animas intraturas in regnum Dei significant, non sine causa quinario numero ; quoniam quinque sunt corporis sensus notissimi omnibus. Per quinque enim januas intrat aliquid per corpus ad animam : aut per oculos intrat quod concupiscas male, aut per aures, aut per olfactum, aut per gustum, aut per contactum. Per has quinque januas quisquis non admiserit corruptionem inter quinque virgines computatur. Admittuntur autem corruptiones per illicita desideria. Ergo opus est ut sis ex illis quinque virginibus.

℟. Quasi arcus refulgens inter nebulas gloriæ, et quasi flos rosarum in diebus vernis, quasi ignis splendens et thus ardens in igne †. Sic illa effulget in templo Dei nostri in monte sancto ejus. — ℣. Sicut in vase solido, ornato omni lapide pretioso. † Sic. Gloria. † Sic.

L. 9.

Sed te ingresso claudentur portæ Jerusalem, et firmabuntur vectes portarum ejus. Nam si tu esse volueris aut non virgo corde, aut, si virgo, inter fatuas virgines, foris remanebis, et frustra pulsabis. Quæ sunt fatuæ virgines? Et ipsæ quinque sunt. Quæ, nisi animæ quæ habent istam continentiam carnis ut vitent corruptelas ab omnibus sensibus venientes, et non in conscientia gerunt bonum suum coram oculis Dei, sed placere inde volunt hominibus, et judicium sequuntur alienum, favores vulgi aucupantur, viles sibi sunt, cum spectatoribus esse charæ volunt.

Ad laud. et per hor.

ANT. 1. Ex quo sanctus antistes dedit mihi coelestem calculum, delectata sum in solo Christo sicut in omnibus divitiis.

2. Servivi Domino in simplicitate cordis dum custodirem oves pascuæ patris mei.

3. Quam multipliciter sitivit in te caro mea, Domine, ex quo sponsa tibi amabilis facta sum.

4. Pauper hæc virgo benedicetur a Domino, de panibus enim suis dedit pauperi.

5. Reges terræ et omnes populi laudate Dominum qui exaltavit sponsam suam in salutem vestram.

HYMN. : Christo salutis vindici Christique sponsæ virgini, regina regni civitas, honoris hymnum concine.

Compescit illa noxias ubique pestes corporum, et sæva passim funera nutu potenti comprimit.

Obfirmat actus languidos, ægris refundit spiritum, linguas ligatas expedit, cæcisque lumen impetrat.

Quæ signa vivens præstitit, iisdem micat post transitum, coeloque mittit arduo plenam salutis copiam.

Flos Genovefa virginum, quæ sic pericla discutis, morbosque sistis corporum, aufer venena mentibus.

Ut labe tersa criminis, Christus sua nos gratia amore solvat seculi tecumque reddat patriæ.

Gloria tibi, Domine, qui natus es de Virgine, cum Patre et Sancto Spiritu in sempiterna secula. Amen.

ALIO TEMPORE : Virtus, honor, laus, gloria detur supremo numini, qui trinus ante secula unusque semper est Deus. Amen.

AD BENED. Omnibus diebus vitæ suæ deprecata est Dominum, ut daret scientiam salutis plebi ejus, in remissionem peccatorum eorum.

In 2. vesp.

ANT. DE LAUD. : Reliqua ut in 1is, præter :

AD MAGN. : O felix ancilla Dei, nos pondere pressos exonera, et fessos mortalibus exue culpis, ætheris ut pateat, te supplice, janua nobis.

Dominica infra oct., occurr. vigil. Epiph. Omnia ut in festo præter seq.

Invit. : Christum Sponsum virginum †. Venite adoremus.

1. *Noct.* Lect. *De Script. occurr.*
2. *Noct.* L. 4.

Latentem ab ineunte pueritia gratiam in Genovefa non solum agnovit Germanus Autissiodorensis, sed et paulo post alius episcopus cui digna jam visa est quæ præferretur in consecratione duabus aliis quibus annorum ætate cedebat. Exinde, post obitum parentum, sui juris facta, jam Christo prorsus addicta, nihil aut amavit aut cogitavit quam quæ Dei essent, ut quomodo placeret ei cui se totam sua sponte devoverat. Probandæ vero perficiendæque virtuti non defuerunt adversi morborum et calumniarum insultus. Corporis dolores ita tolerabat, ut nullum cum carne videretur habere commercium. Iniquissimis obtrectatorum maledictis tam libenter ignoscebat, ut nec ea agnoscere putaretur.

L. 5.

Depopulantium Gallias Hunorum exercitum non solum a longe prævidit, sed et providit ultro Parisiis ne quid nocere posset. Dum vero sic virgo prudens civium utilitati consulebat, eorum ingrati quidam et malevoli ut boni publici inimicam insectantes, et ægre ferentes quod salutaribus ejus consiliis urbem deserere prohiberentur, sacrilegos inierunt adversus illam conventus, jamque non tam de morte quam de mortis genere deliberabant, cum archidiaconus a beato Germano divinitus Lutetiam missus eos a tanto scelere abduxit, dum interim ipsa benefaciebat his qui oderant se, et orabat pro persequentibus et calumniantibus se.

L. 6.

Ut orationi et contemplationi ex toto corde ac ex tota mente vacaret Genovefa virgo, reclusa domi manere solebat ab Epiphania Domini usque ad feriam quintam majoris hebdomadæ. Aliis vero temporibus per loca templaque vel sanctorum reliquiis aut miraculis, vel martyrum tumulis celebria, pias peregrinationes interdum suscipiebat. Sæpe ad divi Martini sepulcrum ibat, sæpius ad Sancti Dionysii, qui fidem Parisiis prædicaverat, capellam quam Catulla matrona nobilis in vico suo Catulliaco super corpus martyris construxerat. Ibique ut majorem extrueret Genovefa ecclesiam nihil non tentavit, tum precibus apud Deum atque homines, tum etiam miraculis. Nam et calcem quæ desiderabatur ad ædificandum, ad radicem arboris divinitus invenit, et cum operariis vinum defecisse Genesius presbyter qui operi instabat Genovefæ nuntiasset, ipsa vas vacuum, signo crucis facto, vino adimplevit.

3. *Noct.* L. 7. *Ev. Simile erit* (Matth. xxv). *De Homilia S. Augustini episcopi* (serm. 23, *De verb. Dni*).

Intelligamus, charissimi, ad omnes nos, id est ad universam omnino

Ecclesiam, istam pertinere parabolam, non ad solos præpositos, nec ad solas plebes, sed prorsus ad omnes. Quinque istæ et quinque virgines, omnes omnino sunt animæ christianorum. Sed, ut dicamus vobis quod Deo inspirante sentimus, non qualescumque animæ, sed tales animæ quæ habent catholicam fidem, et habere videntur bona opera in Ecclesia Dei; et tamen ex ipsis quinque sunt prudentes et quinque fatuæ.

L. 8.

Quare ergo appellatæ sunt quinque, et quare virgines, prius videamus. Omnis anima in corpore ideo quinario numero censetur, quia quinque sensibus utitur. Qui ergo se abstinet ab illicito visu, ab illicito auditu, ab illicito odore, ab illicito gustu, ab illicito tactu, propter ipsam integritatem virginis nomen accipit. Sed, si bonum est abstinere ab illicitis sentiendi motibus, et ideo unaquæque anima christiana virginis nomen accipit, quare quinque admittuntur, quinque autem repelluntur? et virgines sunt, et repelluntur. Parum est quia virgines sunt: et lampades habent : virgines propter abstinentiam ab illicitis sensibus; lampades habent propter opera bona.

L. 9. *De homilia vigiliæ.*

Die 10 jan. in octava et revelatione S. Genovefæ. Omnia ut infesto, præter sequentia.

Or. : Domine Jesu Christe, casti consilii seminator, qui habitaculum tuum in corde pudico constituisti, concede ut qui beatæ Genovefæ virginis tuæ puritatem humili veneramur obsequio, piæ devotionis sequamur exemplo. Qui vivis.

Invit. : Christum Sponsum virginum ⁒. Venite adoremus.
2. *Noct.* L. 4.

Anno Domini 1149, ejectis paulo ante ab ecclesia Sanctæ Genovefæ canonicis qui communem vitam disciplinamque omnem canonicam et regularem abjecerant, ac in eorum locum canonicis regularibus ab Eugenio III, procurante sancto Bernardo, suffectis, a malevolis quibusdam et regularis ac ecclesiasticæ disciplinæ inimicis hominibus rumor sparsus est, virginis scilicet Genovefæ caput ab ipsis canonicis secularibus, antequam e domo recederent, furtim sublatum fuisse. Quod cum ad aures regis Ludovici junioris pervenisset, rei novitatem et temeritatem aversatus, juravit se in tanti sacrilegii auctores graviter animadversurum, si rem ita se habere comperisset.

L. 5.

Ne vero subjecto falso capite fraus aliqua posset adhiberi, jubet rex feretrum sigillo suo munitum diu noctuque custodiri donec opportune reserari posset. Convocatis itaque ex speciali regis mandato suffraganeis episcopis, archiepiscopus Senonensis 10 die januarii, quæ natalium ejusdem virginis octava est, cum universo clero populoque fidelium sacras reliquias aperta capsa diligenter inspicit, inspiciendasque profert adstantibus, nihilque jam de manifesta sanctissimi corporis integritate dubitantibus, quippe qui caput virginale cum toto corpore panno serico mundisque linteis obvolutum repererunt.

L. 6.

Hoc ubi vidit, sacri thesauri custos Guillelmus, unus e canonicis regularibus, qui tandem ob eximiam virtutem in sanctorum numerum est relatus, zelo pietatis incensus, ut humiliter coram tot episcopis, sic ardenter in signum lætitiæ decantare cœpit Te Deum laudamus, quod clerus cum universo populo prosecutus est et absolvit, ipso quoque archipræsule orationem seu collectam sub finem recitante. Id autem cum indigne ferrent maledici, ac de veritate rei omnibus manifesta tabescerent, vetulæ cujusdam caput suppositum fuisse impudenter asserere ausi fuerunt. Sed cum contra archiepiscopus ceterique veritatis testes, tum concioni quæ aderat clarissimis verbis, tum regi per litteras affirmassent virginis ipsum esse caput quod cum aliis corporis partibus esset inventum, in ejus rei perpetuam memoriam sancitum est, ut deinceps singulis annis hoc factum solemniter recoleretur.

3. *Noct. L. 7. Ev. Simile erit* (Matth. xxv). *De Homilia S. Augustini episcopi.* (Serm. 23. De verb. Dni.)

Intendat itaque charitas vestra. Sapientium virginum lampades ardebant de oleo æterno, de conscientiæ securitate, de interiore gloria, de intima charitate. Ardebant tamen et illarum fatuarum. Quare tunc ardebant? quia non deerant laudes hominum. Postea vero quam surrexerunt, id est in resurrectione a mortuis, cœperunt aptare lampades suas, id est parare Deo operum suorum reddere rationem. Et quia tunc nemo est qui laudet omnisque homo causæ suæ vacat, nec erant qui oleum venderent, cœperunt deficere lampades.

L. 8.

Clausum est ostium, et quid illis dictum est? Non novi vos. Quid ergo est : Non novi vos? Improbo vos, reprobo vos, in arte mea non agnosco; ars mea non scit vitia. Hoc est autem magnum, et nescit vitia, et indicat vitia : nescit faciendo, indicat arguendo : sic ergo non novi vos. Ierunt, intraverunt quinque prudentes. Sint in vobis quinque prudentes, ad istam prudentiam quinarii numeri pertinentes : veniet enim hora, et quando nescimus veniet. Sic clausit Evangelium : Vigilate, quia nescitis diem neque horam.

℟. : Mortuum prophetavit corpus ejus †. In vita sua fecit monstra, et in morte mirabilia operata est. — ℣. : Ossa ejus visitata sunt, et facta sunt firmamentum gentis nostræ †. In. Gloria †. In.

L. 9.

Corde vigila, fide vigila, spe vigila, charitate vigila, operibus vigila, et quando corpore dormieris, veniet tempus ut surgas. Cum autem surrexeris, præpara lampades. Tunc non extinguantur, tunc in interiore conscientia oleo vegetentur; tunc Sponsus ille incorporeis nexibus amplectatur, tunc te introducat in domum ubi nunquam dormias, ubi nunquam possit tua lampas extingui; hodie vero laboramus, et lampades nostræ inter ventos seculi hujus tentationesque fluctuant; sed ardeat ita flamma nostra, ut ventus tentationis augeat ignem potius quam extinguat.

Die 28 oct. In translatione S. Genovefæ.

In 1. Vesp.

Omnia de comm. virg. præter seq.

ANT. 1. Profecti sunt de monte Domini, arcaque fœderis præcedebat eos.

2. Cumque transferretur arca, dicebant in jubilo : Surge, Domine, in requiem tuam, tu et arca fortitudinis tuæ.

3. In velamento clamabat populus : Reducatur arca fœderis Domini in domum suam.

4. Reportantes arcam in urbem, intulerunt eam in Sancta sanctorum super altare majus apostolorum, alleluia.

5. Ossa ejus pullulaverunt de loco suo, et facta sunt firmamentum gentis nostræ, alleluia.

HYMN. : Dum sævus miseræ regna Lutetiæ hostis diriperet, non opibus suis, non tectis pario marmore splendidis, civis non timuit sibi.

Sed sacros cineres, divitias suas inclusos feretro transtulit aureo, et per læta sui littora Sequanæ tutis condidit arcibus.

At tu, virgo, piis æqua clientibus, urbis præsidio cœlitus excubas, et nutu placido dira minacium sistis crimina militum.

Mentes nunc etiam perfidus obsidet hostis christiadum fallere pertinax et pugnare ferox, tu nisi noxios, virgo, fregeris impetus.

Hæc tu, summe Pater, Patris et unice, amborumque simul Spiritus annue, unus qui pariter trinus es et Deus. Amen.

℣. : Ora pro nobis, etc.

AD MAGN. : Omnis populus et majores natu ducesque ac judices stabant ex utraque parte in conspectu sacerdotum qui transferebant arcam.

OR. : Deus qui nos hodierna die beatissimæ virginis Genovefæ translatione tribuisti gaudere, concede propitius ut ejus adjuvemur meritis, cujus castitatis instruimur exemplis. Per.

Ad mat.

Omn. ut in festo, præter seq.

Invit. : Christum Sponsum virginum †. Venite adoremus.

Hymn. : Nobilis regni Genovefa præses, quæ laborantes populos amico sublevas nutu, placidisque servas lilia Gallis.

Cernis æternæ dubios salutis inter humanos fluitare casus, nec, nisi cœlum faveat, cavere posse ruinam.

En tuum proni petimus favorem per clausum cinerem feretro, perque translatam timide sacrati corporis arcam.

Ense dum stricto fureret superbus hostis et nostras agitaret urbes, dira tu mœstis procul amovebas agmina muris.

Nunc tibi cultu proprio dicatam pace fac urbem placida potiri, et tuam posthac velut ante norit Gallia dextram.

Perpes hinc trinæ decus unitati, cujus æternis opulenta donis tanta per cunctas Genovefa terras dona profundit. Amen.

1. *Noct.* L. 1.

De libro tertio Regum, c. IX.

Si clausum fuerit cœlum et non pluerit propter peccata eorum, et orantes in loco isto pœnitentiam egerint nomini tuo, et a peccatis suis conversi fuerint propter afflictionem suam, exaudi eos in cœlo, et dimitte peccata servorum tuorum et populi tui Israel, et ostende eis viam bonam per quam ambulent, et da pluviam super terram tuam quam dedisti populo tuo in possessionem.

L. 2.

Fames si oborta fuerit in terra, aut pestilentia, aut corruptus aer, aut ærugo, aut locusta, vel rubigo, et afflixerit eum inimicus ejus portas obsidens, omnis plaga, universa infirmitas, cuncta devoratio et imprecatio quæ acciderit omni homini de populo tuo Israel, si quis cognoverit plagam cordis sui, et expanderit manus suas in domo hac, tu exaudies in cœlo in loco habitationis tuæ, et repropitiaberis, et facies ut des unicuique secundum omnes vias suas, sicut videris cor ejus (quia tu nosti solus cor omnium filiorum hominum), ut timeant te cunctis diebus quibus vivunt super faciem terræ quam dedisti patribus nostris.

L. 3.

Insuper et alienigena qui non est de populo tuo Israel, cum venerit de terra longinqua propter nomen tuum (audietur enim nomen tuum magnum et manus tua fortis et brachium tuum extentum ubique), cum venerit ergo, et oraverit in hoc loco, tu exaudies in cœlo, in firmamento habitaculi tui, et facies omnia pro quibus invocaverit te alienigena, ut discant universi populi terrarum nomen tuum timere, sicut populus tuus Israel, et probent quia nomen tuum invocatum est super domum hanc.

2 Noct. L. 4.

Genovefæ corpus in ea primum crypta positum fuerat, ubi sepulcrum ejus adhuc visitur. Ibi cum arderet inextincta lampas absque ulla diminutione olei, quo sanabantur etiam variis morbis laborantes, eductum est humo sacrum pignus, et reverenter in theca lignea reconditum, quæ prima ejus translatio fuit. Alteram tertiamque procurari tumultuatim coegerunt infestæ Normannorum irruptiones, omnia ferro flammaque depopulantium. Nec parum profuit ea formido periculorum toties imminentium ut longe lateque pateret non uni tantum loco addictam esse miram illam sanitatum virtutem. In quoscumque enim vicos oppidaque deferebatur, eodem simul circumferri videbatur præsentissimum contra morbos omnes remedium.

L. 5.

Ita Deum in sanctis suis vere mirabilem omnibus exhibebat vel solus aspectus loculi virginei, ut ad ejus levissimum tactum et muti libere loquendi, et claudi recte gradiendi, et cæci videndi, et paralytici membrorum omnium, et quavis ægritudine laborantes ademptarum sibi facultatum usum recuperarent; quin etiam plerisque satis erat ad sanctam reliquiarum arcam velle se bajulari, ut statim a languore quolibet eximerentur. Nullus febris tam acer impetus, nulla tabes lepræ tam desperata, nullum grassabatur usquam pestis venenum tam inevitabile, cui non confestim occurreret ad inviolatum sanctæ virginis feretrum implorata Dei benignitas.

L. 6.

Concurrentium itaque populorum pietati quo fieret satis, et suis ædibus reddita est augustissima theca, et super apostolorum majus altare collocata sub fine noni seculi. Crescentibus hic subinde miraculis atque donariis, anno Domini 42 seculi 13, 5 kalendas novembris, qua die præcedentium translationum festivitas celebratur, Robertus abbas sacrum corpus inclusit argenteo ferculo. Quod auro gemmisque magnificentissime decoratum anno 625 supra 1000 novis quatuor ex insigniori marmore columnis Franciscus Rupifucaldus cardinalis ad summum templi fastigium evexit.

3. *Noct. L. 7. Ev. Simile est regnum cælorum thesauro* (Matth. xiii). *Homilia S. Gregorii papæ* (hom. 11 in Ev.).

Cœleste regnum negotiatori homini simile dicitur qui bonas margaritas quærit, sed unam pretiosam invenit, quam videlicet inventam omnia vendens emit, quia qui cœlestis vitæ dulcedinem, in quantum possibilitas admittit, perfecte cognoverit, ea quæ in terris amaverat, libenter cuncta derelinquit; in comparatione ejus vilescunt ei omnia, deserit habita, congregata dispergit, inardescit in cœlestibus animus, nihil in terrenis libet, deforme conspicitur quidquid de terrenæ rei placebat specie, quia sola pretiosæ margaritæ claritas fulget in mente. De cujus dilectione recte per Salomonem dicitur : Fortis est ut mors dilectio, quia videlicet sicut mors corpus interimit, sic amorem rerum corporalium æternæ vitæ charitas occidit.

L. 8.

Rursus simile esse regnum cœlorum sagenæ missæ in mare dicitur ex omni piscium genere congreganti, quæ impleta ad littus educitur, et in vasis boni pisces eliguntur, mali autem projiciuntur foras. Sancta Ecclesia sagenæ comparatur, quia et piscatoribus est commissa, et per eam quisque ad æternum regnum a præsentis seculi fluctibus trahitur, ne in æternæ mortis profundo mergatur. Quæ ex omni genere piscium congregat, quia ad peccatorum veniam sapientes et fatuos, liberos et servos, divites et pauperes, fortes et infirmos vocat; unde per psalmistam Deo dicitur : Ad te omnis caro veniet.

L. 9.

Quæ sagena, videlicet Ecclesia, tunc universaliter repletur, cum in fine suo humani generis summa concluditur. Quam educunt et secus littus sedent, quia, sicut mare seculum, ita et seculi finem significat littus maris. In quo scilicet fine boni pisces in vasis eliguntur, mali autem projiciuntur foras; quia et electi quique in tabernacula æterna recipiuntur, et æterni regni luce perdita ad exteriores tenebras mali pertrahuntur. Nunc enim bonos malosque communiter quasi permixtos pisces fidei sagena nos continet; sed littus indicat sanctæ Ecclesiæ sagena quid trahebat. Et quidem pisces qui capti fuerint mutari non possunt; nos autem mali capimur, sed in bonitate permutamur. Cogitemus igitur in captione, ne dividamur in littore.

Ad laud.

Ant ut in vesp.; item ad hor.

Hymn. : Debitas, virgo Genovefa, laudes ad tuas proni celebramus aras, sedulis at tu facilis rogari annue votis.

Jamdiu voces tibi supplicantum excipis quando furias tremendi hostis arcebas et iniqua sævi crimina belli.

Non famis late dominatus horror, vindicis nusquam gravis aura cœli, quamdiu vivens aderas, paventi obfuit urbi.

Stat tuo florens iterum favore rite purgati nova forma cleri, sicque primævo canonum vigori redditus ordo.

Purior semper vigeat, piosque proferat longa pietate mores, inque venturos sine labe semper transeat annos.

Perpes hinc trinæ decus unitati cujus æternis opulenta donis tanta per cunctas Genovefa terras dona profundit. Amen.

Ad Bened. : Dum erit hæc arca in medio vestri, non abjiciet vos anima mea, dicit Dominus.

In 2. Vesp., ut in 1. præter.

Ad Magn. : Reduxerunt arcam in exultatione, et reposuerunt eam in loco suo, gratias agentes Domino, alleluia.

Die 26 nov. in Excellentia S. Genovefæ de miraculo Ardentium.

In 1. Vesp.

Omn. de comm. virg. præter seq.

Ant. 1. Cum populus flagraret desideriis carnis, in igne ardenti visitavit eum Dominus.

2. Cum autem non obedirent Domino, induxit super eos gladium ultorem fœderis sui, et in dies morbus ingravescebat.

3. Dixerunt : Quare percussit nos Dominus? Afferatur arca et veniat in medium nostri et salvet nos.

4. Stans illa inter mortuos et viventes, pro populo deprecata est, et plaga cessavit, alleluia.

5. Ossa illius quasi herba germinaverunt, et manus Domini cognita est in eis, alleluia.

Hymn. : Ardent immodicis æstibus impia, ulciscente Deo, pectora civium, et sævis animas conficit ignibus tabes arida corporum.

Nequidquam medicam regia civitas experitur opem, cedere nescius ardor lethiferos altius intimis ignes ossibus implicat.

Sed qua reliquiæ virginis emicant, imis usque tenax visceribus lues, internæque faces et mala febrium ardentum refugit cohors.

Mentes, diva potens, comprime noxias, quæ non æthereis ignibus æstuant, et castis animis sparge fidelium flammarum pia semina.

Hæc tu, summe Pater, Patris et Unice, amborumque simul Spiritus, annue, unus qui pariter trinus es et Deus regnans secla per omnia. Amen.

℣. : Ora pro nobis, beata virgo Genovefa, etc.

Ad Magn. : Veniat arca in medium nostri et salvet nos de ardore qui conficit corpora et animas consumit.

Or. : Deus, qui beatæ Genovefæ virginis excellentiam multiplici virtutum gloria declarasti, concede propitius ut quæ hodierna die per gratiam tuam in membris humanis ignis horrendi consumpsit incendium, nos quoque a gehennæ incendiis liberatos ad gaudia transferat angelorum. Per.

Ad Mat.

Omn. ut in festo, præter seq.

INVIT. : Christum Sponsum virginum †. Venite adoremus.

HYMN. : Urbis afflictæ Genovefa præses, templa quæ sacris cumulata votis occupas præsens, timidos clientum accipe cantus.

Ardet in membris sceleratus ignis, criminum vindex, pretium pudoris non semel læsi, putribusque tabes ossibus hæret.

Profluunt mœstis oculis inanes plebis oppressæ lacrymæ, nec illos sublevant æstus, gelidisque crescit haustibus ardor.

Conditos auro teretique gemma virginis tandem cineres reclamat civis, et sacram veneratur almi corporis urnam.

Sternitur supplex tumulo; salutem virgo largitur miseris, et ipsos auspices pœnæ nimium perennis temperat ignes.

Te Deum trinum populosa laudet civitas cujus Genovefa custos, corporis turpes erebique longas contere flammas. Amen.

1. Noct. LECT. Ut in translat.

2. Noct. L. 4.

Anno Domini 129. supra 1000. ardere videbatur urbs pene tota Parisiorum tabe quadam exitiabili, cui curandæ nec amicorum sollicitudo, nec medicorum industria, nec succorum vis aut herbarum quidquam proderat : absumebantur igne sacro membra viventium et videntium, nec occurrebat ullus in quo possent salutis aut solatii spem aliquam collo are.

L. 5.

Clamabant et laborantes et proximi laborantibus ad Dominum, nec exaudiebat eos; aggravata quippe manus ejus erat super iniquitates populi sui, donec ad securissimum urbis totiusque Galliæ præsidium recurreretur. Votis enim precibusque solitis cum videret episcopus nihil profici contra morbum hactenus inauditum, egit tandem cum sanctæ Genovefæ canonicis ut sacram reliquiarum ejus thecam deponi sinerent, et publica supplicatione per urbem alioqui perituram circumferri.

L. 6.

Certissimam spem salutis indiderat omnibus, nec fefellit expectata solemnitas. Vix enim cœperat aspici sacrum pignus a laborantibus, cum excitatus est tanquam dormiens Dominus, et surgens imperavit morbo, factaque est statim tranquillitas magna. Nullus ex infinita prope multitudine fuit qui non ageretur in stuporem, qui non in laudes et gratias quascumque posset effunderetur ad aspectum tanti miraculi; cujus memoria ne periret, summus pontifex Innocentius II. festum statuit esse deinceps hunc diem quem adhuc sub Ardentium nomine quotannis hodie celebramus.

3. *Noct. L. 7. Ev. Simile erit* (MATTH. XXV). *De homilia S. Augustini episcopi.* (Serm. 23. de verb. Dni.)

Ite ad vendentes et emite vobis; quæ non solebatis bene vivere, nisi quia vos homines laudabant, quia vobis oleum vendebant. Quid est, oleum vendebant? laudes vendebant. Qui vendunt laudes, nisi adulatores? Quanto magis non acquiesceretis adulatoribus, et intus oleum portaretis, et propter bonam conscientiam omnia bona opera faceretis; tunc diceretis : Emendabit me justus in misericordia et arguet me, oleum autem peccatoris non impinguabit caput meum. Melius, inquit, emendet me justus, arguat me justus, colaziphet me justus, corrigat me justus, quam impinguet caput meum oleum peccatoris. Quid est oleum peccatoris, nisi blandimenta adulatoris?

L. 8.

Ite ergo ad vendentes, et emite vobis; hoc facere consuevistis. Nos autem non vobis damus, ne forte non sufficiat nobis et vobis. Non desperatione dictum est, sed sobria et pia humilitate. Quamvis enim bonus habeat bonam conscientiam, unde scit quemadmodum judicet ille qui a nemine fallitur? Habet bonam conscientiam, non illi titillant crimina in corde concepta, sed propter quotidiana quædam vitæ humanæ peccata, licet bona conscientia sit, tamen dicit Deo : Dimitte nobis debita nostra, quia fecit quod sequitur : Sicut et nos dimittimus debitoribus nostris. Fregit panem esurienti ex corde, vestivit nudum ex corde, de oleo interiore fecit opera bona, et tamen in illo judicio trepidat ipsa bona conscientia.

L. 9. *De S. Petro Alexandr.*

Ad laud.

'Ant. ut in vesp.; item ad hor.

HYMN. : Jam diu totam cruciabat urbem vindicis tabes inimica flammæ, nec suis ægros medicina quidquam juverat herbis.

Intimus sævit sine lege languor artubus totis, malefidus ignis intus ardescit, rigidasque torquet flamma medullas.

Donec admota Genovefa theca longius crudam vetat ire pestem, et venenatos tumidi repellit pectoris ignes.

Abdito virus fugitat recessu qua sacrum divæ radiat feretrum, nec lues casti valet ulla ferre corporis umbram.

Quisquis humanum genus angit horror horret extinctæ loculum puellæ, et timet castos sceleratus ignis virginis ignes.

Te Deum trinum populosa laudet civitas cujus Genovefa custos, corporis turpes erebique longas comprime flammas. Amen.

Ad bened. : Benedixit Dominus universo populo, et curavit languores eorum propter arcam.

In 2. Vesp., omn. ut in I, præter. :

Ad Magn. : Ingrediente majorem ecclesiam sacratissimo corpore, excitatus est tanquam dormiens Dominus, surgensque imperavit morbo, et facta est tranquillitas magna, alleluia.

MESSES POUR LES OFFICES CI-DESSUS

Die 3 jan. in f. S. Genovefæ.

Omn. de comm. virg. 1° loco præter seq. :

Intr. : Gaudeamus omnes in Domino, diem festum celebrantes sub honore beatæ Genovefæ virginis, de cujus solemnitate gaudent angeli et collaudant Filium Dei. — ℣. : Eructavit cor meum verbum bonum, dico ego opera mea Regi. Gloria. Gaudeamus.

Or. : Ut supra.

Grad. : Propter veritatem et mansuetudinem et justitiam, et deducet te mirabiliter dextera tua. Audi, filia, et vide, et inclina aurem tuam, quia concupivit Rex speciem tuam.

Alleluia, alleluia. Veni, electa mea, et ponam in te thronum meum, quia concupivit Rex speciem tuam, alleluia.

Offert. : Afferentur Regi virgines post eam, proximæ ejus afferentur tibi in lætitia et exultatione, adducentur in templum Regi Domino.

Secr. : Offerimus, Domine, preces et hostias in honorem sanctæ Genovefæ gaudentes; præsta, quæsumus, ut convenienter eas peragere ac remedium sempiternum valeamus obtinere. Per.

Postc. : Adjuvent nos, quæsumus, Domine, hæc sancta mysteria quæ sumpsimus, et beatæ Genovefæ virginis tuæ intercessio veneranda. Per.

Die 28 oct. in translatione S. Genovefæ.

Omn. ut in festo, præter seq. :

In intr., loco : *de cujus solemnitate*, dic. : *de cujus translatione.*

Or. *ut supra.* — Ev. de comm. nec virg. nec mart.

Secr. : Munera populi tui, Domine, placatus assume, et beatæ Genovefæ virginis translatione a cunctis eorum nexibus propitiatus absolve. Per.

Postc. : Repleti muneris sacri oblatione, quæsumus, Domine Deus noster, ut cujus translationem peregimus, ejus semper meritis adjuvemur. Per.

APPENDICE.

Die 26 nov. in f. S. Genovefæ de mirac. Ardent.
Omn. ut in festo, præter seq. :

INTR. : Nisi conversi fueritis, gladium suum vibrabit Dominus, arcum suum tetendit et paravit illum, et in eo paravit vasa mortis, sagitta suas ardentibus effecit. — Ps. Domine Deus meus, in te speravi, salvum me fac ex omnibus persequentibus me et libera me. Gloria. Nisi.

OR. *ut supra*. — SECR. et POST. de comm. virg. 1º loco.

Missa votiva S. Genovefæ.
Omn. ut in festo, præter seq. :

OR. : Beatæ Genovefæ virginis, Domine Deus, gloriosis meritis adjuvemur, ut ejus sacro interventu corporis et animæ sanitate gaudentes, gratia tua cooperante salvemur. Per.

GRAD. : Adjuvabit eam Deus vultu suo, Deus in medio ejus, non commovebitur. Fluminis impetus lætificat civitatem Dei, sanctificavit tabernaculum suum Altissimus.

Alleluia : alleluia. Propter veritatem et mansuetudinem et justitiam, et deducet te mirabiliter dextera tua, alleluia.

POST SEPT. *Tract*. de comm. virg. 1º loco.

TEMP. PASCH. : Alleluia, alleluia. Propter veritatem et mansuetudinem et justitiam, et deducet te mirabiliter dextera tua, alleluia. Specie tua et pulchritudine tua, intende, prospere procede et regna, alleluia.

OFFERT. : Protege nos, quæsumus, Domine, per merita sanctæ Genovefæ ab omnibus malorum angustiis, ut majestati tuæ assiduam exhibeamus servitutem.

SECR. : Interveniente pro nobis beata virgine Genovefa, clementiam tuam deposcimus, omnipotens Deus, ut salutem animarum nostrarum pariter et corporum hæc hostia sacrosancta efficaciter operetur. Per.

COMM. de comm. virg. 1º loco.

POSTC. : Beatæ Genovefæ virginis precibus confidentes, quæsumus, Domine, ut per ea quæ sumpsimus æterna remedia capiamus. Per.

IN DESCENSIONE ET PROCESSIONE CAPSÆ S. GENOVEFÆ

Omn. ut in translat. vel ut in mirac. Ardent., pro necessit., præter seq. :

OR. : Præsta, quæsumus, omnipotens Deus, ut beatæ Genovefæ virginis tuæ præsentiam venerantes, meritis ejus protegamur et precibus. Per.

2. *Noct*., L. 4.

Præter solemnes dies qui recolendis beatæ Genovefæ meritis ac miraculis ab Ecclesia indicti sunt, celebritas ista temporibus incertis recurrit, in qua, dum memoriam revocamus beneficiorum quibus olim cum

Gallos, tum maxime Parisienses optima patrona calamitatibus ac periculis eripuit, ejusdem pietatis fiducia erigimur ad spem auxilii cœlestis. Quæ enim, dum viveret, urbi tum sibi commissæ non defuit, dum Hunnorum furor, repentina fames vel morborum lues portenderet exitium, etiam post mortem semper adesse suis ad se confugientibus, pluribus experimentis comprobavit. Hujus argumentum non fuit dubium, cum nono seculo populantibus universam Franciam Normannis et Parisios invadentibus, urbem jam pene captam barbaris eripuit. Cum enim illi muros jam transcenderent, cives, quod rebus desperatis ultimum habuere remedium, publica supplicatione tutelaris suæ sacrum feretrum per urbem circumduxere, cujus virtute hostes e muris subito proturbati sunt ac repulsi.

L. 5.

Sed præ ceteris illustre fuit miraculum quod monumento templi sub divæ Genovefæ Ardentium nomine testatum reliquit pietas grata Parisiensium. Regnante quippe Ludovico Crasso, fœda quædam grassari cœpit ac funesta lues (ignem sacrum appellant), quam medicorum irritabant potius fomenta quam sanabant. Imo etiam, Deo sic statuente ut patronam sibi divinitus assignatam studiosius venerarentur, frustratis votis ad ipsam beatissimam Virginem Mariam videbantur confugisse, nisi ad illam pro clientibus Genovefa supplex accessisset. Quapropter Stephanus Parisiorum episcopus canonicos sanctæ Genovefæ conveniens precibus evicit ut beatæ virginis theca solemni supplicatione deferretur ad templum Deiparæ Virginis. Indicto ergo jejunio per totam diœcesim, dum statuta die sacræ reliquiæ portantur, in ipso ecclesiæ aditu, ad feretri tactum repente ægri omnes, tribus ob impiam diffidentiam exceptis, sanitatem receperunt. Cujus tam illustris miraculi memoriam Innocentius II papa, anno sequenti Parisiis exceptus, festum sub nomine miraculorum divæ Genovefæ instituens anniversaria laude recolendum sancivit.

L. 6.

Jam continua in gratiam civium suorum miracula tantam in eorum mentem excitaverant venerationem ac fiduciam, ut si quid mali ingrueret, certissime crederetur ipsius suffragiis avertendum. Itaque cum anno Domini 1206, assiduis imbribus tota Gallia exundantes fluvii late agris vastitatem inferrent, adeo Sequana intumuit, ut urbis magna parte non sine damno aquis occupata, pons qui dicitur parvus, quamvis ex solido lapide, undarum vi solutis compagibus fatisceret, hoc ancipiti malo circumventi Parisienses uno animo et una voce solitum reposcunt a beatæ Genovefæ reliquiis auxilium. Igitur ad ædes beatæ Mariæ per nutantem pontem, quem adire prius verebantur, tota plebis multitudine intrepide prosequente, traductæ sunt ac reductæ. Tum vero, præterquam quod aquæ paulo post intra fluminis alveum cohibitæ sunt, pro certo miraculo fuit omnibus quod pons, iterum transmissa pompa, statim quasi sponte corruerit. Alia sunt non minus certæ fidei plurima prodigia, ut cum sacræ virginis capsæ, dum ad majorem ecclesiam deferebatur, vel supervolitans columba, vel præiens stella videretur. His similibusque miraculis dum Genovefæ sanctitatem quotidie Deus illustrat, Francorum simul gentem fovet ac tuetur. Nulla enim fuere bella vel dissidia quæ, quoties votis interpellata est, vel victoria sublata fere non sint vel pace composita, nulli morbi quibus non sit opitulata, nulla demum calamitas quam non a suis aut prementem repulerit aut averterit imminentem.

Post parv. hor., dictis flex. gen. sept. psalm. pœnit. et litan. Sanct. cum vers. et orat., quibus add. ante ult. oratio congrua pro necessit., dic. Confiteor; deinde abbas dicit :

Dominus Noster Jesus Christus, qui dixit discipulis suis : Quæcumque ligaveritis super terram erunt ligata et in cœlis, et quæcumque solveritis super terram erunt soluta et in cœlis, de quorum numero me, quamvis indignum et peccatorem, ministrum tamen esse voluit, intercedente gloriosa Dei Genitrice Maria et beato Petro apostolo, cui data est potestas ligandi atque solvendi, et omnibus sanctis, ipse vos absolvat per ministerium nostrum ab omnibus peccatis vestris, quæcumque aut cogitatione, aut oratione, aut operatione negligenter egistis, atque a vinculis peccatorum nostrorum absolutos perducere dignetur ad regna cœlorum, qui cum Deo Patre et Spiritu Sancto vivit et regnat Deus per omnia secula seculorum. Amen. Absolutionem et remissionem omnium peccatorum vestrorum, spatium veræ pœnitentiæ et emendationem vitæ tribuat vobis omnipotens Deus. Amen.

Dum descend. capsa, cant. Resp. : Beata virgo Genovefa, præstita sibi divinitus a primæva ætate gratia, immaculato corpore et mente † Christo perpetuum exhibuit fomulatum. ⁊ : Quam felices tantæ sobolis parentes, quæ in hoc seculo præcipuarum floribus ornata virtutum † Christo. Gloria † Christo.

⁊ : Ora pro nobis, beata virgo Genovefa, etc. — OR. ut *ad vesp.*
Missa ut in festo Ardent. præter seq. :
OR. ut ad vesp., cui add. propria pro necessit.
Post Septuag., tract. de missa vot. pro quacumq. necessit.
Temp. pasch. : Alleluia, alleluia. Tu es Francorum patrona, sancta virgo Genovefa, intercede pro nobis ad Deum qui te prælegit, alleluia. Veni, electa mea, et ponam in te thronum meum, quia concupivit Rex speciem tuam, alleluia.

OFFERT. ut in missa vot.

SECR. : Da, misericors Deus, ut hæc salutaris oblatio, intercedente beata Genovefa virgine tua, et a propriis nos reatibus indesinenter expediat, et ab omnibus tueatur adversis. Per.

COMM. de comm. virg. 1º loco.

POSTC. : Tribulationem nostram, quæsumus, Domine, propitius respice, et meritis beatæ Genovefæ iram tuæ indignationis, quam juste meremur, averte. Per.

HISTOIRE DE SAINTE GENEVIÈVE.

In processione.

In ingr. eccl. S. G. : Cant. D. N. cantant : ant. O felix; vers. Ora pro nobis, beata' virgo Genovefa; et or. Præsta. Cant. S. G. cantant : ant. O dulce decus Parisiorum Marcelle, confessorque Christi, succurre nobis miseris in districti adventu judicii; vers. Ora pro nobis, beate Marcelle; et or. Deus qui populo tuo.

Egred. ab eccl. S. G., cant. Resp. : Concede nobis, Domine, quæsumus, veniam delictorum, et intercedentibus sanctis quorum hodie præsentiam veneramur † Talem nobis tribue devotionem † Ut ad eorum pervenire mereamur societatem. ỹ Adjuvent nos eorum merita, quos propria impediunt scelera, excuset intercessio accusat quos actio, et qui eis tribuisti palmam triumphi, nobis veniam non deneges peccati † Talem. Gloria. † Ut.

Ant. : De Jerusalem exeunt reliquiæ et salvatio de monte Sion: propterea protectio erit huic civitati, et salvabitur propter David famulum ejus. — (Hic dic. Resp. proprium pro necessit.)

Resp. : Ingrediente sponsa Christi Parisios, summa languidi veniebant devotione, ibique dolor et ignis involvens clamorque in circuitu ejus, sed remedium eorum sequitur plausus altior collaudantium † Et affectus virginis erat in eis. — ỹ In medio autem ecclesiæ clamor factus est supplicantium pro remedio † Et.

Resp. : Advenisse Parisios sacrum corpus virginis in regione latere non potuit, tanquam audiret vocem Dei de excelso † Salus sum omnium, venite qui laboratis ad me. — ỹ Jam pene consumptis igne, desperatis salute, salus datur a virgine † Salus.

In ingr. eccl. D. N. cant. Resp. : Gaude, Maria Virgo, cunctas hæreses sola interemisti, quæ Gabrielis archangeli dictis credidisti † Dum Virgo Deum et hominem genuisti et post partum Virgo inviolata permansisti. ỹ. Gabrielem archangelum scimus divinitus te esse affatum, uterum tuum de Spiritu Sancto credimus impregnatum, erubescat Judæus infelix qui dicit Christum ex Joseph semine esse natum † Dum. Gloria † Dum.

Ant. Inviolata; vers. Post partum; Or. : Adjuvet nos, quæsumus, Domine, beatæ Mariæ semper Virginis intercessio veneranda, et a cunctis periculis absolutos in tua faciat pace gaudentes. Per.

Ad. eccl. D. N. cant. missa votiva de B. M. V. pro temp. cum hac prosa : Hac clara die turma festiva dat præconia, Mariam concrepando symphonia nectarea, mundi Domina, quæ sola est castissima virginum regina, salutis causa, vitæ porta atque cœli referta gratia; nam ad illam sic nuntia olim facta angelica :

Ave Maria, gratia Dei plena per secula (ter dicitur), mulierum pia agmina intra semper benedicta, virgo et gravida mater intacta, prole gloriosa.

Cui contra Maria hæc reddit famina : In me quomodo tua jam fiunt nuntia? viri novi nullam certe jam copulam, ex quo atque nata sum incorrupta.

Diva missus ita reddit affata : Flatu sacro plena fies, Maria, nova offerens gaudia cœlo, terræ nati per exordia, intra tui uteri claustra portans qui gubernat æterna, omnia qui dat tempora pacifica. Amen.

Post miss. : Cant. D. N. cantant tract. Domine non secundum. Cant. S. G. cantant : ant. Salve Regina; vers. Ora pro nobis; et or. Famulorum, ut in Assumpt.

Egred. ab eccl. D. N. : Cant. S. G. cantant : O sancte Marcelle, sidus aureum, Domini gratia, servorum gemitus solita suscipe clementia atque miserere nobis.

Flos sudans rorem descendit ad urbis honorem † Et super hunc florem Deus inspiravit odorem. — ℣. Virgo, flos, ros, gratia, salus, odor, aura salutis † Et. Gloria † Et.

Ad. S. Petr. : Cornelius centurio, vir religiosus ac timens Deum, vidit manifeste angelum Dei dicentem sibi † Corneli, mitte et accerse Simonem qui cognominatur Petrus † Hic dicet tibi quid te oporteat facere. — ℣. Cum oraret Cornelius nondum in Christo renatus, apparuit ei angelus dicens † Corneli. Gloria † Hic.

Ad. S. G. : Revera dignum est Genovefam laudibus honorari † Quæ ne Parisiorum populaturus urbem intraret † Hunnorum exercitum procul abegit. — ℣. Pretiosi apud Deum Genovefa meriti fuit, ac spiritualis propositi perfectione ipsi angelorum puritati proxima † Quæ. Gloria † Hunnorum.

Ingred. eccl. S. G. : Audivi vocem de cœlo dicentem : Venite, omnes virgines sapientissimæ † Oleum recondite in vasis vestris dum Sponsus advenerit. ℣. Media nocte clamor factus est : Ecce Sponsus venit † Oleum. Gloria † Oleum.

Ant. : Gloriosam Christi sponsam nobilemque virginem debitis glorificemus Genovefam laudibus, postulantes ut eadem supplicante perfrui paradisi mereamur gloria per secula. — Vers. Ora pro nobis. — Or. : Deus, qui nos hodierna die beatissimæ virginis Genovefæ præsentia lætificas, da ut quam veneramur officio, etiam piæ conversationis sequamur exemplo. Per.

OFFICES DE SAINTE GENEVIÈVE CONCÉDÉS AU DIOCÈSE DE PARIS

Die 3 jan., in f. S. Genovefæ.

In 1. *Vesp.*

Ant. et cap. *de laud.* Ps. *De comm. virg.*

Hymn. : Genovefæ præconia vox una promat omnium, voce redundant labia, vocem præformet gaudium.

Virgo prudens et humilis manum misit ad fortia, signis et vita nobilis, cooperante gratia.

Sub sexti secli initio vitæ sortita terminum revivisit in Domino choris inserta virginum.

O Genovefa, respice nos pietatis oculo, consors lucis angelicæ, cœlesti clara lumine.

Regis assistens vultui, nos Regi reconcilia, da nobis Sponso perfrui, sponsa Sponsique filia.

Gloria tibi, Domine, qui natus es de Virgine, cum Patre et almo Spiritu, in sempiterna secula. Amen.

ỳ. : Domine, spes mea a juventute mea. — ℟. : In te cantatio mea semper.

Ad Magn. : Sponsa Dei Genovefa, tuæ plebis memor esto, quæ, dum natalis tui festa celebrat, auxilium sibi a te poscit.

Or. : Effunde super nos, Domine, spiritum agnitionis et dilectionis quo ancillam tuam Genovefam implevisti, ut sedula ejus imitatione tibi sincere obsequentes, fide tibi et opere placeamus. Per.

Ad mat.

Omn. de comm. virg. præter seq. :

Hymn. : Cœlitum consors, patriæque vindex, prosperum Francis jubar, o tuorum vota supremi, Genovefa, perfer Regis ad aurem.

Cujus æternis opulenta donis, sponsa, cœlestes thalamos adisti, dum suo nunquam caritura lampas ardet olivo.

Primus ætatis superante captum impetu gliscens pietatis ardor imbuit pectus, tenerisque raptim crevit ab annis.

Quid dapis parcum laticisque corpus eloquar, duro domitum cubili, sæpe et insomnes solitum precando ducere noctes?

Quam tuis, virgo, precibus, remotæ obtinent gentes, patriæ salutem confer, offensi meritasque flecte numinis iras.

Nostra te summum celebrent Parentem ora, te summo Genitum Parente, par sit amborum tibi laus per omne Spiritus ævum. Amen.

1. *Noct.*, l. 1. *De libro Sapientiæ*, c. vi.

Clara est et quæ nunquam marcescit sapientia, et facile videtur ab his qui diligunt eam, et invenitur ab his qui quærunt illam. Præoccupat qui se concupiscunt, ut illis se prior ostendat. Qui de luce vigilaverit ad illam, non laborabit; assidentem enim illam foribus suis inveniet. Quoniam dignos se ipsa circuit quærens, et in viis ostendit se illis hilariter, et in omni providentia occurrit illis. Initium enim illius verissima est disciplinæ concupiscentia. Cura ergo disciplinæ, dilectio est : et dilectio, custodia legum illius est; custodia autem legum consummatio incorruptionis est; incorruptio autem facit esse proximum Deo. Concupiscentia itaque sapientiæ deducit ad regnum perpetuum.

L. 2. *De libro Ecclesiastici*, c. li.

Cum adhuc junior essem, quæsivi sapientiam palam in oratione mea. Ante templum postulabam pro illa, et usque in novissimis inquiram eam. Et effloruit tanquam præcox uva; lætatum est cor meum in ea. Ambulavit pes meus iter rectum, a juventute mea investigabam eam. Inclinavi modice aurem meam, et excepi illam. Animam meam direxi ad illam, et in agnitione inveni eam. Possedi cum ipsa cor ab initio: propter hoc non derelinquar. Appropiate ad me, indocti, et congregate vos in domum disciplinæ. Quid adhuc retardatis, et quid dicitis in his? Animæ vestræ sitiunt vehementer. Videte oculis vestris quia modicum laboravi et inveni mihi multam requiem. Operamini opus vestrum ante tempus, et dabit mercedem vestram in tempore suo.

L. 3. *De Isaia propheta,* c. LVIII.

Frange esurienti panem tuum, et egenos vagosque induc in domum tuam; cum videris nudum, operi eum, et carnem tuam ne despexeris. Tunc erumpet quasi mane lumen tuum, et sanitas tua citius orietur, et anteibit faciem tuam justitia tua et gloria Domini colliget te. Tunc invocabis, et Dominus exaudiet; clamabis, et dicet : Ecce adsum. Cum effuderis esurienti animam tuam, et animam afflictam repleveris, orietur in tenebris lux tua, et tenebræ tuæ erunt sicut meridies. Et requiem tibi dabit Dominus semper, et implebit splendoribus animam tuam, et ossa tua liberabit, et eris quasi hortus irriguus et sicut fons aquarum cujus non deficient aquæ.

2. *Noct.,* L. 4.

Genovefa, Nemptoduri in agro Parisiensi, Severo et Geruntia parentibus nata, inauditæ virtutis splendore a teneris annis claruit. Germanus Autissiodorensis, in Britanniam transmissurus cum Lupo Trecensi ut pelagianæ hæresis reliquias profligaret, conjectis in eam oculis, Deo caram et vitæ sanctitate illustrem fore prædixit. Ab ea cum postulasset num virginitatem Deo vellet consecrare, Genovefa, vultu ad modestiam composito, statim respondit id unum se vehementer optare. Germanus itaque ecclesiam frequenti populo ingressus, puellæ manus imposuit, et inter crebros psalmorum concentus prolixasque orationes virginem consecravit. Postridie sciscitanti an voti jam emissi memor esset, memorem vero se et in eo proposito permansuram, Deo operante, asseveravit. Ille nummum æreum signo crucis insignitum, nec sine Dei nutu, humi conspicatus, collegit, virgini dedit, præcepitque ut collo appensum gestaret, nec ullis deinceps monilibus, quæ sponsæ Christi non conveniunt, ornari se pateretur.

L. 5.

Miraculorum dono et multitudine excelluit, maxime circa energumenos, quos oleo consecrato inungens, a dæmonum tyrannide liberabat. Plurima prophetico spiritu edixit; atque inprimis, accedente Attila, Hunnorum rege, cives Parisienses adhortata est ne, relictis sedibus, fortunas suas alio transferrent, urbem pollicita, subversis aliis munitioribus, perstituram. Rei veritatem probavit eventus, idque Genovefæ patrocinio datum. Grassante deinde fame et in maxima annonæ caritate, urbem magnam frumenti copia et pauperes innumeros erogatis panibus sustentavit. Neque tamen tot editis miraculis effugere potuit quin malevolorum odio et contumeliis premeretur. Germanus, in Britanniam iterum profecturus, eam adiit, et variis impetitam calumniis divino eloquio consolatus est; habitaque gravi ad populum oratione, quanti esset apud Deum meriti exposuit, et locum in quo preces illa fundebat lacrymis ejus madefactum ostendit. Ab anno ætatis decimo quinto ad usque quinquagesimum, dominica tantum die et quinta feria jejunium solvit sumpto pane hordeaceo ac modico pulmento, quod ante quindecim dies coctum, ut minus sapidum esset, frigida aqua temperabat. Post id tempus, suadentibus episcopis quibus non obtemperare nefas putabat, pisciculis et lacte usa est.

L. 6.

Neque vero intra Galliæ limites tanta virtus contineri potuit. Simeon ille Stylites, audita tot miraculorum fama, ejus se precibus voluit commendatum. Meritis referta, migravit ad Dominum anno 512, ætatis suæ 89, 3 nonas januarii. Sepulta est in basilica sanctorum apostolorum Petri et Pauli, quam ipsa suadente Clodoveus rex fundaverat; cui deinde, processu ævi, sanctæ Genovefæ nomen inditum fuit; atque ibi illius opem in publicis privatisque calamitatibus sæpius experti Parisienses, eam sibi merito patronam asciverunt. Mediante autem seculo 18, cum vetus Genovefæ templum ruinosum esset, Ludovicus XV, rex christianissimus, a gravi morbo recreatus, novam ædem vovit urbe principe ejusque patrona dignam, cujus ipse anno 1764 lapidem primarium posuit. Elapsis vero 60 circiter annis, post sedatas Galliæ procellas pacemque redditam, Ludovicus XVIII conspicuam ædem, plaudentibus bonis omnibus, divino cultui tandem restituit. Quapropter, anno supra 1000. 822, beatæ Genovefæ die festo recurrente, novam ecclesiam Hyacinthus Ludovicus, Parisiensis archiepiscopus, rite benedixit, sanctæ virginis reliquiis, diversis e locis in quibus colebantur, in illam advectis.

3 . oct., L. 7.

Ev. Simile erit (MATH. c. xxv). *Homilia S. Joannis Chrysostomi, de Pœnit., hom. 5.*

Erant, inquit, decem virgines, quinque fatuæ et quinque prudentes: prudentes quidem oleum habebant; stultæ vero non habebant oleum, sed earum lampades extinguebantur. Accedentes autem stultæ ad prudentes, dixerunt: Date nobis oleum de vasis vestris. Pudet me, et rubore cunfundor et lacrymor, virginem stultam audiens. Erubesco cum audio nomen, post talem virtutem et virginitatis studium, ubi corpus in cœlum erexerant, ubi cum ipsis supernis virtutibus certamen habuerant laboresque superaverant; tunc insipientes, et jure insipientes, quod, majus cum fecissent, a minore victæ sint. Sapientes autem dixerunt : Non possumus vobis dare, ne forte non sufficiat nobis et vobis; non exinclementia vel improbitate id agentes, sed propter temporis angustias : venturus enim erat sponsus; habebant et ipsæ lampades; sed illarum quidem vasa oleum habebant, harum vero non habebant. Ignis est virginitas, oleum autem est eleemosyna. Nam, ut ignis, nisi oleum distillans habeat, perit, sic virginitas, nisi conjunctam habeat eleemosynam, extinguitur.

L. 8.

Date nobis oleum de vasis vestris. At illæ responderunt : Non possumus vobis dare. Et non malitiæ illud verbum, sed timoris. Ne forte non sufficiat nobis et vobis; ne forte, quemadmodum omnes intrare quærimus, omnes remaneamus; sed abeuntes emite vobis a vendentibus. Quinam sunt mercatores olei hujus? Pauperes ad eleemosynam pro foribus ecclesiæ sedentes; et quanti emitur? quanti libuerit. Pretium non appono, ne objicias inopiam. Quanti potes, tanti eme : habes obolum? eme cœlum; non quod vili pretio venale sit cœlum, sed quod clemens sit Dominus. Non habes obolum? da calicem frigidæ aquæ. Inquit enim : Quicumque dederit uni ex minimis istis calicem aquæ frigidæ propter me, non perdet mercedem suam. Mercatura negotiatioque cœlum est, et nos pigritamur. Da panem, et accipe paradisum; parva da, et magna suscipe; da mortalia, et immortalia suscipe; da corruptibilia, et incorruptibilia accipe. Pretium redemptionis animæ eleemosyna est. Ideo quemadmodum vasa aquæ plena pro foribus ecclesiæ sunt, quo manus laves, sic et pauperes sedent, ut animæ manus abluas. Aqua manus corporeas lavasti? eleemosyna manus animæ lava.

L. 9.

Christi universorum Domini sententia est : Quicumque uni ex minimis fecerit, mihi fecit. Si forte rex quempiam de turba famulorum appellaverit, atque ad eos dixerit : Reddite gratias huic meo nomine quamplures, qui me inopia laborantem nutrivit et hospitio excepit, qui mihi beneficia in tempore angustiæ permulta contulit; annon certatim quisque accurrens, pecunias omnes expenderit ejus causa cui rex gratias egerit? annon hæc illi accepta tulerit? annon se illi quisque commendare atque amicitia jungere studuerit? Vidistis sermonis virtutem? Si ergo apud hominem regem tantum honoris res ipsa tribuit, cogita Christum in illa die coram angelis omnibusque virtutibus vocantem ac dicentem : Hic me in terra suscepit hospitio; hic mihi innumera contulit beneficia; hic me peregrinum excepit. Cogita de cetero fiduciam inter angelos, inter cœlestes choros gaudium. Igitur cui testimonium Christus perhibet, non fiduciam super angelos habuerit? Magna igitur res eleemosyna, fratres. Magna res virginitas; cum sororem habuerit eleemosynam, in eam nulla adversa poterunt, sed omnibus superior erit.

Ad laud. et per hor.

Ant. 1 : Venerabilis virgo et prudens Genovefa, spretis mundi fallaciis, Regis æterni promeruit gratissima fieri famula.

2. Fecit quod placuit Deo, et fortiter ivit in via quam mandavit illi beatus Germanus, propheta magnus et fidelis in conspectu Dei.

3. In ecclesiam sancti Martini ingressa, virgo beata signo crucis precibusque saluti restituit plures obsessos a dæmone.

4. Orabat Dominum Deum ut dirigeret viam ejus ad liberationem populi sui.

5. Erat timens Deum, faciens eleemosynas multas plebi, et deprecans Deum semper.

Cap. (Judith, xv) : Benedixerunt eam omnes una voce dicentes : Tu gloria Jerusalem, tu lætitia Israel, tu honorificentia populi nostri.

Hymn.: Chorus exultet spiritu, vox erumpat melliflua, pro Genovefæ transitu laus recensetur annua.

Vox cordi se contemperet, affectus vocem superet, ut plene possint exprimi dulces excessus animi.

Supra mensuram hominis laus Genovefæ virginis, laudemus tamen virginem vitæ sequentem ordinem.

Immunis omnis criminis, vitæ suspirans terminum, Patre vocante luminum, choros illustrat virginum.

Gloria tibi, Domine, qui natus es de Virgine, cum Patre et almo Spiritu in sempiterna secula. Amen.

℣. : Elegit eam Deus et præelegit eam. — ℟. In tabernaculo suo fecit habitare illam.

Ad Bened. : Dominus per fimbrias etiam vestimenti Genovefæ sibi dilectæ virginis super ægrotos ac variis detentos languoribus sanitatum remedia sæpius ostendere dignatus est.

Ad 3am

Cap. *De laud.* ℟. Br. : Domine spes mea. † A juventute mea. Domine.
℣. : In te cantatio mea semper. † A juventute. Gloria. Domine.
℣. : Fortitudo mea et laus mea Dominus. — ℟. Et factus est mihi in salutem.

Ad 6am

Cap. (*I Reg.* xii.) : Non derelinquet Dominus populum suum propter magnum nomen suum, quia juravit Dominus facere vos sibi in populum. Absit autem a me hoc peccatum, ut cessem orare pro vobis.

℟. Br. : Fortitudo mea. † Et laus mea Dominus. Fortitudo. ℣. : Et factus est mihi in salutem. † Et. Gloria. Fortitudo.
℣. : In Deo faciemus virtutem. — ℟. : Et ipse ad nihilum deducet inimicos nostros.

Ad 9am

Cap. (*Judith*, xiii.) : Nomen tuum Dominus ita magnificavit, ut non recedat laus tua de ore hominum qui memores fuerint virtutis Domini in æternum, pro quibus non pepercisti animæ tuæ propter angustias et tribulationem generis tui, sed subvenisti ruinæ ante conspectum De nostri.

℟. Br. : In Deo. ✝ Faciemus virtutem. In Deo. ℣. : Et ipse ad nihilum deducet inimicos nostros. ✝ Faciemus. Gloria. In Deo.

℣. : Omnia ossa mea dicent. — ℟. : Domine, quis similis tibi?

In 2 vesp.

HYMN. : Gallicæ custos, Genovefa, gentis, quæ tibi virtus data! quæ potestas! signa te nostris decorant morantem splendida terris.

Numinis dici patiens flagellum horrida sævit properans ab Arcto, et Parisinis truculentus instat Attila muris.

Ut piis pugnat Genovefa votis, protinus victor Gothus impotentem sentit effringi rabiem, pedesque longius effert.

Subruit per te simulacra divum, ponit et in Christo Clodoveus aras subjicit, spreto Jove, franca vero sceptra Tonanti.

Corda qui mulces subigisque regum, o Deus, nostras tibi subde mentes; nos et æternas ubi virgo regnat transfer ad arces. Amen.

℣. : Deus præcinxit me virtute. — ℟. : Et posuit immaculatam viam meam.

AD. MAGN. : Felici cursu longa vitæ spatia emensa est, peregrina mundo, venerabilis populo, devota Christo, alleluia.

Die 26 nov.

In f. S. Genovefæ de miraculo Ardentium
Omnia de comm. virg. præter seq.

In 1 vesp.

AD MAGN. : Aggravata est manus Domini super civitatem; Genovefa properans deprecari restitit iræ, ut Deus misereretur populi sui.

℣. : Ora pro nobis, sancta Genovefa. — ℟. : Ut digni efficiamur promissionibus Christi.

OR. : Deus, qui beatæ Genovefæ virginis patrocinium multiplici virtutum gloria decorasti, concede, quæsumus, ut ejus precibus a vitiorum æstu liberemur, quæ hodie per gratiam tuam in membris humanis ignis devorantis extinxit incendium. Per.

2 noct. L. 4

Genovefa virgo publicis in calamitatibus Parisiorum urbem suo semper tutata est patrocinio. Quod cum sæpe alias, tum maxime innotuit anno Domini 1130, regnante Ludovico VI, cum gravissima lues Franciæ regnum afflixit (sacrum ignem dixere), qua plurimi omnis ætatis et sexus in pedibus, manibus, mamillis et genis exusti, cito consumebantur. Hi, adhibitis frustra medicorum remediis, ad Deum confugerunt et, quo citius exaudirentur, Virginis Deiparæ opem supplices implorabant, non e Parisiorum civitate tantum, sed et e locis remotioribus, ad majorem ejus basilicam tanto numero confluentes, ut vix spatium ad oblationes populi et officia clericorum relinqueretur.

L. 5

Stephanus, tunc episcopus Parisiensis, qui pauperum vulgo pater habebatur et hospitalitatis exemplar, pastorali sollicitudine populorum saluti invigilans, litanias indixit, quibus ad Sanctæ Mariæ basilicam sanctorum reliquiæ gestarentur, ut eorum suffragiis et peccatorum veniam et sævientis morbi remedium a Deo impetrarent. Iis præstitis, cum vis morbi non remitteret, ad ædem Sanctæ Genovefæ processione etiam habita, eidem præsuli visum est Genovefæ corpus, præmisso jejunio publico, solemni pompa deferre; quod in gravibus calamitatibus fieri solebat. Interim eliguntur a clero Sanctæ Genovefæ viri quos spectata morum probitas commendabat, qui capsam humeris suis deferrent.

L. 6

Itaque constituto die Stephanus episcopus accessit cum ero Sanctæ Mariæ et magno populi concursu, atque inde ad basilicam cathedralem processerunt. In ipso ecclesiæ ingressu, ægroti omnes, tribus exceptis, sanitatem recuperarunt. Quo miraculo permoti fideles in gratiarum actiones effusi sunt. Anno sequenti, cum Innocentius papa II Lutetiam venisset, comperta miraculi veritate, annuo festo illius memoriam celebrari jussit.

Ad Bened. : Neque herba, neque malagma sanavit eos; sed tuus, Domine, sermo qui sanat omnia.

In 2 vesp.

Ad Magn. : Gloriosam Christi sponsam nobilemque virginem debitis glorificemus Genovefam laudibus, postulantes ut, eadem supplicante, perfrui mereamur gloria paradisi per secula.

MESSES POUR LES OFFICES CI-DESSUS.

Die 3 jan., in f. S. Genovefæ.

Omn. de comm. virg. 1° loco, præter seq. :

Intr. : Gaudens gaudebo in Domino quia induit me vestimentis salutis et indumento justitiæ circumdedit me quasi sponsam ornatam monilibus suis. — ℣. Eructavit cor meum verbum bonum, dico ego opera mea Regi. Gloria. Gaudens.

Or. ut supra.

Grad. : Sponsabo te mihi in sempiternum in justitia et judicio et in miserationibus. Et sponsabo te mihi in fide, et scies quia ego Dominus.

Alleluia, alleluia. Mihi adhærere Deo bonum est, ponere in Domino Deo spem meam, alleluia.

Seq. : Genovefæ solemnitas solemne parit gaudium, cordis erumpat puritas in laudis sacrificium.

Felix ortus infantulæ, teste Germano præsule, quod prævidit in spiritu rerum probatur exitu.

Hic ad pectus virgineum pro pudoris signaculo nummum suspendit æneum insignem crucis titulo.

Genovefam divinitus oblato dotat munere, in templum Sancti Spiritus sub Christi dicans fœdere.

Insontem manu feriens mater privatur lumine, matri virgo compatiens ucis dat usum pristinæ.

Cœlesti duce prævio cœlos lustrat et tartara, civesque precum studio servat a gente barbara.

Divino diu munere sitim levat artificum; confractum casu misero matri resignat unicum.

Ad primam precem virginis contremiscunt dæmonia, pax datur energumenis, spes ægris, reis venia.

In ejus manu cerei reaccenduntur cœlitus; per hanc in sinus alvei redit amnis coercitus.

Ignem sacrum refrigerat post mortem vivens meritis, quæ prius in se vicerat æstus interni fomitis.

Morti, morbis, dæmonibus et elementis imperat, sed Genovefa precibus naturæ leges superat.

Operatur in parvulis Christi virtus magnalia; Christo pro tot miraculis laus frequens, jugis gloria. Amen. Alleluia.

Offert. : O Genovefa, respice nos pietatis oculo, consors lucis angelicæ, Regis assistens vultui, nos Deo reconcilia.

Secr. : Offerentibus tibi, Domine, preces et munera in honore sanctæ virginis tuæ Genovefæ, da nobis, ejus exemplo, perseverare in innocentia vitæ, in humilitate pœnitentiæ, in mansuetudine patientiæ. Per.

Comm. : Tu gloria Jerusalem, tu lætitia Israel, tu honorificentia populi nostri, alleluia.

Postc. : Prosint nobis, Domine, quæsumus, ad salutem mentis et corporis sacramenta quæ sumpsimus, ut sicut in beata Genovefa te mirabilem prædicamus, sic per ejus suffragia tuæ sumamus beneficentiæ largitatem. Per.

Die 26 nov., in f. S. Genovefæ de mirac. Ardent.

Omn. ut in festo præter seq. :

Or. ut supra.

Ep. Lectio libri Paralipomenon, l. I, c. xxi

In diebus illis, misit Dominus pestilentiam in Israel, et ceciderunt de Israel septuaginta millia virorum. Misit quoque angelum in Jerusalem ut percuteret eam; cumque percuteretur, vidit Dominus, et misertus est super magnitudine mali, et imperavit angelo qui percutiebat : Sufficit, jam cesset manus tua. Porro angelus Domini stabat juxta aream Ornan Jebusæi. Levansque David oculos suos, vidit angelum Domini stantem inter cœlum et terram, et evaginatum gladium in manu ejus et versum contra Jerusalem; et ceciderunt tam ipse quam majores natu vestiti ciliciis, proni in terram. Angelus autem Domini præcepit Gad ut diceret Davidi ut ascenderet extrueretque altare Domino Deo in area Ornan Jebusæi.

Offert. : Lampades ejus lampades ignis atque flammarum, aquæ multæ non potuerunt extinguere charitatem, alleluia.

Secr. : Suscipe, quæsumus, Domine, devotionis nostræ munera, et interventione beatæ Genovefæ virginis omnia a nobis mala propitiatus averte. Per.

Postc. : Deus, qui confugientis ad te populi plagam beatæ Genovefæ intercessione sanasti, præsta ut qui Christi tui corpore reficimur, prodeuntem ex eo virtutem ad animorum corporumque medelam ejusdem sanctæ virginis patrocinio sentiamus. Per.

TABLE DES MATIÈRES

Introduction. De l'apostolat des vierges chrétiennes dans l'église catholique. 1

Chapitre premier. Origine et naissance de sainte Geneviève. . . 81

Chapitre II. Vocation de sainte Geneviève. — Saint Germain d'Auxerre reçoit son vœu de virginité. 93

Chapitre III. Première persécution contre sainte Geneviève. — Son premier miracle. — Elle rend la vue à sa mère. 105

Chapitre IV. Consécration solennelle de sainte Geneviève. . . . 109

Chapitre V. Mort des parents de sainte Geneviève. — Elle se fixe à Paris. 119

Chapitre VI. Maladie de sainte Geneviève. — Son extase et ses révélations. — Ses mortifications. — Ses pratiques de piété. . 123

Chapitre VII. Seconde persécution contre sainte Geneviève. — Seconde visite de saint Germain d'Auxerre. — Sainte Geneviève dirige les vierges sacrées et fonde un monastère. — Vocation de sainte Alda et de sainte Célinia et miracle. 129

Chapitre VIII. Invasion d'Attila. — Troisième persécution contre sainte Geneviève. — Elle préserve Paris de l'invasion des Huns. 143

Chapitre IX. Sainte Geneviève fonde la basilique de Saint-Denis. — Miracle dans sa construction. 159

Chapitre X. Siége de Paris par Childéric. — Sainte Geneviève délivre le peuple de Paris de la famine. — Son voyage à Arcis-sur-Aube et à Troyes. — Miracles pendant le voyage. 169

Chapitre XI. Relations de sainte Geneviève avec le roi Childéric. — Elle ouvre miraculeusement les portes de Paris. 177

Chapitre XII. Saint Siméon le Stylite connaît la sainteté de Geneviève et se recommande à ses prières. 181

Chapitre XIII. Divers miracles de sainte Geneviève. 187

CHAPITRE XIV. Voyage de sainte Geneviève à Orléans et à Tours. — Miracles pendant le voyage. 197

CHAPITRE XV. Relations de sainte Geneviève avec le roi Clovis, avec sainte Clotilde et avec saint Remy. — Ses voyages à Reims. — Voyage à Laon, et miracle. — Vocation de la sœur et de la fille de Clovis. — Fondation de la basilique des saints Pierre et Paul, dite plus tard de Sainte-Geneviève. 205

CHAPITRE XVI. Mort de sainte Geneviève. — Caractère distinctif de la Sainte. — Son culte commence aussitôt après sa mort. . 221

CHAPITRE XVII. Premiers temps du culte et de la basilique de sainte Geneviève. 237

CHAPITRE XVIII. Priviléges spirituels et temporels de l'abbaye de Sainte-Geneviève. 245

CHAPITRE XIX. Priviléges de l'abbaye de Sainte-Geneviève pour l'installation des évêques et archevêques de Paris. 253

CHAPITRE XX. Cérémonial de la réception des abbés de Sainte-Geneviève et des papes, légats et rois. — Processions annuelles de la cathédrale à Sainte-Geneviève. 259

CHAPITRE XXI. Processions de la châsse de sainte Geneviève et leur cérémonial. 265

CHAPITRE XXII. Le culte et l'abbaye de Sainte-Geneviève jusqu'aux invasions des Normands. — Miracles de cette période. — Insigne miracle du lit de sainte Geneviève pendant une inondation. 279

CHAPITRE XXIII. Invasions des Normands. — Double translation des reliques de sainte Geneviève. — Miracles pendant ces deux voyages et dans l'intervalle. 293

CHAPITRE XXIV. Le culte et l'abbaye de Sainte-Geneviève depuis les invasions normandes jusqu'à la réforme d'Eugène III et de Suger. — Premières processions de la châsse. — Célèbre miracle des ardents. — Relâchement des chanoines séculiers. — Scène scandaleuse à la visite du Pape. — L'abbaye est donnée aux chanoines réguliers de Saint-Victor. 305

CHAPITRE XXV. Le culte et l'abbaye de Sainte-Geneviève depuis la réforme d'Eugène III et de Suger jusqu'à la restauration de la basilique. — Relations de saint Bernard avec l'abbaye. — Persécutions contre la réforme religieuse. — Reconnaissance des reliques de sainte Geneviève. — Saint Guillaume de Danemark et sa guérison miraculeuse. 321

CHAPITRE XXVI. Le culte et l'abbaye de Sainte-Geneviève depuis la restauration de la basilique jusqu'à la translation des reliques. — Conflit avec l'évêché de Paris sur la paroisse du Mont. — Processions de la châsse et miracles. — Insigne miracle dans

TABLE DES MATIÈRES. 535

une inondation. — La châsse accompagnée par une colombe.
— Translation des reliques de sainte Geneviève. 339

Chapitre XXVII. Le culte et l'abbaye de Sainte-Geneviève depuis la translation des reliques jusqu'à la fin de la guerre de Cent ans. — Processions de la châsse et miracles. — Jeanne d'Arc. — Commencement du relâchement de la discipline religieuse. 359

Chapitre XXVIII. Le culte et l'abbaye de Sainte-Geneviève depuis la fin de la guerre de Cent ans jusqu'au concordat de Léon X. — Processions de la châsse et miracles. — Guérison miraculeuse d'Érasme. 384

Chapitre XXIX. Le culte et l'abbaye de Sainte-Geneviève depuis le concordat de Léon X jusqu'à la réforme du cardinal de la Rochefoucault. — Processions de la châsse et miracles. — Apparition d'une étoile sur la châsse. — Délivrance d'un prisonnier. — Conflits avec l'évêché de Paris. — Influence du gallicanisme et des commandes sur le relâchement religieux. . 391

Chapitre XXX. Le culte et l'abbaye de Sainte-Geneviève depuis la réforme du cardinal de la Rochefoucault jusqu'à la famine de 1694. — Fondation de la Congrégation des chanoines réguliers de France. — Fragilité de cette seconde réforme. — Conflits avec l'archevêché de Paris. — Processions de la châsse et miracles. 419

Chapitre XXXI. Insigne protection de sainte Geneviève dans la famine de 1694. — Supplications solennelles. — Procession de la châsse et miracles. 449

Chapitre XXXII. Dernières processions de la châsse de sainte Geneviève et miracles. — Fondation de la nouvelle basilique de Sainte-Geneviève. — Derniers abbés. — Relâchement croissant. 459

Chapitre XXXIII. Décadence de l'abbaye de Sainte-Geneviève. — La Révolution supprime l'abbaye. — Profanation de l'église et des reliques. 469

Chapitre XXXIV. Rétablissement du culte dans l'église de Sainte-Geneviève. — Histoire de la basilique pendant le dix-neuvième siècle. 477

Chapitre XXXV. Conclusion. 485

Appendice. 493

PARIS. TYPOGRAPHIE DE E. PLON ET Cie, 8, RUE GARANCIÈRE.

www.ingramcontent.com/pod-product-compliance
Lightning Source LLC
Chambersburg PA
CBHW071411230426
43669CB00010B/1518